공 부
끝판왕

공 부
끝판왕

저자 정동완 안혜숙 안계정

공부끝판왕의 활용 가이드

꼭! 자기에게 필요한 부분
픽! 해서 고등학교 3년간 쓰세요.

[공부끝판왕]의 장점 100% 활용하기

선배가 후배에게 이야기하듯 친근한 말투

대충 이러면 좋다가 아닌 실제적이고 현실적인 조언

플래너를 작성할 수 있도록 시간관리 진단 및 계획세우기 실천 양식 제공

핵심만 쏙쏙 짚어서 알려주는 공부법으로 구체적으로 학습법을 이해하고 바로 실행할 수 있는 포인트

한 눈에 들어오는 구성과 핵심내용 요약으로 쉽고 재미있게 읽힘

이론이 아닌 선배들이 사용한 실제 학습법

[공부끝판왕]의 장점 100% 활용하기

공부가 잘 안되는 사람? 챕터1 내가 공부가 안된 이유를 봐~!

학년별 공부 틀이 안 잡혔으면? 고등학교 끝판 공부를 볼래? 챕터2야.

국어 때문에 무너지지? 챕터3 국어 끝판 공부법을 찾아!

수학을 벌써 포기했어? 아직 이르지. 챕터4 수학 끝판 공부법을 참고해서 끝까지 해보자.

영어는 킬러 문항과 공부관리 핵심비법이 있어. 어디냐면? 챕터 5 영어 끝판 공부법이야.

사회, 과학도 놓칠 수 없지? 챕터6, 7을 찾아봐. 필요한 내용만 쏙쏙 먼저 보면 되는거야.

머리말

누구나 공부를 잘 하고 싶다.
공부를 잘하지 못하는 학생도 늘 공부를 잘하고 싶다는 생각에 사로잡혀 있다. 아니, 공부를 잘하고 싶은 열망이 보통사람보다 더 크다고 자신한다. 하지만 대부분 공부하는 법을 몰라 절망하다 스스로 포기하고 만다.

우리 주위에도 공부법을 모르는 사람이 태반이다. 학교에서 어떻게 공부해야 하는지를 알려주기보다 공부를 그냥 시키기 때문에 제대로 된 공부방법을 배울 기회가 없다. 부모님도 공부는 그냥 하면 될 거라는 애매한 환상을 가지고 있는 거 같다. 내 아이가 학원에 다니면, 공부시간을 많이 잡아서 그만큼 하면, 무조건 열심히 하면 가능하다는 오해가 있다. 그래서 아이를 다그친다. 왜 못하냐고 버럭 한다.

누가 알려주지 않아도 공부를 해 나가면서 스스로 그 방법을 체득한 사람은 자신에게 맞는 방법을 찾아 쭉 가기 때문에 공부에서 성공한다. 또는 공부법을 잘 알려주는 멘토를 만나 도움을 얻어서 실행해 가면서 자신에게 맞는 공부법을 찾아 실행해가며 차츰 성공 경험을 쌓는다.

이 책은 공부를 잘하고 싶은 학생을 위한 실행 지침서이다. 또 학년별, 성적대별 공부 전략을 담기 위해 노력했다. 주위에 공부법을 알려주는 멘토가 없어도, 이 책을 읽고 실천하면 자신에게 맞는 공부법을 알게 되고, 계획을 세워 실행에 옮기면 성공의 경험을 얻도록 이끈다.

첫째, 내가 공부가 안된 이유를 찾아보게 한다. 공부에 대해 갖는 오해에 관한 진실을 알려주고, 학자들이 연구한 결과를 바탕으로 필요한 정보를 쉽게 이해할 수 있도록 쏙쏙 알려준다.

둘째, 학년별로 공부 전략을 알려주어 무엇을 어떻게 준비하면 좋은지 그 방법을 담았다. 학년별, 시기별 해야 할 일을 바탕으로 고등학교 공부계획을 세워 공부의 로드맵을 그려볼 수 있게 한다.

셋째, 모든 과목을 잘하면 좋지만 그렇지 못하다면 성적대별로 선택과 집중할 과목에 대한 설명을 담았다. 또한, 상위권 학생들이 준비할 사항과 시기별 선택과 집중 전략도 있다.

넷째, 혼자 공부하고 싶으나 무엇을 골라, 어떻게 할지 모르는 학생들을 위해 EBS, E투스, M스터디에서 실제로 공부했었던 선배들의 조언을 받아 학년별 점수대별 인터넷 강의와 문제집을 추천했다. 이 책의 저자는 E투스나 M스터디와 관련이 없다. 다만 학생들에게 실제 필요한 정보를 주기 위해, 인터넷 강의를 수강한 사례를 조사하여 추천한 것이다.

다섯째, 앞서 공부했던 선배들의 뼈있는 조언과 경험, 실제 사례를 담아 쏙쏙 학생들의 어려운 점을 공감하고 직접 따라 해 볼 수 있는 실제적 자료가 되도록 노력했다.

여섯째, 진학을 기반으로 내 성적대별 원하는 계열에서 어떤 과목을 선택해, 무슨 전형이 가장 유리할지를 알려준다. 즉 내가 원하는 꿈을 이루려면 현재의 성적에서 어떤 전형을 선택해 공부에 집중하여 원하는 그 꿈에 이를 수 있을지 사례를 구체적으로 담아 상, 중, 하위권별 학습 코칭이 되도록 했다.

학생의 학년별, 성적대별 맞춤형 해결 방법을 주고자 노력한 결과를 이 책에 담았으니 하나씩 실천해보고 작은 성공 경험을 만들자. 작은 성공 경험 하나가 결국은 대단한 성취로 이끈다.

저자일동

추천하는 글

이 책 하나면 보면 고등학교 3학년 생활 전반에서 수능, 내신 준비에 대한 내용을 제너럴하고 쉽게 정리할 수 있을 거 같다. 학습에 대한 총체적인 가이드라인을 제공하는 책이다. 동기부여와 구체적인 계획을 쏙쏙 알려주어서 다른 책 여러 권을 찾아보지 않아도 되겠다.
읽기 쉽고 술술 넘어가는 장점이 있고, 집에서 쉽게 시도할 수 있는 구체적인 예를 보여주는 책이다. 특히 고등학생을 위한 전략 로드맵이 좋은데 장황하지 않아서 읽기에 좋고. 고1, 2에게 추천하고 싶다. 내 아이가 졸업하지 않았다면 사서 주고 싶은 마음이 든다.
잠수네 책이 성공한 이유가 첫 부분에서 '엄마도 집에서 영어를 가르칠 수 있다' 로 동기를 부여하고 도움을 줄 만한 책에 대한 가이드를 제공한 것인데, 이 책도 비슷하다.

삼척초 최미영 선생님

내신과 수능, 시기, 인강 및 문제집 고르기 형식으로 내용이 구성된 것이 정말 공부가 꼭 필요한 학생들에게 큰 도움이 될 거라고 생각했습니다.
제가 이번에 검토한 부분은 전반적으로 이전에 제가 맡았던 자소서나 면접 영역보다 훨씬 구조적이고 내용이 탄탄하다는 생각이 들었습니다.

세원고 방길환 선생님

친근한 언어로 쓰인 고등학생들에게 실제적인 학습법 내용이라 학생들에게 큰 도움이 될 듯합니다. 읽기도 편하고, 내용도 좋습니다.

태릉고 조미선 선생님

편하게 읽힌다. 누구나 알고 있긴 하나 실천은 하지 않는 내용을 잘 정리한 거 같다. 많은 방법들이 나와서, 이 모든 방법을 가지고 학습하는 친구들이 있을까 싶은 생각도 들긴 하는데, 플래너 계획을 세우기도 힘들어 하는 고1, 고2 친구들에게는 도움이 될 것 같다.

교육대학교 재학생

공부를 잘 하고 싶은데 그 방법을 잘 모르는 학생들을 위한 안내서.
시기별유형별로 잘 정리되어 있어 자신의 문제점 파악과 개선에 큰 도움을 받을 수 있으며 사교육의 도움 없이 스스로 학습능력을 기를 수 있게 하는 지침서이다.

합포고 박성경 선생님

공부를 잘 하고 싶은데 그 방법을 잘 모르는 학생들을 위한 안내서.
시기별유형별로 잘 정리되어 있어 자신의 문제점 파악과 개선에 큰 도움을 받을 수 있으며 사교육의 도움 없이 스스로 학습능력을 기를 수 있게 하는 지침서이다.

합포고 박성경 선생님

1. 모의고사를 어떻게 공부하는지 방법을 모르는 학생들에게 길잡이 같은 책.
2. 문항의 예시들이 자세히 나와 있는 점이 장점이에요.

장항고 박훈 선생님

공부방법에 대해서 핵심만을 콕콕 찍어주어 그 어떤 등급이라도 자신에 맞게 활용할 수 있는 책이다. 이 책대로 공부할 수만 있다면 5등급이 3등급, 3등급이 1등급에 도달할 수 있을 것이라 확신한다. 우리가 만나는 고등학생들에게도 추천해 주고 싶은 책이다.

교육봉사단체 몽키스패너 대장 송민철 선생님

『공부 끝판왕』은 학년별, 점수대별로 꼭 참고해야 할 도서, 인강, 문제집 등을 콕콕 찍어서 추천해 주어 무엇을 공부해야 할지 모르는 학생들에게 좋은 길잡이가 됩니다. 또한, 구체적인 학습 계획 세우기를 예시로 보여주어 누구나 쉽게 학습 계획을 세울 수 있게 해줍니다.

동해교육지원청 토론 강사 심성희 선생님

고등학교에 근무하면서 아직도 공부하는 방법을 모르고 그저 앉아서 열심히만 하려고 하는 학생들이 많다. 하지만 그저 열심히만 하는 것으로 충분했는지 물어보고 싶다. 공부에는 분명 노력이 필요하지만, 효율성을 위한 전략이 필수적이다. 중학교 때와는 달리 대입을 위한 공부는 그 절대적 양이 다르다. 방대한 수능 공부가 전략 없이 이루어질 수 있을까? 이 책은 지금 고등학생들을 위한 똑똑한 담임 선생님이 되어 개개인의 등급별, 시기별 맞춤 전략을 수립해줄 것이다.

한일여고 최연성 선생님

최근 개별화 교육, 수준별 학습 교육이 대두되면서 학생 개개인에게 최적화된 학습 환경을 조성하는 것이 교육계의 큰 맥을 차지하게 되었다. 그중 하나가 학습법으로, 다양한 학습법이 연구되었지만 주로 유명인 또는 수시나 정시에서 높은 성적을 받은 학생들이 모델이 되었기에 학습법에 관한 자료를 찾아보면 감미롭지만 쉽게 따라 하기 힘든 학습법이 많았다. 또한, 하위권 학생들에게 제공되는 학습법은 너희들은 이만한 역량이 되지 않기 때문에 이 방법만이라도 써 보라는 식으로 그들이 가진 잠재력을 자칫 무시하거나 두루뭉술하게 서술한 경우가 많았다.

하지만, 이 책의 경우 학습자를 학년별, 상·중·하위권별로 나누고 문제지 및 인터넷 강의의 목차를 비롯하여 그들이 겪을 수 있는 최대한의 상황을 가정하여 상세히 기술하여 제공함으로써 그들이 자신의 상황을 점검해보고 상황에 가장 최적화된 학습법을 선택할 수 있게 구성한 점을 높게 평가하고 싶다.
또한, 학습의 주축을 학교수업에 두고 방법론적 측면에서 다양한 교수 매체를 제공한 점에 있어서 수시와 정시 사이에서 일어나는 갈등을 최대한 줄이려 노력하였고 이는 학생들에게(독자들에게) 고스란히 전해질 것이라고 믿어 의심치 않는다.

한국교원대학교 이상웅 선생님

누구나 공교육의 혜택을 받기에 우리는 잊고 있다. 입시를 위한 공부도 태권도와 피아노, 제과제빵처럼 전략을 세우고 훈련해야 한다는 것을 말이다. 공부의 끝판왕은 대한민국의 수험생을 위해 가이드라인을 제시하는 훌륭한 지침서가 될 것이다.

동문고 정우민 선생님

사람은 누구나 생활하는 동안 다양한 문제를 직면하고 해결하며 살아갑니다. 이러한 학문은 학교에서 교과 공부로 만나는 동시에, 개개인의 삶 속에서 마주하는 실제적인 문제이기도 하지요. "공부끝판왕"은 이처럼 학생들이 다양한 교과목을 효과적으로 학습해야 할 때 필요한 가장 기본적인 지혜를 제공해 줍니다. 이 책은 자신의 수준을 올바로 알고 이에 적절한 공부방법이 필요하거나, 학습전략을 스스로 세우기 힘들어하는 학생들에게 많은 도움이 될 것입니다.

홍콩 한국국제학교 하정훈 선생님

공부를 어떻게 시작해야 하고 어떻게 공부해야 할지 고민인 학생들에게 적극적으로 추천하고 싶은 책이다. 교과와 시기별 공부방법에 대한 소개가 잘 되어서, 이에 대한 고민인 학생들에게는 더없이 좋은 설명서가 될 수 있다.

경주고 박진홍 선생님 -

이 책은 개인별 활용 면에서 좋은 효율을 보여줍니다. 전국 단위 모의고사 등급을 기준으로 자신의 위치에 기반하여 과목별 집중할 내용이나 취해야 할 공부방법을 제시해주고 있기 때문입니다. 공부하는 방법을 실력에 따라서 나눠 해결책을 알려주고 시기에 따른 공부법을 제안하여 구체적으로 적용하기 쉽게 구성되어 있습니다.

해운대고 류수진 선생님

공부하는 방법에 대해 기초적인 내용부터 실전에 도움이 되는 부분까지 자세하고 쉽게 다루고 있어서 누구나 읽고 적용하기 좋은 책입니다. 공부 기초가 부족한 학생들도 이 책의 안내에 따라 하나씩 하나씩 따라가다 보면 어느새 실력이 쌓이는 정직한 안내서입니다. 공교육에 충실하되 사교육 인강에 관한 정보도 적절하게 다루고 있어서 공부 계획을 세울 때 실질적인 도움이 되는 책입니다.

경남 한얼중 태용희 선생님

공부를 어떻게 해야 할지 질문을 자주 봤습니다. 그럴 때 제가 하는 말은 일단 시작해라 입니다. 이제는 이 책을 '한 번 읽어보고 시작해라'라고 말할 생각입니다. 등급별로, 시작하기에 좋은 강좌와 교재를 구체적으로 소개하는 책은 처음인 것 같습니다. 방향을 잡고자 하는 학생이라면 읽어보길 권합니다.

충남 강경고 이준현 선생님

성적이 상위권인 학생들의 불안감, 성적이 중하위권 학생들의 낮은 자존감으로 공부 상처가 있는 학생들에게 한 걸음씩 방법을 제시하면서 학생들 스스로 할 수 있다는 자기 믿음이 생기게 할 방법을 안내해 주고 있어서 학생들의 공부에 대한 내적 역량을 높일 수 있는 좋은 구성입니다.

김해 분성고 송경훈 선생님

프로 스포츠 선수가 운동을 잘하여 높은 연봉을 받고 싶은 것처럼, 학생들도 누구나 공부를 잘하여 원하는 학교에 진학하길 원합니다. 지난 10여 년 동안 학교 현장에서 학생들을 지도하면서 학업 성취도가 낮은 학생들에게 들었던 공통적인 고민은 공부를 잘하고 싶지만 제대로 해본 적이 없고 어떻게 해야 하는지 모른다는 것입니다. 따라서 공부를 잘하기 위해서는 자신의 공부법을 되돌아보고 나에게 부족한 점을 파악하여 보완하는 것이 중요합니다. 이 책은 공부 의욕은 넘쳐나지만 어디서부터 어떤 방법으로 공부해야 하는지 막막한 학생들에게 매우 유용한 지침서로 충분해 보입니다. 과목별로 수능과 내신 공부방법이 상세하게 설명되어 있고 수준별 공부방법과 반드시 봐야 하는 책 그리고 인터넷 강의목록까지 제시되어 있어서 더욱 효과적입니다. 자신의 꿈을 이루고 싶다면 지금 바로 이 책을 찬찬히 읽어보시길 권유합니다. 책을 통해 자신의 학습 방법을 점검하고, 필요한 학습전략을 습득하여 즐겁게 공부하고 자신감도 쑥쑥 자라나길 응원합니다.

전북 영선중 이재환 선생님

[공부끝판왕]은 한마디로 “공부하는 방법을 알려주는 나침반이다”라고 말할 수 있습니다. 학생 스스로 부족한 부분을 진단할 수 있으며, 필요한 책을 추천해 주고 있습니다. 점차 확대되는 대입시험(정시 확대 기조) 속에서 수험생들이 [공부끝판왕]을 읽고 공부하는 방법을 찾기 바랍니다.

전국교육연합네트워크 공동대표, 한국교사학회 정책실장, 경기 대부중 최우성 선생님

영어 전공하였고 영어를 가르치는 선생이기에 학생들은 항상 저에게 이렇게 물어봅니다. 선생님 영어 어떻게 하면 잘해요? 영어 잘하려면 어떤 책으로 공부 해야 돼요? 영어 인강은 어떤 걸 들어야 하나요? 라고 물어봅니다. 그럴 때마다 영어선생인 저도 어떻게 하면 영어를 잘할 수 있을지 선뜻 대답하기가 어려웠습니다. 그런데 이제 ‘학습끝판왕’이라는 책을 통해 영어공부를 어떻게 해야 하는지 어떤 책으로 해야 하는지 자세하게 알려줄 수 있을 것 같습니다. 우리 학생들도 이 책에 제시한 방법대로 과목별, 학년별로 어떻게 공부해야 하는지를 잘 실천에 옮겨서 이루고자 하는 꿈을 꼭 이루기를 바랍니다.

덕소고 장환조 선생님

단순한 합격데이터만을 소개하는 입시 책자가 아닙니다. 이 책에서는 잘못된 공부법에 대한 피드백을 받지 못해 어려움을 갖는 학생에게 자신의 점수대에 부족한 부분을 보완할 방법을 추천하는 알짜 정보를 제공합니다.

목포중앙고 김상훈 선생님

체크리스트

나의 공부 감수성은?

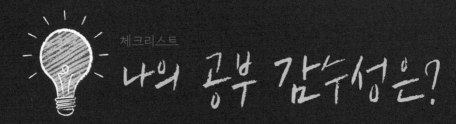

질문	체크
1. 나의 공부 성향을 알고 있다.	
2. 나에게 스스로 칭찬하는 말을 자주 한다.	
3. 나에게 맞는 적절한 공부시간과 학습량을 알고 있다.	
4. 수업을 가만히 듣기보다 적극적으로 참여하는 방법을 알고 실천한다.	
5. 수업시간에 배운 내용을 다시 복습하고 설명이 가능할 정도로 숙지하고 있다.	
6. 나에게 맞는 노트필기법을 알고 수업시간마다 필기를 열심히 한다.	
7. 배운 내용을 더 잘 기억하기 위한 공부전략을 알고 실천한다.	
8. 공부를 도와주고 조언을 해 줄 멘토가 있다.	
9. 공부를 열심히 했을 때 스스로 보상을 해 주는 나만의 방법이 구체적으로 있다.	
10. 공부를 위한 시간 계획이 구체적으로 있고 실행해보고 검토하고 다시 수정하여 공부시간이 점차 늘어나고 있다.	
11. 혼자 공부하기 어려운 과목은 친구들과 그룹스터디를 만들어 함공하고 있다.	
12. 자투리 시간을 버리지 않고 그 시간을 효과적으로 사용하고 있다.	
13. 가만히 앉아 공부하는 것보다 서서 하거나 몸을 사용하는 등의 방법을 알고 실천하고 있다.	
14. 잠을 충분히 자며 규칙적으로 생활한다.	
15. 내가 가장 공부가 잘되는 장소를 알고 거기서 공부한다.	

1~3개 공부에 관심이 없군요!
4~7개 공부를 잘하고 싶은데 아직 훈련이 더 필요하군요!
8~15개 잘하고 있어요! 지금처럼 쭉~

I

내가 공부가 안된 이유

체크리스트

나의 스트레스 지수는?

지난 일주일 동안 내가 겪은 일에 점수를 써 보세요.
전혀 그렇지 않다. 0점. 약간 그렇다 1점. 보통이다 2점. 그런 편이다 3점. 매우 그렇다 4점

질문	체크
1. 집중이 안 된다	
2. 안절부절못하는 나를 느낀다.	
3. 소화가 안 된다.	
4. 마음이 답답하다.	
5. 배가 아픈 적이 있다.	
6. 공부고 뭐고 만사가 귀찮다.	
7. 수업시간에 자꾸 딴생각이 든다.	
8. 몸이 자꾸 피로하다.	
9. 온몸에 힘이 빠지는 느낌이 자주 든다.	
10. 그냥 누군가를 때려주고 싶다.	
11. 갑자기 울고 싶기도 하다.	
12. 예민하고 신경이 날카로워서 말이 곱지 않게 나간다.	
13. 자꾸 멍한 상태로 있다.	
14. 한 가지 생각에서 벗어나지 못하고 그 생각만 하고 있다.	
15. 뭐든지 두렵다.	
16. 행동이 거칠어져서 욕을 하거나 툭툭 치거나 물건을 내리친다.	
17. 머리가 무겁거나 아프다.	
18. 가만히 있는데 가슴이 두근거린다.	
19. 얼굴 표정이 굳어지거나 침울해 보인다.	
20. 난 아무 쓸모 없는 사람이라는 생각이 든다.	

나온 점수를 모두 더해 보세요. 18~29세의 평균점수가 17.5점인데, 나의 점수가 이것보다 높으면 적절한 조치가 필요합니다.
(참고: 영동세브란스병원 정신과 이홍식교수 자료)

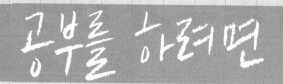

공부를 하려면 마음을 얻어야 해

대전에 사는 도연이야. 처음에 '자신과 대화를 하라고? 뭔 소리야'라고 생각했었어. 그런데 자꾸 그걸 떠올리면서 대화하고 칭찬을 하니까 나도 모르게 기분이 좋아졌어. 정말 효과가 있어. 생활하는 게 신이 나는 거 있지?
또 내가 할 수 있는 일들로 계획해서 하루하루 실천해 나갔더니 정말 공부하는 습관도 쌓이고 자신감도 생겨. ^^

17살, 박도연, 대전

내가 공부가 안된 이유

1 공부를 하려면 마음을 얻어야 해

매일 매일 칭찬, 자기와의 대화

너는 자신과 얼마나 이야기하니? 세계적으로 성공한 사람들은 공통점이 있다는 것 아니? 성공한 사람들은 모두 자신과 대화를 많이 한대. 이들은 자기와의 대화를 어떻게 했을까?

먼저, 이름을 먼저 부르는 거야. "OOO야~!" 하고 다른 사람에게 하듯 나에게 말을 거는 거야. 그러면 복잡한 생각들이 정리되고, 슬플 때 위로해 주고, 잘했을 때 칭찬도 하고, 부족한 부분들은 더 채워지게 지지하면서 나만의 장점을 파악하고 그것을 발전시켜 나간다고 해. 매일매일 칭찬거리를 찾아 칭찬하면 더 좋겠지?

심리학자 루이스 B. 스미스 Lewis B. Smith는 〈칭찬의 기적(2011)〉이라는 책에서 칭찬은 '인정하는 것'이라고 했어. 사람은 누구나 주위 사람들에게 인정받고 싶어하기도 하지만 가장 중요한 것은 스스로 자신에게 인정받는 것이야.

인정은 나 자신에 대해 바로 알고 이해하는 것이야. 공부를 잘 하려면 내가 가진 여러 가지 능력을 알고 이것을 조화롭게 사용할 수 있어야 하는데, 이것은 학습성향과 밀접한 관계가 있어. 내 학습성향을 알고 이를 바탕으로 공부계획을 세워서 나에게 맞는 속도로 해 나간다면 공부를 잘할 수 있게 되지.

학습성향을 알고 싶은데 어떻게 하냐고? 무료로 학습 성향 분석을 해주는 곳이 많아. EBSi, 청소년상담복지센터, 대학교 부설 교수학습개발센터 등등 여기서 네 성향을 분석할 수 있어. 이런 과정을 거치면서 명쾌한 분석이 더해지면 자신을 파악하기가 더 쉬워.

자, 검사를 했니? 결과를 보니 너의 성향이 대충 파악이 될까? 다음은 실제적인 계획을 세우고 실행해야 해. 해보면서 계획대로 할 수 있는지 없는지 확인하고, 가능한 학습량을 조절하면서 네게 맞는 하루 학습량을 찾는거야. 네게 맞는 공부 성향과 학습량을 인지하고 해 나가면 자신감도 더 커지게 될 거야.

매일 할 수 있는 양만큼 공부계획을 세우는 것을 플래닝 Planning 이라고 해. 앞서 말한 것처럼 학습패턴이나 성향을 파악하고, 해야 하는 공부의 계획량이 나오면 한 달 혹은 한 주 단위로 나누어 하루 학습 분량을 정하는 거야. 주의할 점은 하루 학습량을 다했다고 내일 할 것을 하면 안 된다는 거야. 계획한 대로 공부를 끝내면 무조건 쉬어. 혹시 할 수 있을 것 같아서 더하게 되면 오히려 다음 공부에 좋지 않은 영향을 끼쳐. 왜냐하면, 어제 조금 해 두었기 때문에 다음 공부시간이 되면 마음이 해이해지기 마련이거든. 무조건 분량을 채우면 놀아야 해. 그러면 해야 할 일을 끝냈다는 생각에 마음이 편해지고 다음 공부 시간에는 더 자신감이 생겨서 공부가 잘 될 거야.

명심해. 오늘 좀 더 공부하면, 내일 덜하게 될 거야. 그게 계속 쌓이면 마침내 아무것도 안 하는 너 자신을 보게 될거야. 우리가 이전에 늘 그래왔던 것처럼~ 그 느낌 알잖아? 계획 세운 대로 오늘 할 만큼만 하고 끝내. 그리고 노는거야!

만약 계획된 공부가 너무 일찍 끝나버리거나, 시간이 더 걸렸다면 그것은 계획이 잘 세워지지 않은 거야. 계획을 수정해서 하루에 할 수 있는 분량으로 다시 조정해야겠지. 자 계획대로 해. 공부가 끝나면 쉬는 시간만큼은 하고 싶은 것을 하면서 놀아. 노는 것은 시간낭비가 아니야. 바로 다음의 공부 에너지를 충전하는 시간이란다.

쉬면 공부패턴을 놓쳐서 다시 공부에 집중하기가 어려울까 봐 두렵니? 사실 그렇지 않아. 충분한 휴식이 오히려 암기력 향상에 도움을 준다는 연구가 있어. 1900년 독일 심리학자 게오르크 뮐러와 제자 알폰스 필체커의 연구 결과야. 뮐러와 필체커는 '기억력 응고'와 관련된 여러 가지 연구를 진행했어. 먼저 실험에 참가한 사람들을 두 조로 나눠서 뜻이 없는 무작위 음절을 외우게 했어. 일정한 시간이 지난 뒤에 한 조에는 바로 다음 암기 목록을 건네줬고 다른 조에겐 학습 전 6분의 휴식 시간을 주었지. 그리고 한 시간 반이 지났어. 결과는 완전히 달랐다고 해. 다음 학습 전에 충분히 쉰 조는 주어진 학습량의 50%를 외웠지만, 쉬지 않고 바로 다음 내용을 받은 조는 약 28%만 기억했어. 그러니 쉬는 것도 공부에 도움을 주는 일이야.

스트레스를 즐겨 봐

너는 언제, 어떤 상황에서 스트레스를 받니?
시험 기간을 생각해 봐. 당장 내일이 시험이라 시험공부를 하긴 해야겠는데 갑자기 공부 말고 다른 게 눈에 들어오지 않았어? 어제까지는 괜찮았는데 갑자기 책상의 배치가 맘에 안 들어 '바꿀까?' 하는 마음이 들어. 카톡 올 일이 없는데도 핸드폰을 자꾸 확인하고 싶어지지. 그리고는 '다들 공부하나? 왜 이리 조용해?' 라고 생각해 본적 없니? 맞아, 그랬을 거야. 나도 그랬거든.

EBS 다큐프라임에서 나온 실험 영상을 본 적이 있어? 사람은 뭔가 할 일이 많은 상태가 되면 뇌파가 빨라지면서 스트레스 지수가 최고로 올라가고 평소보다 더 산만해진대. 그럴 때는 TV 방송이나 SNS를 확인하는 것이 무척 재미있지. 시험기간이나 수행평가, 조별과제를 내는 날이 가까워지면 왜 시간은 후딱 지나가고 갑자기 평소에 무심하던 일들이 그리워지는지 아니? 그것은 해야 한다는 강박증과 힘듦 때문에 뇌에서 스스로 조정을 하기 때문이야.

스트레스를 받으면 뇌는 호르몬을 분비해. 시험 벼락치기같이 단기간 스트레스는 오히려 기억력을 향상하는 아드레날린 분비를 자극해서 공부를 더 잘 되게 해. 하지만 계속적인 스트레스는 조금씩 뇌를 파괴하고 시냅스를 손상시켜 결국에는 건망증과 같은 증세를 일으키지.

그럼 어떤 호르몬이 나오도록 유도하는 게 좋을까? 그래, 적당한 긴장감은 아드레날린이 분비되어 기억력에 도움을 주니, 이를 즐겨보는 것은 어때? 모든 것은 마음먹기에 달린거잖아. 적절한 스트레스를 이용하기 위해 더 필요한 게 사실은 플래닝이기도 하지. 네게 맞는 적절한 공부 시간과 학습량을 주는 것이 장기적인 스트레스로부터 너를 자유롭게 하는 길이야.

말하라,

그게 널 다르게 만들 거야

우리 반은 완전 잠보들이 많아. 수업시간이 되면 다들 잠에 빠지지. 나도 그랬어.
얼마나 졸린지 눈을 비비고, 허벅지를 두드리고, 꼬집고 해도 도대체 소용이 없는 거야.
잠을 깨우기도 바쁜데 공부가 어떻게 되겠어? 그래서 물리는 망했어.
멘토에게 수업에 들어가서 참여하라는 조언을 받았어. 열심히 필기하기로 맘을 먹고
실천하니 좀 낫더라. 그러니 수업에 더 집중하고 질문도 하니까 전혀 졸리지 않았어.
수업이 끝나면 배운 내용을 짧게 복습하고 말로 설명하기를 해 봤어.
내용이 완벽히 이해된 걸 느껴.

18살, 정혜정, 경기

② 말하라, 그게 널 다르게 만들 거야

들으면 잔다

내가 어린 시절에는 학교에 다녀오면 부모님이 "학교에서 선생님 말씀 잘 들었니?' 라는 말을 많이 하셨어. 하브루타로 유명한 유대인 부모는 학교에 다녀온 자녀에게 뭐라고 묻는지 알아? "오늘 선생님께 무슨 질문을 했니?" 이렇게 한대. 같은 상황이지만 서로 다른 질문에 담겨있는 생각이 뭘까? 우리나라 사람들은 수업을 잘 들어야 한다고 생각하지만, 유대인들은 수업에 참여해서 말해야 한다고 보는 거지.

일반적으로 자신에게 주어진 일에서 주도권이 없다고 생각하면 사람의 몸과 두뇌의 활동은 점점 더뎌지기 시작한다고 해. 몸이 쉬도록 활동이 줄어드는 시스템이 작동하는 거지. 뇌에 산소 공급이 점점 줄어들고 몽롱한 상태에 빠져. 직접 참여하지 않고, 가만히 듣는 학습을 하면 그것은 구경꾼이 되면서 뇌에겐 아무것도 안하는 일이 되고 결국 네 주도권을 내어주는 거야. 열심히 수업을 들으면 잠이 올 뿐이야.

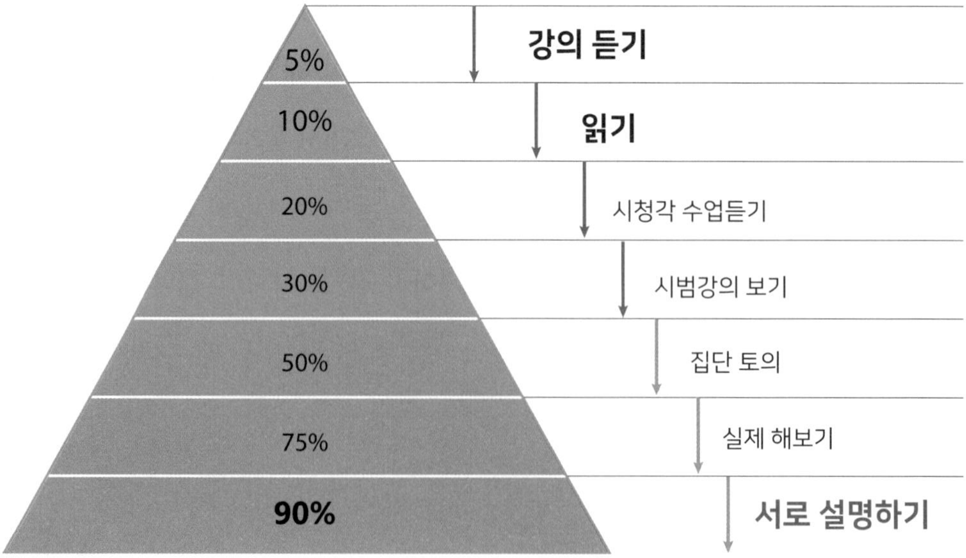

출처: NTL(National Training Laboratories)

학습효율성 피라미드를 볼까? 다양한 방법으로 공부를 한 뒤, 24시간 후에 기억이 남아 있는 비율을 피라미드로 나타낸 거야. 강의식 설명은 5%, 읽기는 10%, 시청각 교육은 20%, 시범이나 현장견학은 30%의 기억률이 나오는 것을 알 수 있지.

그림대로라면 네가 학교에서 수업을 그저 들으면 5%만 기억하게 되는 거야. 책상에 앉아 읽으면서 공부하면 10%, 시청각 수업은 20% 기억해. 어때? 높지 않지? 아직 미미해. 역시 수동적 학습법은 그 효율성이 매우 떨어져. 이에 반해 토론은 50%, 직접 해보는 것은 75%, 다른 사람을 가르치는 것은 90%로 효율성이 높아져. 바꿔 말하면 친구를 가르치는 공부는 강의를 듣는 것보다 약 18배로 효율성이 높아지는 거야.

실제로 공부를 잘하는 학생들에게 한 가지 공통점이 있어. 그게 뭘까? 궁금하지? 공신들은 배운 내용을 가지고 스스로 친구들에게 설명한다는 거야. 이게 바로 가르치는 학습법이고 말하는 공부의 힘이야. 주도적으로 공부하는 공신들에게 배울 중요한 방법은 강의를 듣거나 배운 게 있으면 바로 노트필기 하는 습관이야. 수업을 듣는 게 아니라 수업에 들어가야 해. 쓰는 활동은 수동적으로 듣는 학습을 능동적으로 주도권을 잡는 학습으로 바꿔주지. 공신들은 자연스레 그 방식을 이미 터득해 사용하고 있는 거였어.

칠판에 적어가며 강사가 되어 말해 보거나, 노트필기를 하면서 각 내용을 연결하는 활동은 배운 내용을 장기기억으로 저장하는 방법이 되고 학습의 효율성을 높여준단다.

뭐? 이미 너도 알고 있었어? 그럼 공신이 되었겠네.
아, 알고만 있었다구? ^^;
실천이 중요한 거야~!

'설명하기'가 최고의 선택

어떻게 실천할까?
설명하기를 해 보는 거야. 선생님처럼 네가 공부한 내용을 설명해 볼까? 설명하려면 기본개념 이해를 바탕으로 다시 너만의 언어로 만드는 과정이 꼭 필요해. 이러한 활동은 배운 지식을 장기기억에 담게 만드는데, 어떤 내용을 파악해서 설명까지 가능한 상태를 '메타인지'라고 부르지. 가장 강력한 메타인지 학습법이 바로 '설명하기'야. 설명할 대상이 없다고? 그럼, 앞에 누군가 있다고 생각한 후 해 봐. 대상이 꼭 필요하다면 인형을 앉혀 놓는 것도 좋아. 처음엔 어색해도 곧 놀라운 기억력을 경험하게 될거야. 개인적으로 나는 스마트폰의 음성녹음 기능을 잘 사용 해. 설명하는 내용을 녹음하고 다시 들어보고 내가 무엇을 모르는지 파악하는 거지. 다시 공부하고 녹음하고, 이렇게 하니 효과가 무척 좋았어.

공부의 기본 원칙은 '50분 공부, 10분 휴식'이야. 이 방법이 학습의 효율성을 높여준다고 해. 모르는 사람들은 10분 휴식할 때만 보고선 오해를 하기도 하지. "공부 좀 하나 싶으면, 놀고 또 조금 하나 싶으면 놀고 있다"고 말야. 하지만 10분 휴식이 진짜 휴식일까? 아냐, 10분 중에서 5분은 진짜 휴식이고, 나머지 5분은 공부한 내용을 중얼중얼 혼자 설명하면서 정리하는 시간이 되는 거야.

설명하기 후에는 혼자 문제를 만들어서 묻고 답하는 활동을 해 봐. 그러면 공부한 내용을 한번에 복습할 수 있게 돼. 스스로 질문하는 과정에서 내가 모르고 있거나 불분명했던 개념이 어떤 것인지 자연스럽게 파악이 되기도 하지.

우리의 뇌가 가장 잘 집중할 수 있는 시간인 50분 학습과 이후 10분 복습을 한다면 그건 배운 것을 장기기억으로 옮기는 최고의 학습이 될 거야. 이것을 뭐라고 한다 그랬지? 그렇지, 배운 내용을 잘 이해해서 설명이 가능한 상태로 이르는 '메타인지' 학습이라고 해. 메타인지가 되면 공부는 내 것이 되는 거란다.

적어라

놀라운 일이 일어날 거야

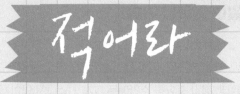

난 떠오르는 생각이나 외워야 하는데 잘 외워지지 않는 내용을 메모지에 적어서 붙여놔. 그리곤 수시로 보니 저절로 외워지게 되더라. 요즘에는 아침에 하루 동안 해야 할 일을 적어놓고 그걸 했는지 확인하니 나름 '미션클리어' 하는 재미가 있어. 너두 적어봐~ 재미도 있고, 공부의 효율도 훨씬 높아져.

18살, 문세찬, 전남

③ 적어라, 놀라운 일이 일어날 거야

가끔 시험을 보거나 뭔가를 찾을 때 '보긴 봤는데, 아 어디서 봤더라?' 하고 중얼거렸던 적이 있지 않니? 우리의 생각보다 눈으로 보는 게 아주 많은데, 정작 중요한 순간에는 그게 기억나지 않아서 '그게 뭘까' 하고 끙끙거려.

우리가 눈으로 정보를 빠르게 흡수해도, 뇌 속에 눈으로 본 기억이 남는 시간은 매우 짧다는 것을 의미해. 다시 말하면, 눈을 통해 뇌에 많은 정보가 입력되지만 이 중 대부분은 지워진다는 뜻이야. 우리의 뇌는 오감을 통해서 정보를 받아. 그 중 촉각을 이용한 정보가 가장 잘 기억된다고 해. 그러니 손을 이용해서 글씨를 쓰는 것이 중요하지 않을까 싶어.

성인의 몸에 있는 206개의 뼈 중 손에만 무려 54개의 뼈가 구성되어 있대. 손뼈가 우리 신체의 1/4을 차지하고 있다니 놀랍지 않아? 손에는 신체 중 가장 많은 감각점이 밀집되어 있기 때문에 어떠한 자극에도 민감하게 반응하지. 손을 많이 쓰면 뇌도 더 발달하지 않을까? 실제로 한 연구결과를 보면 손가락만 잘 움직여도 두뇌 기능이 향상되고, 손놀림이 많으면 두뇌 영역에 새로운 시냅스의 네트워크가 구성된다고 해.[1]

성공한 사람들은 손을 매우 효과적으로 사용했는데, 이들은 모두 메모광이었다고 해. 각각의 메모를 통해 아이디어를 서로 연결하고 구조화시키면서 처음 나왔던 생각을 구체적으로 실현하는 방법을 썼다고 하네.
정말 놀랍지?

노트필기는 구조화가 진리

공부에 손을 사용해 볼까? 학습내용을 노트에 적으면 일목요연하게 정리된다는 장점이 있어. 일목요연한 것, 이게 바로 구조화이지. 학습을 왜 구조화 해야 할까? 우리 뇌의 구조는 회로 연결망으로 구성되기 때문이야. 이런 구조 때문에 시각, 촉각 등의 다양한 정보가 들어오면 뇌에서는 어떻게 기억할지 계획하는 활동이 일어나. 그러니 아무리 복잡한 내용이라도 체계적으로 정리되면, 그 구조화 때문에 필기 내용을 쉽게 받아들이게 만들지.

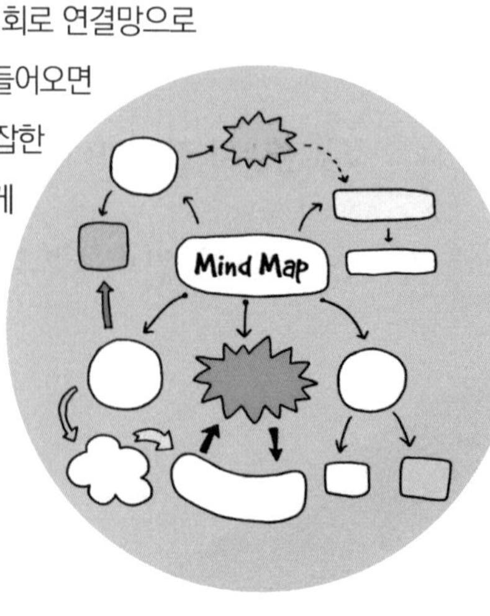

이런 구조화에 기반을 둔 5가지 노트정리법을 알려줄게.
노트필기법 1. 비주얼 씽킹 Visual Thinking
마인드 맵핑 Mind Mapping

[1] 의식적인 손 운동을 통한 뇌기능 증진의 매커니즘에 관한 연구(2004), 참고

마인드맵핑은 1970년대 초 영국의 토니부잔이 만든 것인데, 이미지와 키워드, 색과 부호 등을 사용하여 좌, 우뇌의 자연스러운 연결을 이끌어 내는 필기법이야. 지금은 전 세계에 퍼진 일반적인 방법인데, 학생들이 가장 선호한다고 해. 마인드맵핑은 비주얼싱킹의 범주에 속해. 비중얼씽킹은 글과 그림을 이용하여 생각과, 정보를 기록한 것을 말해. 이 필기법의 장점은 이해가 쉽고, 시간이 절약되며, 기억을 오래 할 수 있다는 거지. 많은 분량을 한 장으로 쉽게 요약 정리 할 수 있다는 것이 큰 장점이야.

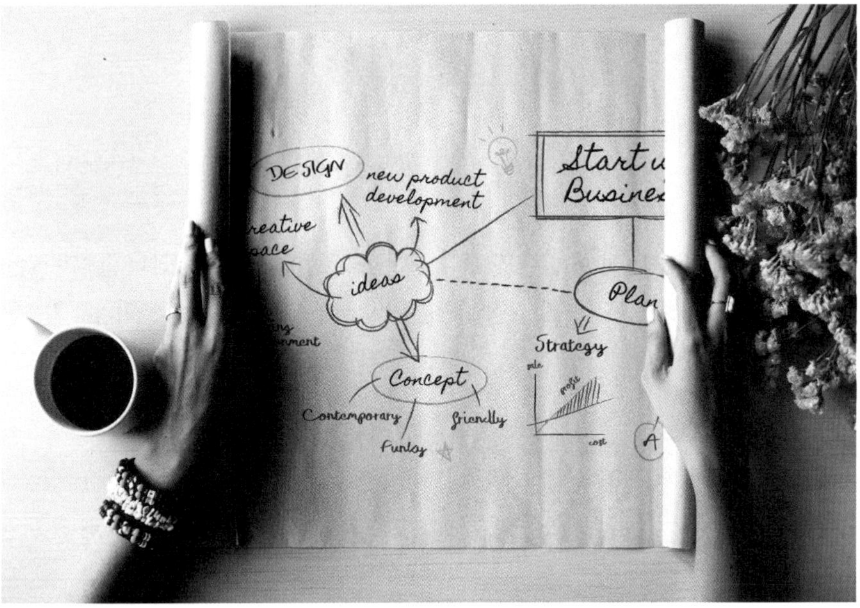

노트필기법 2. 코넬식 노트필기법

코넬대학교 교육학교수 월터 포크가 고안한 방법이야. 코넬식 노트필기법의 특징은 5R과 4개 영역을 활용하는 거지. 노트를 단서영역, 제목영역, 필기영역, 요약영역으로 나누어서 정리해.

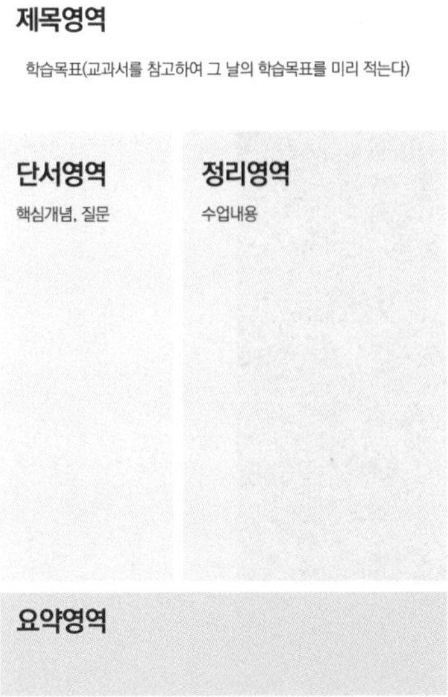

5R은 뭘까 궁금하지? 자, 다음에 나와.

1. 기록하기 Record

수업 내용을 노트 필기 영역에 기록. 중심 단어만 사용하여 전체 줄거리 간략하게 쓰기

2. 축약하기 Reduce

필기 영역에 쓴 내용을 보고 중요한 사실이나 키워드를 뽑아 왼쪽 단서 영역에 적기

3. 외우기 Recite

왼쪽의 단서나 질문을 보고 우측의 필기 내용 상상하기. 혹은 단서를 보면서 요약 영역에 적어 놓은 중요 구문이나 문장을 암기

4. 생각 발전시키기 Reflect

수업에서 배운 내용을 심화시키기

5. 복습하기 Review

주기적으로 노트를 보고 다시 공부하기.

노트필기법 3. 플랭클린플래너 Franklin Planner

플랭클린플래너는 최소 1년의 계획을 세울 수 있도록 설계된 노트를 말해. 요즘 플래너 종류가 많은데, 고를 때 봐야 할 점은 네 학습을 계획하고 꾸준히 그 실행 결과를 나타낼 수 있는지야. 스마트기기로 가능한 앱도 있어서 편리하지.

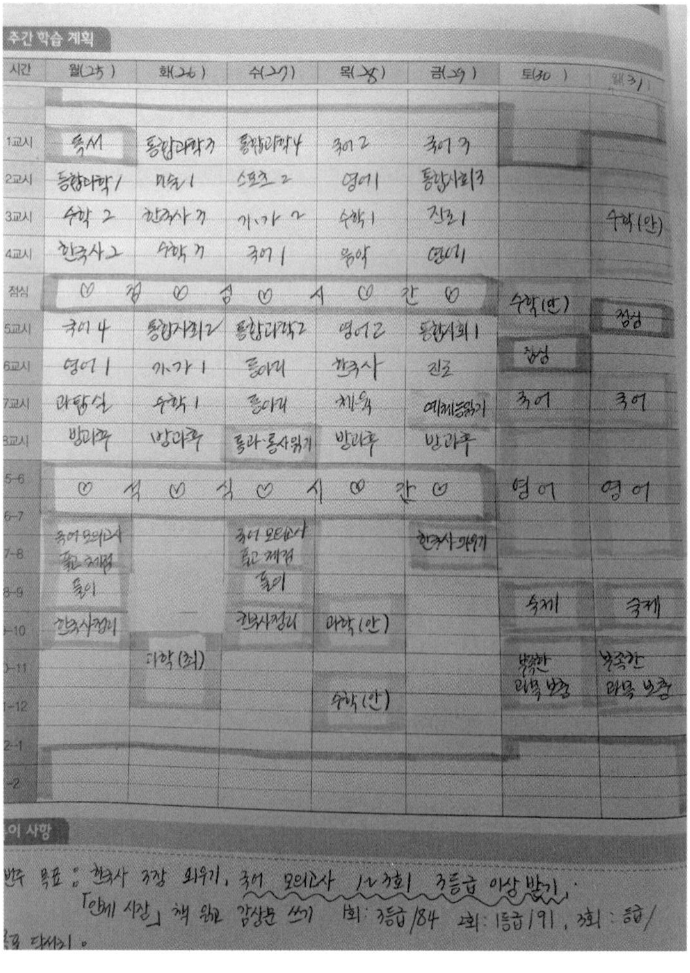

밑줄을 그어가면서 읽어라

공부는 자신과의 싸움이며 시간과의 전쟁이야. 하지만 많은 학생은 적은 노력을 들이고 그 성과는 대단하길 기대하지. 혹시 너도 그렇게 생각하지는 않았니? 시간을 들일수록 학습효과는 좋겠지만 시간을 잘 사용하는 것도 중요해. 시간을 보다 효율적으로 사용할 수 있는 방법으로 임성룡의 'SR공부법'을 소개할게.

1단계는 연필로 밑줄을 그어가며 읽는 거야. 이해가 잘 안되는 것, 중요하다고 생각되는 문장이나 단어를 체크해. 여기서는 그저 가볍게 3번 읽어.

2단계는 형광펜으로 키워드를 표시하면서 2번 읽어. 이때는 1단계보다 읽는 속도가 더 빨라질 거야.

3단계는 연필로 밑줄 친 것과 형광펜으로 표시한 키워드를 빠르게 5번 읽어. 이렇게 읽으면 10번 정도 읽게 되지. 이 방법은 읽는 시간은 절반으로 줄이면서 암기와 이해가 빠르게 되는 장점이 있어.

감정 지능을 이용해 외워 봐

난 준호야. 요즘 나는 매일 잠자기 전에 하는 일이 있어.
그건 바로 공부계획표를 점검하고 검토하는 일이야.
나의 멘토가 이젤 제안해 주셔서 해보는데 매일 확인을 해주시니까 생각보다 잘하게 되는거 같아. 이 검토를 하면서 계획한 대로 하루를 보냈는지 점검하고 다음 학습량을 예상하고 계획을 세우지. 공부계획표를 짜서 해보니까 내 공부 성향도 알게 되고, 거기에 맞게 자꾸 조정해 나가니까 나만의 공부법을 찾게 되더라.
너희들도 혼자하기 힘들지? 너를 잘 도와줄 멘토를 찾아서 부탁해 봐.
절대 후회하지 않을 거야.

19살, 강준호, 경북

④ 감정 지능을 이용해 외워 봐

뇌는 정보를 분류, 구조화해서 저장한다고 했지? 한 가지 중요한 요소가 있어. 바로 감정이야. 우리의 지식은 감정을 동반하지 않으면 그 기억이 오래가지 못한다고 해. 같은 일이라도 그때의 감정이 충분하면 스스로에게 더 특별한 정보로 남겨지게 되는 원리야. 무조건 반복해서 외우면 머리에 남을 것 같지? 착각이야. 약간의 시간이 지나면 지우개로 지운 것처럼 아무것도 남지 않아.

감정이 바탕이 된 기억이 진짜다

사람은 감정의 동물이야. 공부도 감정의 지배를 당하지. 감정에 따라 공부의 성과도 달라져. 감정이 불안할 때 공부하는 것보다 기쁘고 편안한 상태가 더 좋아. 기억 하나를 한 번 떠올려 봐. 어때, 기억에 감정이 섞여 있지? 아마도 감정과 연결된 기억이나 의도적으로 만든 상황이 대부분일거야. 수업시간에 배운 내용은 잘 기억나지 않지만, 선생님이 비 오는 날 들려준 첫사랑 이야기는 오래 기억하지? 이게 바로 그날의 감정과 연결된 거야. 나도 학창시절 좋아하는 선생님이 가르치신 과목은 항상 점수가 좋았어. 어떤 친구는 무시하는 선생님에게 실력으로 보여주기 위해 분노의 감정으로 학습에 몰입해서 높은 성적을 얻기도 해.

어떻게 공부에 감정을 활용할까? 공부에 들어가기 전, 공부에 대한 기분 좋음을 상상하고, 앞으로 이루고자 하는 것을 기대하는거야. 맘껏 휴식을 취한 후 네가 하고 싶은 공부에 몰두하는 모습을 그려봐.

뇌는 행복에 아주 민감하지. 하지만 스트레스를 받으면 뇌는 위축된다고 해. 스트레스를 받으면 뇌 속에 노르아드레날린 과다분비로 뇌 신경에 과부하가 걸려 뇌가 정보를 원활하게 처리하기 어려워. 그러니 기억을 못하지. 스트레스만 받지말고 너의 상황을 즐거운 스토리로 엮어서 즐거운 일이 되게 만들어 봐. 그럼 공부도 잘 되고, 행복감을 느낄거야. 다음은 너와 비슷한 시기를 보내고 대학생이 된 학생의 이야기인데 한 번 읽어 봐.

> 나는 공부할 때 이 어려운 시기를 보내고 대학교에 가서 캠퍼스 생활을 만끽하면서, 소개팅도 하고 멋진 사람을 만나 데이트를 하는 것을 꿈꿨어. 또 고풍스런 대학 도서관에 앉아 책을 읽거나, 학생카드로 할인되는 카페의 푹신한 소파에서 시원한 음료를 시켜 놓고 노트북으로 학과 숙제를 하는 모습을 상상하면 오히려 나에게 큰 도움이 되는 것처럼 느껴져서 공부가 더 잘 되었어. 공부를 하면할수록 내가 꿈꾸는 대학에서의 생활이 내 눈 앞에 다가오는 것처럼 느껴졌거든.

멘토를 찾아보자

멘토링이란 풍부한 경험과 지혜를 겸비하여 신뢰할 수 있는 선배, 혹은 스승이 일대일로 도우며 조언을 해 주는 거야. 멘토라는 말은 그리스 신화에서 나왔어. 오딧세이가 트로이 전쟁 후 고향으로 돌아와 자기 아들이 훌륭하게 성장한 모습을 보고, 아들의 스승인 '멘토'에게 찬사를 보낸 것에서 유래되었다고 하지. 어떤 사람을 물심양면으로 돕는 조력자의 역할을 하는 사람이 멘토이고, 그 돌봄을 받는 사람을 멘티라고 해.

공부에서 네 멘토는 누구로 하면 좋지? 선생님, 부모님, 또는 전기문에서 본 위인 등 네가 정해 봐. 위인이나 유명인처럼 너와의 거리가 너무 먼 사람보다는 직접적인 충고를 해 줄 수 있는 주변인이 더 좋아.

어떻게 멘토를 정해야 할지 모르겠거든 네 주변의 사람들 중에서 존경할만한 분을 찾아봐. 분명히 있을 거야. 그 사람에게 네 사정을 솔직히 털어놓고 네게 맞는 멘토를 소개해 달라고 부탁하는 것도 좋은 방법이야. 분명히 그 분은 너를 위해 멘토를 찾아주실거야. 그렇게 소개받은 멘토는 열의를 갖고 찾아온 너에게 반가움을 갖고 마음을 다할 거라 생각해. 특히 학습은 멘토와의 상담이 큰 영향을 미치니까 어떻게든 너의 멘토를 정하고 그 멘토를 찾아가서 대화해 보렴.

구체적인 학습 동기를 만들어 봐

난 게임을 참 좋아해. 그래서 공부도 게임처럼 할 수 없을까? 생각했어. 시간을 정해놓고 외워야 할 것을 미션으로 정했어. 첨엔 힘들었지만 미션이 깨지면 다시 도전하고 또 했어. 성공하면 조금 더 어려운 조건으로 레벨을 올렸지. 처음에는 영어 단어 20개 외우는데 시간이 엄청 오래 걸렸는데 게임처럼 하니 어느 순간 20개를 금방 외우게 되었어. 그리고 재미도 있어. 미션을 클리어 했다는 성취감이 젤 큰 거 같아. 그리고 집중력도 점점 늘어나게 되었어.

19살, 정현수, 인천

5 구체적인 학습 동기를 만들어 봐

외적동기로 워밍업 하라

동기부여에 대한 일반적인 생각은 내적동기가 외적동기보다 더 중요하면서 효과도 높다는거야. 과연 그럴까? 이런 연구결과는 모두 제한적인 공간과 시간에서 이루어졌고, 실험군을 비교하기 전부터 이미 내적동기가 외적동기보다 우월하다는 가정이 세워져 있는 것으로 보여.
물론 외적동기가 내적동기보다 더 중요하다고 말하는 것은 아냐. 하지만 내적동기와 외적동기를 같은 선상에서 비교하는 것이 옳을까? 외적동기는 모든 행동의 근원이기도 해. 사람들은 모두 뭔가를 위해 말하고 행동하지 않니? 갓 태어난 아기에게는 내적동기가 있을까? 그저 자고, 그저 먹고 싶은 외적동기만 있을 거야.

너는 '공부를 어떻게 하면 잘 할 수 있을까?' 라는 내적 동기에서 이 책을 샀을 거야. 그런데 '우와, 쉽고 재밌네.' 하면서 '다음에는 뭐가 나올까?' 하고 기대하는 호기심이나 만족감이 생겨서 책을 계속 읽는다면 그것은 외적동기에 속해.
외적동기가 없는 내적동기도, 내적동기가 없는 외적동기도 존재하지 않지.. 이 둘은 항상 서로 연결돼. 다만 내적동기는 더 오래가는 반면, 외적 동기는 충족되자마자 바로 사라지는 게 다를 뿐이야. 그러니 무엇이 더 좋다고 말할 수는 없다고 생각해.

외적 동기에 '보상'이라는 말이 자주 나오는데, 보상은 목표 행동을 한 후, 네가 원하는 뭔가를 선물해 주는 것을 말해. 점수, 사탕, 선물로 발표 의지를 올리거나 단기적으로 성적을 높이기 위해 주기도 하지. 나도 어릴 때 해야 할 일을 먼저 끝내는 사람에게 주어지는 청소 면제를 받기 위해 더 열심히 했던 기억이 있어. 청소를 않고 집에 갈 때의 그 기분이란~~ 이 상황에도 청소 면제라는 외적동기가 있지만 기분 좋음이라는 내적동기도 있지. 그러니 뗄 수 없는 거야.

너에게 외적동기를 미리 정하고 그에 따라 공부하라는 조언을 하고 싶어. 공부하는 게 단순히 기분 좋음이나 성취감만 얻기 위해서 하는 것은 아니잖아. 네겐 대학이라는 큰 목표가 있고, 당장 모의 평가나 내신 성적을 위해 공부해야 하는게 현실이니까, 그렇지?

이제 구체적으로 네가 받을 상을 적어 봐. 이만큼 공부하면 너를 위해 뭔가 해주는 거지. 가령, 2시간 공부하면 네가 하고 싶은 것을 할 수 있는 자유시간을 30분 준다거나 하는 방식으로 스스로 정하면 될 거야.

공부가 곧 게임이다

'공부해야지' 생각하는데 누군가가 '공부 좀 해' 하면 하기 싫지? 이럴 때 공부는 일로 생각하니 힘든 거야. 아무리 학생의 본분이 공부이라지만, 콕 찍어서 그렇게 이야기하면 하기 싫은 건 누구에게나 마찬가지일 거야.

공부를 게임처럼 생각해 봐. 게임이 왜 재미있을까? 이유가 뭘까?
그래, 점수가 올라가거나 레벨을 올리는 방식이 있기 때문이지. 공부에 목표 점수를 두고 레벨을 만들면 도전하면 어떨까? 특정 과목에서 목표 점수를 적는 거야. 그리고 그 점수에 도달하면 레벨이 승급 되는거지. 어때, 매력적이지 않니?

사실 게임은 그 자체가 아주 정직해. 아주 특수한 경우를 제외하고는 노력한 만큼 돌아오게 되어있거든. 시간이든, 돈이든 계속 투자하면 레벨은 올라갈 수 밖에 없어. 생각해 봐, 어떤 게임을 하려면 어떻게 해야 이기는지 또는 레벨을 올리는지 요령을 알아야 하잖아. 공부도 마찬가지야, 공부하는 요령을 알면 레벨을 올리기는 훨씬 더 쉬워져. 바로 네가 지금 이 책을 읽고 있는 이유이기도 하지. 그러니 이 책을 끝까지 잘 읽어보는 것도 좋은 요령을 배우는 길이야.

게임처럼 공부를 하면서 스릴도 느끼고 싶다면 시간 제한을 두는 것은 어때? 지금 외워야 하는 내용을 시간 제한을 두어 5분 안에 외우도록 하는 거야. 그러면 그걸 해결하기 위해 여러 방법이 나올 거야. 중얼중얼 소리 내거나, 쓰거나, 네가 편한 방법을 찾겠지? 시간 안에 모두 외웠을 때의 성취감도 매우 클 거야.

요즘에는 혼자 하는 게임보다 여럿이 만나서 하면 더 재미있다고 하던데, 너도 그래? 공부도 마찬가지야. 혼자하는 혼공보다 사실은 여럿이 하는 함공이 무척 재미도 있고 서로 에너지를 북돋우며 돕기 때문에 훨씬 효과가 있어.

너랑 같은 과목의 공부를 할 친구들을 모아서 각자의 수준에 따라 레벨을 주면 어떨까? 서로 도우면서 일정 수준에 도달했을 때 레벨을 올려주는 거야. 어때? 재밌지 않겠어? 당장 해봐. 특히 스스로 공부하려는 의지가 약한 사람에게 좋은 방법이 될 거야.

6 철저히 놀면서 공부하는 거야

시작이 반이다

'시작이 반'이라는 속담 들어봤지? 공부도 시작이 아주 중요해. 네가 공부를 시작하면서 갖는 기대는 어떤 거니? 좀 크지 않아? 혹시 주변 사람 모두가 너를 대견하게 보길 기대하고 있지 않아?

그런데 현실은 그렇지 않지. 누구도 네가 공부를 열심히 하려는 첫 출발이라는 것을 알지 못할 거야. 공부는 마치 마라톤과 같다고 생각해. 자신과의 싸움이지. 마라톤은 체력 안배가 매우 중요해. 어떤 타이밍에 쉬고, 어느 순간에 속도를 낼지 정확하게 판단하고 실행해야 완주할 수 있어. 잠깐의 방심이나 안일함은 결국 중도에 주저앉게 만들지. 공부도 마찬가지야. 공부의 시작부터 체계적이고 분석적이어야 해. 마라토너가 자신의 컨디션을 조절하듯이 공부의 시작은 컨디션 유지도 중요해.

이것만 하고 놀자

공부는 너의 인생에서 성공에 도달하기 위한 지름길 같은 역할을 하게 될 거야. 공부로 삶이 변화되는 기쁨을 맛보기 위해 소소한 즐거움을 누릴 줄 알아야 해. 요즈음에는 인터넷 영상이나 방송은 매우 재미있는 놀잇거리이지.

이전에는 오로지 공부만 해서, 공부를 통해, 공부를 수단으로 성공했어. 근데 요즘엔 그렇지 않아. 꾸준한 공부를 통해 삶을 바꾸고, 공부를 통해 새로운 분야로 들어가야 하는 시대라 생각해. 4차 산업혁명 시대가 오면 AI가 있으니 공부를 안 해도 될 줄 알았니? 아냐, 오히려 정보를 어떻게 사용하는지 수많은 정보를 어떻게 분류할지에 대해 알아야 해. 또 여러 직업이 없어지고 새로 만들어지길 반복하면서 평생 직장의 개념은 사라져서 공부를 평생 해야 하는 시대가 될 수도 있어.

이제는 공부를 재미와 융합해야 해. 공부의 끝에 너만의 놀이를 넣는거야. 공부하는 것도 중요하지만 잘 노는 것도 매우 중요해. 어떤 직업군에 포함되더라도 놀 줄 알아야 사회생활에서도 성공할 수 있어.

생각해 봐. 여기에 변호사가 있어. 한 사람은 딱딱하고 다른 사람은 유머러스하고 성격도 좋아. 누가 더 주목 받을까? 당연히 유머 있는 변호사일 거야. 또, 인간미가 없는 경찰보다는 마음이 따스한 경찰이 사람들을 이끌 걸?

그러니 공부를 통해 놀이의 즐거움을 맛볼 필요가 있어. 너만의 공부계획에서 최고 목표점에 다다르면 제일 먼저 널 위해 노는거야. 이렇게 하면 공부의 스트레스를 잊고 다시 시작할 수 있는 힘을 얻게 될 거야. 그러다보면 잘 놀기 위해 더 공부하지 않을까? 그것도 나쁘지 않아.

'공부와 놀이의 연결'이 바로 공신들의 비법 중 하나이기도 해. 그 대표적인 예가 레고야. 레고 알지? 남자들은 어릴 때 레고를 가지고 놀았던 친구들이 많을 거야. 레고 Lego 는 덴마크어로 '잘 논다'l eg godt 의 줄임 말이라고 해. 레고는 그리스식 교육을 실천하는 스칸디 부모들의 철학이 담긴 놀잇감이야. 그들은 잘 놀아야 잘 공부할 수 있다고 생각했다고 해. 정말 놀랍지 않니?

아침부터 밤늦게까지 책상에 앉아서 매일 공부만 하도록 하는 입시위주의 공부를 어릴 때부터 했다면 이해하기 힘들 수 있어. 놀이의 장점은 공부를 통해 갖추지 못하는 사회성, 이해심, 협동심 등을 길러줘서 공부만 하는 생활의 삭막함을 보완하고 완충하는 역할을 하지.

내가 어릴 때 '개미와 베짱이' 이야기를 읽으면 누구나 열심히 일하는 개미를 본받고, 베짱이 같이 되어서는 안 된다고 했어. 요즘도 그럴까? 시대가 변했어. 개미처럼 공부만 해서는 안 돼. 개미처럼 열심히 공부하고, 베짱이처럼 잘 놀 줄도 알아야 해.

자, 먼저 공부해. 그리고 놀아. 놀 때도 원칙이 있는데, 절제된 놀이를 해야 해. 다음 공부에 영향을 끼치지 않을 시간과 장소에서 노는거지. 절제된 놀이와 계획적인 공부가 잘 조화되도록 실천해 보자. 그러다보면 네 생활이 바뀌고 너는 정말 놀라운 결과를 이룰 수 있을 거야. 기억해. 공부와 놀이는 항상 연결되어야 하는 거야.

Tip 효과적인 학습 기법 10가지(출처: 드디어 공부가 되기 시작했다)

① 정교화 질문 Elaborative interrogation
명료하게 서술된 사실이나 개념이 왜 맞는지 설명하기

② 자체 설명 Self-explanation
새로운 정보가 원래 알고 있는 사실과 어떻게 연관되어 있는지 설명하거나, 문제를 해결하는 과정을 단계별로 설명하기

③ 요약 Summarization
공부해야 할 텍스트를 다양한 길이로 요약하기

④ 하이라이팅/밑줄 긋기 Highlighting/underlining
공부해야 할 자료를 읽으며 중요하다고 생각되는 부분에 표시하기

⑤ 핵심어 연상하기 Keyword mnemonic
언어 재료와 연관 짓기 위해 핵심어와 심상 mental images 이용하기

⑥ 텍스트 형상화하기 Imagery for text
읽거나 들으면서 텍스트 자료의 모양을 만들기

⑦ 여러 번 읽기 Rereading
학습 자료를 한 번 읽고 난 후 다시 공부하기

⑧ 연습 시험 Practice testing
알아야 할 자료에 대해 스스로 시험을 보거나 연습 시험 보기

⑨ 분산 학습 Distributed practice
[계속 이어서 학습하는 것이 아니라] 학습 내용을 넓게 펼쳐놓고 반복적으로 연습할 수 있도록 시간계획을 짜서 하기

⑩ 끼워 넣기 학습 Interleaved practice
시간계획을 할 때, 서로 결이 다른 학습내용을 섞어서 시간계획을 짜거나, 다른 종류의 교재를 섞어 사용하는 시간계획을 짜서 실행하기

혼공보다
합공이 먼저야

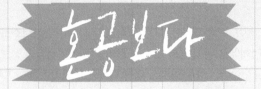

난 수학이 참 어려워. 학원에 다니면서 열심히 하는데 정말 따라가기 어려워.

내 주변 친구들도 그래. 그래서 친구들과 스터디그룹을 만들었어.

저녁 식사 시간에 30분씩 모여서 공부하기로 약속하고 시작했어.

모르는 문제를 같이 풀어보니 일단 마음이 든든해져. 그리고 수학에 대한 두려움이

점점 줄어들고 마음도 편해졌어. 역시 같이 공부하기로 한 걸 잘한 거 같아.

18살, 정인, 서울

7 혼공보다 함공이 먼저야

자기주도적 학습법 들어보았을 거야, 어때? 너는 자기주도학습이 되니? 사실 스스로 자기주도학습 능력을 길러서 실천하기는 매우 힘들어. 너희에겐 아직 공부에서 요구하는 다양한 경험과 정보의 교류가 부족하기 때문이지. 이러한 상황에서 혼공만 고집한다면 아마 공부에 대한 외적인 스트레스만 높아지게 될 거야. 혼공을 제대로 하기 위해서는 함공이 먼저야.

외국어를 배운다고 생각해 봐. 혼자 책만 본다고 언어가 늘까? 배운 표현으로 대화하거나 관련 동영상 보기, 녹음본 듣기 등 여러 방법으로 언어에 노출되어야 하겠지? 이런 방법이 바로 함공이야.

혼자서 책을 보는 것을 즐기는 학생들을 자주 볼 수 있는데, 독서의 습관은 형성되었지만 정보의 나눔은 없겠지. 함공을 한다면 함께 공부하고 책에 대해 이야기를 나누게 되니 공부에서 요구하는 이해력, 집중력, 사고력, 발표력 지수가 높아지게 돼. 혼공 경험이 높은 학생은 이해력, 집중력은 높게 나타나지만, 사고력, 발표력은 좀 낮은 경향이 있지.

마따호쉐프와 넛지 효과

마따호쉐프는 "너의 생각은 무엇이니?" 라는 뜻이래. 유대인 교육에 가장 많이 쓰는 언어라고 해. 유대인 100명이 모이면 100개의 의견이 나온다고 하는데 그만큼 유대인들의 토론은 열정적이고 치열한 거 같아.

이스라엘의 어느 학교든 한 주제로 학생들이 토론하는 것을 쉽게 찾아볼 수 있다고 해. 가령 "우정은 무엇이냐?" 라고 묻는다고 생각해 봐. 정답이 없는 문제잖아? 친구들에게 생각을 말하고, 다른 사람의 생각을 들으면서 차츰 자신만의 답을 찾아가는 것이 토론수업의 궁극적 목표야. 이런 방식으로 생각을 완성해 가는 거지.

공부도 마찬가지야. 차츰차츰 완성해 나가는 과정이야. 함공은 경쟁이 아니라 협력이야. 자기 생각을 말하기 위해 공부한 것을 다시 배열하고 정리할 수 있어. 수백, 수천 번의 이런 함공 과정을 거쳐 공부 강국 이스라엘이 나오지 않았을까?

넛지 효과라는 말을 들어본 적 있어? 넛지는 '옆구리를 슬쩍 찌른다'는 뜻으로 강요하지 않고 유연하게 개입함으로 어떤 행동을 하게 유도하는 것을 말해. 덕평휴게소 남자화장실에 설치된 '강한 남자 찾기'라는 게임에 대해 들어본 적이 있어?

이 게임은 소변기에 장착된 센서로 소변의 양과 세기를 측정해 앞 사람과 점수를 비교해 주는 게임이야. 이 게임 때문에 변기 밖으로 튀어나가는 소변의 양을 상당히 줄였다고 해. 승부욕 때문에 다시 방문하려는 의지도 다지게 한다는데?

횡단보도 앞 신호를 기다리는 곳에서 발자국 모양을 본 적 있어? 그것도 넛지 효과야. 사람들이 자연스럽게 그 자리에 서서 기다리게 만들지. 그 자리는 차가 지나가도 위험하지 않을 안전한 장소이고 사람들은 무심코 앞으로 나가 서려는 행동을 자제하게 되지. 공부도 이렇게 슬쩍 너만의 넛지를 만들어서 응용하면 좋을 거야.

이런 방법을 사용해서 학습이 즐거워진다면 학습효능감은 높아져. 학습효능감이란 학습자가 스스로 학습을 잘 할 수 있다고 믿는 마음이야. 네가 스스로 학습하면서 느끼는 즐거움이 생긴다면 그 효과는 높아질 수밖에 없어. 공부는 즐기며 최선의 효과를 거두는 것이 중요해. 반대로 순수한 지적 호기심과 그 과정에서 일어나는 즐거움과 행복감이 높다면 공부에서 성공할 수 있지. 뇌과학으로 보면, 긍정적인 학습이 이루어지면 학습자의 뇌에 세로토닌과 도파민이 많이 분비되지. 그러면 학습효능감이 더 향상 돼.

공부는 끝이 없다

앞으로 시대는 정년까지 보장되는 직장이 없을 거라고 미래학자들이 예측해. 그럼 공부는 평생 해야 하지 않을까? 진로를 결정하고 대학 진학을 한다고 공부가 끝나는 게 아냐. 대학에 들어가면 취업해도 더 공부, 취업을 해도 다른 회사로 이직을 위해 더 공부, 이런 로드를 예상할 수 있거든.

막연하게 '어떻게 되겠지'라는 생각을 하고 학교생활을 하면 안 돼. 확실한 코스와 최종 목적지를 바라보고 공부하자. 진로나 진학은 언제든 바뀔 수 있어. 다만 앞으로 교과 선택을 해야 하므로 네가 관심 있는 계열이나 전공하고 싶은 계열은 정할 필요가 있긴 해.

목표가 없는 공부, 그 결과가 잘 나올까?

모든 시간이 귀해, 가능한 시간을 찾아봐

안녕~ 난 수지야~

공부는 매일 반복하는 거라고 들었지? 맞아 그런데 그걸 실천하기가 어렵지 뭐야. 나는 영어 단어를 잘 몰라 어휘력이 없으니 영어독해가 힘들었어. 그래서 하루에 5개씩만 외우자고 마음먹고 월요일부터 금요일까지 5개씩 외웠어. 처음에는 안 하던 것을 하니까 좀 힘들었는데, 계속하니까 점점 외우는 시간이 빨라지는 것을 느꼈어. 그러니 점점 공부도 재밌고 자신감이 생기니 영어독해 문제집도 도전해봤어. 그전보다 훨씬 시간이 단축되더라. 그래서 이제 영어 단어는 자투리 시간을 이용해서 하루 10개씩 외우고, 다른 시간에는 독해문제집을 풀고 있어.

17살, 성수지, 강원

8 모든 시간이 귀해, 가능한 시간을 찾아봐

공부는 집중력 싸움이 아닐까 싶어. 그래서인지 이전에는 조용하거나 차분한 분위기에서 하는 공부를 강조했어. 하지만 최근에 이르러 이런 생각이 변하고 있지.

운동을 통한 뇌의 활성 자극을 연구한 실험 결과들이나 가만히 앉아서 외우기보다 걸으면서 외우는 것이 더 효과적이라는 사실, 시간 정해 외우기를 통해 뇌에 압력을 가하는 실험 등등에서 공부는, 특히 외우는 과제에서 적절한 압박은 뇌에서 혈류량의 증가와 함께 긴박한 상황에서 더욱 더 활동적이라는 것이 나타났지.

모두에게 공통적인 것은 아냐. 학습자는 각자 다른 학습성향을 가지고 있기 때문이지. 과거에 강조하던 많은 시간 공부, 조용한 공부는 더 이상 의미가 크지 않아. 공부하는 학생들에게 '집중 또 집중'을 요구하는 것은 한계를 불러일으켜. 공부의 방향을 '선택과 집중'으로 전환해야 해. 공부에 적절한 시간과 방법을 선택해 봐. 자신이 선택한 시간에 집중하는 공부가 훨씬 효율적이지. 또 공부한 양보다 공부의 질이 더 중요해.

모든 시간이 귀하다

공부의 가장 큰 적은 뭐라고 생각해? 아마 유튜브 시청이나 컴퓨터 게임이 아닐까? 부모님과 갈등의 주된 원인이기도 하지. 네 스스로 휴대폰이나 컴퓨터 사용을 통제할 수 있다고 생각해? 통제할 수 없다면 억지로라도 일정 시간 이후에 휴대폰을 가족의 공동 장소에 올려놓고 보지 않는 방법도 좋아.

너의 하루 핸드폰 사용량을 측정해서 그걸 적고 총 시간을 계산해 봐. 핸드폰을 사용할 때마다 타이머로 시간을 재고 하루 동안 사용한 시간을 적어보는 거야.

이렇게 하면 네가 얼마나 휴대폰이나 컴퓨터에 매여있는지를 파악할 수 있지. 그 결과를 보면 얼마나 공부에 방해가 되는지 눈으로 확인할 수 있어. 결국 공부는 네 자신과의 싸움이야. 자신이 주인이 되어 놀이, 공부, 게임을 통제할 줄 알아야 해.

공부에 도움이 되는 활동은 뭘까? 재미있게 뛰어놀기나 친구들과 신나게 수다 떨기, 잠을 푹 자기, 내가 좋은 활동에 푹 빠지기, 쉬는 시간마다 공부하기 등등 모든 것이 공부에 도움을 주는 것 같아. 무엇이든 푹 빠져 있으면 우리의 뇌는 활성화되어 공부하기에 최적의 상태로 만들어. 수다나 잠자기는 공부 스트레스를 잊게 하지. 놀이나 휴식도 신체의 바이오리듬을 올려줘.

21과 66

모든 시간이 귀하지? 네 시간을 합리적으로 투자해서 공부습관을 만들어야 해. 새로운 습관을 완전한 내 것으로 만들려면 시간이 얼마나 걸릴까? 실험에 따르면 최소 21일이 걸린다고 해. 이 법칙은 필리파 랠리 교수 연구팀이 발표했는데. 새로운 행동이 습관이 되는데 최소 21일, 그 행동이 습관으로 자리 잡는 데는 66일이 걸린다고 했어. 여기서의 21일은 새로운 습관을 뇌에 각인시키는 기간이고, 66일은 몸에 배는 과정이래. 다시말해, 두 달을 집중하면 좋은 습관이 정착되고 나쁜 습관은 고칠 수 있는거지. 어때, 자신 있어?

뭔가를 하려 하면, 특히 공부하려고 굳게 맘을 먹고 시작한 뒤 3일쯤이면 이런 마음이 들지. '내가 과연 공부를 잘할 수 있을까?' 1차 고비야. 옛말에 작심삼일이라고 하잖아. 7일 차쯤 되면 2차 고비가 와. '내가 제대로 공부를 하고 있긴 하나?'라는 생각이 들지. 시간이 흘러 14일쯤 되면 '정말 성적이 오를까?'하는 마지막 고비가 와. 드디어 21일쯤에는 '할 수 있어!'라는 확신이 생겨. 뇌가 완전히 새로운 일에 적응한거지. 이게 몸에 배려면, 66일까지 버텨야 해.

화이팅!

자투리 시간의 힘

우리에겐 종종 이런 시간이 있어. 바로 자투리 시간인데, '시간이 애매하네. 이 시간에 뭘 할 수 있겠어. 좀 더 놀고 나중에 제대로 시작하자.' 이렇게 생각하고 놀지. 그게 너에겐 언제야? 보통 학생의 경우, 아침 등교시간이나 등교 후 1교시가 시작되기 전이라고 생각해. 그런데 그 시간을 잘 활용하면 정말 큰 효과를 볼 거야. '가랑비에 옷 젖는다.'는 속담 들어봤지? 자투리 시간을 잘 활용하면 놀라운 일이 일어날 거야.

자투리 시간에 활용하면 좋을 '5분간격 공부법'을 소개할게.

1. 공부 시작하고 5분 동안 공부할 내용을 천천히 읽기

2. 10분 후 공부 내용을 요약하기

3. 15분이 될 때까지 요약한 내용 외우기

이렇게 15분 동안 하면 자투리 시간을 효과적으로 활용하게 되고 이런 시간들이 모여서 좋은 결과로 이끌 거야.

자투리시간을 잘 활용하면 너만의 공부 목표를 정할 필요가 자연스레 생겨. 공부계획표를 만들어서 사용하면 아주 좋지. 요즘 일부 고등학교에서는 플래너를 제작해 주기도 하니 그걸 사용하는 것도 좋아. 간단하게 먼저 주간계획표를 세워 봐. 그리고 네가 세운 주간계획표를 보면서 일일계획표를 시간대별로 세우는 거야. 처음에 고정된 계획보다는 해보고 조금씩 바꿀 수 있는 여지를 남겨두는 게 좋아.

일일계획표에는 하루의 일과를 적고 간단 계획을 세워 공부한 뒤에, 오늘 공부한 시간을 모두 합하여 몇 시간인지를 마지막에 기록해. 그리고 한 주가 지나면 지난 주와 비교해 보는거야. 비교하면서 공부시간을 조정하거나 학습내용을 조정하는 거지.

이렇게 하다보면 차츰 공부한 시간이 쌓이고 그만큼 네가 집중해서 공부하는 시간도 늘어날 거야. 그럼 당연히 성적도 오르겠지?

자투리 시간에 집중해서 공부하는 습관을 만들면 그것은 누구도 따라오지 못하는 너만의 강점이 될 거야.

체크리스트

난 의자 중독인가?

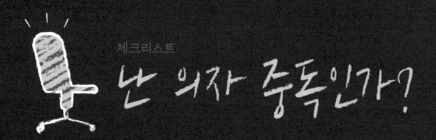

질문	체크
1. 의자에 앉아서 일이나 공부를 한다.	
2. 인터넷으로 쇼핑한 적이 있다.	
3. 하루에 1시간이상 앉아서 TV를 본다.	
4. 음식을 TV를 보면서 또는 차 안에서 먹는다.	
5. 안락의자에 앉는 걸 좋아한다.	
6. 어떤 모임이든 의자를 찾아 앉는다.	
7. 사용하는 소파에 앉았던 흔적이 선명하다.	
8. 친구들과 직접 만나는 시간보다 온라인으로 만나는 시간이 더 많다.	

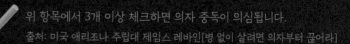

위 항목에서 3개 이상 체크하면 의자 중독이 의심됩니다.

출처: 미국 애리조나 주립대 제임스 레바인[병 없이 살려면 의자부터 끊어라]

9 …… 온몸을 사용해 봐, 공부가 더 잘 될 거야

다른 나라의 언어를 잘 몰라도 우리에겐 쉬운 소통 방법이 있어. 그게 뭔줄 아니? 맞아. 그건 바로 제스처지. 제스처는 세계 공통의 언어라고 해. 가벼운 손짓이나 몸짓으로도 서로 이해가 되기 때문이야.

인간의 감정이나 의사를 전달하는데 제스처만큼 정확한 것은 없을 거야. 학교 수업을 생각해 봐. 제스처가 크고 명확한 선생님의 수업은 더 이해가 쉽지 않았어? 주로 손을 많이 사용하는 공통점이 있지.

어느 쪽 손을 더 많이 사용하는지를 보면 뇌의 좌뇌, 우뇌 중 어느 부분이 더 발달되었는지 알 수 있기도 해. 오른손잡이는 좌뇌의 영향을 받기 때문에 정보를 논리적, 순차적으로 처리하며 시간을 잘 지키고, 정리정돈을 잘하는 특성이 있어. 하지만 세밀하게 보는 경향이 있어서 전체적인 상황이나 개념을 잘 파악하지 못하고, 융통성이 떨어지는 단점도 있지.

왼손을 많이 쓰는 사람은 통합·수용적인 성향이 강하고 전체를 잘 파악하지. 그런데 이들은 보고 듣는 학습을 싫어하고, 읽거나 들은 순서대로 기억을 잘하지 못해. 이해력이 좀 부족하지. 주로 우뇌의 영향을 받아서 시간 제한을 둔 과업이나 하기 싫은 것은 억지로 하려고 하지 않아. 논리력이 떨어지고 세밀한 부분을 잘 보지 못하지. 시험이나 자신의 생각과 느낌을 순서대로 표현하도록 하는 활동을 힘들어해. 영감이 뛰어난 천재적인 과학자나 예술가에게 왼손잡이 학습자가 많다고 해.

그런데 학습에서는 어느 손을 쓰는 게 더 유리할까?

양손잡이가 되어야 해. 네가 학습에서 능률을 올리고 싶다면, 시험에서 좋은 성적을 얻고자 한다면 양손잡이가 되도록 노력해 봐. 뇌는 사물의 이미지를 분석할 뿐 아니라 상상력과 창의력, 표현력을 담당하고 있기 때문에 양손을 골고루 사용하는 것이 좋아.

서서 공부하는 학습법

요즘 앉아서 일하는 게 건강에 매우 해롭다고 서서 일하는 사람들이 늘고 있어. 책상 위에 받침대를 올려놓고 그 위에 컴퓨터를 올려 놓고 일을 하던데, 본 적 있어? 글로벌회사 구글은 직원들에게 파격적인 복지혜택으로 유명하지. 회사 내에 의료진 외에 물리치료사, 마사지사가 항상 대기중이래. 직원들이 원하면 언제든 진찰이나 척추교정, 마사지를 받을 수 있다는데? 구글 복지의 최고는 스탠딩 데스크로 서서 일하는 책상을 꾸며 주고 있대. 또 페이스북, 트위터 등 IT기업들도 서서 일하는 문화를 선도하고 있지.

공부도 서서 하는 게 더 효과적일까? 맞아, 미주리대학의 알렌 부르던 연구팀이 이를 입증해 냈어. 서 있는 상태가 우리뇌를 앉아서 할때 보다 훨씬 더 자극하기 때문에 더 몰입하게 도와준다고 해.

특히 외우는 것은 서서 왔다갔다 하는 게 더 금방 외워져. 소리도 내면 더 좋지. 우리의 뇌는 자신의 목소리를 우선으로 인식해서 기억하려는 경향이 있다고 하거든. 또 걸으면서 하는 학습은 눈, 손, 발, 목소리 등 여러 기관이 협업하는 것으로 그만큼 뇌를 활성화시켜서 그 효율성이 더 높아지는 특성이 있지.

메가마인드 메모리 트레이닝의 CEO이자 기네스북에 오른 기억력 천재 에란 카츠는 이렇게 이스라엘 학생들의 공부법을 소개했어.

"재미없는 공부도 마치 최고로 신나는 이야기인 것처럼 친구와 얘기하며 시끄럽게 하라"

이 방법이 이해가 훨씬 빠르고 기억에도 오래 남는다고 해. 이스라엘의 전통적 공부법은 친구와 끊임없이 질문하고 대답하는 방식이지. 요즘 하브루타라는 토론법을 자주 들어봤을 거야.

공부 장소를 바꿔라

사람들은 보통 조용히 앉아서 공부하면 집중력이 높다고 생각하지. 단기간에 집중력을 높이고 싶어? 그럼 방 안에서 조용히 공부하는 방식에서 벗어나! 우리 뇌는 주변 환경에 적응하고 익숙해서 편하다고 느끼는 순간 활동을 떨어뜨려. 집을 벗어나기가 싫다면 몸을 흔들거나 왔다갔다 걸으며 공부하는 것이 기억에 도움을 주지.

사극에서 보면 서당에서 천자문을 외우며 학생들이 몸을 흔들었던 거 생각나? 그게 이론적으로 증명된 공부법이야. 천자문은 모두 외워야하잖아. 그런데 몸을 흔들면서 외우면 더 잘 외워지는 원리지. 큰 목소리로 읽는 것도 마찬가지야. '레미제라블'의 작가 빅토르 위고는 서서 글을 썼고, 모차르트는 걸어다니며 작곡을 했다고 해. 그러니 너도 이 방법을 사용해 봐.

방학 때도 장소를 바꾸는 방법을 선택해 봐. 모처럼의 방학도 여유롭고 좋지만, 자칫하면 학습 습관이 도로 아무것도 안하는 것으로 돌아갈 확률이 매우 크거든. 익숙하고 편한 공간에서 하루를 보내봐. 어떨까? 아마 방학 첫 날은 공부가 잘 될 거야. 하지만, 곧 핸드폰에 메시지가 왔는지 궁금하거나, TV를 틀거나, 괜시리 냉장고 문을 자꾸 여닫지 않을까?

방학 때는 공부장소를 바꿔 봐. 오전은 집, 오후는 도서관, 저녁은 독서실, 이렇게 장소를 바꾸는 거야. 그리고 그 장소로 가는 동안 핵심정리를 외우고, 새 장소에서 다시 집중력있게 공부하는 거지. 이렇게 하면 시간 활용과 집중력 유지에 도움이 될 거야.

⑩ 충분히 자는 거야

사당오락이라는 말을 들어 본적이 있어? 4시간 자면 붙고, 5시간 자면 떨어진다는 뜻인데, 한 때 입시생 사이에 유행했었어. 입시 때문에 불안한 학생들이 남보다 잠을 덜 자야 성적이 더 잘 나온다는 편견에 사로잡혀 있다는 것을 알려주는 말인 거 같아.

우리의 생활에서 가장 큰 영향을 주는 것은 바로 수면이야. 무조건 잠을 줄이는 것이 좋은 게 아니야. 본인에게 맞는 수면 시간을 찾아서 컨디션을 최상으로 유지하는 것이 매우 중요해.

아는 동생 이야기를 해 볼까. 중간고사를 앞둔 어느 날, 시험을 잘 봐야만 목표한 대학에 갈 수 있다고 하면서 잠을 잘 수가 없다는 거야. 기어이 매일 밤을 새워 공부하고 낮에 쪽잠을 자기 시작했어. 어떻게 되었을까? 시험을 잘 보았을 거 같니? 그래, 결국 폭망했어. 잠을 잘 못자니 정신이 멍하고, 같은 내용을 오랜 시간 보아도 머릿속에 잘 들어가지 않았대. 그러니 마음이 불안해서 쫓기듯이 공부하니 오히려 공부효과는 더 떨어졌던 거지. 시험을 볼 때 아는 문제인데도 오히려 더 틀렸다고 해. 실제로 수면관련 연구 결과도 잠을 적게 자면 집중력과 기억력이 떨어진다고 보고된 게 있어.

다른 사례를 들어볼게. 수능시험에서 만점을 받은 어느 학생이 이런 말을 했어. '나는 잠을 매일 푹 자고 하루에 4시간만 공부했다'고 하는거야. 어때? 이 말이 믿어지니? 거짓말이라 생각되지 않아? 하지만 사실이야. 잠을 자는 것도 공부전략이야. 일반적으로 사람의 뇌파는 취침을 시작하고 9시간 이후에 깨어난다고 해. 그러니 아무리 일찍 일어나도 뇌파가 완전히 깨어나지 않으면 공부를 해봐야 별 소용이 없는거지. 밤에 충분한 수면을 취하고 낮에 공부하는 시간에 최대한 집중하는 것이 바로 공부 전략이야.

명문대 학생들의 수험생 때 수면시간

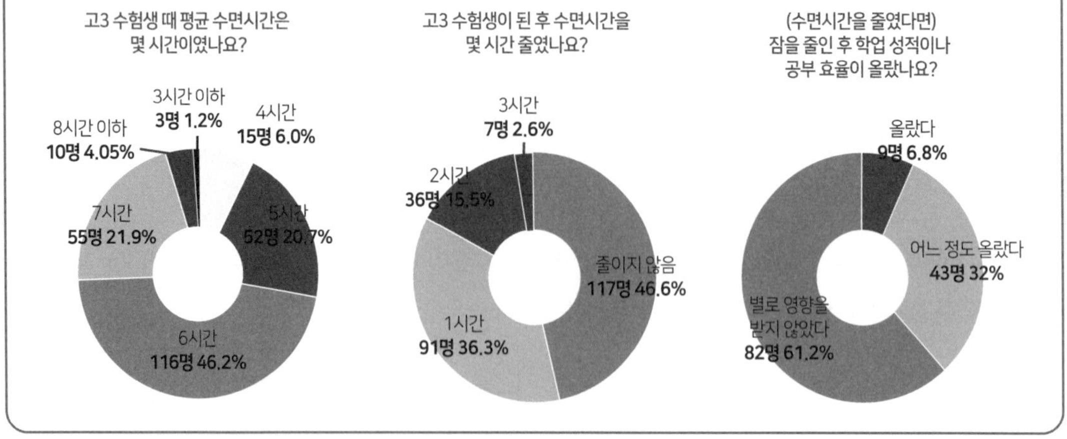

다음 표를 봐. (출처: 한국청소년정책연구원에서 실시한 '2013년 아동 청소년 인권조사' 통계)
우리 청소년들이 얼마나 잠을 못 자는지 확인해 볼래? 고등학생은 6시간이 채 안되네.

초,중,고교생 평균 수면 시간	
초등학생	8.3시간
중학생	7.2시간
고등학생	5.6시간

잠을 충분히 자지 못하면 면역력이 떨어지고, 집중력과 기억력도 제 기능을 발휘하지 못하게 돼. 혹시 두통이 자주 있거나 공부할 때 머리가 멍하지 않니? 그게 바로 충분한 수면이 필요하다는 증거야. 오랫동안 잠을 충분히 자지 못하면 결국은 성장에도 영향을 주게 되니 충분히 피로가 풀리도록 자자. 늘 피로한 생활이 지속되면 결국은 일상생활에 지장을 주게 되는 것은 매우 확실해.

연령별 하루 권장 수면 시간(단위:시간)

잠은 뇌를 비우는 역할

잠을 제대로 못자면 어떤 느낌이 오니? 피로를 많이 느끼지? 왜 그럴까? 세계적 과학저널 사이언스지가 발표한 한 연구결과를 보면 그 이유를 알 수 있어. 여기선 쥐로 실험을 했는데, 쥐가 깨어 있는 동안에 쌓인 뇌 속 노폐물 '아밀로이드베타'가 자는 동안 모두 없어졌다고 해. 학습한 내용이 머릿속에 기억되는 과정도 이와 비슷하다고 해. 자기 전에 학습을 집중적으로 한 후에 자면 뇌는 그 학습내용을 정리하는 과정을 시작해. 학습한 내용 중 장기기억으로 보낼 것과 필요없다고 판단해서 버려야 할 것을 정하는 거지. 뇌 속에서 불필요한 부분을 비워야 다음 학습에서 능률이 오르는 건 당연한 이치겠지? 그러니 잠을 적게 자는 것이 더 공부할 수 있어서 좋은 게 절대 아냐. 적절한 수면이 있어야 뇌에서 불필요한 부분을 비우고 뇌를 활성화 시킬 수 있는 거야. 뇌가 활성화되어야 공부도 당연히 잘 되겠지? 그러니 잠을 충분히 자야 해. 특히 신체의 모든 기능이 떨어지는 새벽 1시~6시 사이에는 꼭 자야 해. 이 시간에는 공부를 해도 머릿속에 잘 들어오지 않는다고 해. 공부를 해 봤자 능률이 떨어지고 오히려 피로만 쌓이게 되지.

다음에 우리가 잘 때 머릿속에서 일어나는 뇌의 활동에 대해 정리를 할 테니 꼭꼭 살펴보고 네 생활계획표에서 수면 시간을 충분히 확보해 봐.

Tip 수면 중 일어나는 5가지 뇌의 활동(출처: 드디어 공부가 되기 시작했다)

① 의사결정을 한다

잠을 자는 동안에도 뇌는 정보를 처리하고 앞으로의 행동을 준비한다. 생물학회지 the Journal Current Biology 에 게재된 토마스 안드릴론과 시드 퀴더의 연구 논문에 따르면 사람은 수면 중에 복잡한 자극을 처리하며 깨어나선 이를 중심으로 의사결정을 내린다고 발표했다.

② 새로운 기억을 형성하고 기억들을 연결한다

잠을 자는 동안에도 뇌는 새로운 기억을 만들고, 기억과 기억을 연결하는 활동을 한다. 캘리포니아 버클리 대학 매튜 워커 박사는 "뇌는 무언가를 배우기 전에 충분한 수면으로 새로운 정보를 맞이하는 준비를 한다. 수업 후의 수면도 매우 중요한데 이를 통해 뇌는 새로운 정보를 저장하고 이를 공고히 해 잊지 않도록 한다. 잠을 자지 않으면 지식 습득 능력이 40%나 감소할 수 있다"고 말했다.

③ 창의적인 상상을 가능하게 한다

수면은 창의성을 향상하는 좋은 도구이다. 휴식 중에 있는 뇌 속에서는 의식 중에는 생각지 못한 연결을 해 낼 수 때문이다. 버클리 대학의 연구에 의하면 수면은 "전혀 무관해 보이는 것들 사이의 연결 또는 특이한 연결을 가능하게 해 준다. 아침에 일어나 '아하!'하는 깨달음을 얻는 것은 그런 이유 때문이다." 라고 한다. 즉 잠에서 깨어나는 순간에 서로 다른 내용이나 개념 사이의 연결점을 깨달을 가능성이 33%나 더 높다는 의미이다.

④ 몸과 뇌를 청소해 준다

수면의 중요한 기능은 뇌 속에서 들어온 정보를 비우고 정돈하는 시간을 준다는 것이다. 로체스터 대학 마이켄 네더가드 Maiken Nedergaard 박사연구팀은 생쥐가 잠을 자는 동안에 신경 퇴화와 관련된 손상된 세포를 처리하는 것을 관찰했다. 수면 상태에서 뇌세포 사이의 공간이 넓어지면서 깨어 있는 동안 축적된 손상 세포질이 생쥐의 뇌에서 빠져나간 것이다. 이처럼 사람에겐 뇌속을 비워주는 수면이 필요하다.

⑤ 몸으로 하는 활동을 익히고 기억한다

뇌는 REM수면기에 짧은 순간에 방출되는 뇌파를 통해 정보를 장기 기억으로 저장한다. 특히 이 과정은 비서술적 기억 즉, 몸을 쓰는 동작과 관련된 정보를 기억하는 데에 특화된다. 코넬 대학 제임스 B. 마스 James B. Maas 는 "잠을 자면서 연습하는 것이 나중에 실제로 해볼 때 매우 중요한 작용을 한다. 골프를 잘 치고 싶으면 잠을 더 자야 한다"고 발표했다.

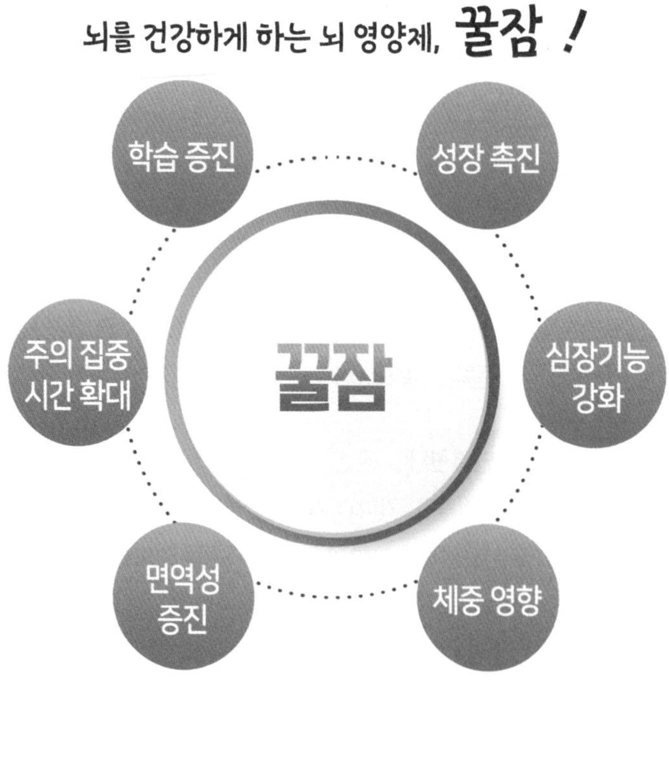

II

고등학교
끝판 공부

체크리스트

나의 공부시간표 점검하기

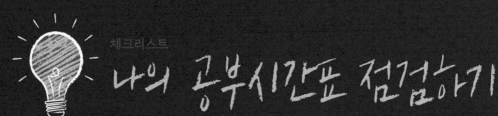

성공적인 공부시간표가 되려면?

질문	체크
1. 시간계획표나 플래너 양식을 사용한다.	
2. 하루에 공부시간과 노는 시간이 꼭 들어간다. 예) 50분 공부, 10분 휴식	
3. 아침에 오늘 계획을 점검하고 저녁에 하루 실천내용을 점검한다.	
4. 수업 시작 전 5분 예습하는 계획이 있다.	
5. 점심시간 자투리 5~10분을 활용해 배운 내용을 요약정리하는 시간이 있다.	
6. 아침 등교 시간이 길어 자투리 공부시간이 있다.	
7. 방과후 하루 배운 것을 간단히 돌아보는 시간이 있다.	
8. 자투리 시간에는 간단 예습과 복습을, 야간 자율학습시간에는 깊게 공부할 계획이 있다.	
9. 혼공과 함공을 과목의 성격과 본인의 공부 성향에 맞게 구성했다.	
10. 일주일 시간 계획 중 나의 취미를 위한 시간이 계획되었다.	
11. 과도한 공부시간표가 아닌 실현 가능한 현실적 계획이다.	
12. 가끔 머리를 식힐 시간이 있다.	
13. 매일 조금씩 공부의 양이 늘어가는 계획이다.	
14. 나의 공부시간표를 봐줄 멘토가 있다.	
15. 공부시간표를 자기 전에 점검하면서 나의 느낌이나 생각도 기록한다.	

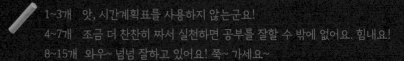

1~3개 앗, 시간계획표를 사용하지 않는군요!
4~7개 조금 더 찬찬히 짜서 실천하면 공부를 잘할 수 밖에 없어요. 힘내요!
8~15개 와우~ 넘넘 잘하고 있어요! 쭉~ 가세요~

공부는 전략이다

공신의 공부습관

(김동우, 휘문고등학교)

오전 7시 기상

등교준비 및 그날의 공부계획을 시간표에 적기. 수학 3시간, 국어 2시간 등 국어, 영어, 수학 등 주요 과목 중심으로 적되, 어떤 문제집을 풀 것인지까지 꼼꼼하게 적음.

오후 4시30분 ~ 6시

하교 후 학원 공부, 저녁식사

오후 8시 ~ 밤 12시

학원 수업 복습 후 국영수 중심의 학습. 학원에 가지 않는 날은 수학 문제 풀이 시간을 늘임. 한 가지 미션 뒤에는 1시간 정도 여유시간을 둠.(과목에 따라, 문제 난이도에 따라 공부시간이 들쑥날쑥하기 때문에 시간표를 타이트하게 짜면 전체적인 일정이 늦춰져 하루의 공부를 망치게 되기 때문)

밤 12시 ~ 새벽 1시

도서나 게임 등 좋아하는 것을 하며 휴식

고등학교 끝판 공부

1 공부는 전략이다

가 전략적으로 공부를 계획하라

공부가 안 되는 5가지 유형

사람들은 모두 공부를 잘 하고 싶어해. 분명한 것은 이유없이 공부를 못하는 사람은 없다는 거야. 공부가 안되는 원인을 찾아 발견하고 그것을 고친다면 잘 할 수 있겠지? 일반적으로 공부를 방해하는 원인은 5가지가 있어. 다음에서 그 원인과 해결법을 설명해 줄게.

첫째, 왜 공부를 하는지 모르고 함(목표, 동기 없음)

이 문제는 대부분의 학습자에게 나타나는데, 공부에 집중을 하려하지만 정작 본인은 왜 공부하는지 모르고 있는 상태야. 공부를 해야하겠지만 본인이 즐거운 일, 하고 싶은 것 사이에서 갈등하지. 그러다 학년이 올라가면서 공부 내용이 어려워지면 점점 포기하고 말아. 고딩은 눈앞에 대입이라는 과제가 있어서 어쩔수 없으니 학습에 몰두하겠지. 그런데말야. 네가 진정 원하는 목표가 없으면 아무리 공부를 잘하는 학생이라도 '왜 내가 공부하지'라는 근본적인 문제에 부딪히게 될 거야. 이것은 곧 공부와 멀어지는 방황의 순간이 되지. 너는 왜 공부하니? 네 목표는 뭐야?

목표를 세우기 위해서 네 꿈의 목록을 한 번 적어 봐. 생각해보지 않아서 갑자기 떠오르는게 없다고? 그럼, 네가 꼭 배우고 싶은 것, 해보고 싶은 일, 이루고 싶은 것, 가고 싶은 곳, 만나고 싶은 사람, 가고 싶은 학교를 떠올려 봐. 그리고 그것을 영역을 나누어서 공부영역, 문화영역, 경험, 인물 등으로 분류해서 써 보렴. 그럼 정말 네가 원하는 것을 목표로 세울 수 있을거야. 이는 곧 가장 강력한 너의 동기가 되겠지.

꿈의 목록 각각의 하위목록에서 다시 학습목표를 세우고 최종적으로 네가 원하는 학과를 적는 거야. 관련 학과에 진학하여 조금 더 깊이있는 공부를 할 수 있는 거지. 사실 대학에 진학하면 교수님이나 동기, 선후배와 정보를 많이 교류할 수 있어서 앞으로 사회 진출하는데 많은 도움이 되거든. 그리고 결정한 학과가 개설된 전국의 많은 대학교를 찾아서 그 중에서 진학하고자 하는 곳을 결정 하는 거야. 구체적인 것은 고등학교 3학년에 올라가서 결정되지만, 어느 정도의 목표가 세워지고 동기가 부여되면 공부는 저절로 되게 되어 있어.
우리가 대학을 가기 위해 공부를 하는 것은 아니야. 행복하기 위해 공부하는 것이라 생각해. 공부를 하다보면 다양한 지식을 배우게 되고 결국 우리 삶을 풍성하게 하는데 모든 내용들이 쓰일 때도 있더라고. 일단 공부를 삶의 수단으로 삼은 친구라면 제대로 시작해보기를 추천할게!

둘째, 공부 전략과 전술의 부재(공부 계획이 없고 과목별 공부법을 모름)

아무리 학습의 목표와 동기가 뛰어나더라도 공부를 어떻게 해야할지, 어떻게 계획을 세워야 할 지 모른다면 실패는 눈에 보이듯 뻔해. 너는 네가 어떤 학습자인지 알고 있니? 네가 어떤 방법으로 공부를 해야 더 잘 할 수 있는지를 알아야 해. 또 네 자신에게 공부를 방해하는 나쁜 습관은 없는지도 파악해야 하지.

공부를 잘 하는 사람은 과목별 공부법이나 시기별 공부법을 잘 알고 실천해. 그러니 네 공부 성향을 알아보고 최상의 공부법을 찾아 적용해야 해. 어때? 생각만 해도 가슴이 뿌듯해지지 않아?

공부전략을 세우려면 현재 네 성적의 위치를 먼저 파악해야 해. 네 성적표를 들고 앉아서 전국에서 네가 어느 정도의 위치인지 객관적으로 파악해 봐. 그게 네 공부의 시작점이 될거야. 그리고 전략을 짜야지. 전략을 짜려면 시기별, 학년별, 방학 중 공부법을 알아야 하는데 그것은 뒤편에 더 자세히 다룰거라서 말야. 여기서는 그냥 넘어갈게.

셋째, 우선순위 결정과 시간 관리의 어려움

매일 자정을 중심으로 네 통장에 24만원이 들어온다고 생각해 봐. 그런데 그 돈은 다음날 자정이 되면 사라져 버려. 너라면 24만원을 어떻게 할 거야? 모두 인출해서 다 쓸래? 아님 내일 자정에 또 24만원이 들어오니 필요한 만큼만 빼서 쓸까?

만약 그냥 저절로 사라져 버리게 놔두면 사라지는 돈은 얼마가 될까? 처음에는 24만원이지만, 내일은 48만원. 일주일만 계산해도 168만원이나 돼. 한 달이면 720만원, 1년이면 8천만원 이상이야.

이 24만원은 무엇을 의미하는지 알겠니? 맞아, 바로 시간이야. 우리에겐 매일 24시간이 주어져. 매일 밤 사라지고 또 다른 24시간이 다시 주어지지. 오늘이 지나면 내일 24시간이 또 있다고 현재를 무시하는 사람도 분명 있을거야. 그러나 한 번 지나간 시간은 다시 돌아오지 않아.

의외로 시간을 잘 관리하지 못하는 사람이 너무 많아. 시간을 잘 관리하지 못한다는 것은 곧 일의 우선순위가 없다는 말과 같아. 시간은 누구에게나 동일하게 주어지는데, 어떤 사람은 많은 일을 하면서도 여유롭고, 어떤 사람은 늘 일에 쫓기면서도 제대로 하는 것이 없어. 그 이유는 바로 우선순위가 없이 일을 하기 때문이야.

학습도 마찬가지야. 우선 순위에 따른 시간조정[1]이나 관리는 매우 중요해. 우리가 하는 일을 분류해보면 중요하면서 급한 일, 급하지 않으나 중요한 일, 중요하지 않으나 급한 일, 중요하지도 않고 급하지도 않은 일로 나뉘어. 네가 하는 공부는 어디에 속하니? 무엇에 따라 이 일들의 기준을 삼으면 좋을까? 내 생각에는 네 학교의 학사일정(시험일정)에 따라 할일을 정리하면 어떨지 싶어. 물론 먼 계획으로 네가 기본적으로 해야할 공부와 균형을 맞추면 더 좋겠지.

계획을 세울 때, 단순 나열식보다 저렇게 중요도와 시기를 따져서 나누면 네 학습목표에 도달하는것도 더 쉬워질거라고 난 확신해. 그리고 네가 임의로 쓸 수 있는 시간과 그렇지 않은 시간을 배분해서 구체적 목표에 따른 실천내용을 스케줄에 적어 넣으면 더 좋아.

[1] 뒤에 표가 나오니 참고하세요.

넷째, 기본적인 공부습관의 부재

공부습관이 없다는 것은 한마디로 머릿속에서는 공부해야지 생각하지만 몸은 그걸 못하는 것을 말해. 목표가 있고, 나의 학습성향과 그에 맞는 공부법을 알고 있어도 행동으로 하지 않으면 아무 소용이 없는거야. 공부를 못하게 만드는 가장 큰 원인은 나쁜 습관과 유혹이야. 공부 좀 하려고 하면 괜히 다른 게 생각나고 엉덩이를 들썩거리게 돼. 그리고 내일부터 열심히 하자는 마음이 들거나, 괜시리 배가 고파서 냉장고 문을 여닫거나, 화장실을 들락거리지.

공부를 하고 싶은데, 혼자서 습관을 들일 수 없다면 어른들께 도움을 요청해 봐. 안되면 감시자를 붙여서라도 몸이 움직이게 해야 해. 그리고 피드백을 다시 받아 수정하는 거야.

계획에 따라 실천을 한 내용을 모두 적어봐. 원래 계획처럼 잘 실행된 것은 그대로 남겨두고, 계획과 다르게 한 것은 그 변경내용을 최대한 사실적으로 적는거야. 왜 변경되었는지를 살펴보면서 느낀점이나 반성이 있다면 다른 색깔로 기록을 하면 더 좋아. 이를 바탕으로 다음 단계에서 너의 활동에 대한 피드백을 해야 해.

다섯째, 돌아봄 없이 공부만 함(주기적인 피드백 필요)

공부만 열심히 하는게 다가 아냐. 돌아보는 것이 반드시 필요해. 돌아봄이 없으면 계속 비슷한 상황이 반복되면서 후회도 계속하게 되거든. 문제점은 전혀 수정되지 않지. 그래서 반드시 네가 공부한 것을 돌아보면서 잘못된 것은 수정하고, 잘한 것은 계속 해야지. 그거아니? 아직도 많은 학생들이 1~2년 전과 동일한 고민으로 걱정과 후회를 반복한다고 해.

그런데 돌아보기를 하라고 하면 무조건 내가 잘못했다는 식의 반성만 하는 경우가 많아. 여기서의 돌아봄은 다시 목표부터 세우는 첫 단계부터 실행의 습관까지를 모두 아우르는 거야. 단순한 후회나 고백은 네 발전에 도움이 되질 않아. 잘 안되었다면 돌아봄으로써 다시 단계를 거쳐 수정하고 새로운 실행계획을 세우는 게 가장 중요해.

돌아보기는 매일매일 간단히 점검하는 방식으로 일주일 간격으로 데이타를 모아서 하면 좋아. 이 과정을 실행하기는 매우 힘들기 때문에 네 자신과 굳게 약속하고 실천해야 해. 일주일 실행노트를 보면서 원래 계획에서 변경된 것을 찾고, 계획이 가장 잘된 날과 그렇지 못한 날을 잘 파악해야 해. 그 안에서 공부를 잘하게 도와준 요소와 방해된 요소를 찾는 게 포인트야. 계획보다 공부 시간이 남았다면 자투리 시간을 어떻게 활용할 것인지도 결정해야겠지. 반대로 미흡한 부분은 어떻게 보완할 것인지도 생각해서 바꾸거나 원인을 찾아 없애는거지. 이렇게 하다보면 너의 다음 주 계획은
업그레이드 될 거야.

나 네 환경을 접수하라

학습에 영향을 주는 원인은 여러가지가 있지만 특히 외부적인 환경이 매우 중요해. 네가 속해 있는 환경이 공부에 도움이 되는지 방해가 되는지를 먼저 파악할 필요가 있어.

만약 네 학습이 혼공보다 함공에서 효과가 더 좋다면 독서실에서 공부하거나 그룹스터디를 하는 거지. 실행해보고 그 결과에 따라 학습방법을 바꿔가는 게 좋아. 혼자 힘으로 공부하기 힘든 사람에게 적합하지. 함공은 모르는 것을 동료나 선생님에게 물어볼 수 있고, 잠재적 경쟁의식과 그로 인한 동기부여를 이끌어 낸다는 장점이 있어. 친구들을 좋아하고 외향적인 성격인 사람에겐 좋겠지. 그런데 함공에 적응이 어려운 사람은 그 자체가 스트레스이고, 자신의 이해 정도나 학습 수준과 별개로 공부의 내용이 결정될 수도 있다는 단점도 있어. 이런 때는 공부에 대한 공통된 목표를 명료하게 세우고 이끌어가는 리더의 힘이 매우 중요해.

혼공은 학습 개념 이해와 공부 의지가 높은 사람에게 잘 맞아. 일반적으로 혼공을 하는 학생들이 성적이 높아. 자기주도학습이 계발되어서 이를 잘 적용하기 때문이야. 혼공의 장점은 스스로 학습계획을 세워 실천하기에 자기의 상황을 파악하게 이에 맞게 우선순위를 정하고 차근차근 해 가고, 그에 따른 효과도 매우 높다는 장점이 있지. 그런데
이를 하려면 자기조절과 절제력이 매우 요구되지. 만약 학습 의지력이 약한데 함공을 선택했다면 꾸준히 할 수 있다고 다짐하며 인강을 구독하거나, 그룹스터디를 하면서 개별과제를 집에서 하는 방법이 좋을 거 같아.

학습의 외부적 환경도 중요하지만 내부적 요인도 매우 중요해. 내부적 요인이란 바로 너의 학습 습관이지. 너의 습관을 파악하고 학습계획을 세워서 실천해야 해. 좋은 학습 습관을 세워야 네가 공부를 잘 할 수 있거든. 네 시간관리, 우선순위 등을 파악한 후 다시 계획을 세워야 해. 다음 표에 넣어볼래?

시간 관리 방법

1 시간관리 유형

높음	B형 (연기형)			A형 (창조형)
시간관리 중요도 인식				
낮음	D형 (소비형)			C형 (분주형)
구분	못함	시간관리		잘함

2 목표 세우기

1단계 ↓	장기목표 세우기(10~20년) 나의 나이 (　　세) . . .
2단계 ↓	중간목표 세우기(3~4년) 나의 나이 (　　세) . . .
3단계 ↓	단기목표 세우기(6개월~1년) 나의 나이 (　　세) . . .
4단계 ↓	주간, 일간 목표 세우기(구체적으로) . . .

3 우선순위 정하기

(1) 내가 일상적으로 하는 일

- ✓
- ✓
- ✓

(2) 일의 중요도와 긴급도 고려

중요도		
상 ↑ 중요도 ↓ 하	중요하지만 긴급하지 않은 영역	중요하고 긴급한 영역
	✓ ✓ ✓	✓ ✓ ✓
	긴급하지도 중요하지도 않은 영역	긴급하지만 중요하지 않은 영역
	✓ ✓ ✓	✓ ✓ ✓
	하 ← 긴급도	→ 상

4 계획 세우기

(1) 목표와 관련한 계획표 세우기

- 종합 시간표: 고정된 활동 (자투리시간 활용 항목 추가)
- 주간 계획표(부모 확인 및 자기 보상 넣기)
- 오늘의 할 일 (자기 보상 넣기)

하루 생활 시간 분석

·평가는 1~5점으로 한다.

활동		소요되는 시간총수	소요시간 적절성	집중도	만족도	저해요인 및 중단요인	변환방법
1. 수면시간							
2. 기본적인 시간에 이동시간 학교외의 학습시간도 같이 들어가게 하기	식사시간						
	준비시간 (잠자리 정리, 세수, 목욕, 옷 갈아입기, 등교준비 등)						
	이동시간						
	학교 외의 학습시간						
3. 공부하는 시간							
4. 여가시간	가정내의 일을 하는 시간						
	사람들과 만나는 시간						
	여가시간(클럽활동, 관람, 감상, 스포츠, 취미 등						
	책 읽는 시간 (신문, 잡지, 소설 등)						
	TV시청시간						
	종교생활						
5. 기타 (위 사항 어디에도 해당 안되는 시간)							

종합시간표

· 일시:　　　년　　월 (　　) 째 주
· 기본 시간표

시간 \ 요일		월(　)	화(　)	수(　)	목(　)	금(　)	토(　)	일(　)
오전	06-07							
	07-08							
	08-09							
	09-10							
	10-11							
	11-12							
오후	12-01							
	01-02							
	02-03							
	03-04							
	04-05							
	05-06							
	06-07							
	07-08							
	08-09							
	09-10							
	10-11							
	11-12							
새벽	12-01							
	01-02							
	02-03							
	03-04							
	04-05							
	05-06							
가용시간								

자투리시간 활용 내용	확인					
1. (공부내용 쓰기)	월	화	수	목	금	토
2.						
3.						

주간 계획표: 이번 주 해야 할 공부는?

년　　월(　　　)째 주

항목	확인	항목	확인
1.		4.	
2.		5.	
3.		6.	

일일계획표: 오늘 해야 할 공부는?

요일 \ 항목		과목	교재	학습내용 (페이지 단위, 내용)	실행시간 (시작-끝나는 시간)	총소요 시간	부모 확인	확인
월	1							
	2							
	3							
화	1							
	2							
	3							
수	1							
	2							
	3							
목	1							
	2							
	3							
금	1							
	2							
	3							
토	1							
	2							
	3							
일	1							
	2							
	3							
		자기보상 목록 (목표　　%)						

② 고등학생을 위한 공부 로드맵

자기주도적인 사람이란 뭔지 아니? 스스로 이끄는 사람을 말해. 앞서 살짝 이야기했듯이 공부를 잘하려면 엄청난 자기조절력, 절제력이 필요하지. 자기주도학습은 갑자기 완성되는 게 아냐. 많은 연습시간과 시행착오가 당연히 필요해. 그러니 한 번 실패했다고 절대 절망하지마. 누구든지 연습 시간을 거쳐야 완성되는 거야. 앞에서 분석한 시간관리 습관을 파악하고 계획을 세웠다면 이제 고등학교 학년별로 준비해야 할 것을 알아보자.

가 기본개념 세우기 전략 : 고등학교 1학년

보통 고등학교 1학년은 학습 의욕이 매우 넘치지. 이 때는 학교에서 보내는 모든 시간을 적극 활용해 봐. 고등학교 공부는 중학교 공부의 연장일 뿐이야. 수업시간에 집중하고, 배운 것을 그날 복습하고, 다음 날 수업을 예습하는거야. 예습과 복습은 되도록 자투리 시간을 활용하고 오후와 저녁의 긴 시간은 다른 과목에 집중 투자하는 게 좋아.

1학년은 고등학교 공부의 기본 바탕이 되기 때문에 모든 과목을 열심히 해야 돼. 이 때는 깊고 느리게 공부를 하는 시기야. 잘 안 풀리는 수학 문제 하나를 오랫동안 고민하기도 하고, 그래프를 이해하기 위해 많이 그려보기도 하는 등 이해가 안 되었던 내용을 다시 공부해. 국어교과서와 연관된 온작품 읽기를 하는 독서도 좋아. 영어도 단어를 많이 알아야 해. 기초영단어부터 매일 조금씩 외우면 한 지문을 읽을 만큼 단어를 충분히 알게 될 거야. 빨리빨리 하려는 초조함은 버려. 이런 과정들이 앞으로의 내신과 수능에서 최대 역량을 발휘시키는 발판이 될거야.

㈏ 기본개념과 종합전략 : 고등학교 2학년

2학년쯤 되면 성적이 주춤해. 그러면서 네 현실을 파악하게 될 거야. 하지만 절대 수학이나 영어를 포기하지 마. 이 때쯤 계열별 과목 선택에 따라 수업을 들으면 수학과 영어를 포기하는 학생들이 생겨나기도 해. 하지만 명심해. 포기하면 실패할 수 밖에 없어. 점수를 위해 공부하지 말고 어제보다 조금 더 나아지고 발전하고 있는지에 중점을 두는거야.

자신 없는 과목은 방과후수업을 적극 수강해 봐. 모든 과목을 잘할 수는 없지만, 개념 다지기와 기본 문제 풀기는 계속해야 해. 대신 너무 많이 하려고 하지말고 매일 2~3시간씩만 꾸준히 해도 그 효과는 매우 좋아. 그러면서 완전한 내 것으로 만들기, 알았지?

1학기 국어 공부는 교과서 지문과 작품을 중심으로 한 비문학, 문학의 기본기를 다져야 해. 영어는 1학년 때 수능 필수 영어 단어를 외우고, 문법 공부를 끝냈다면 독해집과 문법 문제집을 푸는게 좋아. 수학은 2학년 1학기 내용을 마무리하고, 마무리가 끝났다면 계속 다음 진도로 나가야 해. 그리고 탐구 영역은 2학년 때부터 꾸준히 하는 게 좋다는 것을 잊지마.
3학년에 가서 하려면 너무 늦어버려.

㈐ **수능완성 전략** : 고등학교 3학년

3학년이 되면 마지막까지 갈수 있는 체력이 매우 중요해. 그러니 아침에는 조금만 일찍 일어나서 아침을 꼭 먹자. 3학년때 교과 진도는 아마 1학기에 전부 끝날거야. 그러니 새로 배우지 않고 문제풀이 중심의 학습이 반복되기 때문에 너만의 학습 전략을 만들어야 해. 그게 없으면 1년이 그냥 지나가 버릴 거야.

일단 모의평가를 중심으로 흐름을 잡아. 3월 모평에서 시간이 부족하거나 헷갈렸던 부분 등을 보완해서 6월 모평을 준비하는 식으로 말야. 1~2주 동안 한 과목이나 한 가지 주제에 집중하는 것도 괜찮아.

강조하고 싶은 것은 끝날 때까지 아직 끝난 게 아니라는 거야. 그러니 마지막까지 절대 포기하지 마. 수능 전날까지 규칙적으로 자고 일어나고, 스스로 정한 계획을 꼭 지키는 일상이 되도록 노력해 봐.

일단 1학기에는 모든 과목을 총정리 해야 해. 2학기 실전 문제 풀이를 하면서 오답 노트를 정리해 두었다가 다시
보는 것을 반복해야 해.

③ 시기별 공부전략

가 학기 중 공부전략

학기중 학습법은 필기와 예습, 복습을 잘하는 거야. 학습의 기초 원리로 우리 모두 당연히 알고 있지만 꾸준히 하기가 쉽지 않지. 그렇지만 네 성적에 영향을 미치는 중요한 요소라는 것을 알아 둬.

한 학기를 다시 구분하면 일상 공부 기간과 시험공부 기간이야. 일상공부 기간에는 예습, 복습에 집중하고 계획을 세워 공부해 봐. 네 학습성향에 따라 혼공시간, 함공시간을 구분해서 계획해도 좋아. 일일시간표와 주간시간표를 계획해 실천하고 너만의 공부 패턴을 잘 세워가는게 중요해. 시험공부 기간에는 시험 3주 전부터 미리 준비하는 계획을 세워서 이를 토대로 공부하는 거야.

나 방학 중 공부전략

방학은 스스로가 주도적으로 계획을 세워서, 네가 자율적으로 공부하는 시간이 많아지는 만큼 철저히 계획해야 해. 자칫하면 여태까지 힘들게 만들었던 공부습관이 금방 허물어질 수 있거든. 방학 때도 변함없이 공부한다면 네 성적표는 엄청난 결과를 보여 줄거야. 혼공시간을 가능한 한 지켜서 실행할 수 있도록 너만의 공부전략을 세워 충실히 해보는 거야. 이 부분은 학년별로 다음 장에서 더 설명해 줄게.

다 예 · 복습 전략

학습한 내용을 잘 기억하는 가장 좋은 방법은 다른 게 없어. 꾸준한 반복이 최고야. 먼저 예습은 과목을 중심으로 매일 30분정도 투자해. 한 차시에 나가는 분량이 얼마 되지 않기 때문에 과목당 5분 정도면 충분해. 수업이 끝나면 그날 하루가 가기 전에 다시 복습하는데 과목당 나누어서 하는 거야. 그리 많지 않은 분량이라면 5분정도가 적당할 거 같고, 수학이나 영어처럼 이해를 해야하거나 단어를 외워야한다면 좀 더 시간을 투자해야겠지?

복습을 할 때는 수업시간에 해둔 필기내용을 한 번 보고, 교과서를 다시 쭉 읽어보는거야. 만약 예습과 복습중 하나만 집중해야 한다면 복습을 선택해. 예습보다 복습이 훨씬 더 중요해. 그리고 예습, 복습은 너무 많은 시간을 잡지 말고 자투리 시간을 이용하는 것이 가장 좋아.

라 오답노트 활용법

오답노트는 왜 필요하다고 생각해? 말 그대로 네가 틀렸던 문제 다시 틀리지 않기 위해서 쓰는 거야. 틀렸던 문제를 다시 틀리지만 않는다면 네 성적이 오를것은 분명하지. 오답노트를 쓸 거면 문제를 풀 때부터 오답노트 작성을 생각하며 문제를 풀어야 해. 문제를 많이 맞히는 것보다 문제를 이해해서 푸는데 중점을 두어.

그럼 어떤 노트를 사용할까? 오답노트는 네가 보는 거니 특별한 양식은 없다고 생각해. 네가 좋다면 남은 노트나, 연습장이나, 아무거나 괜찮아. 그저 오래 사용가능한 튼튼한 것이면 좋을 거 같아. 오답노트 만들 때 주의할 점은 절대 예쁘게 만들려고 하면 안 돼. 오답노트는 틀린 문제를 다시 틀리지 않기 위해 쓰는거란 그 목적을 잊지마. 남에게 보여주기 위한 전시물이 아니라 네가 스스로 보고 도움을 받기 위한 거야. 그러니 너무 쉬운 문제를 틀려도 네가 모르면

포함시켜야 하지. 이걸 하다보면 너 스스로 반복되는 실수 유형도 나오게 될거야. 그 유형이 나오면 색깔펜으로 마킹하거나 크게 써 놓고 다시는 실수하지 않도록 노력해 봐.

오답노트를 수시로 펼쳐볼 수 있는 곳에 두고 보면서, 시험 전에는 2, 3주 전부터 여유를 두고 보면 좋아. 네가 틀렸던 문제 중 비슷한 유형의 문제가 시험으로 출제된다면 풀 수 있는지 직접 풀어보며 점검하고, 여전히 모르겠다면 다시 찾아 공부하는 게 매우 중요해. 시험 당일에도 여러 문제집을 볼 필요가 없어. 과목별로 정리한 오답노트를 쭉 넘겨보면서 네가 다시 확인하면 매우 유용하지.

시험이 끝나면 오답노트를 다시 넘겨보고 네가 틀렸던 문제를 극복했는지 꼭 점검해 봐. 이번 시험에서 오답노트에 있었던 비슷한 유형을 모두 맞혔다면, 새롭게 오답노트를 만들어야겠지?

④ 방학을 공략하라. 1년 성적을 좌우한다

가 예비 고1 겨울방학 보내기

예비 고1에겐 겨울방학은 고등학생이 되는 첫 출발점이라 할 수 있지. 고등학교는 공부해야 하는 학습량이 중학교에 비해 두 배 정도로 많아지고 교과별 난이도도 달라지니 겨울방학동안 대비하는 게 좋아.

고등학교에 가면 무엇이 다를까? 수업시간은 50분으로 늘어나고, 등하교 시간도 달라져. 등교는 앞당겨지고 하교는 늦어지게 되지. 특히 아침 등교 후 주어지는 자습시간이 있으니 그 자투리 시간을 잘 활용하면 좋을 거야. 저녁에는 야간 자율학습이 실시되는 경우가 많아. 아침자습시간처럼 비교적 짧은 자투리 시간에는 오늘 수업 내용을 복습하고, 시간이 긴 야자시간에는 관련된 문제를 풀어서 응용력을 키워가야 해.

고등학교 내신은 대입에도 영향을 끼치니까 평소에 예습, 복습을 통해 기본개념을 확실히 이해해야 해. 이는 3학년때 볼 수능준비에도 영향을 미친다고 봐야하지. 흔히 내신과 수능은 별개라고 생각하는데 그게 아냐. 수능은 시험범위가 없지만 내신은 범위가 있다는 것만 다를 뿐이야. 내신을 위한 공부가 곧 수능 준비이고, 수능과 내신은 60-70% 가량 일치한다는 것을 잊지마.

미리 보는 고등학교 학사 일정

- 3월 : 전국 연합 학력평가, 교내 활동 계획
- 4월 : 1회 고사
- 5월 : 교내 대회 및 행사
- 6월 : 학력평가
- 7월 : 2회 고사 , 여름방학
- 8월 : 여름방학, 1학기 학생부 기재 마감
- 9월 : 학력평가
- 10월 : 1회 고사
- 11월 : 학력평가
- 12월 : 2회 고사 , 2학기 학생부 기재 마감

개정교육과정 알기

고등학교 교육과정 편제

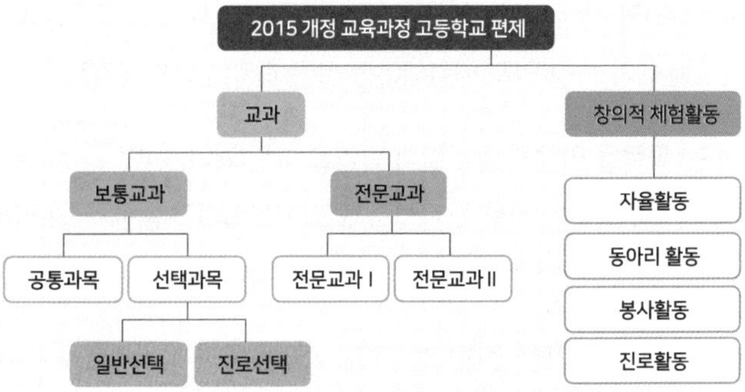

나 > 예비 고2 겨울방학 보내기

고등 2학년은 입시에 대한 준비를 본격적으로 해야 하는 때야. 이제 네 진로를 결정하고, 그 진로에 따라 대학 진학을 위한 대비를 해야하지. 네 진로에 모든 가능성을 열어두고 준비를 해야 해. 너무 좁게만 보면 고3 때 당황하기 쉽거든.

- ✓ 내신이 부족하면 내신 성적을 올려서 학생부교과전형에 대한 가능성 열어두기
- ✓ 비교과를 보충하면서 학생부종합전형에 대한 가능성을 열어두기(최저 맞추기)
- ✓ 정시에 대한 가능성은 당연하니 수능 준비도 철저히

우선은 네가 진학할 학과를 정하고 이에 맞춰 대비를 해 봐. 지원학과를 빨리 결정하고 그에 관련한 활동을 하는 것이 대입에서 더 유리해. 2학년부터는 전공 관련 활동을 하고 학생부에 기록을 남겨야 해.

혹시 학과에 대한 결정을 아직 못했다면 '계열적합도'에 맞는 활동을 준비해도 괜찮아. 무엇보다도 학교의 학사일정을 꼼꼼히 체크하고 성실히 참여하는 것도 중요해. 네가 학과를 정했든 못 정했든 관심이 있는 행사에 참여해 봐.

학종에서 가장 중요한 평가요소는 학업역량이야. 여기서의 '학업'이란 단순히 '학습'만 의미하는 것이 아니야. 바로 ' 지적호기심을 채워가는 과정'을 말하는 것이야. 그러니 교과활동을 바탕으로 특정 주제에 대해 호기심을 갖고 독서, 체험, 연구활동 등으로 확장하는 과정이 중요해. 특히 고2 겨울방학은 반드시 네 '학업'을 단단히 하는 시기여야 해.

1학년때 내신이 부족하다고 생각해서 미리 포기할 필요는 없어. 고2 때 열심히 준비하면 얼마든지 뒤집을 시간은 충분해. 예비 고2 겨울방학을 잘 활용해 봐. 학년으로 올라갈수록 성적이 향상되는 것을 보여주는 것도 매우 좋은 사례가 될 수 있거든. 화이팅!

다 > 고1, 2 여름방학 알차게 보내기

고등학교 1, 2학년 여름방학도 그냥 지나칠 수 없는 중요한 시기야. 혹시 들어봤니? "공신은 방학 때 만들어진다." 라는 말. 여름방학이 시작되기 전에 네가 미리 생각해 봐야 해. 먼저 네 공부유형은 무엇인지, 네가 가진 약점은 없는지 파악해야해. 그럼 네가 가장 먼저 해결해야만 하는 과목이 나오겠지?

다음으로는 해결해야만 하는 과목을 어떻게 공부할지 방법을 찾는 거야. 어떤 과목이든지 내가 추천해주고 싶은 방법은 기본을 따라가는 거야. 그것은 바로 교과서지. 교과서를 5번만 꼼꼼히 읽어봐. 거의 모든 문제가 해결된다고 장담해. 특히 외우는 것, 탐구 영역이 잘 안 되는 사람이나 논술을 준비한다면 꼭 이 비법을 활용해 봐.

교과서로 기본개념을 다졌다면 관련 문제를 풀어보는 거야. 이렇게 차근차근 계획을 세워 여름방학을 알차게 보낸다면 넌 다음 학기에서 성적이 눈에 띄게 향상 될거야.

라 예비 고3 겨울방학 잘 보내기

수능 시험이 끝나면 이제 고2는 바로 고3이 되는 거야. 3월에 고3이 되는게 아냐. 선배가 수능시험을 끝내면 너희들은 바로 고3이야. 왜냐하면 3월에 고3이 되어 올라가면 수능은 1년이 남은 게 아니기 때문이지. 3월 이후 너희의 수능은 약 8개월 후야. 게다가 수시는 불과 6개월 이후이지. 고3 여름방학은 수시 상담이나 자소서 준비로 학습에 시간을 기울일 여력이 없어. 그러니 예비고3 겨울방학이 매우매우 중요해. 그냥 이렇게 생각해. "고2 겨울방학이 곧 고3의 시작이다."

예비고3 겨울방학을 잘 보내는 방법은 먼저 너에게 맞는 입시 전형을 찾아봐야 해.

정시를 준비한다면 이 겨울방학이 마지막 승부수를 던질 수 있는 기회라는 것을 생각해서 철저히 계획을 세워 실천해야 해. 정시를 준비한다면 논술전형 지원을 고려해볼만 하다는 것도 잊지 마. 수능 최저학력 기준이 적용되는 논술전형 지원도 좋은 전략이 될 수도 있거든. 수능 준비가 곧 논술준비라는 장점이 되기도 해.

정시준비에 맞는 학습계획을 짜서 차근차근 준비해. 과목별 기초개념에 대한 깊이 있는 학습을 할 수 있는 중요한 시기이니 꼭 자세히 보고 기출 모의고사 문제를 같이 푸는 것도 좋은 방법이야.

무엇보다도 탐구영역에서 어떤 것을 선택할지 고민하고 준비를 끝내야 한다는 것 잊지마. 보통의 학생들이 탐구영역을 우습게 생각하는데. 고3 올라가서 준비하면 늦어 미리미리 대비해야 하는게 탐구영역이야. 늦게 준비하면 의외로 네 발목을 잡는 변수가 되거든. 특히 과탐의 경우는 N수생들 때문에 쉽게 높은 등급에 오를 수 없어. 겨울방학이 끝나기 전에 반드시 마무리 해, 알았지? 혹시 과목 선택이 어렵다면 네가 잘하는 과목이나 잘 할 수 있는 과목 즉, 좋아하는 과목을 골라.

학생부 종합전형을 준비한다면, 지원하는 학과에 대한 활동을 점검해서 최대한 준비해. 자율활동, 동아리활동, 진로활동, 봉사활동과 독서나 연구활동이 학생부에 잘 기재되는게 중요해. 그 안에서 너의 전공적합성과 발전가능성이 확실히 드러나야 하지. 학교 행사에 충실히 참석해서 학생부에 잘 기록이 되어야 하고, 그게 모두 기록되었는지 학년말에 꼼꼼히 확인해서 누락된 것을 선생님께 잘 말씀드려야 해. 하지만 말야. 어떤 비교과도 교과를 넘어서지 못한다는 걸 잊지마. 내신을 위한 공부를 게을리 하면 안 돼. 어떤 학생은 학생부종합전형은 학교내신이 별로 중요하지 않을 거라는 오해를 하더라. 학업역량을 절대 무시하지 마.

겨울방학동안 수능 최저학력 기준을 맞출 수 있도록 실력을 기르고, 부족한 과목을 집중 공략해서 끌어올릴 충분한 공부시간을 확보해서 실천해 봐.

마 > 고3 여름방학 잘 보내기

매일 꾸준히 골고루 학습할 수 있도록 계획을 세우는 게 좋아. 6월 모평결과를 잘 보고 그걸 기준으로 내 위치를 알고 진로를 구체적으로 계획해서 공부계획을 세워보자.

잘만 준비해서 실천하면 성적 급상승을 노려볼 수도 있는 여름방학을 어떻게 보내면 좋을지 알려 줄게. 우선 모든 공부의 기본은 교과서야. 교과서를 꼼꼼히 훑고 EBS 연계 교재를 사용하는 것도 방법이지.

네가 상위권이라면 어려운 문제를 공략하는 심화학습이 필요해. 그리고 가능한 실수를 줄이는 연습을 꼭 해야하지. 6월 모평에서 틀린 문제나 풀지 못해서 찍었던 문제를 중점적으로 잘 봐야 해. 중위권이라면, 개념정리를 철저히 다시 복습하고 문제를 풀면서 자주 틀리는 유형을 찾아봐. 하위권은 기본적인 개념을 정리해 외우면서 기출문제를 중심으로 문제를 풀면서 공부를 하는 게 좋아. 혼자 공부가 어렵다면 인강을 잘 활용하면 더 효과적이지.

고3 여름방학에 할 수 있는 구체적인 과목별 공부법을 알려줄게.

국어

여름방학은 국어 영역의 가장 기본인 '개념'을 정리할 수 있는 마지막 시간이야. 교재를 샀다면 수능특강이나 인터넷수능 교재의 지문과 문제를 꼼꼼히 분석해서 그 문제에 활용된 개념을 이해하고, 그 근거를 지문에서 정확히 찾는 연습을 해. 국어는 문제 유형별 풀이법이 중요하니 이를 잘 정리해서 네 것으로 만들어 놔.

상위권 문제를 풀면서 네가 자주 하는 실수를 찾아서 다시 반복하지 않도록 해.

중하위권 수능특강이나 수능완성 강의를 들으면서 바른 독해법으로 문제에 접근하는 방법을 배우도록 하자. 어려운 부분은 맞춤형 인강을 선택해서 듣는 것도 한 방법이야.

하위권 무조건 연계 교재에 집중해. EBS 연계 정책을 가장 효율적으로 사용할수 있는 게 바로 바로 중하위권 학생들이란다.

수학

수학은 연계교재나 그 교재에 따른 강의를 들으면서 여름방학 때 집중해야 해. 또 기출문제도 풀어봐야 해. 중요한 개념은 계속 반복되어 나오거든. 꾸준히 하루에 몇 문제라도 풀어보고 틀린 문제는 꼭 오답노트로 정리해.

상위권 수능완성 문제집을 사서 풀면서 목표대로 나아가는 게 중요해.

중하위권 중위권은 개념이 어느 정도 형성되어 있기 때문에 수능완성이나 수능특강을 적당히 병행하면서 문제유형을 익히도록 하면 좋아.

하위권 하위권은 특히 개념이 부족한 경우가 많지. 그러니 수능특강을 먼저 해보고 이후 수능완성을 도전해 보자.

영어

절대평가라고 영어를 절대 만만히 보지마. 쉽지 않아.

상위권 연계교재를 모두 풀어보고 특히 어려웠던 문제를 파악해서 다시 풀어보는 거야. 실제로도 시험을 보는 것처럼 타이머를 설정해두고 풀어보는 연습도 미리 하면 좋아. 고난이도 문제도 대비해서 미리미리 익숙해져야 해.

중하위권 연계교재를 상위권보다 더 열심히 보겠다는 마음으로 끝까지 해. 연계교재의 해설지에는 지문의 중요 구문 분석이 잘 되어있으니 꼭 이를 잘 활용해 봐. 단어를 꾸준히 정한 분량만큼 외우고 독해도 하루에 일정량 정해서 푸는거야. 또 수능에 계속 나오는 단어를 반복해 보면서 익숙해지는 연습을 하자.

5등급 이하 연계교재를 잘 사용해서 활용해 봐. 문제푸는 법을 익히고 어휘나 구문에 대한 기초 지식을 외우면서 쌓아가는 게 중요해. 너무 많은 걸 하려고 하지 말고 네게 맞는 분량의 교재를 선택해서 충실히 푸는게 좋아.

사탐

실력 향상을 원하면 EBS 강의를 잘 활용하는 것도 좋은 거 같아. 수능특강을 중심으로 먼저 핵심개념을 잘 정리하고, 문제를 풀면서 거기에 나오는 선지를 잘 보아두자. 그리고 방학에 교육청 모의고사와 평가원 모의고사를 비교분석하면 좋아. 사회탐구는 기출 경향을 파악하면 기본 점수는 충분히 받을 수 있거든. 기출문제를 풀어봐. 항상 중요한 개념은 반복해서 나온다는 것을 잊지마.

과탐

과탐은 먼저 자료를 철저히 분석하는 게 중요해. 연계교재에서 어떻게 자료들이 활용되는지를 파악하고 그게 문제랑 어떤식으로 연결되는지를 잘 찾아봐. 공통적으로 반복해서 묻는 개념이 무엇인지 파악하면 더 확실할 거야.

과탐과 사탐같은 탐구영역은 기초, 기본지식을 바탕으로 그것이 어떻게 활용되는지를 탐구하는 학문이라 할 수 있어. 그러니 기본 개념을 잡는 것은 꼭 필요하지. 기본 개념을 다시 복습하면서 네가 놓치는 부분은 없는지 꼭 확인해야 해. 기본개념이 꼭 응용되어 문제로 출제되거든.

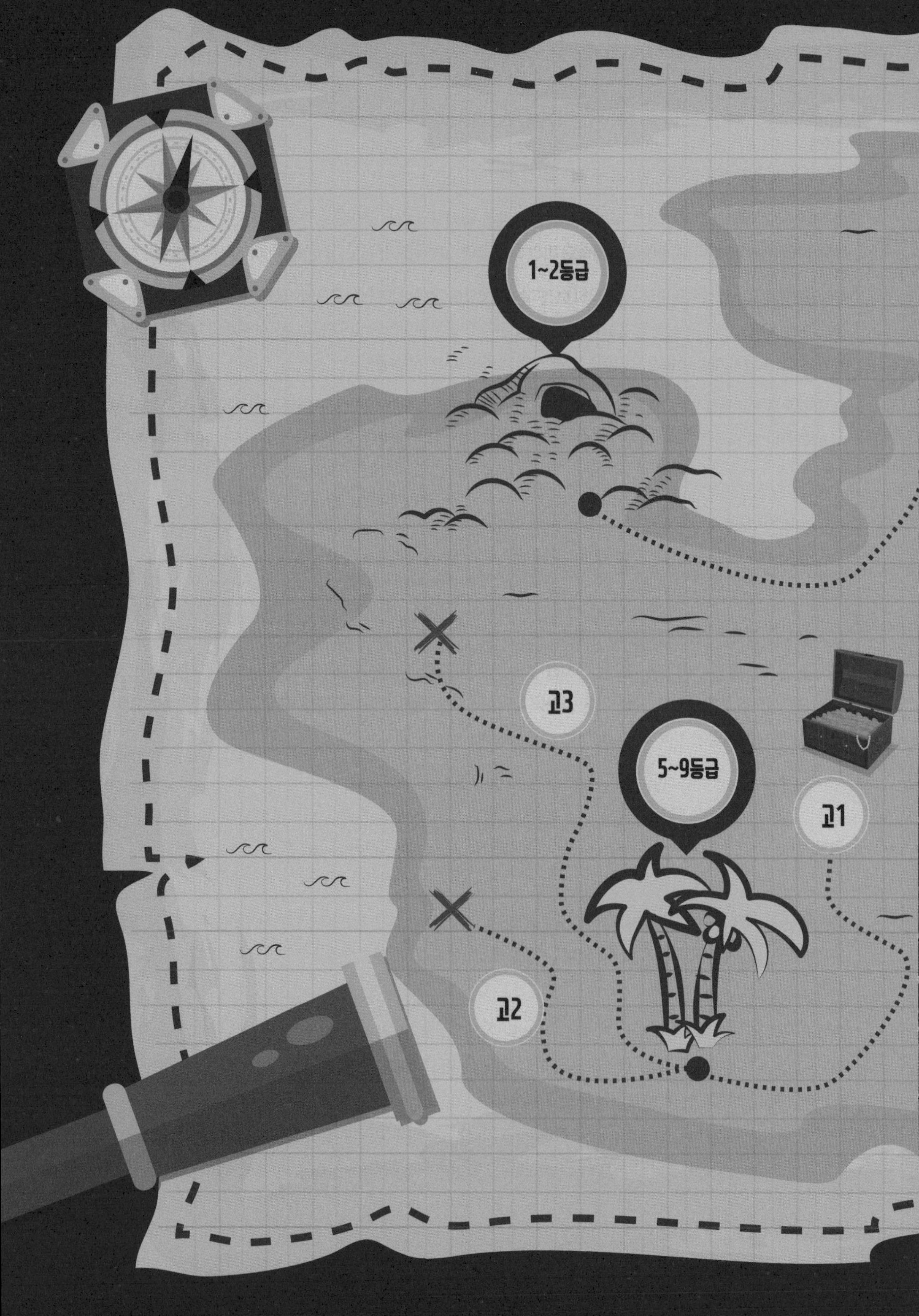
1~2등급
고3
5~9등급
고1
고2

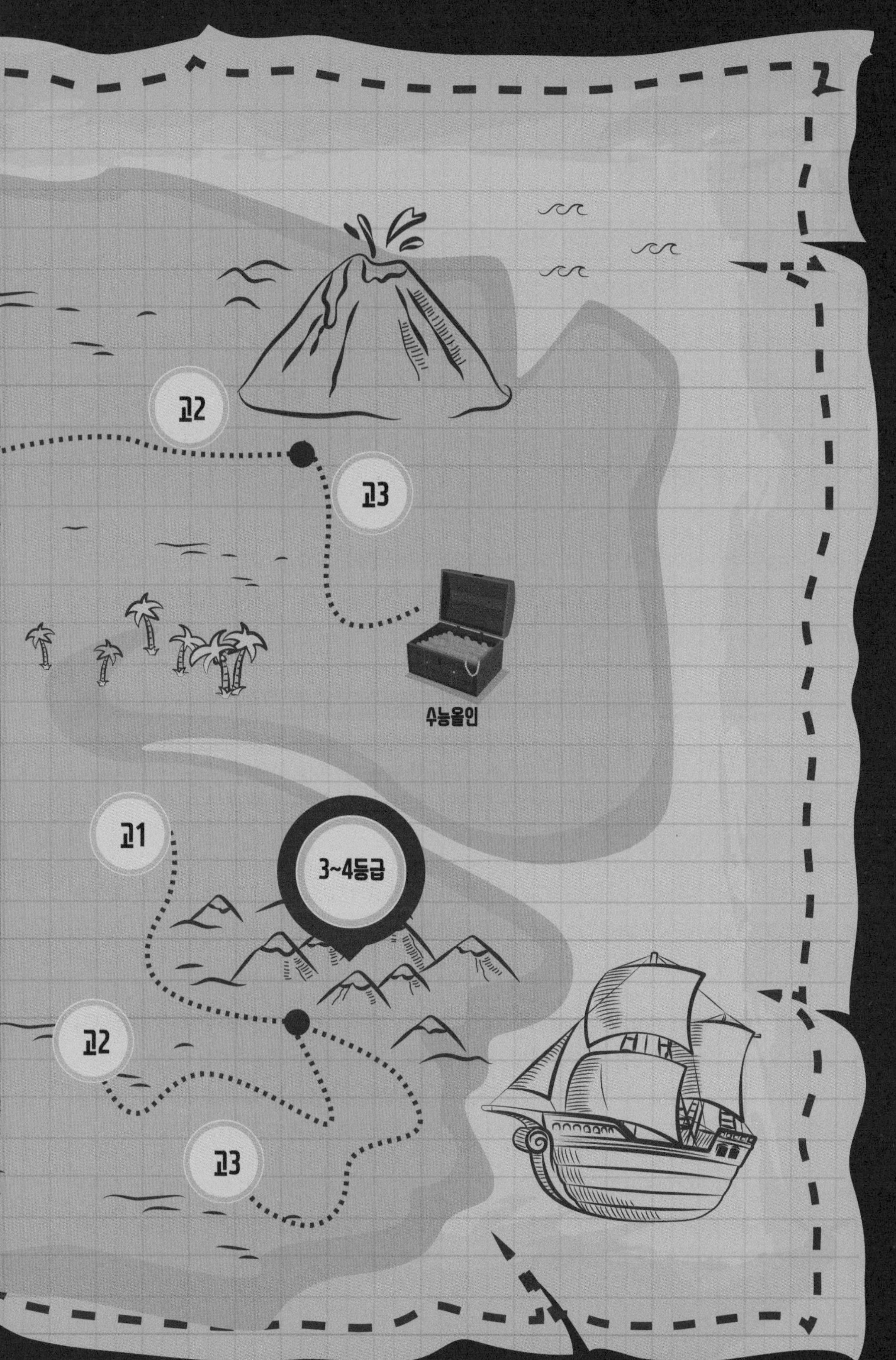

고2
고3
수능올인
고1
3~4등급
고2
고3

5 나만의 맞춤 코칭

가 1~2 등급 : 학습전략으로 최상위권 대학에 도전한다.

(1) 첫 번째 사례

학생부 종합을 준비하고 있는데, 제가 한 활동들과 기록들이 좋은지 계속 불안합니다. 그래서 학생부 교과 전형도 준비하고 있습니다. 상위권 대학의 경우 학생부 종합이 많고, 교과의 비중이 적다고 해서 그 부분도 고민이 많습니다.
교과 성적도 나쁘지 않으며, 모의고사도 가끔 실수를 하긴 하지만 좋은 성적을 받고 있습니다. 남은 기간 어떤 전략을 세워야 할까요?

상위권 학생들은 한번 씩 이런 고민을 했을 거야. 학생부종합전형을 준비는 꾸준히 하지만 합격 여부를 모르니 교과 성적이 좋다면 교과 성적을 많이 보는 전형도 도전해 보는 것이 좋아. 우선 전체적인 학생부 전체적인 성적을 분석해 보자.

내신 분석 결과	모의고사 분석 결과
전과목이 1등급을 유지하고 있으나한 학기당 1~2과목은 2등급이 있음.	국어와 영어는 계속 1등급하지만 수학은 문제의 난이도에 따라 2등급이 나올 때도 있음.아직 탐구과목은 어떤 것을 선택할지 고민중. (성적은 3등급 정도)

친구는 상위권 교과를 위해서는 내신과 모의고사 공부를 병행할 필요가 있어. 학생부 종합을 준비하는 학생들이 계열별 교과만 집중적으로 학습을 하는 경우가 많아서 전 과목에서 좋은 내신을 받으면 나중에 수시 원서를 쓸 때 좋은 카드가 될 수 있어.

지금 내신은 모든 과목에서 1등급을 유지해야 해. 특히 인원수가 적은 암기과목의 경우는 자칫하면 3등급까지도 떨어질 수 있으니 과목 인원수를 확인하여 시험계획을 짜야 해. 그리고 우리는 학생부 종합 전형을 대비하기 때문에 계열별 교과는 1등급을 받으면 좋겠지. 상위권 친구들은 본인의 공부법을 가지고 있는 경우는 그 공부법을 유지하면서 보완할 필요가 있어. 아직 계획 없이 공부한다면 이 책에서 상위권 학습법을 참고해.

특히 3학년 때는 진로선택 과목이 많은데, 그 진로선택과목이 대학에 어떻게 반영되는지 확인이 필요해. 등급이 안 나온다고 소홀이 하는 친구들도 있는데 나중에 후회할지 모르니 한번 찾아보는 것이 좋아. 참 진로선택과목 중 본인의 진로와 관련된 과목은 무조건 A를 받아야 하는 거 알고 있죠.

2022. 대입 학생부 교과 진로선택 과목 반영 방법(학생부교과 전형)

[대학별 발표, 2022대입전형시행계획]

구분	전체 과목	일부 과목
반영	고려대(서울), 서강대, 성균관대(정성평가), 세종대, 숙명여대, 숭실대, 연세대, 이화여대, 인천대, 중앙대(지역균형)	건국대(서울), 경희대, 상명대(서울), 서울과학기술대, 한양대(서울)
미반영	광운대, 국민대, 단국대(죽전), 동국대(서울), 동덕여대, 서울시립대, 서울여대, 성신여대, 아주대, 인하대, 한국외대(서울)	

아직 일반 선택과목이 남았다면 전략을 잘 세워.
내신은 각 학년별/과목별로 단위 수라는 개념이 존재해. 단위 수는 일주일에 우리가 받는 그 과목의 수업 횟수라고 생각하면 된단다. 대부분의 대학들은 단위 수가 반영된 내신점수를 반영하지. 따라서 같은 1등급이라 하더라도 단위 수에 따라 내신 석차는 많은 차이를 갖게 되어있어. 전략적으로 단위 수가 높은 과목을 잘 챙겨보면 내신점수를 올리는 방법이 될 수 있어.

만약 우리가 쓴 대학이 수능 최저가 있다면 수학과 사탐이 발목을 잡을지도 몰라. 수학의 경우는 기출문제를 풀면서 많이 틀리는 부분을 찾아가는 연습을 할 필요가 있어. 2등급의 친구들은 틀리는 유형이 정해져 있어. 혹 시 문제 해결력 부분이 어렵지 않니? 그 부분이 약한 친구들은 문제 분석이 먼저야. 문제에서 요구하는 것은 기호화, 수식화하고 난 후 문제에서 구하고자 하는 것을 정확하게 분석할 필요가 있어. 보통 문제 지문에 중요한 말이나 힌트가 되는 말을 체크 하고 개념을 정리하기도 해. 그러면 풀이방법이 보이는 경우가 많아.

사회탐구의 경우 암기과목이라고 생각하고 미루면 3학년 여름방학 때까지 성적이 잘 나오지 않아 걱정하는 친구들을 많이 봤어. 본인이 선택한 과목들을 전체적인 큰 틀부터 잡아서 되도록 여러 번 반복하는 학습이 필요해. 사회탐구의 경우 여러 자료제시를 분석하는 문제가 어렵게 출제되는 경우가 많으니 그 부분에 신경을 쓰고, 여러 가지 개념을 적용하기 위해 문제도 적당히 풀어보자.

이대로 입시 때까지 열심히 해서 원서를 쓸 경우, [고려대학교 일반전형-학업우수] 전형을 쓰는 게 좋을 것 같아. 반영 교과를 보면 다른 대학에서 반영하지 않은 한문, 기술가정 등 등급으로 표시된 모든 교과목을 반영하고 있어. 그 부분을 참고해야 해.

반영 교과	학년별 반영비율
'원점수, 평균, 표준편차, 석차등급'이 기재된 교과 및 '원점수, 평균, 성취도 및 성취도별 분포비율'이 기재된 모든 교과	학년별 반영비율 없음

그리고 이 전형은 2단계에서 면접을 봐야 해. 면접도 틈틈이 연습하는 게 좋아. 1단계에서 6배수를 뽑기 때문에 1단계에서 통과해서 2단계 면접을 잘 보면 충분히 합격 가능성이 있어.

구분	전체 과목	일부 과목
1단계	서류 100%	모집단위별 모집인원의 6배수 선발
2단계	1단계 성적 70% + 면접 30%	

면접은 평소 학교생활에서 프로젝트 발표 수업이나 모둠학습, 동아리에서 토론과 토의를 하고 시사에 관심 이 있던 학생들은 문제없이 합격했어. 학교에서 했던 역량들은 그대로 대학 수업에도 연장이 되니 멋진 대학 생활을 상상하면서 준비하면 좋을 것 같아. 면접 내용도 궁금하다고?

면접은
지원자의 학생부에 기재된 내용 등을 확인하고 제시문을 기반으로 하여 논리적·복합적 사고력, 문제해결력, 의사소통 능력 등을 갖추고 있는지 종합적으로 평가하고 있어.

참! 면접도 중요하지만 수능 최저도 신경을 써야 해.

모집단위	최저학력기준
인문계	국어*, 수학*, 영어, 사회·과학탐구(택 2) 4개 영역 중 3개 영역 등급의 합이 7 이내 및 한국사 3등급 이내
자연계 모집단위 (반도체공학과, 의과대학 제외)	국어*, 수학*, 영어, 과학탐구(택 2) 4개 영역 중 3개 영역 등급의 합이 8 이내 및 한국사 4등급 이내
자연계 (반도체공학과)	국어*, 수학*, 영어, 과학탐구(택 2) 4개 영역 중 3개 영역 등급의 합이 7 이내 및 한국사 4등급 이내
자연계 (의과대학)	국어*, 수학*, 영어, 과학탐구(택 2) 4개 영역 중 3개 영역 등급의 합이 5 이내 및 한국사 4등급 이내

※ 탐구영역은 2개 과목 평균등급으로 반영하며 직업탐구는 인정하지 않음
※ 탐구영역 2개 과목은 동일 분야 'Ⅰ+Ⅱ'를 인정하지 않음(예: 화학Ⅰ+ 화학Ⅱ)

모의고사에서 수학과 사탐이 약점이었지. 그 부분의 보완도 필요하지만 1등급을 유지하고 있는 국어와 영어는 수능 때까지 1등급 전략으로 가야 해. 한국사는 충분히 3등급이 나오겠지.

그리고 자연계열의 친구들이 경우는 수학 선택과목에도 신경을 써야 해.

국어·수학 선택과목

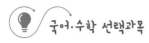

계열	선택과목
인문계	국어(화법과 작문, 언어와 매체 중 택1), 수학(확률과 통계, 미적분, 기하 중 택1)
자연계	국어(화법과 작문, 언어와 매체 중 택1), 수학(미적분, 기하 중 택1)

여기에서 확인할 수 있듯이 확률과 통계를 치면 지원이 불가능 해.

이 내용은 고려대 외에도 선택과목이 지정된 학교가 있어.

공통+선택형 구조 도입의 수능체제 개편에 따라 수능 선택과목 지정

[대교협 발표 자료]

선택과목	대학명	개수
수학 미적분/ 기하 중 택 1	가천대, 가톨릭대, 강원대, 건국대, 경북대, 경성대, 경희대, 계명대, 고려대, 공주대, 광운대, 국민대, 단국대, 대구가톨릭대, 대구한의대, 덕성여대, 동국대, 동국대(경주), 동덕여대, 동아대, 동의대, 목포대, 부산대, 상지대, 서강대, 서울과학기술대, 서울대, 서울시립대, 서원대, 성균관대, 숙명여대, 순천대, 숭실대, 아주대, 연세대, 연세대(미래), 영남대, 울산대, 원광대, 이화여대, 인제대, 인하대, 전남대, 전북대, 제주대, 조선대, 중앙대, 차의과학대, 충남대, 충북대, 한국교원대, 한국항공대, 한림대, 한양대, 한양대(ERICA), 홍익대	56개교
탐구 과학탐구 선택	가천대, 가톨릭대, 강릉원주대, 강원대, 건국대, 건양대, 경북대, 경상대, 경성대, 경희대, 계명대, 고려대, 고려대(세종), 고신대, 광운대, 국민대, 단국대, 대구가톨릭대, 대구한의대, 덕성여대, 동국대, 동국대(경주), 동덕여대, 동아대, 부산대, 상지대, 서강대, 서울대, 서울과학기술대, 서울시립대, 성균관대, 성신여대, 세종대, 숙명여대, 순천대, 숭실대, 아주대, 연세대, 연세대(미래), 영남대, 우석대, 울산대, 원광대, 을지대, 이화여대, 인제대, 인천대, 인하대, 전남대, 전북대, 제주대, 조선대, 중앙대, 차의과학대, 충남대, 충북대, 한국교원대, 한국기술교대, 한림대, 한양대, 한양대(ERICA), 홍익대	62개교

그리고 서울대를 정시에 지원하는 경우는 교과 이수 가산점이 주어지기 때문에 이 부분도 미리 체크를 해야해.

2022. 서울대 정시 모집 교과 이수 가산점 반영

유형 I 중 2개 이상 충족 시 1점 가산 / 유형 II 중 2개 이상 충족 시 2점 가산

교과 이수 유형		
선택과목	대학명	개수
수학	일반선택 4과목 또는 일반선택 3과목 + 진로선택 1과목	일반선택 4과목 또는 일반선택 3과목 + 진로선택 1과목
과학	일반선택 2과목 + 진로선택 2과목	일반선택 3과목 + 진로선택 2과목 또는 일반선택 2과목 + 진로선택 3과목
사회 (국제계열 교과 포함)	일반/진로선택 3과목	일반선택 3과목 + 진로선택 1과목 또는 일반선택 2과목 + 진로선택 2과목

상위권 대학은 내신 성적도 좋고, 학생부도 좋은 학생들의 게임이야. 그렇기 때문에 어떤 친구들보다 전략이 필요해. 오늘은 너만의 전략을 세우는 시간을 갖는 건 어떨까?

(2)두번째 사례

1학년 때부터 학생부 종합전형을 쓰기 위해 다양한 활동들을 많이 했습니다. 그러다보니 계열별 교과의 성적은 좋지만 나머지는 조금 낮은 편이라 걱정이 됩니다. 어떻게 공부를 해서 전략을 짜는 게 좋을까요? 꼭 인 서울 하고 싶어요.

상위권 대학의 경우 학생부 종합으로 뽑는 비율이 높아. 그래서 그 전형에 대한 대비뿐만 아니라 내신 성적과 수능을 위한 학습이 필요해.

내신 분석 결과

자연계열
국어 영어 수학 과학 1~2등급
나머지 과목 2~3등급

모의고사 분석 결과

수학 과학은 1등급
하지만 영어 국어는 3등급

비교과를 열심히 준비는 했는데 빈약한 것 같음

그럼 중앙대 학생부교과-지역인재 전형을 한번 확인해 보는 것도 좋아.

<table>
<tr><th rowspan="2">선발단계</th><th colspan="2">학교생활기록부(%)</th></tr>
<tr><th>교과</th><th>비교과</th></tr>
<tr><td>일괄합산</td><td>70</td><td>30(출결, 봉사)</td></tr>
</table>

여기서 비교과는 어떤 것을 보냐고? 여기는 무단결석이나 미인정 지각을 확인하고, 봉사활동 시수를 보고 있어. 이 부분은 변경될 수도 있으니 모집요강을 한 번 더 확인하면 돼.

자연계열의 경우 국어, 영어, 과학의 전교과를 반영하고 있으니 학생부 종합을 준비하면서 열심히 교과도 공부한 보람이 있지.

※ 반영 교과 및 반영 방법

<table>
<tr><th rowspan="2">전형</th><th colspan="2" rowspan="2">모집단위</th><th colspan="2">계열별 반영 교과</th><th rowspan="2">진로선택과목 포함 여부</th><th rowspan="2">반영방법</th></tr>
<tr><th>인문/예체능</th><th>자연</th></tr>
<tr><td colspan="3">학생부교과(지역균형)</td><td rowspan="3">국어, 수학, 영어, 사회</td><td rowspan="2">국어, 수학, 영어, 과학</td><td>포함</td><td>반영교과의 전과목 석차등급 및 성취도 환산점수 반영</td></tr>
<tr><td colspan="3">논술</td><td rowspan="4">미포함</td><td>반영교과의 상위 10개 과목 석차등급 반영</td></tr>
<tr><td rowspan="3">실기/실적</td><td rowspan="2">실기형</td><td>공연영상창작학부(영화, 문예창작, 사진)</td><td rowspan="3">–</td><td rowspan="3">반영교과의 전과목 석자등급 및 이수단위 반영</td></tr>
<tr><td>상기 외 전체</td><td rowspan="2">국어, 영어, 사회</td></tr>
<tr><td>특기형</td><td>스포츠과학부</td></tr>
</table>

※ 학교생활기록부 반영 교과는 해당 고등학교에서 분류한 교과 체계를 따름
(단, 교과 분류가 본교의 반영 교과분류 체계와 상의한 경우는 교육부의 교과 분류체계를 준용하거나 본교의 판단에 의해 반영함)

※ 공통/일반선택과목 중 석차등급을 산출할 수 없거나 한 과목도 이수하지 않은 경우 해당 교과를 제외하고 성적을 산출함

여기에 학생부교과(지역균형)의 경우는 진로선택과목이 포함되어 있으니 그 과목들은 성취도 A를 받아야 하는 거 알고 있지.

참! 수능최저가 있으니 이 부분도 신경을 써야 해.

<table>
<tr><th>소재</th><th>계열</th><th>모집단위</th><th colspan="2">영역별기준</th><th>탐구영역 반영 방법</th><th>공통</th></tr>
<tr><td>서울</td><td>인문</td><td>전체</td><td>국어, 수학, 영어, 사/과탐</td><td>3개 영역 등급 합 6이내</td><td rowspan="2">상위 1과목 반영</td><td rowspan="4">한국사 4등급 이내</td></tr>
<tr><td rowspan="3">안성</td><td rowspan="3">자연</td><td>약학부</td><td rowspan="3">국어, 수학(미적분, 기하 중 택1), 영어, 과탐</td><td>4개 영역 등급 합 5이내</td></tr>
<tr><td>약학부 외 전체</td><td>3개 영역 등급 합 7이내</td><td rowspan="2">2과목 평균 반영</td></tr>
<tr><td>전체</td><td>2개 영역 등급 합 6이내</td></tr>
</table>

※ 자연계열의 경우 과학탐구 과목별 Ⅰ+Ⅱ 중복 선택 불가(ex 화학Ⅰ+화학Ⅱ 불가)
※ 제2외국어와 한문은 반영하지 않습니다.

수학영역과 과학탐구영역을 1등급으로 유지하고, 영어나 국어를 최저로 맞추면 될 것 같아. 지금은 문제없다고 생각하는데 앞에서 이야기했다시피 수능 때는 많은 변수가 있으니 꼼꼼히 준비하는 것이 좋아.

1학년 때부터 내신과 학생부, 모의고사 준비까지 열심히 한 친구들에게 주어지는 기회야 지금도 늦지 않았으니 오늘부터 시작해.

(3) 세번째 사례

> 학교 내신 성적은 항상 상위권을 유지하고 있는데 모의고사 성적이 너무 안 나와요. 처음에는 학생부종합 전형도 생각했는데 너무 준비한 게 없어요. 교과 전형을 가야 하나 했는데 최저가 있더라고요. 저의 모의고사 성적은 공개할 수가 없을 정도입니다. 사실 공부를 안 했던 것 같아요. 지금은 해보려고 하는데 잘되지 않아요.

내신 성적과 모의고사 성적이 차이가 나는 구나. 그래도 지금 모의고사를 포기하는 것보다 전략적으로 자신 있는 영역이라도 공부하는 것이 좋아. 우선 친구의 성적을 정리해볼까?

내신 분석 결과	모의고사 분석 결과
국어 영어 수학 과학 1등급 (1학년 1학기 국어 2등급)	국어영역과 수학영역 2등급 영어영역, 과학탐구영역 3등급 평균등급이며 변동이 심함

생활기록부 활동은 많이 부족함. 활동의 연계성이 없고 심화활동이 부족함.

내신공부는 정말 열심히 했네. 지금부터 모의고사를 공부해서 성적이 오르면 상관없지만, 열심히 공부한 내신이 빛을 못 볼 수도 있을 것 같아. 내신공부는 친구가 하는 전략대로 공부해서 1등급을 유지하는 것이 좋을 것 같아.

우리 모의고사 공부에 관해 이야기해볼까? 모의고사 성적에 변화가 심한 경우 왜 그런지 분석부터 할 필요가 있어. '난이도 있는 시험에서 힘든지'. '아니면 그날 컨디션에 따라 집중도가 달라져서 그런지'. '또 한 시험에서 한 두 과목만 변화가 심한지 전체적으로 못 보는 날과 잘 보는 날이 들쑥날쑥한지' 등을 생각해봐. 그 외에도 다른 문제점은 없는지 생각해봐.

우선 난이도 있는 시험에서 힘든 경우는 난이도 있는 문제를 연습하는 시간을 정해 놓고 공부를 할 필요가 있어. 그 시간에는 한 문제를 풀더라도 그 문제를 분석해서 공부할 필요가 있어. 그리고 난이도 있는 문제 중 이해가 안 되는 부분들은 따로 문제를 모아서 계속 반복해서 반드시 본인의 것으로 만들어야 해.

컨디션은 어떻게 조절할까? 제일 좋은 건 긍정적인 생각이야. 1교시 시험을 치고 나서 좋은 성적이 나올 것 같은 경우는 다음 시험에서도 잘 하자고 체면을 걸고, 혹시 성적이 별로인 경우는 2교시에는 문제부터 꼼꼼히 읽어서 실수 없이 하자고 마음속으로 이야기하여 편하게 해 주는 것도 좋아.

너무 모의고사 성적 변화가 심한 경우 주 1회 정도 꾸준히 실전 모의고사를 치는 것도 도움이 돼.

꾸준히 내신 유지는 되었지만, 모의고사 성적이 잘 나오지 않은 경우는 [한양대 학생부 교과]를 추천해. 이 전형은 정말 교과 100%야. 하지만 의예과나 일부 학과는 선발하지 않으니 그 부분을 조심해야 해.

반영 교과와 반영비율이야. 어때? 도전해 볼 만하지? 수능 최저가 없어서 부담이 덜 할 거야.

- **학생부교과 100%**
- **학생부 외 제출서류 없음**
- **수능 면제, 면접 없음**
- **학교장 추천**

구분	계열	반영교과	반영과목 수	반영학기	반영방법	점수 활용지표	학년별 반영비율
수시	자연 인문 상경	국어, 영어, 수학, 사회, 과학, 한국사	이수한 전 과목 (진로선택 과목은 상위 3개 과목 반영)	3학년 1학기 까지	등급의 환산점수를 산출하여 반영	등급 (성취도) · 이수단위	없음
	예체능	국어, 영어, 사회, 한국사					

혹시 모르니 3학년 1학기 내신이 끝나고 나서는 수능 준비를 열심히 해.

계열 교과를 1등급을 유지하기가 쉽지 않은데, 정말 수업시간에 충실하고 예습과 복습을 열심히 했네. 남은 기간도 지금처럼 열심히 해서 좋은 결과를 얻기 바라.

㉯ 3~4등급 : 학습전략으로 in 서울 대학과 거점대학에 도전한다.

(1) 첫 번째 사례

저는 초등학교 때부터 수학 과학에는 흥미가 없었어요. 중·고등학교 때 열심히 했지만 다른 과목에 비 해 성적이 잘 나오지 않아 고민이 많아요. 그런데 국어만큼은 자신이 있어요. 서울에 있는 대학을 가고 싶은데 어떻게 전략을 세워야 할까요? 학생부 종합도 준비하고 있지만, 교과로 쓸려면 어떻게 준비해야 할까요? 여대도 가고 싶어요.

수학, 과학 성적이 잘 오르지 않아 고민이 많았겠어. 그래도 국어를 잘하니 얼마나 좋아. 여학생이라고 하니 여대에 선택권이 있어. 그럼 1학년 내신 성적을 체크 해 볼까?

	국어	영어	수학	사회	과학
1학년 1학기	2등급	3등급	4등급	2등급	6등급

성적 차이가 크네? 아직 1학년이니깐 아무 걱정하지 말고 모든 과목에 집중하는 게 좋아. 하지만 나중에 입시에 성공하는 친구들은 그 집중을 전략적으로 하겠지. 과목별 전략 학습법을 알아볼까? 먼저 잘 할 수 있는 국어 공부법부터 체크 해보자. 자세한 국어 공부법은 뒤에 나오는 국어공부법 챕터를 참고하렴. 여기서는 꼭 해야 하는 것만 정리해 줄게. 잘 할 수 있는 과목은 무조건 1등급을 목표로 해. 지금 2등급이니깐 예습 복습만 꾸준히 하더라도 가능성이 있어. 여기서 중요한 건 꾸준히!!!!

국어는 지금 모의고사와 내신을 다 챙겨야 해. 보통 내신 시험은 학교 선생님의 성향에 따라 시험을 출제하는 방식이 다르기 때문에 수업 시간 후, 혼자서 복습을 하면서 빈틈없이 공부를 해야 돼. 주말에는 일주일 동안 배운 내용을 문제를 풀어보는 것도 좋겠지. 그렇게 국어는 매일 적은 시간이라도 공부를 해서 상위권을 놓치면 안 돼. 참. 내신과 모의고사 시험의 형태가 다른 학교가 있어. 모의고사 공부도 꾸준히 해 나가야 해. 나중에 수능 최저에서 국어영역이 강력한 힘을 발휘할 수도 있어.

수학과 과학의 공부법이 문제이구나. 두 과목은 전 학년(고1) 어쩌면 중등 학습에서 개념을 공부하지 않아서 수업을 따라가기 힘들 수도 있어. 특히 수학은 고민이 많이 되지. 우선은 교과서를 이용하여 개념 학습을 반복하고 쉬운 예제부터 풀면서 수학에 대한 흥미를 높일 필요가 있어. 시험에서 많은 문제를 맞히기보다 내가 공부한 문제들을 반드시 실수 없이 푼다는 생각을 한다면 한 문제 한 문제를 푸는 게 재미있을 거야. 처음에는 교과서 문제를 중심으로 한 예제를 풀어야 한다는 것 잊지 말고. 실력을 키워 나가봐.

기본적인 예제들을 다루기에 부담이 없어지게 되면 서점에 가서 수학 문제집을 직접 골라서 단원별로 풀어봐. 시험 범위만 반복해서 3번 이상 풀면 정복하지 못할 문제는 없을 거야~ 다들 그렇게 실력을 쌓아가는 거지 별 것 없으니 너무 겁먹지 말고 하나씩 차근차근 도전하도록 해!

만약 열심히 했는데 고3 때까지 성적의 변화가 없다면 국어, 사회, 영어와 수학을 보는 대학도 좋을 것 같아.

전형유형	반영교과	교과성적 반영방법	점수산출 활용지표
학생부 100% 전형, 논술전형, 미술실기전형	국어, 영어, 수학, 사회/과학	국어, 영어, 수학, 사회/과학 교과 중 상위 3개 교과의 각 상위 4개 과목 반영 ※ 단, 3학년 1학기까지의 5개 학기 중에서 반영하며, 각 상위 4개 과목은 총 12단위 이상 이수	석차등급
고교추천전형	국어, 영어, 수학, 사회/과학	국어, 영어, 수학, 사회/과학 교과 중 석차등급이 산출되는 전 교과목 반영 ※ 단, 3학년 1학기까지의 5개 학기 중에서 반영하며, 성취도 평가만 산출되는 과목은 반영에서 제외	

이 대학의 경우는 인문계열 학생의 경우는 친구가 자신 있는 국어, 영어, 사회, 3학년 1학기 모든 과목을 다 보는 대학이야. 1학년 1학기 수학 과학은 안 좋더라도 수학을 조금씩 올려서 지원해 보는 것도 좋은 전략이야.

참 수능 최저는 신경을 써야해.

전형유형	수능최저학력기준
학생부 100% 전형 (약대 제외), 논술전형	국어, 영어, 수학, 탐구(사회/과학)[상위 1과목] 중 2개 영역 등급 합 7이내
학생부 100% 전형(약대)	국어, 영어, 수학, 탐구(사회/과학)[상위 1과목] 중 2개 영역 등급 합 6이내 ※ 반영하는 3개 영역 각각 3등급 이내 ※ 3개 영역 중 수학 반드시 포함, 수학 선택과목으로 미적분/기하 중 택 1

국어와 영어 사회공부는 조금만 하면 최저는 쉽게 맞출 수 있을 거야. 그럼 학생이 원하는 대학 생활을 할 수 있겠지.

(2) 두 번째 사례

서울권 대학에 진학하고 싶은데 모의고사도 내신도 불안정해요. 성적이 잘 나올 때는 2~3등급도 나오면 안 나 올 때는 4~5등급이 나오기도 합니다. 자연계열을 희망하며 수학은 자신이 있지만, 나머지 과목들 특히 영어나 국어는 문제 자체가 이해가 되지 않을 때가 있어요. 남은 기간 어떻게 공부하면 원하는 대학을 갈 수 있을까요.

전체적인 성적을 확인해야겠지만 성적의 변동이 심하다면 원인부터 분석을 먼저 해야 할 것 같네.

[자연계열 희망]

내신	1학년 1학기	1학년 2학기
국어	5등급	4등급
영어	3등급	3등급
수학	2등급	2등급
과학	2등급	4등급
사회	4등급	5등급

모의고사	3월 학평	6월 학평	9월 학평	11월 학평
국어영여	4등급	4등급	4등급	3등급
수학영역	2등급	3등급	2등급	3등급
영어영역	3등급	4등급	3등급	4등급
탐구영역	3등급	4등급	4등급	4등급

수학의 성적이 좋아서 수학을 더 잘할 수 있는 전략이 필요해. 아님 2등급을 유지하는 공부법을 생각해. 기본 개념 이나 중상 수준의 문제들은 실수가 없으면 다 해결할 수 있으니 난이도 있는 문제에 대한 해결책이 필요해. 먼저 문제를 봤을 때 내가 해결할 수 있을지 없을지에 대한 생각을 먼저하고, 해결할 수 있는 문제의 경우는 꼼꼼한 풀이가 중요해. 왜냐면 실수가 없어야 하니깐. 혹시 해결이 어려운 문제가 있더라도 도전해 봐. 계속 봐도 문제를 어떻게 푸 는지 모르겠다고. 그럼 해설지의 한 줄 두 줄을 참고하면서 문제를 푸는 생각을 키워나가는 것도 중요해.

영어나 국어의 경우는 내신 시험에 좀 더 집중하는 게 좋을 것 같아. 영어의 경우는 교과서 본문 분석과 단어, 문법을 선생님이 수업한 범위에서 최선을 다해서 이해하고 암기하면 모의고사에서도 성적이 향상될 수 있을 거야. 장기기억으로 만들기 위해서 반드시 복습해야 하는 것, 잊지 마. 국어도 학교에서 배운 내용과 비문학의 적용을 위한 모의고사 학습법이 필요해.

지금 보면 암기과목도 문제가 많은데? 점수를 딸 수 있는 과학과 사회에서 성적이 낮은 편이야. 혹시 과학이나 사회가 암기과목이라고 생각하니? 단순 암기만 한다면 한 번의 시험으로 힘들게 공부한 내용이 다 사라져 버려. 과학이나 사회도 이해 학습을 먼저 진행한 후 암기를 하는 게 좋아. 안 그러면 한국사처럼 초등 중등 고등 때 배우지만 항상 처음처럼 느껴지게 돼.

3년 동안 열심히 했으니 진학할 최고의 방법이 분명히 있을 거야. 특히 서울권에 있는 대학 중 반영교과목수와 비율이 유리한 학교를 공략해보자.

전형	단과대학	구분	반영교과					
			기초				탐구	
			국어	영어	수학	한국사	사회	과학
· 교과성적우수자 · 사회기여자 · 자격증소지자 · 군사학과 · 농·어촌학생 · 특성화고졸업자 · 특성화고 등을 졸업한 재직자	인문과학대학 사회과학대학 미용예술대학	비율	30	25	10	15	20	
		과목수	전과목	전과목	전과목	전과목	전과목	
	이공대학	비율	10	25	30	15		20
		과목수	전과목	전과목	전과목	전과목		전과목
· 일반학생(교과)(실기)	전 모집단위	공통비율 100	상위 3과목	상위 3과목	상위 3과목	상위 3과목		

이렇게 반영비율이 다르기 때문에 영어 수학을 공부를 좀 더 꼼꼼히 할 필요가 있어.

수능 최저가 있어서 수능 준비도 필요해. 수학에 자신이 있으니 나머지 1과목을 선택해서 좀 더 시간 배분을 해봐. 참, 탐구 대신 한국사로 대체도 가능해.

3년 동안 열심히 한다면 충분히 친구가 원하는 서울권 대학에 진학할 수 있을 거야.

(3) 세 번째 사례

전형	모집단위	대학수학능력시험 최저학력기준
일반학생(교과)	인문과학대학, 사회과학대학, 이공대학, 미술예술대학,	국어, 영어, 수학, 탐구(1과목) 또는 한국사 4개 영역 중 2개 영역의 합이 6등급 이하
어학특기자	글로벌비즈니스어학부	국어, 영어 2개 영역 합이 10등급 이하

저는 지방거점 국립대가 목표입니다. 공공기관들이 지방으로 이전하여 혁신도시가 지역마다 만들어졌다는 기사를 접했습니다. 지역인재전형으로 30% 이상 선발과 등록금도 싸서 거점국립대가 가고 싶습니다. 지금부터 어떤 전략이 필요할까요?

지방거점 국립대의 경우 학생부종합전형이나 논술도 있지만, 수시전형의 50% 이상 교과전형으로 학생들을 선발하는 학교도 있어. 학생부종합전형과 교과전형 준비를 병행해야 하지.

지방 거점 국립대의 교과전형은 대부분 내신 성적으로 학생들을 선발해. 하지만 비교과나 출결, 봉사를 반영하기도 하는데(예외 의예과와 예체능의 경우 면접과 실기도 있다) 이 부분에서는 점수 차이가 크지 않기 때문에 내신 성적을 올려야 해. 참 수능 최저도 있으니 모의고사 공부도 해.

우선 **부산대**부터 정리할까!

부산대는 반영 교과가 계열별 전 교과라서 계획을 잘 짜서 공부해야 해.

지정교과

전형명	교과배점(★)		지정교과		활용지표
			인문사회계 및 예체능계	자연계	
학생부교과	학생부교과전형 지역인재전형 농어촌학생전형	100점	국어, 수학, 영어, 사회, 한국사	국어, 수학, 영어, 과학, 한국사	석차등급, 이수단위, 성취도[1]
논술	논술전형 지역인재전형	200점			

※ 1) 진로선택과목에 한해 성취도를 반영함

부산대의 경우는 한국사를 반영하니 한국사 교과에도 신경을 쓸 필요가 있어. 혹시 1학년 때 내신관리를 못해서 가능성이 없을 것 같다고. 지금이라도 늦지 않았다고 생각하고 열심히 하는 것이 좋아.

평소 교과전형을 위해 계열별 교과를 공부하면서 모의고사 공부도 꾸준히 하자. 부산대의 경우는 생각보다 수능 최저가 높은 편이야. 너무 수능이 어려운 해는 수능 최저만 맞추어도 들어간다는 이야기를 할 정도야. 하지만 그건 정말 운이 좋은 경우이고, 내신 관리도 열심히 한 학생이 합격하거든.

다음은 부산대학교 수능 최저학력 기준이야. 생각보다 수능 최저기준이 높지? 평소 모의고사 공부를 꼼꼼히 해야 한단다.

대학수학능력시험 최저학력기준

모집계열	모집단위	최저학력기준	공통 기준
인문·사회계 및 예체능계	· 경영대학 경영학과	국어, 영어, 수학, 사회/과학탐구 영역 중 상위 3개 영역 등급 합 6 이내	한국사 4등급 이내
	· 이외 모집단위	국어, 영어, 수학, 사회/과학탐구 영역 중 상위 3개 영역 등급 합 7 이내	
자연계	· 의과대학 의예과 · 한의학전문대학원 학·석사통합과정	국어, 영어, 수학(미적분, 기하 중 택1), 과학탐구 영역 중 수학 포함 3개 영역 등급 합 4 이내 ※ 의예과에 한해 탐구 2과목 평균을 반영함	
	· 자연과학대학, 공과대학, 사범대학, 간호대학, 나노과학기술대학, 정보의생명공학대학 해당 모집단위	국어, 영어, 수학(미적분, 기하 중 택1), 과학탐구 영역 중 수학 포함 2개 영역 등급 합 5 이내	
	· 생활환경대학, 생명자원과학대학 해당 모집단위 · 예술대학(디자인학과(디자인앤테크놀로지전공))	국어, 영어, 수학, 과학탐구 영역 중 상위 2개 영역 등급 합 6 이내	

※ 탐구영역 과목은 수험자가 자유 선택하되 반드시 2과목을 응시하여야 함 (단, 자연계열은 과학탐구 2과목을 응시하여야 함)
※ 탐구영역은 2과목 중 상위 1과목을 반영함

수능 최저에서 조심해야 할 부분은 자연계의 몇 개 대학들은 반드시 수학(가)를 본다는 사실이야. 아마 입시요강 이 바뀌더라도 부산대는 수학을 잘하는 학생들이 유리할 거야.

지금까지 부산대에 대해 정리했어. 취업률도 높고 학생들이 많이 지원하는 대학이라 내신도 계열별 교과를 다 준비해야 하고, 수능 최저도 맞추어야 하므로 내신과 수능 두 마리 토끼 중 어떤 것도 놓칠 수 없어.

/

전자공학부 모바일 전공이 있는 **경북대**가 궁금하다고? 이 학과는 삼성 계약학과야. 그러니 중상위권 친구들이 많이 선호하지. 경북대 반영 교과는 우리가 알고 있는 계열별 교과를 다 반영하고 있어.

모집단위	반영교과	반영 학기
인문, 자연계열	국어, 수학, 영어, 사회, 과학, 한국사	졸업자 및 졸업예정자 : 3학년 1학기까지
예·체능계열	국어, 수학, 영어, 사회, 한국사	

사회의 경우 도덕 과목까지 포함하고 있다는 거 확인해야 해. 혹시 1학년 2학년 때 성적이 약하더라도 남은 학기 동안 열심히 한다면 가능성은 충분해.

여기도 수능 최저가 있냐고? 교과전형은 거의 수능 최저가 있어.
우선 대학수학능력시험 지정 응시영역에 대해 알아볼까?

구분	모집단위	응시 및 반영 영역
대구	인문사회계열	국어, 영어, 수학, 사탐/과탐, 한국사
	자연계열(일부학과 A, B 제외)	국어, 수학(미적분, 기하 중 택1) 영어, 과탐, 한국사
	자연계열 일부학과 A [지구시스템과학부, 건축학부, 건축학전공, 건축학부, 건축공학전공, 토목공학과, 응용생명과학부, 식품, 공학부, 원예과학과, 바이오섬유소재학과, 농업토목·생물산업공학부, 가정교육과, 의류학과, 식품영양학과]	국어, 영어, 수학, 과탐, 한국사
	자연계열 일부학과 B [산림과학·조경학부, 아동학부, 간호학과, 컴퓨터학부(글로벌소프트웨어융합전공)]	국어, 영어, 수학, 사탐/과탐, 한국사
	체육교육과	국어, 영어, 수학, 사탐/과탐, 한국사
	예능계열	국어, 영어, 사탐/과탐, 한국사

수능 최저도 궁금하다고.

전형명	모집단위	국어, 수학, 영어, 탐구(1과목)	한국사
학생부교과 일반학생 학생부교과 지역인재 논술(AAT) 학생부종합 모바일과학 인재	경상대학	상위 3개 영역 등급 합 6이내	한국사 4등급 이내
	사회과학대학, 사범대학, 행정학부	상위 3개 영역 등급 합 7이내	
	인문대학, 자연과학대학, 공과대학, 간호대학, IT대학, 자율전공부, 농업경제학과	상위 3개 영역 등급 합 8이내	
	농업생명과학대학(농업경제학과 제외), 생활과학대학	상위 3개 영역 등급 합 9이내	
	전자공학부 모바일공학전공	수학, 과탐 영역 등급 합 3이내	
	생태환경대학	상위 2개 영역 등급 합 7이내	
	과학기술대학	상위 2개 영역 등급 합 8이내	

전형명	모집단위	국어, 수학, 영어, 탐구(1과목)	한국사
학생부교과 일반학생·지역인재 학생부교과 일반학생·지역인재 논술(AAT)	의예과, 치의예과	상위 3개 영역 등급 합 3이내	응시
	수의예과, 약학과	상위 3개 영역 등급 합 5이내	

이처럼 내신과 수능의 비중이 높아. 항상 공부하는 습관이 필요해. 특히 자연계의 경우 부산대는 최저가 2과목이지만 경북대의 경우는 3과목이라 최저를 위해 공부한 학생들은 정시에서 유리하지.

/

이제 **전남대**를 정리하자. 전남대는 교과전형에서 특이하게도 2021학년도부터 전 교과를 다 반영해. 그래서 전남대를 준비하는 학생들은 계열 교과만 공부하는 것이 아니라 석차로 표기되는 모든 교과를 신경 써야 돼.

전형	반영교과						
	국어	영어	수학	한국사	사회	과학	제2외국어/한문
전 모집단위 (예/체능계열 제외)	○	○	○	○	○	○	○
예능계열	○	○		○	○		
체육교육과	○	○	○	○			

구분	공통과목 및 일반선택	진로선택과목
반영 이수단위 및 반영 과목 수	반영 교과(군) 이수단위 전체	반영 교과(군) 중 상위 3과목

이걸 미리 알고 있다면 좀 더 공부 계획을 세우기가 편하겠지. 전남대의 경우 모집단위로 다양하게 수능 최저가 있어서 본인이 가고 싶은 학과의 수능 최저를 맞추려면 모의고사 준비도 집중하자. 근데 지금 3등급이 나온다고 해서 수능 때도 3등급이 나올 수 있을까? 평소처럼 수능 시험장에서 시험을 보는 친구들이 많지 않다고 해. 그러니 내 최저가 3등급이면 평소에는 2등급 정도로 여유 있게 계획을 세워 공부할 필요가 있어.

/

충남대에 가고 싶은 친구들이 있다고? 2015교육과정(2021학년도)부터 모든 과목을 반영하고 있어. 모든 과목을 골고루 잘하는 학생들에게 유리하겠지.

모집단위	반영 교과(군)	점수산출 활용지표
전 모집단위	국어, 수학, 영어, 한국사, 사회(역사/도덕 포함), 과학, 기술·가정, 제2외국어, 한문 ※ 체육·예술·교양 교과(군) 미반영	석차등급

2015 교육과정은 공통교과와 선택교과(전문교과)를 포함하고 있어. 그 비율도 확인해야 해.

충남대를 원하는 친구들에게 전과목을 다 열심히 하라고 이야기해야겠지. 여기서 팁 하나 줄게. 중요과목을 공부 할 때 시간을 쪼개어 암기과목은 미리 미리 준비하는 거지. 그게 전략이야.

모집단위		점수산출 활용지표
인문	인문대학, 사회과학대학, 경상대학, 농업생명과학대학(농업경제학과), 자유전공학부	국어, 영어 및 탐구 합산 11등급 이내
	사범대학(국어교육/영어교육/교육학과)	국어, 영어 및 탐구 합산 8등급 이내
자연	자연과학대학(수학과 외 모집단위), 공과대학, 생활과학대학(식품영양학과), 생명시스템과학대학	수학, 영어 및 과학탐구 합산 12등급 이내
	농업생명과학대학(자연계학과), 생활과학대학(의류학과, 소비자학과), 사범대학(건설공학교육/기계·재료공학교육/전기·전자·통신공학교육/화학공학교육/기술교육과), 간호대학	수학, 영어 및 과학탐구 합산 12등급 이내 * 사회/직업탐구 2과목 응시자 10등급 이내 *사회/직업탐구 1과목 및 과학탐구 1과목 응시자 11등급 이내
	자연과학대학(수학과)	수학(미적분, 기하), 영어 및 과학탐구 합산 12등급 이내
	사범대학(수학교육과)	수학(미적분, 기하), 영어 및 과학탐구 합산 9등급 이내
	의과대학	국어, 영어 및 과학 탐구 중 상위 2과목과 수학(미적분, 기하) 합산 4등급 이내
	수의과대학	수학(미적분, 기하), 영어 및 과학탐구 합산 6등급 이내

최저도 확인했지.

주의할 점은 수학과, 수학교육과, 의예과, 수의예과 모집단위 경우 수학 선택과목 반영 시 확률과 통계는 반영하지 않아. 탐구영역은 2과목을 반드시 응시하여야 하고 취득등급의 평균을 반영하며, 과학탐구 반영 모집단위는 반드시 과학탐구 2과목을 응시해야 한다는 거 확인해야 해. 모든 탐구영역 응시자가 지원 가능한 자연계열 모집단위에 한하여 사회/직업탐구영역응시자 1등급 ~ 2등급 하향 적용하니깐 자연계열의 친구들은 참고해.

다 5~9등급 : 막판 뒤집기 전략으로 대학에 도전한다.

(1) 첫 번째 사례

저는 간호학과에 가고 싶어요. 2학년 때 진로를 고민하면서 공부를 못했어요. 그래도 가능할까요? 2학년 때 모 든 과목이 성적이 낮아요. 3학년 때 어떻게 공부를 하면 제가 원하는 간호학과를 갈 수 있을까요?

간호학과는 4년제 대학이나 전문 4년제나 교육과정이 같아. 지금부터 전략적으로 공부하면 취업이 잘되는 전문 4년제 대학은 진학할 수 있어. 아래 표를 참고해 보면

전형명	모집단위명	반영교과		점수산출	
		반영교과수	반영교과목	활용지표	기타(내용)
일반고 특별전형	전학과	10	지정교과 : 국·수·영·사·과학 교과 중 5과목 선택교과 : 전 과목 중 5과목	석차등급	3학년 1학기까지 반영 예·체능과목은 제외

모집단위명	적용대상 고교졸업 학년도	반영 과목 수	반영교과					점			비고
			학년 공통	공통 비율	1학년	2학년	3학년	교과 성적	교과 성적	그 외 기타 기록사항 (창의, 특별, 체험 등)	
전학과 (한공관광과, 전문사관계열 제외)	전학년도	10	1~3학년 1학기					80	20		출결은 1, 2학년 반영
한공관광과, 전문사관계열	전학년도	10	1~3학년 1학기					40	20	면접 40%	출결은 1, 2학년 반영

이 학교의 경우, 지정교과목은 우리가 알고 있는 중요과목 국어, 영어, 수학, 과학, 사회 중 5과목이야. 그 외 선택과목 중에서 5과목을 반영하면 돼. 여기서 만약 선택과목에 중요과목들이 반영되어도 되니 참고해. 만약 2학년 성적이 안 좋다면 1학년과 3학년 성적만 반영하면 되니 3학년 1학기 전략만 잘 짜면 원하는 대학을 갈 수 있어.

3학년 때 과목이 진로선택이 많은 경우는 그 부분을 고려해야 해. 그래서 석차등급이 나오는 일반선택과목에 초점을 맞추는 게 좋아

(2) 두 번째 사례

> 지방거점대학을 목표로 공부를 하고 있습니다. 하지만 지금은 부족한 게 많습니다. 남은 기간 어떻게 공부하는 게 좋을까요? 그리고 제가 도전할 수 있는 대학들도 알고 싶습니다.

지방거점 국립대의 경우 등록금이나 학교 내 지원 부분에 장점이 많아. 그리고 현재는 인근 공공기관이나 기업체에 지역인재전형으로 취업을 하는 경우가 많아서 학생들이 지방거점대학을 원하고 있어. 교과전형의 비율이 높긴 하지만 학교 활동도 활발히 하면서 학생부종합 전형을 준비해 보자.

/

지방 거점 국립대의 교과전형은 대부분 내신 성적으로 학생들을 선발해. 하지만 비교과나 출결, 봉사를 반영하기도 하는데 (예외 의예과와 예체능의 경우 면접과 실기를 하는 경우도 있다.) 이 부분에서는 점수 차이가 크지 않기 때문에 내신 성적을 높여야 해. 수능 최저가 있으니 모의고사 공부도 같이해.

그럼 **강원대**부터 알아볼까?

2015교육과정으로 바뀌면서 교과전형도 많이 바뀌었어. 강원대는 교과와 비교과를 같이 반영하고 있어. 비교과는 출결과 봉사활동이라서 학교생활을 열심히 한 친구들은 만점이야.

학교생활기록부 반영 방법

- 교과 성적 반영 시기 및 학년별 반영 비율
  - 1학년 1학기~3학년 1학기까지의 교과 성적(졸업생 포함),
  - 1학년 1학기~3학년 1학기까지 100%(학년별 반영 비율 없음)
- 교과 성적 산출방법
  - 공통과목, 일반선택과목: 석차등급 및 이수단위 반영
    - · 인문계, 자연계 모집단위: 국어, 영어, 수학, 사회, 과학, 한국사 교과의 전체 이수과목
    - · 반영 방법: 교과별 전체 이수과목의 석차등급 및 이수단위
  - 진로선택과목: 과목별 성취도 기준 가산점 부여
    - · 3학년 1학기까지 이수한 국어, 수학, 영어, 사회, 과학 교과의 진로선택과목 중 성취도가 높은 상위 세 과목의 평균 점수 (※ 과목별 이수단위는 고려하지 않음)
    - · 가산점 : 15~3점(성취도 등급점수: A= 15점, B= 9점, C= 3점)

모집단위 계열		반영 교과	반영 방법
인문계, 자연계		국어, 영어, 수학, 사회, 과학, 한국사	반영 교과별 전체 이수 과목
예체능계	무용학과, 스포츠과학과, 체육교육과	국어, 영어, 체육	
	미술학과	국어, 영어, 미술	

※ 공통과목의 "과학탐구실험" 과목은 교과 성적 반영에서 제외

※ 검정고시 합격자: 국어, 영어, 수학, 사회, 과학, 한국사 과목 검정고시 성적 반영

※ 국외 고등학교 성적: 이수한 전 과목 반영

교과 성적을 보면 모든 과목들을 다 보기 때문에 남은 학기 동안 잘 할 수 있는 과목들은 전략적으로 공부할 필요가 있어. 진로선택과목에도 가산점을 주기 때문에 되도록 A를 받는 게 좋아야. 마지막까지 최선을 다할 필요가 있어.

전형명	모집단위명	국어	수학		탐구	
		지정 없음	지정 없음	미적분, 기하 중 택 1	지정 없음	과학 탐구
인문계	· 간호대학(간호학과, 인문계) · 경영대학 · 문화예술·공과대학(영상문화학과) · 사범대학(인문계) · 사회과학대학 · 인문대학 · 자유전공학부(인문계)	○	○	-	○	-
자연계	· 간호대학(간호학과, 자연계) · 농업생명과학대학(원예·농업자원경제학부 제외) · 동물생명과학대학 · 문화예술·공과대학 (건축·토목·환경공학부, 기계의용·메카트로 닉스·재료공학부, 화공·생물공학부) · 의생명과학대학 · 자연과학대학 · IT대학(전기전자공학과, 전자공학과) · 자유전공학부(자연계)	○	○	-	-	○
	· 농업생명과학대학(원예·농업자원경제학부) · 문화예술·공과대학(건축학과, 에너지자원·산업공학부) · 사범대학(가정교육과) · 산림환경과학대학 · IT대학(컴퓨터공학과)					
	· 사범대학(과학교육학부, 수학교육과) · 수의과대학(수의예과) · 의과대학(의예과)					

자신이 지원하는 학과에 수능지정 과목이 어떤 과목인지 반드시 확인 후 수능 선택을 해야 해. 그렇기 때문에 미리 수시에 쓸 대학들을 선택한 후, 수능과목을 공부하는 것도 전략이야.

인문계 모집단위			
단과대학	모집단위	일반전형	지역인재전형
간호대학	간호학과(인문계)	8	9
경영대학	경영·회계학부	11	12
	경제·정보통계학부		
	관광경영학과		
	국제무역학과		
문화예술·공과대학	영상문화학과	12	13
사범대학	교육학과	10	10
	국어교육과		
	역사교육과		
	영어교육과		
	윤리교육과		
	일반사회교육과		
	지리교육과		
	한문교육과		
사회과학대학	문화인류학과	11	12
	부동산학과		
	사회학과		
	신문방송학과		
	정치외교학과		
	행정·심리학부		
인문대학	인문학부	11	12
독립학부	자유전공학부(인문계)	12	13

자연계 모집단위			
단과대학	모집단위	일반전형	지역인재전형
간호대학	간호학과(자연계)	9	10
농업생명과학대학	바이오산업공학부	12	14
	생물자원과학부		
	원예·농업자원경제학부		
	지역건설공학과		
	환경융합학부		
동물생명과학대학	동물산업융합학과	12	14
	동물응용과학과		
	동물자원과학과		
문화예술·공과대학	건축학과[5년제]	12	13
	건축·토목·환경공학부		
	기계·메카·재료공학부		
	에너지자원·산업공학부		
	화공·생물공학부		
사범대학(자연계)	가정교육과	11	12
	과학교육학부		
	수학교육과		
산림환경과학대학	산림과학부	12	13
	산림응용공학부		
	생태조경디자인학과		
의생명과학대학	분자생명과학과	12	13
	생명건강공학과		
	생물의소재공학과		
	의생명융합학부		
수의과대	수의예과	7	8
의과대학	의예과	5	6
자연과학대학	물리학과	12	14
	생명과학과		
	수학과		
	지질·지구물리학부		
	화학·생화학부		
IT대학	전기전자공학과	12	13
	전자공학과		
	컴퓨터공학과		
독립학부	자유전공학부(자연계)	13	15

여기서 보듯이 강원대는 수능 최저가 너무 다양해. 만약 강원지역에 있다면 더 유리하게 수능최저를 맞출 수 있다는 것도 확인해봐.

그럼 **전북대**는 어떻게 교과전형으로 학생들을 선발 하냐고? 전북대의 경우에는 계열 교과 위주로 반영을 하고 있어. 특이한 점은 자연이나 인문계열에서 한국사를 반영하고 있다는 점이야. 수능에서도 한국사를 봐야 하니 내신 공부할 때 열심히 해 놓으면 3학년 때 도움이 될 거야.

2022학년도

계열	반영교과						
	국어	영어	수학	사회 (역사, 도덕)	과학	한국사	해당 예체능
인문	○	○	○	○	○	○	
자연	○	○	○	○	○	○	
스포츠과학	○	○	○			○	○
예체능	○	○				○	○

· 반영 과목 : 3학년 1학기까지 이수한 진로선택과목 중 성취도가 높은 상위 세 과목
- 지정교과(국어, 수학, 영어, 사회, 과학) 내 진로선택과목에 한함
- 학기별 단위수가 분리된 경우라도 개별 과목으로 처리함

· 반영 방법 : 성취도와 성적을 점수화하여 가산점으로 반영
- 과목 성취도별 점수(학생부 총점 1,000점 기준)

성취도	A	B	C
성취도별 비중	5	3	1
등급점수	**0.25**	**0.15**	**0.05**

· 가산점 산출식 = $\dfrac{\Sigma(\text{상위 3개 과목의 성취도 등급점수})}{3}$

여기서 보듯이 진로과목에 가산점을 주고 있으니 이 부분도 남은 학기에 전략이 필요해.

학년별 반영비율은 어떻게 될까? 전북대는 모집단위별 교과가 다 반영되기 때문에 1학년이나 3학년이 똑같이 반영되고 있어. 그럼 교과전형이니 최저 등급을 알아볼까? 우선 수능 최저를 확인해봐. 전북대의 경우는 학과마다 최저 등급의 차이가 나. 여기서는 몇 개만 소개할게.

구분	수능최저학력기준 반영방법	비고
자연계열 (자연계열 일부학과 제외)	· 모집단위별로 반영하는 수능 4개 영역(국어, 수학, 영어, 탐구) 중 **수학을 포함하여 3개 영역의 등급 합**이 지정등급 이내	
인문계열 전체 (자연계열 일부학과 포함)	· 모집단위별로 반영하는 수능 4개 영역(국어, 수학, 영어, 탐구) 중 **3개 영역의 등급 합**이 지정등급 이내	
예술대학	· 모집단위별로 반영하는 **수능 3개 영역(국어, 영어, 탐구)의 등급 합**이 지정등급 이내	
의예과	· 모집단위별로 반영하는 **수능 4개 영역(국어, 수학, 영어, 탐구)영역의 등급 합**이 지정등급 이내(탐구영역 2과목 평균 등급 소수점 이하 절사)	

탐구영역은 2개 과목의 평균등급을 반영하는 거 확인하고 평균등급 산출 시 소수점 이하는 절사하지 않는데, 의예과는 탐구영역 2개 과목의 평균등급 산출 시 소수점 이하 절사하고 있어.

수능최저를 때문에 수시에 대학을 포기하는 학생들이 많이 생기고 있기 때문에 내신 기간외에는 모의고사 공부를 하는 걸로.. 꼭 필요해.

/

그럼 청주에 있는 충북대는 교과전형에서 어떤 과목을 반영하나요?

충북대의 경우는 1학년 교과와 2~3학년 교과로 분리를 시켜 반영한다는 게 다른 학교와 다른 점이야. 충북대가 계열별 교과를 본다고 다들 알고 있는데 1학년 때는 우리가 알고 있는 5과목을 반영한다는 거 잊지 마.

학년	계열	반영교과	과목수
1학년	전 계열	국어, 영어, 수학, 사회, 과학	해당교과 전 과목
2·3학년	인문계 예체능계	국어, 영어, 수학, 사회	
	자연계	국어, 영어, 수학, 과학	
	공통계	국어, 영어, 수학, 사회, 과학	

여기서 공통계는 자율전공학부를 이야기 하는 거야. 수능 최저는 어떻게 되냐고? 반영 영역(국어, 수학, 영어, 탐구) 중 상위 3개 영역 등급 합을 반영하고 있어.

모집 계열	모집 단위	국어		수학			영어	탐구			한국사	가산점 영역
		화법과 작문	언어와 매체	확률과 통계	미적분	기하		사회	과학	직업		
인문	전 모집단위	○	○	○	○	○	○	○	○	○	○	-
자연	수학과, 정보통계학과, 수학교육과, 수의예과, 약학과, 제약학과, 의예과	○	○		○	○	○		○		○	-
	자연과학대학(수학과, 정보통계학과 제외), 공과대학, 전자정보대학, 사범대학(수학교육과 제외)	○	○	○	○	○	○		○			-
	농업생명환경대학, 생활과학대학, 간호학과	○	○	○	○	○	○	○	○			과학탐구
	특성화고출신자 전형 모집단위	○	○	○	○	○	○	○	○	○	○	과학탐구
예체능	전 모집단위	○	○				○	○	○	○	○	-
공통	자율전공학부	○	○	○	○	○	○	○	○	○	○	과학탐구

※ 자연계 모집단위는 수학 필수 반영(농업생명환경대학, 생활과학대학, 수의과대학, 간호학과는 수학 필수 미반영)

※ 탐구는 2개 과목 평균등급을 반영

학년	계열	반영교과	수능 최저학력기준	
			학생부교과	지역인재
인문	인문대학	전모집단위	12등급 이내	13등급 이내
	사회과학대학	전모집단위		
	경영대학	전모집단위		
	농업생명환경대학	농업경제학과		
	생활과학대학	전모집단위		
	사범대학	전모집단위	9등급 이내	-
자연	자연과학대학	전모집단위	12등급 이내	13등급 이내
	공과대학	전모집단위		
	전자정보대학	전모집단위		
	농업생명환경대학	전모집단위		
	생활과학대학	전모집단위		
	사범대학	전모집단위	9등급 이내	-
	수의과대학	전모집단위	7등급 이내	8등급 이내
	약학대학	전모집단위		
	의과대학	의예과	4등급 이내	5등급 이내
공통	본부직할	간호학과	10등급 이내	11등급 이내
	본부직할	자율전공학부	12등급 이내	13등급 이내

충북대의 경우 1학년 때부터 교과별 내신에 과학, 사회 교과를 신경 쓸 필요가 있어. 2학년 때부터 계열 교과를, 그리고 모의고사 공부를 꾸준히 해서 수능 최저도 대비해야겠지.

이번에 11개의 공공기관이 이전한 **경상대**도 궁금하다고?

경상대는 주위 중소기업이나 농업연구소, KAI 등이 있어 취업하기도 좋아. 경상대의 경우에는 국어 영어 수학 사회 과학을 반영한다고 보면 돼. 예체능을 지원하는 학생들은 2020학년도에는 수학을 포함했는데 2021학년도부터는 수학이 빠진 것을 참고해.

반영교과 : 계열별 반영교과의 전 과목

계열	반영교과				활용지표	반영학기
	국어	영어	수학	과학		
인문·사회계	○	○	○	○	석차등급	3학년 1학기까지 (모든 지원자 동일 반영)
자연계	○	○	○	○		
예·체능계	○	○	○			

※ 진로선택 교과의 경우 상위 3과목 반영(환산점수 → A:3점, B:2점, C:1점)

반영비율을 궁금해 하는 친구들이 있는데 반영비율은 3년 동안 배우는 모든 과목을 반영하기 때문에 다 똑같다고 보면 돼. 그래서 1학년 때부터 5과목을 꾸준히 학습할 필요가 있어.

그럼 이제 수능 최저 등급을 알아볼까?

2022학년도(상위 3개 영역 합, 탐구 1개 반영)	
해양대, 인문대(민속무용학과), 자연대(물리학과, 식품영양학과),농생대(축산생명학과)	없음
자연대(수학과), 사범대(음악교육과)	14
본부대, 인문대(민속무용학과 제외),경영대, 공과대, 법과대, 농생대, 자연대(생명과학부, 의류학과, 정보통계학과, 지질과학과, 컴퓨터과학과, 화학과) 사범대(체육, 미술교육과)	13
사회대	12
간호대, 사범대(일어·물리교육과)	10
사범대(교육·국어·역사·영어·유아·윤리·일반 사회·지리·수학·생물·화학교육과) ※ 국어교육과: 국어 필수 반영 ※ 영어교육과: 영어 2등급 필수 반영 ※ 수학교육과: 수학 포함 필수 반영 ※ 생물·화학교육과: 과탐 필수 반영	9
수의대, 약대 ※ 수의대 : 국어, 수학, 영어, 과탐 중 수학 필수 반영 ※ 약대 : 국어, 수학, 영어, 과탐(지구과학 제외) 중 수학 필수 반영	6
의대 ※ 학생부교과(지역), 학생부종합(일반, 지역, 기초생활, 농어촌) ※ 국어, 수학, 영어, 과탐 중 수학(미적분 또는 기하) 필수 반영	5
의대 ※ 학생부교과(일반) ※ 국어, 수학, 영어, 과탐 중 수학(미적분 또는 기하) 필수 반영	4

※ 탐구(사탐/과탐)는 상위 1과목 등급 적용, 필수 반영은 수능최저학력기준 산출에 반드시 포함

사범대의 경우 필수 반영 과목이 있으니 한번 체크해보고

어때? 지역거점대학을 정리 해보니 너무 매력적이지? 지금부터 시작이야. 내신과 모의고사를 꼼꼼히 챙기고 입시에서 좋은 결과를 만들기 바라.

III

국어 끝판 공부법

나의 공부법

국어
(모의고사대비)

언어는 '감'이다. 그 말 많이 들었지. 나도 '감'으로 국어문제를 풀었어. 문제를 읽고 감각적으로 답을 체크하면 그게 답인 경우가 많았어. 그래서 언어는 '감'이라고 친구들에게 조언도 해 주었어. 고1때까지 국어영역 모의고사 점수가 1~2등급으로 유지했거든. 1등급을 받은 날은 '감'이 좋은날, 2등급을 받은 날은 '감'이 안 좋은날로 생각하고 모의고사를 쉽게 생각했어.

하지만 고2 첫 모의고사에 4등급을 받았어. 사실 국어뿐만 아니라 다른 과목들도 성적을 보고 실망했었어. 그래서 모의고사를 성적 향상을 위해 무언가를 해야 하는데 어떻게 시작해야 될지 방법을 잘 몰라서 그냥 1학기를 보냈어. 2학년 여름방학, 도저히 안되겠다고 싶어 EBS 인강 하나를 신청해서 들었어. 사실 어떤건지 정확하게 기억은 잘 나지 않는데 여선생님이 정말 쉽게 국어 개념을 설명해 주는 강의였어. 그 강의 속에서 '국어는 논리를 바탕으로 만들어진 학문'이라고 이야기 해 주셨어. 예전 나처럼 감으로 푼 친구들은 그 문제가 '왜 틀렸는지', '왜 정답인지' 느낌으로 밖에 설명할 수 없다고 했어.

우선 국어 개념서 '한끝'을 샀어. 내용이 빠르게 볼 수 있어서 방학 동안 2번을 정리하고 신청했던 인강을 병행했어. 국어 문제를 풀 때 항상 지문이나 선택지 속에 존재하는 근거를 찾아 문제를 풀었고 그렇지 못한 문제는 다음에 한번 더 풀이하는 방법을 선택했어.
처음에는 시간이 많이 걸렸지만 지금은 '그 문제를 안다, 모른다'를 정확하게 알 수 있어서 상위권을 유지하고 있어.
만약 내가 고등학생으로 돌아간다면 국어 예습을 꼭 하라고 하고 싶어.

나의 공부법

국어
(내신대비)

Q 국어는 외워서 공부해야 하나요?

국어에도 외워서 해야 하는 부분들이 있어. 문학작품의 해석이나 문법 파트는 암기할 부분들이 있어. 하지만 그 부분도 암기를 해 놓으면 응용한 문제가 나오면 해결을 못하는 경우가 종종 있어. 그래서 외우는 공부법은 권하고 싶지 않아.

Q 저는 국어 내신대비를 할 때 외워서 하는데
외우면 난이도 있는 문제를 못 풀겠네요.
그럼 선배의 특별한 학습법이 있을까요?

나는 모의고사와 내신을 선을 긋고 공부하지 않았어. 평소에는 모의고사 공부를 하다가 내신 4주 전에는 학교 교과서와 부교재, 프린트 위주로 공부를 했어. 무조건 학교 선생님이 설명한 내용을 포스트잇이나 인덱스를 이용하여 정리했어. 사실 우리 국어선생님이 재미가 없어서 잠이 오긴 했어도 필기를 하고 있으니 그나마 깨어 있을 수 있었던 것 같아.

Q 선배의 경험으로 이렇게 공부하지 말았으면 하는 게 있나요?

내가 내신 등급이 낮게 나온 때가 있는데, 너무 급하게 공부한 것도 문제였지만 선생님께서 시험 막바지에 진도를 많이 나가서 그 부분을 제대로 공부를 못했어. 사실 학교에서 배운 후에공부 할려고 했는데 그 계획이 촉박했던 것 같아. 그래서 후배들은 미리 시험 범위를 예상하고 공부를 하면 좋겠어. 그러면 학교 예습도 되면서 시험기간에 여유있게 공부할 수 있을 거야.

국어 끝판 공부법

1 국어 학년별 끝판 공부법

최근 국어영역 난이도가 점점 높아지고 있어. 까다롭게 출제될 가능성이 높으니 꼼꼼하게 준비해야 해. 우선 난이도 있는 문제에 초점을 맞춰야 해. 모의고사 본 후에 오답노트를 정리했지? 네가 모의고사에서 틀린 문항들이 주로 어떤 영역인인지 확인해 봐. 보통의 상위권 학생들이 독서와 문법에서 정답률이 낮다고 해. 너도 그렇니? 네가 많이 틀리는 영역이 문법이나 고전이라면 인터넷 강의를 듣거나 문제집을 풀면서 꼼꼼히 정리해 봐.

지문분석이 약하다면 하루 하나씩 꾸준히 풀어 봐. 인문사회, 과학기술 관련 처음 보는 지문이 주어졌을 때 당황하면 틀릴 수밖에 없어. 이런 지문에서 계속 틀린다면 오답노트에 기록해 두고 반복해서 풀어야 해.

상위권 학생들이 가장 어려워하는 부분은 고전 산문과 시가라고 해. 다양한 문제를 통해 그 시대상을 분석하는 연습이 중요해. 고전 시가를 갈래별로 정리 후, 교과서와 EBS에 수록된 작품 위주로 꼼꼼히 해석하고, 중세와 근대국어의 특징을 숙지해야 해. 언어와 매체, 화법과 작문을 소홀히 생각해서 의외로 틀리기도 하니 개념 정리를 해 두고, 문제 풀 때 독서와 문학에 집중하려고 이 부분을 성급하게 풀다가 실수하지 않도록 조심해야 돼.

① 국어 기본 지식과 개념, 원리를 이해하여 문제에 적용시키는 능력이 필요해. 수능 대비로 학기 중에는 공통과목 위주, 방학 때는 선택과목을 한 개씩 하면서 잘 맞는 과목을 고르는 것이 좋아.

② 기초적인 어휘의 의미와 쓰임을 알고, 문장의 핵심 내용을 파악, 글 전체를 이해하는 학습이 필요해. 어휘가 약한 학생들이 문장내용을 잘못 이해해서 틀리는 경우도 있어. 글쎄, 미모사를 뱀으로 생각하는 학생이 있었어!

③ 다양한 글을 읽고 내용을 분석하는 연습이 필요해. 작가가 글을 쓴 목적, 즉 전달하려는 메시지가 무엇인지 생각하면서 읽는다면 문제 풀이에 도움이 돼.

④ 목적에 맞게 내용을 표현하고, 잘못된 내용을 고쳐 쓰는 연습이 필요해. 이걸 반복하여 국어성적이 오르고, 영어에서도 문장 배열 문제가 더 쉬워졌다는 학생도 있어.

⑤ 다양한 글을 많이 읽고 이해하면 글에서 주는 정보가 쌓여서 독서와 다른 교과의 배경 지식이 돼.

⑥ 국어 규범, 국어 단위나 국어사에 관한 지식을 이해하는 연습도 문법공부에 도움이 많이 돼.

⑦ 교과서에 수록된 문학 작품을 읽으면서 감상하는 능력을 기르고, 교과서 외 작품들도 틈틈이 찾아 읽으면 모의고사 뿐만 아니라 내신에도 도움이 많이 될 거야.

가 고등학교 3학년

(1) 모의고사 등급별 공부법

등급별	학습법
1~2등급	고난도 지문을 하루 한 개 정리하기 고전산문과 고전시가는 다양한 문제 풀어보기
3~4등급	독서와 문학 영역을 꾸준히 공부하기
5~9등급	문법 교과서를 이용하여 개념 노트 정리하기

[고3 : 1~2등급]

최근 수능이나 모의고사에서 국어영역은 지문이 길고 어려워진 게 특징이야. 어느 고1 학생이 3월 모평 국어영역 시험지를 보고 그게 신문인 줄 알았다고 하는 우스갯소리가 돌 정도이지.

특히, 독서지문의 경우 독해능력이 부족한 사람은 긴 내용의 지문을 읽다가 집중력이 떨어져서 핵심내용을 놓치게 된단다. 게다가 독서지문은 배경지식이 중요해. 알고 있는 내용이면 쉽게 이해하지만, 반대의 상황이라면 내용 파악에 시간도 많이 걸리고, 어렵다고 이야기 해.

국어영역에서 독해능력의 비중이 점점 커진다는 걸 알 수 있어. 그러니까 긴 지문을 읽고 핵심 내용을 파악하는 연습이 필요해.

독서나 문학에서는 다양한 작품을 한 지문으로 묶어서 출제되기도 해. 소설과 영화 속 장면이 같이 등장하거나, 인문학과 자연과학, 사회과학의 최근 이슈를 혼합 한 지문이 나오지. 이처럼 융합적인 사고를 측정하는 문제가 점점 늘어날 것 같아.

국어 영역 학습법을 간단히 요약할게.

[고3 : 3~4등급]

모의고사나 문제집에서 자주 틀리는 문제의 유형이 어떤 것인지 알고 있니? 네가 틀리는 유형을 분석하지 않고 정답 체크만 하면 같은 문제에서 또 틀릴거야.

상위권으로 올라가기 위해 네가 부족한 영역을 더 공부해야 해. 이 등급의 학생들이 독서영역에서는 배경 지식으로 추론하는 유형, 문학에서는 작품을 분석하거나 유사한 시대의 것과 비교하는 문제를 많이 틀려. 너도 그런 유형의 문제를 많이 풀어보면서 보완하면 좋은 결과가 있을 거야.

상위권으로 올라가려면 네가 약한 문제 유형을 분석, 보충이나 심화학습을 해야 한다는 것을 잊지마.

[고3 : 5~9등급]

전체적으로 이해하고 문제를 풀어야 하는데 그럴 수 없어서 성적이 안 나오는 경우가 많아. 국어도 영어처럼 언어이기 때문에 매일 꾸준히 해야 해. 지문이 긴 경우 분석노트를 만들어서 하루에 하나씩 꾸준히 읽어보며 이해해 봐.

한꺼번에 하려 하지 말고 한 번에 한 영역만 집중해. 문법은 주로 교과서에서 출제되거든. 교과서 내용을 정리하고 관련 문제를 계속 푸는 게 좋아. 부족한 독해력을 키우기 위해서 단락별로 핵심낱말을 찾는 연습이 필요해. 문제를 다 풀면 단락별로 내용을 요약하고 해답지와 비교하는 훈련을 꾸준히 하면 좋은 결과가 있을 거야.

A학생에게서 온 편지

나는 새 교과서에 어울리는 새 노트를 사고 첫 수업을 열심히 듣고 필기를 했어. 당연히 1등급을 받을 수 있다는 생각으로 벅찼지. 서울대 공부비법과 노트 필기법도 따라 하면서 자신감 업!!! 무조건 복습해야 된다는 선배들의 이야기를 듣고는 계획을 세워 복습에도 시간을 투자했어.
'작심삼일'
3일 정도 지나니 복습해야 할 양이 쌓이지만 나중에도 충분히 할 수 있다는 생각만 또 '작심삼일'. 아냐, 3일이라도 계획대로 해보고 안되면 또 세우자 하던 날들. 고등학교의 많은 학습량을 따라가기엔 역부족이고, 학원에 안 다니니 계획도 뒤죽박죽이었어. 그러다 담임 선생님과 상담을 하면서 체계적인 인터넷 강의에 대해 알게 되었지. 그냥 국어, 영어, 수학만 들으면 되겠구나 했는데, 웬걸~~ 강의가 얼마나 많은지 다시 혼란에 빠졌어. 내게 맞는 3~4등급의 강의를 찾아 샘플 강의를 들으면서 맞는걸 찾았지. 처음에 욕심이 나서
3과목을 한꺼번에 신청했더니 한 과목에도 집중하기가 너무 어려운거야. 과감하게 국어만 하기로 했어. 하루에 1강씩만 들으니 금방 끝나더라. 그렇게 하니 내신과 모의고사에 조금 자신이 생겼어.
친구들아 너희들도 처음부터 욕심부리지 말고, 네게 맞는 강의를 알맞게 선택해서 꾸준히 해봐. 그러면 부족한 부분이 보완되고, 지금의 나처럼 성적이 올라가서 1등급을 유지할 수 있을 거야.

위의 이야기 잘 읽었니? 고등학교 공부는 복습이 가장 중요해. 수업 시간에는 다 알 것 같은데 막상 복습을 시작하면 기억이 잘 나지 않거나 문제가 안 풀려. 복습하면서 네가 모르는 부분들을 먼저 체크해. 그리고 부족한 부분을 어떤 방법으로 보충할지 계획을 세우면 좋은데, 인터넷 강의도 좋은 방법이야.

모의고사 유형을 따로 공부하고 싶다면 인터넷 강의를 잘 선택하면 좋아. 인터넷의 수많은 강의 중에서 내게 맞는 강의를 어떻게 선택하고 공부해야 할지 고민이 있는 학생들을 위해 설명을 하려고 해.

인터넷 강의를 선택할 때, 네 수준에 맞는 강의인지를 파악하는 것이 제일 중요해. 무턱대고 소문난 강의라고 좋은게 아냐. 먼저 샘플강의를 들어 봐. 네가 강의 내용을 80% 이해했다면 그게 맞는 거야.

강의 시간도 중요해. 네가 집중할 수 있는 시간이 만약 1시간 정도라면 40분에서 45분 정도가 좋아. 강의를 듣다가 정지해 놓고 문제 풀거나 필기도 하니 최소의 시간으로 안팎의 상황을 고려하는 거야. 때에 따라 앞의 내용을 다시 들어보고 다음으로 나가기도 해. 스스로 집중력이 약하다고 생각하면 재미있는 선생님의 강의를 고르는 게 좋아. 재미있게 듣다보면 끝까지 가고, 네 집중력도 점점 향상될 거야.

*강의 준비 : 복습은 내용 전체를 읽어보고 문제도 미리 풀어보는 것이 좋아. 예습으로 인강을 듣는다면 제목과 저번 시간에 배운 내용 한 번 읽자.

*강의 학습 : 절대 드라마 보듯이 눈으로만 공부하면 안되는거 알고 있지. 강의를 들으면서 중요한 내용은 필기를 하면서 듣는 것이 좋아. 보통 인강들이 학생들이 지루해하지 않도록 빈칸 문제나 요약할 수 있는 여유 공간을 두고 교재를 만드는 경우가 많아. 필기를 하다보면 내용을 놓치는 경우도 있을거야. 그때는 잠시 멈추어 놓거나 다시 돌려서 필기를 하는 것도 좋아. 이게 인강의 장점이니깐

*강의 복습 : 복습은 미루지 말아야 하는 거 알지? 필기 내용부터 정리하고, 보충내용 추가하기, 여유있으면 그 강의에 맞는 문제집을 1권 푸는 거야. 단, 문제집 풀이는 배운 내용의 개념이 정리된 후에 하는 것이 좋아.

*인강 계획 세우기

간단하게 표를 만들어도 되고, 목차 옆에 예습, 학습, 복습 적어두고 공부한 내용을 체크하면 좋아.

등급별	목차 (시간)	예습	학습 과정	복습
1~2등급	교과서 개념 학습 (1)_8~15쪽 (74분)	5분	80분 (상)	
3~4등급	교과서 개념 학습 (2)_16~24쪽 (69분)	5분	80분 (중)	
5~9등급	교과서 개념 학습 (3)_25~33쪽(66분)	5분	75분 (중)	

	목차 (시간) (독서와 문법)	예습	학습과정	복습
1강	내신 빈출 개념 총정리 (50)	X	75분(상)	OK!
2강	[인문] 1~3 (50)	문제풀이 20분	60분(상)	OK!
3	4~6 (50) 주말복습	문제풀이 20분	60(분)중	
4	7~9 (50) 주말복습	지문 5분	65분 중	문제풀이
5	[사회] 1~3 (53) 주말복습	문제풀이 15분	60분(상)	X
6	4~6 (50)	문제풀이 15분	60분(상)	OK!
7	7~9 (50)	10분		
8	[과학] 1~3 (48)			
9	4~6 (49)			
10	7~9 (52)			
11	[기술] 1~3 (50) 주말복습	문제풀이 15분	60상	OK!
12	4~6 ([illegible])	10분	60상	OK!
13	7~9 (50)	10분	60상	OK!
14	[예술] 1~3 (48)			

강의 시간을 항상 체크해야 학습 계획을 세울 때, 시간 관리를 할 수 있어. 예습, 학습 과정, 복습도 시간체크를 하면서 공부를 하면 더 효율적이야. 학습 과정에 『상, 중, 하』는 자신이 생각하는 집중도를 표시한 거야. 집중도가 약한 파트는 주말에 복습할 때 다시 집중해서 공부하는 거지.

(2) EBS 강의 목록

아직 EBS 아이디가 없는 친구들은 없지. 혹시 없다면 가입해서 다양한 자료를 활용하는 게 좋아. EBS에는 강의 뿐만 아니라 입시정보, 기출 모의고사 문제들이 다 있기 때문에 필요할 때 찾아서 쓰면 돼.

① EBS 고3 국어 강의 목록

수능 국어가 계속 어려워지고 있어서 걱정이 많지? 인강 선택을 위해 유형별로 체크해 볼까? 우선 등급에 상관없이 친구들이 많이 하는 질문들을 정리했어. 평소에 생각만 하고 국어 공부를 어떻게 할지 고민을 했다면 오늘 아래 인강들을 참고해서 듣는 것도 좋아.

공통질문

Q1. 아직 문제풀이에 익숙하지 않는 것 같아요.
Q2. 정확한 공부법을 모르고 있는데 너무 늦지는 않았겠죠.

Q1
[2021학년도 고3 대학수학능력시험 해설] 국어
[2021학년도 고3 9월 모의평가 해설] 국어
[2021학년도 고3 6월 모의평가 해설] 국어
[2020학년도 수능 해설] 국어

Q2
[고3 공부법 특강] 국어
[EBS 공부법 Q] 내신 관리법
[국어 공부법 특강] 수능 국어 911

1~2등급

국어 종합

Q1. 저는 항상 문제풀이가 어려웠던 것 같아요. 문제를 많이 풀고 싶어요

Q1
[만점마무리 봉투모의고사 Red Edition]
[2021 고난도 시크릿X 봉투모의고사] 국어
[2021 만점마무리] 명지희 국어
[2021 수능의 7대 함정] 장동준 국어
[2021 수능연계완성 4주특강] 국어 (고난도·신유형)

문학

Q1. 개념 마무리는 할 때는 어떤 강의가 좋아요?

Q1 [발전][2022 수능특강] 김주혁의 문학

독서

Q1. 독서 지문은 항상 어려웠어요. 어떻게 하면 잘 할 수 있을까요

Q2. 아직 개념 정리가 안 된 부분은 어떻게 해야 하나요?

Q1 [고난도 독서] 김철회의 난공불락 독서격파 2.0 - 시즌3

Q2 [발전][2022 수능특강] 김기훈의 독서

화법과 작문

Q1. 개념을 정리해서 1등급에 도전하고 싶어요

Q1 [발전][2022 수능특강] 남궁민의 화법과 작문

언어와 매체

Q1. 개념을 정리해서 1등급에 도전하고 싶어요

Q1 [발전][2022 수능특강] 김철회의 언어와 매체

3~4등급

국어 종합

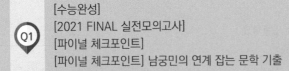

Q1. 저는 항상 문제풀이가 어려웠던 것 같아요. 문제를 많이 풀고 싶어요.

Q2. 아직 개념 정리가 안 된 부분은 어떻게 해야 하나요?

Q3. 국어의 약한 부분들을 처음부터 시작하고 싶어요!

Q1
[수능완성]
[2021 FINAL 실전모의고사]
[파이널 체크포인트]
[파이널 체크포인트] 남궁민의 연계 잡는 문학 기출

Q2
[고3 공부법 특강] 국어
[EBS 공부법 Q] 내신 관리법
[국어 공부법 특강] 수능 국어 911

Q3
[2021 수능개념] 윤혜정의 개념의 나비효과
[수능개념] 남궁민의 개기일식 - 화작문
[수능개념] 장동준의 화작문 13분컷

문학

Q1. 개념 마무리는 할 때는 어떤 강의가 좋아요

Q2. 문학 문제풀이가 익숙하지 않아 오답이 많아요.

Q3. 아직 문학의 개초가 약한 것 같아요.

Q1
[기본][2022 수능특강] 남궁민의 문학
[집중관리] 명지희의 문학특깡-3등급을 부탁해
[2주 라이브 특강] 고3 - 문학
[5일만에 끝내는 라이브 특강] 될 수 있다! 문학 마스터

Q2
[2022 수능 기출의 미래] 문학
[2021 파이널 체크포인트] 남궁민의 연계 잡는 문학 기출

Q3
[2022 수능개념] 남궁민의 개기일식 문학
[2022 수능개념] 명지희의 문학 감상의 기술

독서

Q1. 독서 지문은 항상 어려웠어요. 어떻게 하면 잘 할 수 있을까요

Q2. 아직 개념 정리가 안 된 부분은 어떻게 해야 하나요?

Q3. 문제 풀이는 어떻게 하면 시간 안에 잘 풀 수 있을까요? 문제풀이법이 궁금해요.

Q1
[2022 수능개념] New 수능대비 - 김철회의 7법칙 독서 해법
[2022 수능개념] 장재혁의 만만한 독서
[수능특강 사용설명서] 독서
[수능개념] 3주 완성 독서 김철회의 7법칙

Q2
[기본][2022 수능특강] 김철회의 독서
[2주 라이브 특강] 고3 - 독서
[2021 내신만점 수능특강] 독서
[5일만에 끝내는 라이브 특강] 김철회 국어 만점에 꼭 필요한 독해법

Q3
[기본][2022 수능특강] 김철회의 독서
[2주 라이브 특강] 고3 - 독서
[2021 내신만점 수능특강] 독서
[5일만에 끝내는 라이브 특강] 김철회 국어 만점에 꼭 필요한 독해법

화법과 작문

Q1. 개념을 정리해서 등급을 올리고 싶어요.

Q2. 다양한 문제를 많이 풀어보고 싶어요.

Q3. 이제 화법과 작문을 공부해도 될까요?

Q1
[기본][2022 수능특강] 장동준의 화법과 작문
[2주 라이브 특강] 고3 -화법·작문·언어
[2021 내신만점 수능특강] 화법·작문·언어
[5일만에 끝내는 라이브 특강] 3시간 만에 끝낸다! 장동준의 국어 문법 초스피드 압축 특강

Q2
[수능기출의 미래] 언어·화법·작문

Q3
[2022 수능개념] 남궁민의 개기일식 화법과 작문
[2022 수능개념] 장동준의 결정적 단서 화법과 작문
[2022 수능개념] 정미나의 마시멜로 화법과 작문
[올림포스] 조아란의 화법과 작문

언어와 매체

Q1. 개념을 정리해서 등급을 올리고 싶어요.
Q2. 다양한 문제를 많이 풀어보고 싶어요.
Q3. 이제 언어와 매체를 시작해도 될까요?

Q1
[기본][2022 수능특강] 남궁민의 언어와 매체
[집중관리] 장동준의 언어특깡-3등급을 부탁해
[2021 수능개념] 남궁민의 얕은 화작, 깊은 언어
[2021 수능개념] 장동준의 화작언 출제코드 777

Q2
[2022 수능 기출의 미래] 언어
[2021 수능기출의 미래] 언어·화법·작문

Q3
[2022 수능개념] 남궁민의 개기일식 언어와 매체
[2022 수능개념] 장동준의 결정적 단서 언어와 매체
[2022 수능개념] 정미나의 마시멜로 언어와 매체

5~9등급

국어 종합

Q1. 아직 개념 정리가 안 된 부분은 어떻게 해야 하나요?
Q2. 국어의 약한 부분들을 처음부터 시작하고 싶어요!

Q1
[3등급 목표달성] 조효준의 '문학'이 쉽다

Q2
[수능 감(感) 잡기] 국어

문학

Q1. 개념 마무리는 할 때는 어떤 강의가 좋아요

Q2. 아직 문학의 개초가 약한 것 같아요.

Q1 [기초][2022 수능특강] 곽동훈의 문학

Q2 말랑말랑 고전 어휘
[초보탈출 NO.1] 고전 문학
[초보탈출 NO.1] 현대 문학

독서

Q1. 독서 지문은 항상 어려웠어요. 어떻게 하면 잘 할 수 있을까요

Q2. 아직 개념 정리가 안 된 부분은 어떻게 해야 하나요?

Q1 [초보탈출 NO.1] 독서

Q2 [기초][2022 수능특강] 윤일식의 독서
[3등급 목표달성] 정미나의 '독서'가 쉽다

화법과 작문

Q1. 개념을 정리해서 등급을 올리고 싶어요.

Q1 [기초][2022 수능특강] 조효준의 화법과 작문

언어와 매체

Q1. 이제 언어와 매체를 시작해도 될까요?

Q1 [초보탈출 NO.1] 문법

(3) M스터디 집중 분석

메가스터디 학생들이 많이 듣는 인강 사이트 중 하나인데, 강좌가 너무 많아서 선택이 어렵다는 고민을 많이 이야기 해. 다양한 강의를 보고 이걸 들을까 저걸 들을까 고민하는 친구들의 고민을 덜어주기 위해 몇가지 강의를 소개할게.
우선 고3들의 고민을 들어볼까?

Q1

비문학만 보면 머리가 텅 비어요. 이 파트에서 시간이 너무 많이 걸려요. 지문을 읽다보면 앞의 내용이 기억이 나지 않아 다시 읽고 다시 읽어요.

이런 친구에게는 [전지적 국어 시점 – 독서]
최근 수능에서 오답률 1위를 기록한 파트가 독서다 보니 긴 글만 나오면 어려워하는 학생들이 많아. 이 강의는 그런 친구들을 위해 즉 독서에서 정확한 '독해력'을 키우기 위해 지문을 읽는 방법을 이야기 해주고 있어. 시간 절약을 위해 제대로 한 번 읽는 학습법으로 문제에 적용할 수 있는 팁을 주는 강의야.

Q2

문학 문제들은 풀 때 다 정답 같은데 풀고 나면 다 오답이에요. 문학 작품 하나 하나를 다 정리하면서 공부했는데 그 부분이 안 나오고 다른 부분이 나올 때는 못 풀어요.

문학 공부할 때 이야기식이라 술술 진도도 잘 나가고 재미는 있는데 정답과는 멀어지는 그 느낌 나도 잘 알아. 그때는 [전지적 국어 시점 – 문학] 강의가 좋을 것 같아.
이 강의는 다양한 문학 개념어를 암기하는 것이 아니라 어떻게 사용되는지 어떤 표현인지를 학습하는 방법을 보여주고, 다양한 작품들을 분석하고 선택지에서 정답을 찾는 노하우를 알려주고 있어. 그리고 '감'으로 문제를 푸는 게 아니라 작품 자체에서 해석을 하는 방법과 여러 작품을 반복해서 보면서 스스로 해석할 수 있는 힘을 기를 수 있는 강의야.

Q3

화법과 문법은 다 외우는 건가요? 열심히 외웠는데 시간도 부족하고 오답도 많이 생기고, 작문은 또 어떻게 공부해야 되는지 궁금해요.

맞아. 어느 정도 외웠다고 생각하는데 시험에서는 왜 적용 안 될까?
[화작문(국어식당)] 화법과 작문을 정확한 독해력을 바탕으로 지문 전체를 이해하고 적용할 수 있는 강의야. 문법은 용어의 정확한 이해와 다양한 문제를 응용하여 문제푸는 방법을 자세히 설명해 주고 있어.

Q4

EBS 연계교재라고 하는데 저는 연계 되었다고 느끼지 못하겠어요.

연계라고 하는 것이 100% 같은 게 아니야. 문학의 경우는 그 작품의 다른 부분을 출제하거나 비슷한 문법이나 원리를 이용하는 정도야. EBS 교재로 열심히 공부했다면 [불휘기픈 이비에스] 를 추천해.
EBS 연계학습법과 주제별 (문학/독서/화작문)을 나누어 효과적으로 설명하고 있어.

Q5

다들 기출문제를 풀이하라고 하는데 양이 너무 많아 어디서부터 해야될지 모르겠어요.

기출은 어느 과목이나 중요해. 기출문제를 잘 분석해 놓은 인강 [세상에 나쁜 기출은 없다] 를 추천해. 이 강의는 기출을 활용하는 방법과 해설강의를 통해 자신이 몰랐던 내용을 정확하게 분석해 주고 있어.

그 외 좋은 강의가 너무 많아. 여기서 다 소개하지 못해서 미안해.

(4) E투스 집중 분석

이번에는 다른 강의들을 소개할게. 이투스에 좋은 강의들이 너무 많은데 여기서는 몇 가지만 알려줄게. 더 궁금한 내용은 홈페이지를 참고해 봐.

우선 고3의 고민을 들어볼까?

Q1

국어에 대한 전체적인 개념이 부족해서 공부하기 힘들어요. 기초개념을 공부할 수 있는 강의가 없나요?

다양한 강의들이 있는데, [국어 개념 20시간만에 끝내기] 도 좋아. '독서+문학+화/작/문'을 다 학습할 수 있어. 고3이니 빨리 기초개념을 공부하고 자신이 부족한 파트를 공부하는 게 좋을 것 같아.

Q2

아직 개념이 많이 헷갈려요. 아직 수능 공부를 제대로 해 본적이 없는데 지금 해도 늦지 않을까요?

모든 공부는 개념에서 시작해야 돼. 지금 개념이 부족하다면 아직 늦지 않았어. 이런 강의는 어떨까? [ALL NEW 세상에서 제일 중요한 개념] 운문과 산문 파트로 나누어져 있고, 평가원에서 출제된 중요한 개념들은 여기에 다 있어. 그리고 학생들이 헷갈려하는 개념 총정리가 되어 있는 강의라고 보면 돼.

Q3

수능에서 1~2 등급을 받고 싶어요. 근데 공부를 해도 성적이 잘 나오지 않아요.

공부를 해도 성적이 잘 나오지 않으면 다른 사람의 도움을 받는 것도 좋아. 이런 강의는 어떨까?
[파이(fi) 란] 오답 패턴을 분석하고, 다양한 기출문제를 푸는 방법을 연습하는 강의야. 상위권에 도달하기 위해서는 꼬옥 필요한 강의야.

Q4

모의고사를 풀 때 항상 시간이 부족해요. 어떻게 하죠?

열심히 공부를 해도 시간 안에 문제를 다 풀 수 없으면 너무 스트레스 받겠네. 이투스에 수강 후기가 좋은 [TIME ATTACK!-시간 단축 비법 특강] 강좌가 있어.

Q5

EBS 연계교재라고 하는데 저는 연계 되었다고 느끼지 못하겠어요.

EBS 교재로 열심히 공부를 해도 불안하다는 학생들이 많아. [수능특강 : 민정샘과 함께 씹어먹는 EBS] 어떻게 씹어 먹냐면 정말 자신의 것으로 만들수 있는 독해 방법을 설명해 주는 강의야. 당연히 EBS 지문 분석을 하면서 학생들이 놓치기 쉬운 부분을 짚어주는 강의야

(5) 문제집 수준별 활용법

[국어 문제집 선택에 고민이 많은 학생의 이야기]

중학교 때까지는 국어가 어렵다고 생각 안 했어요. 교과서와 자습서 내신 문제 해결을 하고 방학 때는 EBS 강의를 들으며 공부했어요. 고등학교 가기 전 독서를 많이 하라는 선배의 조언으로 책도 많이 읽었어요. 하지만 모의고사를 치면서 시간 조절을 못해 매번 아쉬운 성적을 받았고, 내신은 열심히 한다고 하는데 양도 너무 많고, 새로운 지문에 적응을 못해 원하는 등급이 나오지 않았어요. 지금부터라도 교재 1권이라도 꼼꼼히 보면서 국어 공부를 다시 하고 싶어요. 저는 어떤 교재를 선택하면 좋을까요?

보통 과목을 이야기할 때 '국·영·수'라는 말을 해. 왜 그럴까? 사실 나도 많이 궁금했는데 어떤 친구가 '국어가 제일 중요하고 어려워서 그런 거 아니예요.'라는 말을 했어. 듣고 보니 그런 것 같기도 해. 국어라는 과목을 쉽게 생각하지만 공부를 하면 할수록 어렵게 느껴진다고 해. 교과서와 참고서, 학교 부교재로 계획을 세워 잘 하겠지만 부족한 부분이 있다면 지금부터 시작하자. 여기는 선배들이 추천해 주는 교재야. 참고하면 자기주도학습을 하는데 도움이 될 거야.

고3 : 1-2등급

모의고사 문제를 풀 때는 시간 관리가 매우 중요해. 1등급을 경쟁하는 친구들은 독서나 문법의 킬러문항 문제를 푸는데 시간이 얼마나 걸리는지 확인해야 해. 신경 써서 마지막까지 안정적인 점수를 유지하자.

Q1 독서에서 오답이 많아 1등급을 놓치는 경우가 가끔 있어요. 사실 3등급도 한번씩 받았어요. 지금은 시간이 없어 기본내용부터 전체적으로 정리할 수 있는 문제집을 알고 싶어요.

A1. [미래로 HOW to 수능1등급 국어 독서 수능기출문제집] 을 추천해.
우선 이 교재는 세 파트로 구성되어 있어. [1권] [영역별 독해 총정리] 학습파트로 영역별 독해 훈련과 문제 풀이 학습을 먼저 해. 그럼 영역별 문제 유형을 익힐 수 있을 거야. 그리고 [2권]으로 여기에서는 [고난도+실전편] 학습을 할 수 있어. 특히 독서파트에서는 항상 새로운 유형의 문제들이 많이 나오는데 여기에 신기출문제나 실전모의고사를 연습할 수 있어. [3권]은 [祕 서브노트]로 구성되어 있는데 선배들이 제일 좋았던 부분은 지문을 분석할 때 연결선과 도형을 이용하여 분석했기 때문에 글의 맥락과 문단 내 주요 어휘를 쉽게 파악할 수 있어. [3권]을 이용하여 활용하면 좋을 것 같아.

Q2 국어 영역에서 비문학이 항상 약점이에요. 난이도 있는 문제들을 많이 다루고 싶어요.

A2. [숨마쿰라우데 국어] 에는 신경향 비문학 워크북, 고전시가, 국어 어휘력 강화, 독서강화(과학·기술), 독서강화(인문·사회)가 있어. 비문학에 고득점을 노리는 친구들이 [신경향 비문학 워크북]을 많이 선택해. 워크북을 보면 문제풀이 시간을 관리하고, 스스로 지문을 분석할 수 있게 구성되어 있어. 체크리스트에 틀린 문제도 다시 확인할 수 있도록 구성되어 있고, 고난도 문제 지문이 길어서 까다롭다는 의견도 있긴 해.

Q3 난이도 있는 문제들을 모의고사 형식으로 계속 풀어보고 싶어요. 실제 선배들이 푼 문제푸는 형태가 풀이과정에 있었으면 좋겠어요. 그런 해설이 저는 더 친근했어요.

A3 . [자이스토리 1등급 고난도 모의고사 국어영역] 이 좋을 것 같아. 오답률이 많은 문제들을 분석하여 정답을 찾는 단계적 풀이 방법이 제시되어 있고, 선배들이 문제를 직접 풀고 난 후 솔루션도 제시되어 있어.

Q4 난이도 있는 문제들을 파트별로 정리하고 싶은데, 시간이 부족하면 자신 있는 파트를 먼저 공부할까요. 아니면 부족한 파트를 공부할까요? 그리고 어떤 문제집이 좋을까요?

A4 . 국어영역이 난이도에 따라 1~2등급 나오는 친구들이 많지. 1등급을 유지해야 하는 친구들은 최근 모의고사에서 어떤 문제들이 많이 틀렸는지 확인해 보고, 그 파트를 공부하는 게 좋아. [블랙라벨 국어문학, 국어독서, 국어문법] 교재가 있는데 오답이 많은 문제들을 먼저 풀어봐. 상위권이지만 개념이 부족한 친구들을 위해 개념 설명이 자세히 되어 있으니 도움이 될 거야.

Q5 문학 킬러 문제들을 풀고 싶어요. 문학 작품 하나씩은 해석이 가능한데 한 지문에 여러 작품이 나오는 경우 어려워요. 어떻게 공부하면 좋을까요?

A5 . 우선 난이도 있는 기출 문학 작품을 먼저 공부하는 것이 좋아. 그리고 [고난도 신유형 문학 갈래 복합] 에서 최신 수능 유형을 파악하고 새로운 지문과 복잡한 신유형의 문제 연습을 해 봐. 마지막에는 최종 모의고사를 통해 자신의 실력을 점검하고 부족한 부분을 보완하는 것도 좋은 방법이야.

고3 : 3-4등급

기출문제를 많이 풀어 보는 게 중요해. 기출문제에 익숙해지면 난이도 있는 문제를 푸는거야. 사실 기출문제를 많이 푼 학생의 이야기를 들어보면 나중에는 문제를 푸는 아이디어보다 답이 먼저 나온다고 하네. 기출문제는 유형 분석에 초점을 맞추고 심화 문제를 통해 깊이 있는 학습을 하면 좋아.

Q1 고전시가나 고전산문 작품들만 분석한 교재가 있을까요?

A1 . [단숨에 핵심까지 파고드는 문학 작품 압축정리!] 130쪽 내외의 얇은 책이라서 빨리 필요한 부분을 정리할 수 있어. 그 대신 문제가 없으니 그 부분은 다른 문제집을 이용해야 해. 이해가 힘든 부분은 현대어 풀이를 한 내용을 참고하면 작품을 좀 더 쉽게 이해할 수 있을거야. 그리고 그 작품과 비교할 수 있는 작품도 설명해 주고 있고, 답지 예언 파트에는 실전에서 나올 수 있는 선지나 답안을 이야기해 주고 있어서 이 부분이 마음에 든다는 친구들이 많았어. [압축정리] 시리즈에는 고전시가, 현대시, 고전산문, 현대 산문이 있어. 부족한 부분을 참고하면 좋을 것 같아.

Q2 기출문제 중에서 수능, 수능 모의고사 문제만 풀려고 하는데 예전 문제는 다 풀어야 하나요?

A2 . 예전 문제를 다 풀 필요는 없어. 너무 오래되어 최근 출제 유형과 맞지 않은 문제는 빼고 풀어야 시간을 절약할 수 있어. 이런 고민을 가진 친구들에게 [마닳:마르고 닳도록]을 권해. 보통의 기출문제집과 비슷한데 시험지 상태 그대로 실었고, 교육과정평가원 문제 위주인데 출제 경향을 벗어난 문제들은 다른 시험 기출문제를 대신 편집했어. 풀이집을 따로 사야하는 단점이 있긴 해.

고3 : 5-9등급

내신과 수능을 공부하느라 많이 힘들지. 5등급 친구들의 학습법 중 고쳐야 하는 부분이 시간을 재고 푸는 거야. 아직 모르는 부분들이 많은데 시간을 재면 자신이 알고 있는 문제들도 그냥 대충 풀기도 하더라. 수능이 한 달 정도 여유가 있다면 각 영역별의 기본을 먼저 공부하자.

Q1 아직 모의고사 문제를 풀다보면 시간이 부족할 때도 있고, 남을 때도 있어요. 모의고사 공부를 어떻게 해야 될까요?

A1 . 우선 시간이 왜 부족했는지 아님 남았는지 확인해 봐야 해. 시간이 부족했다면 원인이 집중력이 떨어졌다거나 아님 모르는 어휘가 많아서 그런지 말이야. 우선 [수능특강] 에 집중하는 게 좋아. 문제를 풀 때 모르는 것이 너무 많으면 차라리 해설지를 계속 읽어보는 것도 좋은 방법이야. 그리고 한 영역의 공부가 끝난 후 다른 영역을 공부하다보면 지겨울 수도 있고, 했던 내용을 기억하기 힘들 수 있으니 영역을 정해서 한 단원 씩 공부하는 것도 좋은 방법이야.

나 고등학교 2학년

(1) 모의고사 등급별 공부법

등급별	학습법
1~2등급	독서와 문학은 항상 시간을 체크하며 문제 풀기
3~4등급	한자성어, 속담, 관용적 표현 정리하기
5~9등급	교과서 반복해서 읽기

[고2 : 1~2등급]

지금 성적이 수능 때까지 유지될 거라고 자만하지 마. 틀리는 유형을 우선 분석해. 쉬운 문제를 틀리면 안 돼. 특히 오답률이 낮은 문제를 틀리면 안 돼. 수능에서 독서(15문항)와 문학(15문항)의 문항수가 제일 많아. 독서영역은 지문의 핵심내용을 빠르고 정확하게 읽는 능력이 무엇보다도 중요해. 지문 하나를 파악하는데 걸리는 시간을 체크하며 문제를 푸는 것도 좋은 방법이야. 다양한 기출문제를 풀어봐야하고, 주요 내용에 밑줄을 그으며 핵심을 빠르게 파악하는 연습도 도움이 되지.

문학의 경우, 대강 읽는 경우가 종종 있는데 그건 공부 시간 대비 효과가 떨어질 수 있어. 주요 문제 유형에 대한 감각을 익히는 것이 좋아. 시(현대시, 고전시가)는 시대의 배경과 화자의 의도 및 시적 표현에 초점을 맞추고 소설(현대소설, 고전소설)은 인물의 성격과 사건의 전개 양상을 정확하게 파악해야 해.

이 등급의 학생들이 고전소설을 힘들어 하는 경향이 보여. 고전소설에서 인물 관계가 복잡한 경우가 빈번하기 때문에 인물을 지칭하는 용어 정리와 작품 개요를 확인하는 방법을 쓰면 좋아.

[고2 : 3~4등급]

이 등급의 학생들은 발문을 정확하게 이해하지 못하거나, 발문은 이해했지만 해당 내용을 지문에서 정확하게 찾지 못하는 경우가 많아. 그 이유는 어휘력의 부족으로 독해가 힘들고 주어진 자료의 해석, 선택지 내용 이해가 어렵기 때문이야. 평소에 기출문제를 풀면서 모르는 게 나오면 그 어휘의 의미와 다양한 쓰임을 찾아서 알고 넘어가는 습관이 필요해.

모의고사에서 오답을 확인하면 그 문제에서 요구하는 내용이 무엇인지 확인하면서 풀어야 하는게 우선이야. 이해가 안되는 경우 그냥 넘어가지 말고, 2~3번 꼼꼼히 다시 읽으면서 찾는 게 좋아.

한자 성어나 속담, 관용적인 표현을 노트에 정리해보자. 국어에서 어휘는 정말 중요해. 특히 개념(특히 문학)정리는 꼭 해. 잘 모르는 것은 절대 그냥 두지 마. 꼭 짚어보고 복습을 하는거야.

[고2 : 5~9등급]

국어 성적이 너무 안 나와서 고민이지? 우선 교과서를 펴. 모든 시험의 기본은 교과서야. 국어영역의 다양한 글과 자료, 소재는 모두 교과서에서 나와. 우선 교과서부터 매일 읽어 봐.

교과서를 볼 때, 학습목표와 기본 개념을 파악하면서 글을 읽어야 해. 그리고 교과서의 더 알아보기와 학습활동의 발문을 정확하게 읽어 봐야 해. 그와 같은 형태로 문제가 만들어지니까. 처음엔 힘들 수도 있어. 두 세번 반복하면 이해가 되기 시작할거야. 교과서에서 다루는 핵심 개념과 원리를 이해한 후, 다시 복습하면서 지문을 공부하는 것도 좋아. 지문을 공부할 때는 단락의 내용을 요약하는 것도 좋아. 요약이 된다는 것은 핵심 내용을 이해했다는 뜻이야. 그리고 참고서나 강의를 활용해서 내가 요약한 내용이 맞았는지 확인해 보자. 문학을 공부할 때는 먼저 작품의 감상을 읽은 후, 작품을 보는 것도 좋은 방법이야. 몇 작품을 그렇게 하다보면 글을 보는 눈이 열려.

(2) EBS 강의 목록

① EBS 고2 국어 강의 목록

국어 공부를 열심히 하는데 생각만큼 성적이 나오지 않아 고민이니? 괜찮은 인강을 추천할게. 추천한 인강이 여러 가지 라서 고민이 된다면 겹치는 강의부터 선택하는 것이 좋아. 우선 등급에 상관없이 질문이 많은 내용들을 먼저 소개할게.

※ 2022학년도 수능에서 국어는 『언어와 매체』, 『화법과 작문』중에 선택을 하기 때문에 『국어』, 『언어와 매체』, 『화법과 작문』 순으로 인강을 정리했어.

공통질문

Q1. 국어 문제풀이는 어떻게 하면 잘 할 수 있죠.
Q2. 지금부터 공부해도 국어 공부 늦지 않았나요?
Q3. 학교시험대비는 어떻게 하면 좋을까요?
Q4. 국어 전체적인 학습법에 대해 알고 싶어요.

Q1 [2020학년도 고2 학력평가 해설] 국어

Q2 [EBS 공부법 Q] 내신 관리법
[고2 공부법 특강] 국어

Q3 [고2 학력평가 해설] 국어

Q4 [입시 최고수 라이브 특강] 고1,2 경이로운 학습법
[공부법Q] 고1,2를 위한 방학 공부법
김주혁의 이야기 고전

1~2등급

모의고사 대비

Q1. 모의고사를 꼼꼼히 준비하고 싶어요.

Q1 [발전][2022 수능특강] 김주혁의 문학
[고난도 독서] 김철회의 난공불락 독서격파 2.0 - 시즌3
[발전][2022 수능특강] 김기훈의 독서
[발전][2022 수능특강] 남궁민의 화법과 작문
[발전][2022 수능특강] 김철회의 언어와 매체

3~4등급

국어 종합

Q1. 국어 지금 시작해도 되겠죠.

Q2. 개념부터 꼼꼼히 정리하고 싶어요.

Q1
올림포스 국어 - 2주에 끝내기(종합국어)
[기본개념] 유종현의 개념 만두
[기본개념] 한정민의 품 안의 개념

Q2
[고2 개념 몰아보기] 국어
[집중관리] ★高高益善 최고난도 해법, 2주 완성!
[2주 라이브 특강] 고2 - 국어
[집중관리 2주완성] 장동준의 국어 개념 - 문을 열다
[집중관리 2주완성] 정미나의 문법 - 맛을 알다

문학

Q1. 다양한 문제와 문제 풀이법을 알고 싶어요.

Q2. 지금부터 문학 공부를 해도 늦지 않았나요?

Q3. 개념을 정리하고 싶어요

Q1
[올림포스 전국연합학력평가 기출문제집] 문학

Q2
[단기특강] 국어 문학 - 고2 개념 미리보기
올림포스 국어 - 2주에 끝내는 문학
[기본개념] 곽동훈의 문학 개·그

Q3
[올림포스] 현대문학
[집중관리] 명지희의 문학특깡-3등급을 부탁해
[5일만에 끝내는 라이브 특강] 될 수 있다! 문학 마스터
[국어 독해의 원리] 고전산문
[국어 독해의 원리] 고전시가

독서

Q1. 다양한 문제와 문제 풀이법을 알고 싶어요.

Q2. 지금부터 독서 공부를 해도 늦지 않았나요?

Q3. 개념을 정리하고 싶어요

Q1
[올림포스 전국연합학력평가 기출문제집] 독서

Q2
[단기특강] 국어 독서 - 고2 개념 미리보기
올림포스 국어 - 2주에 끝내는 문법
[기본개념] 변아영의 독·도·법(독서에 도통하는 법)

Q3
[5일만에 끝내는 라이브 특강] 김철회 국어 만점에 꼭 필요한 독해법
[5일만에 끝내는 라이브 특강] 가져 보자! 문법 자신감
[국어 독해의 원리] 독서
[집중관리 2주완성] 최경일의 독서 - 길을 찾다

5~9등급

국어 종합

Q1. 국어 지금 시작해도 되겠죠.

Q1
[2022학년도 뉴수능 스타트]
[어휘가 독해다] 수능 국어 어휘
[어휘가 독해다] 중학 국어 어휘
[수능 감(感) 잡기] 국어
[국어개념] 윤혜정의 나비효과 입문편

문화

Q1. 지금부터 문학 공부를 해도 늦지 않았나요?

Q2. 개념을 정리하고 싶어요.

Q1 말랑말랑 고전 어휘

Q2 10CUT 고전소설
[올림포스] 고전 문학
[올림포스] 현대 문학

독서

Q1. 개념정리부터 시작하고 싶어요

Q1 [올림포스] 국어
[국어 독해의 원리] 교과서 속 모든 독서

(3) M스터디 집중 분석

고2는 고1보다 배우는 교과목 수가 많다 보니 혼자서 학습 관리가 안되는 학생들이 인터넷 강의를 듣는 경우가 많지. 어떤 강의가 자신에게 맞는지 추천을 해 달라는 학생들이 있는데, 상위권이나 중위권이라면 고3이 많이 듣는 강의나 다른 파트별 강의도 좋아.

고2 학생들이 제일 많이 질문한 고민을 2가지로 정리했어.

Q1

국어라는 과목을 그냥 할 수 있을 거라는 생각을 했는데 지금은 기초가 없어서인지 많이 어려워요.

[고2 기초 개념] 수업을 추천해. 오답에 대한 분석, 지문 파악법을 정확하게 설명해 주고 있어. 파트별로 중점을 두어야 할 내용들을 잘 짚어 주니깐 쉽게 기초를 잡을 수 있을 거야.

Q2

시험은 다가오는데 교과서를 보니 생각나는게 많이 없어요.

학교 수업을 열심히 듣고 복습도 열심히 해야하는데, 그래도 지금부터 열심히 하려는 모습에는 100점을 주고 싶다. 그럼 [고2 교과서의 모든것] 강의를 들어보는 것도 좋아.

교과서 출판사별 강의가 다 구성이 되어 있어. 강좌를 선택할 때도 각 단원마다 원하는 부분을 들을 수 있는데 이 점이 제일 좋아. 교과서의 본문학습과 학습활동, 그리고 서술형 문제까지 다루니까 힘들지 않게 학습할 수 있을 거야. 교과서 지문에서 나올 수 있는 다양한 문제와 그와 관련된 자료도 제공 되니깐 많은 도움이 될 거야.

(4) E투스 집중 분석

Q1

상위권이 되고 싶은데 방법을 잘 모르겠어요.

다들 상위권이 되고 싶어 하는데, 우선은 꾸준한 노력이 필요할 것 같아. 거기에 이 강의를 더해주면 금상첨화 [pre- 단 1%만 하는 비밀] 이 강의는 문법, 문학, 독서 부분을 읽는 방법부터 필수 개념까지 잘 정리해 주고 있어. 1%가 되기 위한 노력 지금부터 시작해 봐.

Q2

수능 준비를 본격적으로 하고 싶어요. 어디 좋은 강의 없을까요?

[수능 국어의 정석 3.0] 을 추천해. 5지선다형에서 제일 중요한 오답과 정답을 정확하게 찾아낼 수 있었고, 워크북이 좋았다는 평이 많았어. 이 강의는 자기주도 학습을 원하는 학생이라면 워크북을 같이 병행하는 것도 좋아. 사실 듣는 것보다 실제로 해 보는 것이 더 중요해.

Q3

저는 선지 2개에서 항상 고민인데 꼭 제가 쓴 답은 오답이에요. 어떻게 하죠?

그럼 이 강의를 들어보는 건 어때? [더 미영쌤의 데스매치 오답률 BEST 5] 이 강의는 오답률이 높았던 문제로 구성되어 있어. 혹시 네가 틀렸던 문제들이 가득할지도 몰라. 여기서 왜 그 답이 정답인지, 왜 그 답이 오답인지를 정확하게 알려주고 있어. 아마 미영쌤이 알려주는 방법으로 공부한다면 1등급의 문제 풀이 방법을 터득할 수 있지 않을까!

Q4

지문을 계속 읽어도 무슨 말인지 모르겠고, 오답을 정리할 때는 알겠는데 다음에도 그와 유사한 문제를 틀려요.

독해력이 뒷받침 되어야지 문제를 잘 풀 수 있는데 그 부분이 약한것 같네. 그럼 [독서=독해력: 결국은 지문 독해력이 핵심!] 수강하면 좋을 것 같아. 인문, 사회, 예술, 과학, 기술 영역의 다양한 지문들과 융합적인 문제들을 다루고 있어. 독서 지문을 어떻게 읽는 것이 효율적인지 배우면 좋을 것 같아.

Q5

지문은 다 이해한 것 같은데 답은 항상 오답이에요. 무엇이 문제일까요?

그럼 본인의 약점이 무엇인지 오답을 유형별로 파악하는건 어떨까! [지문에서 답을 찾는 7법칙] 이 강좌는 자신의 주관에 따라 국어 문제의 답을 찾는 친구들에게 좋은 강의야. 유형별 풀이법이 있으니깐 그 부분을 터득하면 좋은 결과가 나올거야.

(5) 문제집 수준별 활용법(고1/고2 공통)

고1, 고2 : 1-2등급

최근 독서 지문이 어려워서 배경지식이 많이 필요하다는 이야기를 많이 해. 특히 독서 문제를 보면 답이 바로 보이는 것이 아니라 2~3개의 선지들로 고민을 하게 하는 문제들이 출제되고 있어. 상위권을 유지하기 위해서는 단순히 문제를 푸는 스킬을 익히기보다 관련 배경 지식을 분석할 수 있는 독해력이 필요해.

Q1 지문이 길어지다 보니 평소 연습을 하지 않으면 안될 것 같아요, 사실 넘 불안해요, 그런데 어떻게 대비해야 할지 모르겠어요. 그리고 시간이 부족한 경우도 많아요.

A1 . 최근에는 한 지문 형태에 6문제까지 출제되고 있어. 그렇기 때문에 평소에 연습을 하지 않는 경우는 힘들 수도 있을 것 같아. 그럼 [신경향 비문학 워크북]은 어떨까? 이 문제집은 현재 출제 경향에 반영한 문제들과 지문들로 구성되어 있어. 지문도 길어졌지만, 인문+사회, 과학+사회 등 융합 지문이 출제되기도 해. 그래서 [신경향 비문학 워크북]에서는 2,000~2,400자 정도의 긴 지문과 두 개 이상의 영역이 융합된 지문으로 구성되어 있어. 또 지문 당 문제는 5~6문제로, 고난도 문제가 포함된 문제집이야. 하루에 1지문씩 계속 연습한다면 3학년 때는 긴 지문에도 자신감을 가질 수 있을 거야.

Q2 모의고사 문제를 풀고 싶은데 어떤 교재가 좋을까요? 문제를 풀고 나면 답은 맞는데 내가 푼 게 맞는지 궁금할 때도 많이 있어요. 그런 문제들을 다 질문할 수 없어서 힘들어요.

A2 . [자이스토리 시리즈] 가 좋을 것 같아. 많은 친구들이 쓰는 문제집이고, 유형 분석이 잘 되어 있어. 본인이 푼 문제가 답은 맞는데 바르게 풀었는지 고민이 많다고 했는데 [자이스토리] 해설지가 조금은 도움이 될 것 같아. 해설지에 '왜 정답'을 보면 자신이 정확하게 풀었는지 아님 감으로 답만 맞췄는지 알수 있을 거야.

고1, 고2 : 3-4등급

Q1 전 책을 거의 안 읽어요. 그러다보니 어휘력이 너무 약해요. 문제를 풀다보면 우리나라 말인데도 모르는 단어들이 너무 많이 나와 뜻을 찾아본다고 시간이 많이 걸려요. 수능 어휘만 모아 놓은 책이 있을까요?

A1 . 문제를 풀 때 모르는 어휘가 나왔을 때는 지문 속에서 어떤 뜻인지 생각하는 연습도 필요해. 그리고 나서는 반드시 그 뜻을 정확하게 찾아보고 지문 속에서 어떻게 쓰였는지 공부해야 해. 평소에 시간이 날 때는 어휘력 책을 한 권 공부 하는 것도 좋아.

[숨마쿰라우데 어휘력 강화] 는 교과서나 수능·평가원·교육청 모의고사에 나오는 고유어, 한자어, 관용어, 속담, 한자성어 등을 간단한 설명과 문제로 구성했어. 확인용 문제들도 단답형, 선택형, 문장완성형 등으로 다양하기 때문에 지겹지 않게 학습을 할 수 있어. 혼자서 학습할 수 있도록 정답과 오답 풀이가 잘 되어 있어서 어휘가 약한 친구들에게는 좋은 교재가 될거야.

Q2 정말 고전 문학은 힘든 것 같아요. 공부했던 지문은 문제풀이가 가능한데 새로운 지문은 해석 자체가 어려워요. 방학을 이용하여 고전문학을 공부하고 싶은데 어떤 교재가 좋을까요?

A2 . 11종 교과서 고전 문학을 정리한 [고전문학키워드]를 추천해. 작품을 분석할 때 '화자의 상황과 정서'를 해석할 수 있어야 되는데 이 교재는 3가지 키워드(인물, 사건, 배경)을 적용하여 공부하는 방법을 알려주고 있어. 내신과 수능 문제를 다루기 때문에 폭넓게 공부할 수 있을 거야. '키워드 시리즈'에는 '현대시', '현대산문'도 있으니 필요한 교재는 참고해도 좋아.

Q3 저는 문학을 좋아하는 학생입니다. 그런데 공부한 만큼 문학파트에 점수가 잘 나오지 않아 고민입니다. 제가 문학을 공부할 때 제일 힘든 부분은 전체적인 작품은 이해하는데 그 작품에 대한 해석이 부족한 것 같습니다. 이 부분을 보완하려면 어떤 교재가 좋을까요?

A3 . [단권화 시리즈] 를 추천해. 먼저 [단권화 국어영역 수능국어 기본편]을 제일 먼저 공부한 후, 각 영역별로 부족한 파트를 공부하는 것이 좋아. 고1의 경우에는 [국어영역 고1을 위한 최우선 문학]도 좋아. 문학사를 시대의 흐름에 맞게 작품들을 정리해 놓은 교재인데 방학이나 시간이 있을 때 전체적으로 읽어보는 것도 좋은 방법이야. 단권화의 경우에는 고전, 독서, 문학, 문법 등으로 파트가 나뉘어 있기 때문에 자신이 부족한 부분들을 보완해서 공부하면 모의고사 성적도 향상 될거야.

고1, 고2 : 5-9등급

Q1 국어가 중학교 때부터 어려웠어요. 이제부터 국어 기본부터 다시 공부하고 싶은데 기초부터 설명이 되어 있는 기본서 추천해 주세요.

A1 . [한끝 고등국어 통합편] 교재를 추천해. 우선 국어가 약하기 때문에 이 기본서 한번에 끝까지 보지말고, 각 단원에 있는 개념 파트부터 먼저 공부하고, 내신, 수능 순으로 반복해서 공부하는 게 좋아. 문법 단원이 있는데 문법은 혼자 공부하기에 힘들다는 학생들이 많아 그 경우에는 방학이나 시험기간이 아닐 때 집중해서 공부하는 방법을 권해.

Q2 국어를 잘 못해서 고민이에요. 하지만 다양한 글을 읽는 거는 좋아해요. 어떤 교재로 공부를 시작하면 좋을까요?

A2 . 글 읽는 걸 좋아한다고 하니 우선은 비문학 다양한 글을 읽으면서 국어에 대한 흥미를 높이는 것도 좋아. 그럼 [밥 먹듯이 매일 매일 비문학 독서] 가 좋을 것 같아. 이 교재는 지문의 길이에 따라 문제를 나누어 구성했기 때문에 국어 실력이 약한 친구들이라도 단계별 공부가 가능하기 때문에 나중에는 긴 지문에 대한 집중력도 기를 수 있을 거야. 그리고 부족한 어휘들은 따로 정리하면서 공부하는 것이 좋아. 아닐 때 집중해서 공부하는 방법을 권해.

Q3 내신 성적은 잘 나오는데 국어영역 모의고사 성적이 잘 나오지 않아요. 처음부터 체계적으로 공부하고 싶은데 교재 추천해 주세요.

A3 . [문학 개념어와 논리적 해석] 수능 문학 교재로 친구들이 많이 보는 교재야. 다른 문학 교재들을 보면 작품에 대한 내용 분석이 많은데 이 교재는 '문학을 어떻게 읽어야 하는지'부터 설명해 주고 있어. 그리고 문학 작품을 공부할 때 포인트를 잘 잡아주니 3학년이 되기 전에 공부하면 3학년 때 문학을 좀 더 편하게 공부할 수 있을 거야.

다 고등학교 1학년

(1) 모의고사 등급별 공부법

등급별	학습법
1~2등급	평소 신문, 시사 잡지 등 다양한 글 많이 읽으며 준비하기
3~4등급	기출 모의고사 문제를 꾸준히 풀어보기
5~9등급	매일 교과서 지문 꼼꼼히 읽고 정리하기

[고1 : 1~2등급]

EBS 연계율이 70%에서 50%로 줄어서 다양한 지문을 많이 접하는 게 좋아. 앞으로 EBS와 직접 연계보다 간접 연계를 늘린다고 발표된 거 알지?

수능 과목 중 [화법과 작문], [언어와 매체] 두 과목에서 하나만 선택해서 봐야하는 건 알고 있니? 어떤 과목을 선택할지는 두 과목을 모두 공부해 본 후로 미루는 게 좋을 거 같아. 1학년 때는 [언어와 매체]를, 2학년은 [화법과 작문] 공부한 후, 3학년 때 선택하는 거지.

[고1 : 3~4등급]

[독서]와 [문학]에 집중하는 게 좋을 것 같아. 지금까지 나온 기출문제를 확인해 봐. 3월, 6월, 9월, 11월 모의고사의 유형이 각각 어떻게 달라졌는지 분석하는 것도 좋아.

그런데 독서 공부한다고 무턱대고 많은 글을 읽는 것은 오히려 도움이 되지 않아. 글의 정보와 글쓴이의 입장을 파악하면서 읽어야 해. 차츰 독해 감각이 생기면 자신감도 오르지. 교과서 지문을 보면서 단원의 학습 목표와 학습 활동을 정리하는 게 도움이 될 거야.

[고1 : 5~9등급]

모의고사에 웬 지문이 그리 많은지, 너무 힘들지? 우선 교과서로 기본 학습을 하는 거야. 지금은 긴 지문을 읽기가 힘들 수 있어. 하지만 계속 읽고 차츰 긴 지문에 도전해 보자.

몰아서 많이 하기 보다 하루에 교과서 지문 1~2개를 읽으며 모르는 어휘를 정리하는 게 좋아. 정리를 어떻게 해야할지 모르겠다면 참고서(자습서)를 이용해도 괜찮아. 참고서 설명을 읽으며 핵심내용은 필기하고, 학교에서 배운 내용도 함께 정리하면 '너만의 참고서'가 될거야.

이때 학교에서 배운 내용은 빨간색, 참고서에 나오는 내용은 초록색 이런 식으로 색깔을 구별해서 정리하는 것도 좋아. 학교 선생님이 강조하신 내용이 잘 파악되거든.

무엇보다 중요한 건 복습이라는 것을 잊지마. 너만의 참고서에 너무 많은 것을 담으려 하면 힘들어. 되도록 간략히 정리하고 복습을 계속하는 게 중요해.

(2) EBS 강의 목록

① EBS 고1 강의 목록

부족한 부분보충이나 심화 학습을 하고 싶을 때도 인터넷 강의를 이용하는 것도 방법이지. 특히 고등학교에 진학해보니 문학, 읽기, 교과서 공부 등 해야 할 내용이 너무 많아 겁부터 먹는 친구들이 많다고 하네. 근데 그런 고민을 하는 시간에 부족한 파트에 인강 하나 정도 듣는 것을 어떨까? 지금부터 고1들이 알아야하는 인강을 소개해 줄게.

공통질문

Q1. 국어 문제풀이는 어떻게 하면 잘 할 수 있죠.
Q2. 지금부터 공부해도 국어 공부 늦지 않았나요?

Q1 [2020학년도 고1 학력평가 해설] 국어

Q2 [EBS 공부법 Q] 내신 관리법

1~2등급

국어 종합

Q1. 개념 정리는 어떻게 하면 좋을까요.

Q1 [집중관리] ★高高益善 최고난도 해법, 2주 완성!
[고1 개념 몰아보기] 국어

국어

Q1. 국어 문제풀이는 어떻게 하면 잘 할 수 있죠.
Q2. 개념정리의 효율적인 공부법이 있나요?
Q3. 내신대비는 어떻게 하면 좋죠

Q1 [올림포스 전국연합학력평가 기출문제집] 국어

Q2 [교과서 진도 특강] 국어

Q3 [교과서 시험직전 요약] 국어

문학

Q1. 개념정리는 어떻게 하면 될까요?

Q1
[올림포스] 현대문학
[집중관리 2주완성] 윤일식의 문학 - 빛을 보다
[집중관리 2주완성] 조효준의 고전 문학 - 벽을 넘다

독서

Q1. 개념정리는 어떻게 하면 될까요?

Q1
[5일만에 끝내는 라이브 특강] 김철회 국어 만점에 꼭 필요한 독해법
[5일만에 끝내는 라이브 특강] 가져 보자! 문법 자신감

화법과 작문

Q1. 개념정리는 어떻게 하면 될까요?

Q1
[5일만에 끝내는 라이브 특강] 3시간 만에 끝낸다! 장동준의 국어 문법 초스피드 압축 특강

3~4등급

국어 종합

Q1. 개념 정리는 어떻게 하면 좋을까요.

Q1
[2주 라이브 특강] 고1 - 국어
[집중관리 2주완성] 장동준의 국어 개념 - 문을 열다
[집중관리 2주완성] 정미나의 문법 - 맛을 알다
[국공따] 제3권 시어·소재·특정정보 파악하기
[국공따] 제2권 화자·인물·세부 정보 파악하기
[국공따] 제1권 표현 방법 알기

국어

Q1. 국어 문제풀이는 어떻게 하면 잘 할 수 있죠.

Q2. 국어 지금 시작해도 늦지 않았죠

Q3. 개념정리의 효율적인 공부법이 있나요?

Q4. 내신대비는 어떻게 하면 좋죠

Q1 [올림포스 전국연합학력평가 기출문제집] 국어

Q2 올림포스 국어 - 2주에 끝내기
[예비 고1 지금, 내 등급은?] 국어

Q3 [교과서 진도 특강] 국어 - 천재교육
[올림포스] 국어

Q4 [교과서 시험직전 요약] 국어

문학

Q1. 문학 공부 지금 시작해도 되나요?

Q2. 개념정리는 어떻게 하면 좋을까요?

Q1 올림포스 국어 - 2주에 끝내는 문학
[단기특강] 국어 문학 - 고2 개념 미리보기

Q2 [올림포스] 현대문학
[집중관리] 명지희의 문학특깡-3등급을 부탁해
[5일만에 끝내는 라이브 특강] 될 수 있다! 문학 마스터
[국어 독해의 원리] 고전산문
[국어 독해의 원리] 고전시가

독서

Q1. 독서 공부 지금 시작해도 되나요?

Q2. 개념정리는 어떻게 하면 좋을까요

Q1 올림포스 국어 - 2주에 끝내는 문법
[단기특강] 국어 독서 - 고2 개념 미리보기

Q2 [국어 독해의 원리] 독서
[집중관리 2주완성] 최경일의 독서 - 길을 찾다

화법과 작문

Q1. 개념정리는 어떻게 하면 될까요?

Q1
[올림포스] 화법과 작문
[5일만에 끝내는 라이브 특강] 3시간 만에 끝낸다! 장동준의 국어 문법 초스피드 압축 특강

언어와 매체

Q1. 개념정리는 어떻게 하면 될까요?

Q1
[집중관리] 장동준의 언어특깡-3등급을 부탁해
[올림포스] 언어와 매체

5~9등급

국어 종합

Q1. 국어 공부는 어떻게 시작하면 좋을까요?

Q2. 개념 정리는 어떻게 하면 좋을까요.

Q1
[고1 예비] 2021년, 내 등급은? 국어
[2022학년도 뉴수능 스타트] 국어
[어휘가 독해다] 수능 국어 어휘
[어휘가 독해다] 중학 국어 어휘
[국어개념] 윤혜정의 나비효과 입문편

Q2
[국공따] 제6권 묶어서 이해하기
[국공따] 제5권 종합적으로 이해하기
[국공따] 제4권 시상전개·서사구조·추론 이해하기

국어

Q1. 국어 지금 시작해도 늦지 않았죠

Q2. 개념정리의 효율적인 공부법이 있나요?

Q1
[고등예비과정] 김미성의 국어
[예비 고1 지금, 내 등급은?] 국어

Q2
[교과서 진도 특강] 국어

문학

Q1. 문학 공부 지금 시작해도 되나요?

Q2. 개념정리는 어떻게 하면 좋을까요?

Q1
말랑말랑 고전 어휘
[2주면 끝] 고1 국어 미리보기 - 문학

Q2
10CUT 고전소설
[올림포스] 고전 문학
[올림포스] 현대 문학

독서

Q1. 독서 공부 지금 시작해도 되나요?

Q2. 개념정리는 어떻게 하면 좋을까요?

Q1
[2주면 끝] 고1 국어 미리보기 - 독서

Q2
[올림포스] 독서

*선배들이 추천하는 EBS 국어 강좌

[윤혜정의 개념의 나비효과]

보통 고3 학생들이 많이 듣는데 , 고1이나 고2 학생들도 재미있게 들을 수 있어. 30강으로 이루어져 있으니 방학을 이용해서 하루 1강이나 2강씩 빨리 끝내면 좋을 것 같아. 다른 강의들도 다 좋지만, 선배들이 추천하는 [윤혜정의 개념의 나비효과] 바로 EBS에서 찾아 봐.

사람마다 다 옷 입는 스타일이 다양하듯이 인강의 취향도 다양하다고? 그럼 다른 인터넷 강의도 추천해 줄게. 인터넷 강의는 공개강의나 무료강의를 들어보고 결정해야 되는 거 알고 있지? 아직 인강 학습을 많이 안 해본 1~2학년들은 절대 많은 과목을 수강하지 말고, 한 과목씩 선택해서 빨리 끝내는 것이 좋아.

(3) M스터디 집중 분석

첫 모의고사, 첫 내신시험을 치르면 고등학교 시험이 중학교와 많이 다르다는 게 실감이 되지? 혹시 부족한 게 있으면 인터넷 강의를 이용하는 것도 좋아.

Q1

중학교와는 달리 문학 작품 해석이 안되고, 비문학은 몇 번을 읽어도 이해가 안되는 문제가 있어요?

아직 정확한 국어 개념이 약한 것 같네. [국어: 수능기초개념] 수업을 들어보는 것도 좋아. 기초적인 배경지식부터 독해력 문법까지 꼼꼼하게 짚어주는 강의야. 고1이라 지금부터 개념을 꼼꼼히 하면 좋은 결과가 있을 거야.

Q2

국어가 11종인데 우리 학교 교과서만 공부하면 되나요. 다른 교과서에는 어떤 내용들이 있는지 궁금해요.
그리고 모의고사도 같이 준비하고 싶어요.

맞아. 교과서가 11종이라 교과서에 실려있는 내용이 다 달라. 그리고 수능 공부까지 같이 하고 싶다면[국어 : 11종 통합국어]가 좋을 것 같아. 고1 교과서 내용과 수능 기초 개념까지 공부할 수 있고, 중학교 때 선행을 안한 친구들이 듣기에도 좋은 강의야. 아직 문학, 비문학이 낯선 친구들에게도 많은 도움이 될거야.

Q3

내신 대비를 위해 국어 강의가 필요해요. 학교 선생님 수업도 좋은데, 더 자세히 공부하고 싶어요. 우리 학교 교과서에 맞는 강좌는 없을까요?

학교 내신은 교과서 위주의 학습을 하는 것이 좋아. 어느 정도 교과서 개념이 정리된 후에는 심화나 연계되는 문제까지 공부하면 좋아. 누군가 도와주었으면 좋겠다는 생각이 들면 이 강의를 들어 봐. [국어 : 교과서 다 있다!] 각 교과서별 강좌가 잘 구성되어 있고, 많은 보충 자료들이 주어지니 교과서 외에 다양한 문제를 풀 수 있어. 우선 내신이 중요하니 이 강의를 열심히 들으면서 공부도 하면 좋은 결과가 나올거야.

(4) E투스 집중 분석

Q1

고1은 내신에 올인을 하라는 이야기를 많이 들었지만 저는 모의고사 공부도 같이 하고 싶어요.

내신과 모의고사 공부를 병행하는 거는 좋은 생각이야. 내신공부가 모의고사 공부, 모의고사가 내신 공부라고 생각하면 돼. [수능&내신 1 과정] 이 강의가 좋을 것 같아. 국어 공부를 시작하는 학생들에게는 추천해.

Q2

저는 어렸을 때 부터 언어감이 좋다는 이야기를 많이 들어서 그냥 국어는 읽어지는 대로 문제를 풀어요. 그러다보니 생각보다 오답이 많아요.

우선 국어의 기본기를 먼저 잡을 필요가 있어. [수능 국어 10시간의 기적-개념편] 수강후기를 보면 굉장히 재미있다는 이야기가 많아. 우선 지루하지 않게 강의를 들을 수 있고, 개념부터 하나씩 다질 수 있어. 그리고 혹시 시간이 모자라는 친구들에게도 많은 도움이 될거야. 심화편도 있으니까 개념편을 공부하고 나서 듣는 것도 좋을 것 같아.

Q3

모의고사 문제를 다양하게 풀어보고 싶어요.

모의고사 문제들은 시간이 있을때 유형별로 1학년때부터 연습하는 것도 좋아. [모의고사 -시즌1] 과 같은 강의도 좋아. 수강했던 학생들의 후기를 보면 풀이법이 좋았다는 평이 많아. 국어도 문제에서 묻는 답에 대한 해설 자체가 깔끔해야 하는데 그 부분을 잘 해결해 준다고 하네. 시즌1이 있으니 시즌2도 있겠지. 계획을 세워 모의고사 문제들도 꾸준히 공부하는 것도 좋은 방법이야.

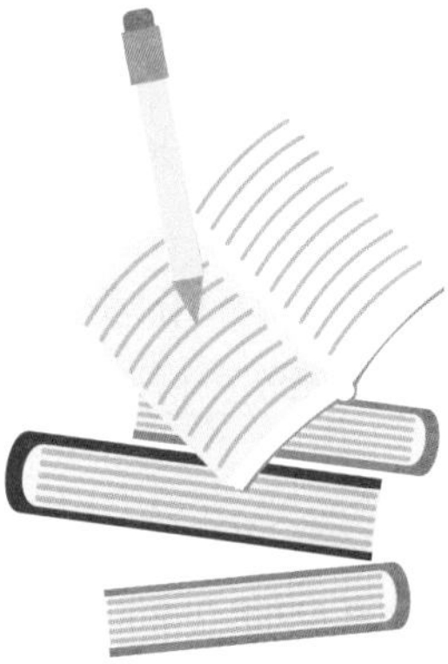

(5) 문제집 수준별 활용법(고1/고2 공통)

고1, 고2 : 1-2등급

최근 독서 지문이 어려워 다들 배경지식이 많이 필요하다는 이야기를 많이 해. 특히 독서 문제를 보면 답이 이것이라고 바로 보이는 것이 아니라 2~3개의 선지들로 고민을 하게 하는 문제들이 출제돼. 상위권을 유지하기 위해서는 단순히 문제를 푸는 스킬을 익히기보다는 관련 배경 지식을 분석할 수 있는 독해력이 필요해.

Q1 **지문이 길어지다 보니 평소 연습을 하지 않으면 안될 것 같아요, 사실 넘 불안해요, 그런데 어떻게 대비해야 할지 모르겠어요. 그리고 시간이 부족한 경우도 많아요.**

A1 . 최근에는 한 지문 형태에 6문제까지 출제되고 있어. 그렇기 때문에 평소에 연습을 하지 않는 경우는 힘들 수도 있을 것 같아. 그럼 [신경향 비문학 워크북]은 어떨까? 이 문제집은 현재 출제 경향에 반영한 문제들과 지문들로 구성되어 있어. 지문도 길어졌지만, 인문+사회, 과학+사회 등 융합 지문이 출제되기도 해. 그래서 [신경향 비문학 워크북]에서는 2,000~2,400자 정도의 긴 지문과 두 개 이상의 영역이 융합된 지문으로 구성되어 있어. 또 지문 당 문제는 5~6문제로, 고난도 문제가 포함된 문제집이야. 하루에 1지문씩 계속 연습한다면 3학년 때는 긴 지문에도 자신감을 가질 수 있을 거야.

Q2 **모의고사 문제를 풀고 싶은데 어떤 교재가 좋을까요? 문제를 풀고 나면 답은 맞는데 내가 푼 게 맞는지 궁금할 때도 많이 있어요. 그런 문제들을 다 질문할 수 없어서 힘들기도 해요.**

A2 . [자이스토리 시리즈] 가 좋을 것 같아. 많은 친구들이 쓰는 문제집이고, 유형 분석이 잘 되어 있어. 본인이 푼 문제가 답은 맞는데 바르게 풀었는지 고민이 많다고 했는데 [자이스토리] 해설지가 조금은 도움이 될 것 같아. 해설지에 '왜 정답'을 보면 자신이 정확하게 풀었는지 아님 감으로 답만 맞췄는지 알수 있을 거야.

고1, 고2 : 3-4등급

Q1 **전 책을 거의 안 읽어요. 그러다보니 어휘력이 너무 약해요. 문제를 풀다보면 우리나라 말인데도 모르는 단어들이 너무 많이 나와 뜻을 찾아본다고 시간이 많이 걸려요. 수능 어휘만 모아 놓은 책이 있을까요?**

A1 . 문제를 풀 때 모르는 어휘가 나왔을 때는 지문 속에서 어떤 뜻인지 생각하는 연습도 필요해. 그리고 나서는 반드시 그 뜻을 정확하게 찾아보고 지문 속에서 어떻게 쓰였는지 공부해야 해. 평소에 시간이 날 때는 어휘력 책을 한 권 공부 하는 것도 좋아.
[숨마쿰라우데 어휘력 강화] 는 교과서나 수능·평가원·교육청 모의고사에 나오는 고유어, 한자어, 관용어, 속담, 한자성어 등을 간단한 설명과 문제로 구성했어. 확인용 문제들도 단답형, 선택형, 문장완성형 등으로 다양하기 때문에 지겹지 않게 학습을 할 수 있어. 혼자서 학습할 수 있도록 정답과 오답 풀이가 잘 되어 있어서 어휘가 약한 친구들에게는 좋은 교재가 될 거야.

Q2 정말 고전 문학은 힘든 것 같아요. 공부했던 지문은 문제풀이가 가능한데 새로운 지문은 해석 자체가 어려워요. 방학을 이용하여 고전문학을 공부하고 싶은데 어떤 교재가 좋을까요?

A2 . 11종 교과서 고전 문학을 정리한 [고전문학키워드]를 추천해. 작품을 분석할 때 '화자의 상황과 정서'를 해석할 수 있어야 되는데 이 교재는 3가지 키워드(인물, 사건, 배경)을 적용하여 공부하는 방법을 알려주고 있어. 내신과 수능 문제를 다루기 때문에 폭넓게 공부할 수 있을 거야. '키워드 시리즈'에는 '현대시', '현대산문'도 있으니 교재는 참고해도 좋아.

Q3 저는 문학을 좋아하는 학생입니다. 그런데 공부한 만큼 문학파트에 점수가 잘 나오지 않아 고민입니다. 제가 문학을 공부할 때 제일 힘든 부분은 전체적인 작품은 이해하는데 그 작품에 대한 해석이 부족한 것 같습니다. 이 부분을 보완하려면 어떤 교재가 좋을까요?

A3 . [문학 개념어와 논리적 해석] 수능 문학 교재로 친구들이 많이 보는 교재야. 다른 문학 교재들을 보면 작품에 대한 내용 분석이 많은데 이 교재는 '문학을 어떻게 읽어야 하는지'부터 설명해 주고 있어. 문학 작품을 공부할 때 포인트를 잘 잡아주니 3학년이 되기 전에 공부하면 3학년 때 문학을 좀 더 편하게 공부할 수 있을 거야.

고1, 고2 : 5-9등급

Q1 국어가 중학교 때부터 어려웠어요. 이제부터 국어 기본부터 다시 공부 하고 싶은데 기초부터 설명이 되어 있는 기본서 추천해 주세요.

A1 . [한끝 고등국어 통합편] 교재를 추천해. 우선 국어가 약하기 때문에 이 기본서 한번에 끝까지 보지말고, 각 단원에 있는 개념 파트부터 먼저 공부하고, 내신, 수능 순으로 반복해서 공부하는게 좋아. 문법 단원이 있는데 문법은 혼자 공부하기에 힘들다는 학생들이 많아 그 경우에는 방학이나 시험기간이 아닐 때 집중해서 공부하는 방법을 권해.

Q2 국어를 잘 못해서 고민이에요. 하지만 다양한 글을 읽는 거는 좋아해요. 어떤 교재로 공부를 시작하면 좋을까요?

A2 . 글 읽는 걸 좋아한다고 하니 우선은 비문학 다양한 글을 읽으면서 국어에 대한 흥미를 높이는 것도 좋아. 그럼 [밥 먹듯이 매일 매일 비문학 독서] 가 좋을 것 같아. 이 교재는 지문의 길이에 따라 문제를 나누어 구성했기 때문에 국어 실력이 약한 친구들이라도 단계별 공부가 가능하기 때문에 나중에는 긴 지문에 대한 집중력도 기를 수 있을 거야.그리고 부족한 어휘들은 따로 정리하면서 공부하는 것이 좋아.아닐 때 집중해서 공부하는 방법을 권해.

Q3 내신 성적은 잘 나오는데 국어영역 모의고사 성적이 잘 나오지 않아요. 처음부터 체계적으로 공부하고 싶은데 교재 추천해 주세요.

A3 . 그럼 [단권화 시리즈] 를 추천해. 먼저 [단권화 국어영역 수능국어 기본편]을 제일 먼저 공부한 후, 각 영역별로 부족한 파트를 공부하는 것이 좋아. 고1의 경우에는 [국어영역 고1을 위한 최우선 문학]도 좋아. 문학사를 시대의 흐름에 맞게 작품들을 정리해 놓은 교재인데 방학이나 시간이 있을 때 전체적으로 읽어보는 것도 좋은 방법이야. 단권화의 경우에는 고전, 독서, 문학, 문법 등으로 파트가 나뉘어 있기 때문에 자신이 부족한 부분들을 보완해서 공부하면 모의고사 성적도 향상 될 거야.

모의 평가 및 수능 국어 문학 파트 기출

	고전소설	고전시가
2015학년도	[임경업전] [흥부전] [유충렬전] [소대성전] [숙향전] [서석가탑]	이황 [도산십이곡] , 최치원 [촉규화] 이조년 [이화에 월백하고] ,이정보 [국화야 너는 어이] 조위 [만분가] , 안민영 [매화가] 정철 [속미인곡] , [정석가] [임이 오마 하거늘~] , 박인로 [상사곡] 정철 [관동별곡]
2016학년도	[토끼전] [전우치전] [홍계월전] [창선감의록] [옥단춘전]	정인지 외 [용비어천가], 맹사성 [강호사시가] 정철 [어와 동량재~] , 이원익 [고공답주인가] 남구만 [동창이 밝았느냐~] , 위백규 [농가] 정학규 [농가월령가] , [어이 못 오던다~] [청천에 떠서 울고 가는~], [정선 아리랑] 정훈 [탄궁가] , 신계명 [정원사시가] 김득연 [산중잡곡]
2017학년도	[박씨전] [임장군전] 조위한 [최척전] [김현감호] 김시습 [이생규장전]	홍순학 [연행가] [관저], [동동], [가시리] 신흠 [방옹시여] [벽사창이 어른어른거려~]
2018학년도	김만중 [사씨남정기] [춘향전] [적성의전]	이정환 [비가] , 이병기 [풍란] 주세붕 [오륜가] [춘향이별가]
2019학년도	[임장군전] [옹고집전] [홍길동전]	김인겸 [일동장유가] 권호문 [한거십팔곡] [서경별곡] , 조위[만분가]

	현대소설	현대시	극/수필
2015학년도	현진건 [무영탑] 현진건 [고도순례경주] 김정한 [모래톱 이야기] 김원일 [도요새에 관한 명상] 김승옥 [무진기행]	정지용 [조찬] 오장환 [고향앞에서] 최두석 [낡은 집] 김광균 [와사등] 박용래 [울타리 밖] 나희덕 [그 복숭아나무곁으로] 황지우 [겨울-나무로부터, 봄-나무에게로] 김영랑 [모란이 피기까지] 김종길 [고고]	이태준 [파초] 최익현 [유한라산기] 계용묵 [율정기] 이규보 [사가재기] 김승욱 [안개]
2016학년도	박완서 [나목] 윤흥길 [아홉 켤레의 구두로 남은 사내] 김유정 [봄봄] 최일남 [흐르는 북] 허준 [잔등] 오정희 [옛우물]	박남수 [아침이미지] 김기택 [풀벌레들의 작은 귀를 생각함] 고은 [성묘] 서정주 [외할머니의 뒤안 툇마루] 신석정 [꽃덤불] 전봉건 [사랑]	유치진 [소] 채만식 [제향날] 이강백 [결혼] 한흑구 [보리]
2017학년도	박경리 [시장과 전장] 염상섭 [삼대] 황순원 [독 짓는 늙은이]	김수영 [구름의 파수병] 박두진 [향현] 강은교 [우리가 물이 되어] 윤동주 [병원] 박목월 [나무]	이강백 [느낌, 극락같은] 박이문 [눈] 황순원 원작, 여수중 각색 [독짓는 늙은이]
2018학년도	이문구 [관촌수필] 임철우 [눈이 오면] 이호철 [큰산]	이육사 [강 건너간 노래] 김광규 [묘비명] 조지훈 [고풍 의상] 이수익 [결빙의 아버지] 김현승 [플라타너스] 정지용 [달]	이곡 [차마설] 차범석 [불모지]
2019학년도	박태원 [천변풍경] 최명익 [비오는 길] 양귀자 [한계령]	유치환 [출생기] 김춘수 [샤갈의 마을에 내리는 눈] 박봉우 [휴전선] 배한봉 [우포늪 왁새] 박재상 [추억에서]	이범선 원작, 이종기 각색 [오발탄] 김기림 [주을온천행] 박상연 원작, 박찬욱 각색 [공동경비구역 JSA]

2 국어 내신 끝판 공부법

'신' 중에 '신'은 '내신'

학생부교과전형이나 학생부 종합전형은 학업역량을 중요하게 보기 때문에 내신이 무조건 중요하다는 건 다 알고 있지. 그럼 내신은 어떻게 준비해야 될까?

내신은 무엇보다도 학교 수업에 충실하게 임하는 것이 중요해. 10분~20분정도 배울 내용을 읽어보며 궁금한 사항을 메모하거나 중요하다고 생각되는 내용은 미리 정리해서 수업에 참여하는 것도 좋아. 궁금한 내용이 해결이 안되었다면 수업 후에 선생님께 따로 질문을 하거나 친구들과 스터디를 하는 것도 다른 방법이야.

수업 들은 그 날에 바로 복습하는 것이 중요해. 간단히 내용만 한 번 읽어도 되니 최대한 24시간을 넘기지 마. 24시간내에 안 하면 수업을 했던 내용을 다시 기억하는게 어려워. 다시 주말에는 이해가 잘 되지 않는 부분과 기출문제에서 틀린 문제를 근거나 이유를 찾아 정리하는 방법으로 복습하는 거야.

내신 대비에 제일 중요한 것은 교과서, 학교에서 준 프린트물과 부교재라는 걸 잊지 마. 계획을 세워 복습을 한다면 좋은 결과가 있을 거야.

국어 과목이 다양하다보니 각 영역별로 중요한 포인트나 학습방법을 알면 더 쉽게 접근할 수 있고, 수능과목 선택(2022학년도부터) 에도 유리할 거야. 그럼 각 과목별 학습법을 알아볼까?

가 화법

화법은 기본 개념인 화법의 본질과 원리를 실제 상황에 적용한 지문이 잘 나오는 경향이 있어. 우선 교과서를 중심으로 공부해야 해.

또 상황에 따른 표현 능력과 의사소통의 상황, 청중들의 반응을 고려하여 그 내용을 정리하는 능력이 필요해. 화법은 정보전달의 화법 발표와 강연, 설득의 화법 연설, 협상, 토의와 토론의 형태, 그리고 자기표현과 사회적 상호작용의 화법인 대화와 면접 등이 나오니 관련 개념과 원리를 잘 정리해 두자.

나 작문

작문은 작문의 특성, 계획, 내용 생성, 내용 조직, 표현, 퇴고와 관련한 작문의 원리를 다루는 문제들이 많이 나와. 작문 영역도 교과서에서 다루는 기본 개념이 중요한데 특히 다양한 글(안내문, 논설문, 건의문, 보고서)의 특징 및 원리, 적용하는 과정은 확실하게 정리해 두는 게 좋지.

다 독서

독서는 책을 많이 읽은 학생들에게 유리할 수 있어. 무엇보다 중요한 것은 글쓴이가 말하고자 하는 주제를 파악하고 글의 내용을 이해하는 독해 능력이지. 이 부분이 제일 어렵다는 학생이 많은데 그 이유는 시간이 많이 걸리고 재미가 없어서일 거야.

하지만 꾸준히 연습해서 독해에 대한 감각이 생기면 이전보다 빨리 지문을 읽을 수 있으니 너무 걱정하지마. 기출문제를 통해 독해 연습을 하면 지문에서 중심화제 찾기, 글쓴이의 주장이나 관점 분석하기, 자료를 해석하고 추론하기가 가능해져.

긴 지문을 읽을 때, 단락별로 중요 단어나 핵심문장에 표시하는 것도 좋은 방법이야. 지문이 인문사회 관련이라면 필자의 가치관이나 관점을 이해하는 것이 중요하고, 과학기술은 설명하고 있는 개념이나 원리를 명확히 이해하는 것에 초점을 두면 돼. 예술관련 글은 예술 장르의 특성과 표현의 양상 및 감상의 원리에 중점을 두면 더 좋지.

이렇듯 독서는 교과서에서 다루는 기본 개념과 유형별 글의 특징을 이해하는 학습에서 시작해 다양한 글을 깊이 있게 읽는 것이 좋아.

라 문학

문학에서 다양한 작품들이 출제되니 어떻게 공부해야 할지 걱정되지? 기본적인 원리나 개념은 교과서로 공부한 다음 난이도 있는 문제를 풀면 고득점 받을 수 있을 거야.

문제풀 때 단순 작품 해석보다는 비판적 ·창의적으로 감상하고 자신의 언어로 표현하도록 공부하면 좋아. 우선 교과서의 개념과 원리를 먼저 정리하면서 파악해 보자.

다양한 문학작품을 공부하면서 기출문제를 같이 푸는 것도 좋은 방법이야. 더 깊이 있는 공부를 하기 위해서는 참고서나 기출문제 풀이를 이용하여 보충학습을 하는 것도 좋아.

현대시나 고전시가는 하나씩 노트에 정리하는 것도 좋아. 노트에는 화자의 정서, 태도·시상 전개 양상 및 구체적인 표현 요소를 중심으로 정리하는 거지.

현대소설과 고전 산문은 사건의 전개에 따라 인물의 심리가 어떻게 변화하는 양상과 서술상의 특징을 공부해야 해. 희곡과 시나리오는 주인공과 주변 인물들의 성격적 특징, 갈등이 해결되는 과정을 공부하는 것이 필요해.

마 문법

영어든 국어든 문법은 학생들이 가장 어려워하지. 언어의 본질, 국어 단위의 체계, 국어의 역사에 대한 이해가 필요해. 교과서를 정리하면서 각 파트별 중요부분의 기출문제들을 분석하고 개념을 정리하면 많은 도움이 될 수 있어. 마인드맵으로 문법의 기본 개념들을 체계화시켜보면 전체적인 그림이 그려질 거야.

바 시험 기간 공부계획

본인만의 계획을 세우는 방법은 다양한데 우선 시간 관리가 잘 되지 않는 경우 주간 계획부터 세워 관리하는 게 좋아.

월 (   ) 주 공부계획표

주간 계획 :

	월	화	수	목	금	토	일
7:00~							
8:00~							
1교시							
2교시							
3교시							
4교시							
점심							
5교시							
6교시							
7교시							
8교시							
저녁							
7:00~							
8:00~							
9:00~							
10:00~							
11:00~							
12:00~							
1:00~							
공부한 시간							

* 주간 계획을 세울 때 아침에 일어나서 잘 때까지 일상생활의 모두를 적는 것이 좋아. 학교수업이나 학원수업, 수면시간이나 식사시간 및 등하교 시간을 모두 적어.

그러면 공부할 수 있는 시간들이 보이거든. 이 시간(공부할 수 있는 전체 시간)과 자신이 직접 공부한 시간을 비교하면 얼마나 공부했는지 알 수 있어.

'계획을 세워도 안 지키기 때문에 계획을 세울 필요가 없지 않냐'는 질문도 많아. 그럴 때는 계획표에 한 달 동안 하루에 한 일을 그 날 저녁 일과를 마칠 때 적어 봐. 그러면 네가 어떤 공부를 했고, 어떤 게 부족한지 알 수 있어.

계획표에서 주말에는 주중에 못한 공부 보충과 복습이 들어가야 된다는 사실을 잊으면 안돼. 다른 친구가 쓴 걸 보여줄게.

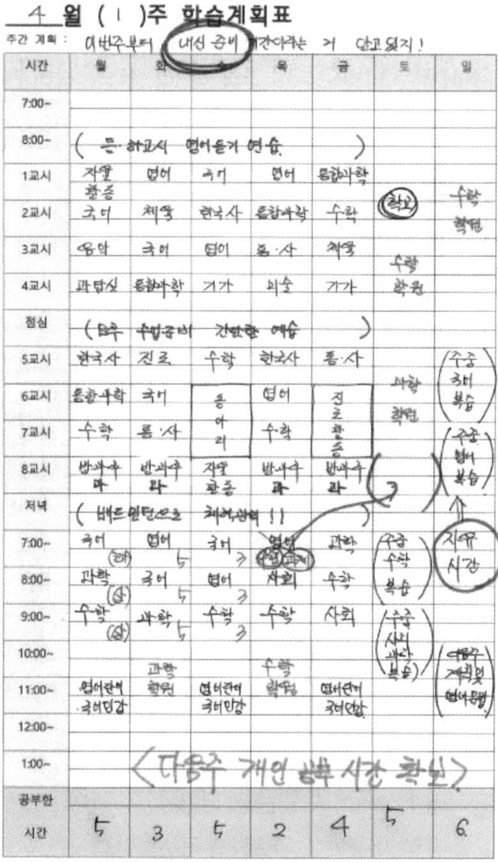
4 월 (1)주 학습계획표

주간 계획 : 이번주부터 내신 준비 기간이라는 거 알고 있지!

시간	월	화	수	목	금	토	일
7:00~							
8:00~	(등·하교시 영어듣기 연습)						
1교시	자율활동	영어	국어	영어	통합과학		
2교시	국어	체육	한국사	통합과학	수학	(학교)	수학 학원
3교시	음악	국어	영어	통·사	체육		
4교시	과탐실	통합과학	기가	미술	기가	수학 학원	
점심	(다음 수업준비 간단한 예습)						
5교시	한국사	진로	수학	한국사	통·사		(주중 국어 복습)
6교시	통합과학	국어	동아리	영어	진로활동	과학 학원	
7교시	수학	통·사		수학			(주중 영어 복습)
8교시	방과후과	방과후과	자율활동	방과후과	방과후과		
저녁	(배드민턴으로 체력관리 !!)						
7:00~	국어 (해)	영어 5	국어 3	영어 (수학)(과제)	과학	(주중 수학 복습)	자유시간
8:00~	과학 (쇼)	국어 5	영어 3	사회	수학		
9:00~	수학 (쇼)	과학 5	수학 3	수학	사회	(주중 사회 과학 복습)	
10:00~		과학 학원		수학 학원			(다음주 계획 및 영어듣기)
11:00~	영어단어·국어인강		영어단어 국어인강		영어단어 국어인강		
12:00~							
1:00~	〈다음주 개인 공부 시간 확보〉						
공부한 시간	5	3	5	2	4	5	6

*시험이 4주 정도 남아서 저녁 자율학습 시간은 국영수과사 복습으로 시간표를 짜고, 주말에는 그 주에 학습한 내용을 복습을 했어. 학원에선 수학과 과학 수업을 들었고, 국어나 영어는 인터넷 강의로, 특히 영어는 틈틈이 하는 편이야. 시험 기간 동안 자유시간을 꼭 두어서 그 주에 스트레스를 풀었어.

계획대로 안 되는 경우도 많았는데 플래너를 계속 보면서 지키려고 노력하면 한 두달 정도 지나 습관이 되더라. 너도 도전해서 목표하는 성적에 오르기를 바랄게.

3 …… 국어 시기별 끝판 공부법

가 3월 ~ 6월 : 새 학기 적응과 내신에 집중하세요

내신 시험은 누가 출제하지?
담당 교과 선생님이 출제하기 때문에 학교 수업이 제일 중요해. 간혹 수업시간에 자거나 다른 공부를 하는 학생들이 있는데, 절대로 그래서는 안 돼. 중학교 때와 달리 배우는 내용이 더 깊어지기 때문에 벼락치기가 통하지 않아.

국어는 교과서마다 출판사가 달라서 수록된 문학작품도 달라. 문제집을 사서 푸는 것도 좋지만 내신을 위해서 교과서 출판사의 문제집을 구입하는 것도 좋은 방법이야. EBSi 강좌중 [교과서 진도 특강] 이나 [교과서 시험 직선 요약]를 이용하는 것도 좋아.

주말에 국어 교과서를 책 읽듯 꾸준히 읽는 방법도 좋아. 3월 2~3주 쯤에는 국어 진도가 얼마 나가지 않아 공부할게 없다는 학생들이 많은데, 네가 예상한 시험 범위까지 읽어보는 것도 방법이야.

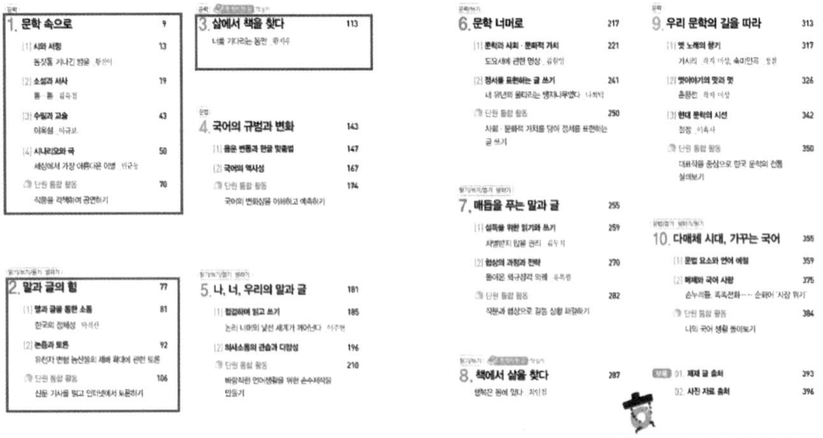

[지학사–국어 교과서 참고]

시험을 대비할 때 전체 페이지와 단원을 확인하고 '대강 중간고사는 3단원까지~ '라고 생각하고 주말에 교과서를 꾸준히 읽는 거지.

문학 작품의 경우 해당 작품이 교과서에 전부 실리지 않는 게 다반사야. 해당 작가의 작품을 방학 때 읽는 것도 좋은 방법이야. 만약 1단원에 황진이, 김유정, 이규보, 민규동님의 작품들이 나오면 김유정님의 소설을 읽어. '봄봄', '동백꽃', '만무방', '금 따는 콩밭' 단편 소설이니깐 쉽게 읽을 수 있을 거야. 어때? 중간고사 끝나고 독서 계획을 세워 보는 것도 좋을 것 같지?.

또 소설가 김유정에 대해 정리하는 건데, '구인회' 멤버였다거나 시인 이상과 친분이 있었다는 사실들을 알아두면 다른 지문에 도움이 될 뿐만 아니라 재미있게 공부하게 될 거야.

같은 문학 작품이라도 선생님마다 중요 포인트가 다를 수 있어. 필기를 열심히 해 두거나, 참고서에 교과서 수업 내용과 설명을 덧붙이는 것도 좋은 학습법. 여백이 부족하면 포스트잇을 잘 활용하면 돼.

예습과 복습을 하고 싶은데 어떻게 하냐구???
고1의 경우, 예습과 복습의 비중은 2:8 정도 그 날 배운 내용을 복습하는 것이 좋아.

인터넷 강의를 이용해도 돼. EBSi에 다양한 강좌가 있으니 네가 배우는 교과서 내용 중 부족한 파트를 선택해서 들어 볼래? 욕심을 내서 여러 개를 신청하면 제대로 못 듣는 경우가 종종 있어. 우선 하나 신청해서 완강을 한 후, 다른 강의를 듣는 걸 추천해. 인터넷 강의를 듣는 학생들이 열심히 들으며 공부한다고 하는데, 막상 성적은 잘 나오지 않았다고 해. 왜냐구? 진짜 듣기만 해서 그래. 강의를 전에 지문 읽어보고, 듣고 필기하면서 강사가 하는 핵심을 말로 따라 하는 것도 좋아. (단 집에서만 ^^) 그리고 빠른 시일내에 복습 해야 돼. 복습할 때 강의 교재의 필기와 학교 선생님이 수업에서 이야기해 준 내용, 참고서까지 합치면 자신만의 정리가 완성되겠네.

그런데 지필고사는 열심히 준비하면서 수행평가나 프로젝트 과제는 소홀히 하는 학생들이 종종 있어. 지필고사와 수행평가가 합해져서 내신등급이 결정된다는 사실을 잊으면 안 돼. 수행평가 기간을 반드시 확인하고, 주제도 미리 생각해 놓자. 만약 주제가 자기 진로와 연관되거나 자유이면 최근 사회 이슈나 같이 볼 수 있는 영화, 잡지나 도서를 언급하는게 좋아. 수행평가 준비도 내신을 잘 받기 위한 노하우이니 반드시 잘 체크해야 해.

수행평가를 열심히 준비하고 싶은데 잘 안되는 부분이 있다고??

Q1. 조사한 자료에 논문을 넣고 싶은데 어디서 찾죠. 논문을 보면 돈을 내야 하나요?
학위논문, 학술지, 연구보고서를 무료로 이용할 수 있는 곳도 있어. 'RISS' 라고 들어봤니?
http://www.riss.kr/index.do 로 접속해서 논문을 찾아보면 돼.
국회도서관이나 국립중앙도서관이 소장한 각종 자료의 원문을 검색할 수 있는 지역도서관이 있기도 해. 검색이 가능한지 도서관에 미리 문의하면 될거야. 논문을 찾아 인용할 때 반드시 참고문헌의 출처를 밝혀야 한다는 것을 잊지마.

Q2 포토샵 프로그램이 없는데 사진을 어떻게 편집하죠?
'픽슬러'라는 온라인 포토샵 프로그램이 있어. 이건 다운해서 사용하는게 아니라 접속해서 사용하는 무료 프로그램이야.
https://pixlr.com/editor/

Q3 다른 학생들과 다르게 특별한 아이콘을 쓰고 싶어요.
픽토그램 이미지를 찾는 거로구나. nounproject에 가입하면 무료로 사용할 수 있어. 배경이 투명하기 때문에 ppt에 삽입하기도 좋아. https://thenounproject.com/

Q4 전 멋진 이미지 파일을 넣고 싶은데 저작권이 있으면 어떻게 하죠.
우리가 이미지 파일을 네이버나 구글에서 많이 찾는데 저작권이 있는 게 대부분이야. 무료로 고화질 이미지 파일을 제공해 주는 pixabay 라는 사이트가 있어. 검색하면 바로 찾을 수 있어서 좋아. https:// pixabay.com/

Q5 ppt를 만들었는데 용량이 너무 커서 학교 홈페이지에 올라가지 않아요.
너무 고화질의 이미지나 동영상을 넣었나 보네. 그런 경우 이미지의 손상을 최소화 하면서 용량을 줄이는 사이트를 이용하면 돼. https://compressor.io/

Q6 자료의 정확도를 높이기 위해 통계자료를 넣고 싶어요.
설계는 하나 여건상 실험이나 조사는 어렵지. 기존의 통계자료를 이용하면 되는데, 국가통계포털 사이트가 좋아. www.kosis.kr 그 밖에도 무료 사이트가 많으니 직접 찾아보고 사용해서 수행평가에 좋은 점수를 받도록 노력하자.

시험 2~3주 전부터 네가 세운 계획대로 다양한 교재로 수능(모의고사)공부를 했겠지? 이 기간에는 잠시 중단하고, 학교 수업 내용을 바탕으로 내신 대비를 해야 돼.

다른 문제집이나 참고서를 보기 전, 먼저 교과서와 학교에서 나누어 준 프린트물의 내용을 정확히 이해하고 나올만한 내용을 암기해야 돼. 특히 서술형은 문제가 요구하는 중요한 단어가 꼭 들어가야 하므로 공부하며 중요 단어들을 찾아야 해. 또 그 문제가 요구하는 조건이 무엇인지 반드시 체크해야 실수가 없을 거야.

출제 방향이 궁금하다면 기출문제를 살피는 게 좋아. 학교 홈페이지에 올려져 있기도 하지만, 없다면 학교 도서관에 문의해 보자. 하지만 기출문제만 믿으면 안돼. 반드시 똑같이 출제되지 않을 거야.

그런데 왜 기출문제를 확인하냐고? 교과서에서 배운 내용이 어떤 유형으로 만들어지는지, 주요 개념이 지문속에서 어떻게 표현되는지 파악하기 위해서야. 이런 방법으로 교과서와 학교 프린트물로 정리되면 그 범위에서 다양한 문제를 푸는 거야. 시험 전날까지 문제를 푸는 것 보다는 앞에서 공부했던 교과서 내용을 다시 정리하고, 선생님이 중요하다고 말씀하셨던 내용, 잘 안 외워졌던 내용을 한 번 더 보는 것이 좋아.

나 7월 ~ 8월 : 6월 모의고사 분석 후, 부족한 부분과 2학기 예습에 초점을 맞추세요

1학기 시험이 끝났다고 막 공부하면 안 돼. 이제 2학기 내신을 위한 준비와 수능(모의고사)에 친해지기 위한 노력을 해야 돼. 1학기 때 교과서나 문제집에서 다루었던 문학, 문법, 화법, 작문, 독서 부분을 다양하고 폭 넓게 공부할 필요가 있어.

'국어 교과서는 소설책'이라고 생각하고 틈틈이 읽자. 3월, 6월 모의고사를 결과, 네가 영역별로 점수가 낮은 파트가 나올거야. 그 파트에 우선 초점을 맞추는 거야.

문학

문학 참고서를 선택할 때는 해당 교재가 교과서에 수록된 문학 작품을 많이 다루는지 살펴보자.(2학기 예습이 미리 되겠지?) 처음 보는 작품이 있다고 바로 해설지를 보거나. 학원, 인강에 의존하지 말고 스스로 문학작품을 이해하고 문제를 풀어봐. 문학작품을 보고 감상하거나, 분석하는 능력도 중요하지만, 1학년때는 다양한 문학 작품을 많이 접하는 것이 좋아. 꾸준한 노력으로 문학 작품을 많이 알게 되면 그 만큼 자신감이 생기고 고2, 고3가 되면 이미 아는 내용이니 편하게 공부할 수 있어.

독서

독서 영역 즉, 비문학을 학생들이 제일 어려워 해. 처음 보는 글을 독해하는 게 필요한데 그 부분이 힘든거지. 그래서인지 하루에 3개 지문을 푸는 문제집이 인기야. 하지만 굳이 그 문제집을 살 필요는 없다고 생각해. 교과서든 문제집이든 무엇이든 하나로 꾸준히 공부하면 돼. 매일 지문을 1~3개씩 읽고 출제된 문제들의 선지가 지문 속 어디에 있는지 찾아보고, 모르는 단어는 그 단어의 뜻과 쓰이는 다른 사례를 정리하는 거야. 처음 보는 지문이라도 겁내지 말고 지문 속으로 빠져 들어가서 글쓴이가 전달하려는 내용이 무엇인지 빨리 파악하는 연습을 많이 해야 해.

문법

문법은 무조건 어렵다고 생각하는 학생이 많아. 문법을 학습을 할 때는 먼저 그 용어부터 정리하고 단어와 문장을 공부해야 해. 인터넷 강의나 교과서, 참고서를 통해 전체적으로 한 번 정리하면 더욱 좋아. 음원, 단어, 문장, 담화, 국어사의 여러 개념들을 정확하게 숙지하고 문제를 통해 개념을 한번 더 정리하면서 정확하게 이해했는지 점검하는 과정이 필요해. 문법은 방학마다 복습도 좋아.

다 9월 ~ 12월 : 다시 찾아 온 내신 기간!! 1학기 내신 기출을 잘 분석하세요

9월, 내신 준비기간이야. 1학기 성적을 확인하고, '나는 수시가 아니야. 정시파야' 하는 친구들이 간혹 있어. 이건 잘못된 생각이야. 1학기 성적이 잘 나왔으면 더 좋았을텐데 그 후회를 기회로 삼아서 2학기때는 1학기보다 1등급 올리는 것을 목표로 하자. 1학기를 보내면서 국어선생님의 수업방식 , 시험 출제 경향, 서술형평가의 어떤 점을 중요하게 보는지 다 파악했지? 아직 파악하지 못했다면 모아 둔 시험지에서 그 부분을 다시 보는 거야. 네가 부족했던 부분들을 하나씩 찾아가며 2학기 내신 준비를 차근차근 하는거야.

1학기 내신 학습법처럼 교과서와 학교 수업, 수행평가 살피기와 EBSi 의 인터넷 강의를 적절하게 이용하는 거야.

라 1월 ~2월 : 다음 학년의 승부수는 방학인 걸 알고 있죠

1~2월엔 다음 학년 내신과 모의고사를 함께 대비하는 학습이 필요해.

내신을 위해서는 다음 학년에 배울 교과서를 미리 확인하고, 어떤 문학 작품이 있는지 어떻게 교과서가 구성되었는지 확인해보자. 교과서에 실린 문학 작품을 미리 읽어보는 것도 좋아. 그리고 천천히 내신 공부를 시작하는 거야.

모의고사는 지난 해에 4번 모의고사를 치르면서 네가 부족한 영역이 무엇인지 알고 있다면 원하는 성적으로 올리기가 훨씬 쉬울거야. 네가 부족한 영역부터 공부하는거야.

일주일에 한 번씩 다음 학년의 기출문제를 반복해서 풀어보자. 한 영역만 계속 공부하면 다른 영역이 소홀할 수 있는데, 그 부분은 기출문제로 보완하면 돼. 국어는 문제 유형에 익숙해지는 것이 매우 중요해. 이제 2학년 3월 모의고사에서 더 나은 성적을 위해 방학에 열심히 하길 바라.

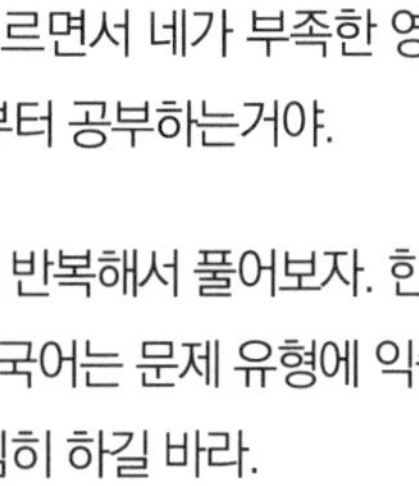

IV

수학 끝판 공부법

나의 공부법

수학
(연산학습법)

어쩌면 지수와 로그 때문에 나!!!

수포자가 되었을지도 몰라. 너는 그 단원 어렵지 않았니?

나는 항상 연산이 어려웠어. 1학년 때는 복소수랑 곱셈공식의 활용을 이해하는데 시간이 많이 걸렸어. 사실 사칙연산을 잘못해서 수학 성적이 엄청 내려간 적도 있어.

그런데 어떻게 교대에 합격을 했는지 궁금하다고?

사실 수학 빼고는 다른 과목들은 공부한 만큼 성적이 나왔는데 수학에서는 계속 실수가 나오고 새로운 계산이나 개념을 배우는데 시간이 많이 걸렸어. 그럼 내가 어떻게 연산 연습을 했는지 이야기 해 줄께. 연산은 집중력과 연습! 연습이 정말 필요해. 지수로그 계산에서는 선생님 설명을 보면 알겠는데 혼자서 풀면 계속 틀리고 진도도 안 나가니 짜증만 났어. 그래도 포기할 수 없어서 연산과 개념 위주의 책을 사서 하루 종일 계산 연습만 했어. 여기서 잠깐! 연산 연습을 위해 연산문제집을 풀 때는 계속 채점을 해가면서 문제를 풀어나가야 해. 왜냐면 처음에 익숙하지 않을 때 잘못된 계산법으로 계속 문제를 풀다보면 그 계산법이 맞다고 생각해서 몸에 배이게 되면 다시 고치는데 시간이 많이 걸려.

계속 연습하고 집중을 하다 보니 이제는 지수로그 계산은 엄청 복잡해도 자신이 생겼고 사칙연산도 집중하게 되었어.

연산을 못하면 그냥 수포자야. 수학이 약한 것 같으면 방학을 이용하여 미리 연산 연습을 하고 가는 것도 좋을 것 같아.

나의 공부법

수학
(오답노트활용법)

Q 수학은 오답노트를 만들어야 된다고 하는데 꼭 만들 필요가 있나요?

만약 보지 않을 것 같으면 그 시간에 수학 문제를 하나 더 푸는 게 좋을 거야. 후배처럼 질문을 하는 친구들의 대부분이 만들어 놓고 다시 보지 않으니깐 의미가 없다고 생각할 거야. 하지만 수학에서 오답 노트는 굉장히 중요해. 틀리는 문제들을 계속 모아보면 본인이 잘 틀리는 문제 유형이 있을 거야. 그럼 그 문제들을 집중 공략을 해야 그 다음 시험에 좋은 결과가 있어.

Q 그러면 수학 오답노트를 어떻게 만들어요? 선배 말대로 만들어놨는데 거의 보지 않아서요.

너무 많은 양의 문제로 만들다보니 그런 경우가 생겨. 풀었던 문제들 모두 오답노트를 만들기 보다는 자신에게 필요한 문제들을 선택해야 하는데 그 부분이 힘들지. 먼저 수학에 자신이 있는 친구들은 난이도 있는 문제 몇 개만 오답 정리를 하면 되니깐 별 문제가 없어. 그런데 수학 성적이 중간정도의 친구들은 다 하자니 많고, 버리자니 꼭 필요할 것 같아 고민을 이야기하는 친구들도 많았어. 그때는 오답 중 중간정도의 난이도만 오답노트를 만들어봐. 가령 '쎈수학'을 공부하는 친구라면 난이도 중이나 중상정도가 적당할 것 같아. 그렇게 만든 오답노트는 부담없이 볼 수 있을 것 같아.

Q 지금 수학 기초가 부족한데 이런 경우도 오답 노트가 필요한가요?

그때는 먼저 개념 노트를 만들어서 개념정리를 하는 게 좋을 것 같아. 교과서나 참고서를 이용하여 개념을 정리한 후 기본적인 문제를 몇 개 풀어보고 오답이 나오는 문제들을 개념정리한 부분에 써 놓는 것도 좋아.

보통 개념을 정리할 때 개념만 써 놓는 경우는 이 내용을 어떤 문제에 적용해야 될지 모를 경우가 있어. 그렇기 때문에 귀찮더라도 오답 문제 2~3개씩을 써 놓으면 '아 이 내용은 이런 문제를 풀 때 적용하는 구나'라는 것을 알 수 있어.

고1 첫 모의고사를 치는데 수학이 100분이야. 거의 영화 한편 수준인데 정말 시간이 안갔어. 풀수 있는 문제까지 마무리하고 1부터 숫자를 하나씩 넣으면 될 것 같은 문제를 30분동안 풀어서 4점 짜리를 맞추었어. 그 짜릿함은 너무 좋았어.

수학 모의고사는 평소에 다양한 문제를 풀어야 성적이 오르지. 시험 치기 일주일 전에 기출모의고사 한번 풀어보고 모의고사 시험 대비를 했다고 하는데 그건 말도 안 돼.

사실 국어나 영어는 시험범위가 없지만 수학은 시험범위가 있기 때문에 그 부분을 내신 시험기간이 아닐 때 공략을 했어. 그 단원은 내신 시험을 봤거나 아니면 내신 범위에 들어가기 때문에 그 내용을 정리하면 1석2조의 효과를 거둘 수 있어. 나는 먼저 개념서를 정리 했어. 사실 수학은 개념이 안 되면 아무것도 할 수 없으니깐. 개념서를 볼 때, 증명을 한 부분이나 개념을 풀어서 쓴 부분까지 꼼꼼하게 확인을 해야 돼. 모의고사는 단순 개념을 묻는 문제도 있지만 복합적인 문제 해결력을 요구하는 문제가 많아서 개념서를 꼼꼼히 읽었던게 나에게는 많은 도움이 되었어.
그리고 다양한 기출문제를 많이 풀었어. 특히 도형에 관한 문제들은 여러번 직접 손으로 그려보면서 여러 방법을 생각하려고 노력했어.

수학 끝판 공부법

① 수학 학년별 끝판 공부법

고등학생의 제일 큰 고민은 아마도 '수학을 어떻게 공부할까' 일 거야. 기초가 약한 학생도, 수학을 잘하는 학생도 모두 시간 대비 성적이 잘 안 나온다고 하지.

'수학'은 기초가 탄탄해야 해. 기초가 없으면 현재 배우는 기본 문제는 풀지만 응용 문제가 나오면 마치 처음 본 것처럼 느껴져. 그렇다보니 수학에서 1등급을 노린다고 말만 하고 모의고사 공부를 따로 하지는 않아. 모의고사 후에 '다음 모의고사를 잘 봐야겠다'라고 허황된 목표만 계속 세우지.

성적표 나오면 후회하지 말고 모의고사도 미리 미리 공부하자. 처음 시작한다면 어떻게 할지 방법을 잘 모를 거야. 모의고사 학습 방법을 간단히 설명할게.

① 기본 계산과 유형이 정해져 있는 문제를 논리적으로 푸는 연습이 필요해. 이런 문제는 교과서의 기본 개념을 이용 하기 때문에 풀이가 거의 정해져 있어. 이런 유형의 기출문제를 자꾸 풀어보는거야. 기본을 잘하면 모의고사 문제에서 어떻게 풀지 방향이 잡히거든.

② 문제를 해석하고 수학적 기호로 나타내는 연습을 해봐. 지문에 주어진 다양한 수학적 용어를 바로 이해할 수 있어야 해. 참고서를 이용해서 용어정리를 하면 쉬워질 거야.

③ 문제에 다양한 개념·원리·법칙을 이용할 수 있어야 해. '일반적인 성질로부터 특수한 성질 찾기', '반례 찾기', '관찰을 통해 유사성 유추하기', '상황을 단순화하거나 특수화하여 규칙성 찾아보기'가 바로 그런 분석적 능력이야.

④ 실생활 응용문제는 너무 길어서 읽기도 전에 지친다는 학생들이 있어. 이런 문제가 수학적 기호로 표현되면 사실은 더 쉽지. 우선 문제에서 수나 문자가 어떤 의미인지 파악하고, 문제를 2~3번 읽으면서 풀이에 필요한 공식을 찾아 대입해보는 연습을 하는 것이 좋아. 내신에도 도움이 많이 될거야.

가 고등학교 3학년

(1) 모의고사 등급별 공부법

등급별	학습법
1~2등급	킬러문제 정리하기
3~4등급	하루 20~30분 난이도 있는 문제 풀어보기
5~9등급	2~3점짜리 틀린 문제 오답 노트에 정리하기

[고3 : 1~2등급]

이 등급의 학생들은 킬러 문제의 공략이 필요해. 혹시 작년 수능이 어려웠으니 올해는 좀 쉬울거라고 생각하니? 하지만 쉽던지 어렵던지 1등급을 결정짓는 문제는 무조건 맞춰야 하는거 알지?

우선 기출문제 부터 정리해. 특히 킬러문제들만 모아서 너만의 정리법으로 노트를 만들어 봐. 먼저 풀고 다시 유형별로 정리하는 것도 좋은 방법이야. 이런 문제는 여러 개념과 원리를 통합한 문제들이 많기 때문에 유형별로 정리해 두면 훨씬 도움이 돼. 문제를 풀 때는 네가 문제풀이에 이용할 개념을 먼저 적어 봐. 그리고 그 개념을 바탕으로 문제를 풀기 시작하는 거야.

킬러문항을 연습할 때는 단순히 답의 맞고 틀림에 초점을 맞추면 안돼. 풀이과정을 정확하게 서술하여 이해해야 해. 답을 맞혔다고 '그렇지'하고 넘어가면 안 돼. 또 답지의 풀이와 네가 푼 게 다른 경우 답지의 풀이도 다시 봐. 수능이나 모의고사에서 이런 문제는 답지의 그림과 풀이를 변형해서 다시 나올 수 있기 때문이야. 반복적인 실수나 스스로 약점을 찾기 위해서 오답 노트는 꼭 필요해.

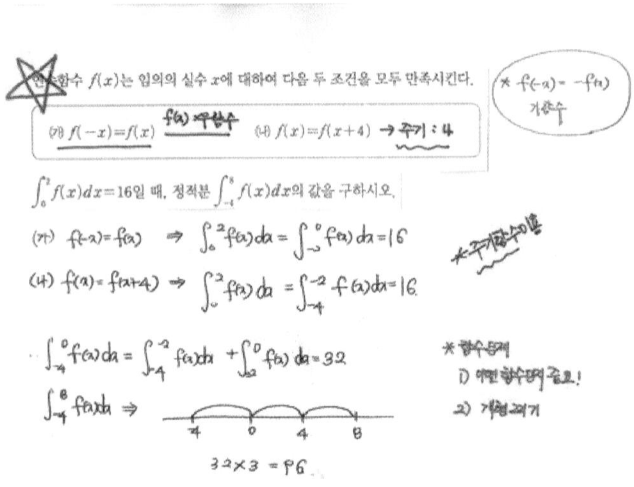

[문제속에서 주어진 개념 정리하기: 문제 풀이 예시]
항상 함수에서 나오는 오답 부분을 체크하고 넘어가는학생

[고3 : 3~4등급]

이쯤되면 문제 난이도에 따라 성적 차이가 많이 나는 거 알지? 혹시 난이도 있는 문제는 빼고 나머지만 완벽하게 풀겠다는 작전을 세우고 있니? 수학은 4점짜리 한 문제로 등급이 바뀔 수 있기 때문에 난이도 있는 문제들도 꾸준히 도전해야 해.

아직 늦지 않았으니 남은 기간 난이도 있는 문제를 연습을 해서 등급을 올리도록 해보자. 우선 수능특강과 수능완성을 공부하면서 스스로 개념과 원리를 알고 있는지 파악해. 수능특강의 STEP3 문제나 수능완성의 난이도 있는 문제에 대한 풀이방법이 생각나지 않을 때는 정답지를 살짝 보는 것도 좋아. 답의 첫줄을 통해 도입을 확인하고 왜 그렇게 했을지 고민하는 것도 필요해. 고3이라 다른 공부에 대한 압박이 있으니 언제까지나 붙잡고 있을 수는 없잖아? 정답지 도움을 받는 것도 괜찮아.

기출문제는 무조건 반복해서 풀어야 하는 거 알지? 조금만 노력하면 상위권으로 갈 수 있으니 계획을 세워 공부하자!

고3 : 5~9등급

지금 마음이 많이 급하지? 문제를 풀려고 해도 걱정부터 앞서지 않니? 제일 중요한 게 계획이야. 남과 비교하지 말고 기본 개념부터 정리해서 우선 네가 맞힐 수 있는 문제들을 확보하는게 중요해. 이후에 차근차근 난이도를 높여 나가는 게 좋아.

기본개념을 완성을 위해 구성된 문제집을 한 권 완벽하게 풀어봐. 특히 오답문제는 반복해서 다시 풀어야 해. 오답문제를 계속 풀다보면 그 유형에 쓰이는 개념과 풀이법을 친구들에게 설명할 수 있을 정도로 외워질거야.

모의고사나 기출 문제를 풀었을 때 2점이나 3점 문제에서 실수가 있는지 확인해. 정말 실수였는지, 아직도 개념이 헷갈리는지 파악해야 하지. 이렇게 연습하면 틀리지 않게 될거야.

기출문제는 너무 중요하니 자주 출제되는 단원과 개념을 찾아봐. 문제를 많이 풀기보다 남은 기간동안 반복해서 푸는 연습게 더 나아. 어려운 문제 중 네가 풀 수 있을 것 같은 문제를 하루에 2~3문제 정도 도전해 봐.

정답지를 봤을 때 어떻게 푸는지 이해되는 문제는 거기에 나온 개념을 찾아 활용하고, 그 단원에서 잘 나오는 유사 문제도 풀고 다시 정리하면 좋아.

단원별로 계속 틀리는 쉬운 문제는 오답노트로 다시 정리하는것도 좋은 방법이야. EBS 수능특강의 예제문제와 STEP1 문제를 반복해서 풀고, 자신이 생기면 STEP2로 단계를 올려. 자신감을 갖는 게 제일 중요해.

(2) EBS 수학 인터넷 강의 활용법

① EBS 고3 수학 강의 목록

수학을 혼자 공부하기에 힘들어 하는 친구들이 많지. 인터넷 강의가 너무 많다보니 선택도 힘든 학생들을 위해 정리해 봤어. 자신이 부족한 부분을 도와 줄 강의를 선택해서 꾸준히 학습해.

고3은 기본적으로 수능특강, 수능완성 위주로 많이 수강해.

인강 학습법은 110~111쪽을 참고해.

공통질문

Q1. 수학 학습법이 궁금해요?

Q1

[입시 최고수 라이브 특강] 고3 경이로운 학습법
EBS 특집다큐 [수포자 탈출 스캔들]
[공부법Q] 고3을 위한 여름방학 공부법
[EBS 공부법 Q] 기출 공부법

1~2등급

공통질문

Q1. 1등급을 받을 수 있는 내신 학습법이 궁금해요?

Q1

[중간기말 예상 모의고사]

수학 I

Q1. 1등급을 받기 위해 개념 마무리는 어떻게 하면 좋을까요?

Q1

[발전][2022 수능특강] 심주석의 수학 I
[발전][2022 수능특강] 차현우의 수학 I

수학 II

Q1. 1등급을 받기 위해 개념 마무리는 어떻게 하면 좋을까요?

Q1
[발전][2022 수능특강] 심주석의 수학 II
[발전][2022 수능특강] 차현우의 수학 II

미적분

Q1. 1등급을 받기 위해 개념 마무리는 어떻게 하면 좋을까요?

Q1
[발전][2022 수능특강] 최은진의 미적분

확률과 통계

Q1. 빠르게 정리를 한번 하고 싶어요
Q2. 1등급을 받기 위해 개념 마무리는 어떻게 하면 좋을까요?

Q1
[2020 수능개념] 받아 보자 1,2등급! 주석쌤의 프러포즈 확률과 통계

Q2
[발전][2022 수능특강] 최은진의 확률과 통계

기하

Q1. 빠르게 정리를 한번 하고 싶어요
Q2. 1등급을 받기 위해 개념 마무리는 어떻게 하면 좋을까요?

Q1
[수능개념] 최상위를 향한 김규호의 자유사고 수학가형(기벡+미적)

Q2
[발전][2022 수능특강] 남치열의 기하와 벡터
[중간기말 예상 모의고사] 기하와 벡터

3~4등급

공통질문

Q1. 수학 지금부터 시작해도 늦지 않을까요?
Q2. 개념을 정리할 수 있는 강의 추천해 주세요.

Q1
[올림포스] 개념완성
[올림포스 평가문제집]
[올림포스] (알짜요약)

Q2
[5일만에 끝내는 라이브 특강] 이하영의 수능까지 함께할 수학 개념
[5일만에 끝내는 라이브 특강] 정승제의 말로만 듣던 삼각함수의 신(神)
[학교시험 3주완성] 미적의 신이 될 너를 위한 치트키
[서술형대비특강] 막힘없이 쓸 수 있는 김성우의 확률과 통계
[서술형대비특강] 명쾌한 이한주의 하이웨이 미적분

수학 I

Q1. 수학 I 문제풀이는 어떻게 연습하면 좋을까요?
Q2. 지금 수학 I 을 시작해도 늦지 않을까요? 부족한 내용을 보완할 수 있는 인강 추천해 주세요.
Q3. 개념을 정리할 수 있는 강의 추천해 주세요.

Q1
[2022 수능 기출의 미래]
[약점공략] 수학 이과생을 위한 수학 I , 수학 II ,미적분 I

Q2
[2022 수능개념] 3주완성 개념끝판왕 정종영의 수학 I
[2022 수능개념] 박자영의 '꿈이 될 너를 위한' 수학 I
[2022 수능개념] 받아 보자! 1,2등급! 주석쌤의 프러포즈 수학 I
[2022 수능개념] 세젤쉬 50일 프로젝트-수학 I
[올림포스 평가문제집] 수학 I

Q3
[기본][2022 수능특강] 수학 I
[2021 내신만점 수능특강] 수학 I

수학II

Q1. 수학II 문제풀이는 어떻게 연습하면 좋을까요?

Q2. 지금 수학II을 시작해도 늦지 않을까요? 부족한 내용을 보완할 수 있는 인강 추천해 주세요.

Q3. 개념을 정리할 수 있는 강의 추천해 주세요.

Q1
[2022 수능 기출의 미래] 수학II

Q2
[2022 수능개념] 3주완성 개념끝판왕 정종영의 수학II
[2022 수능개념] 받아 보자! 1,2등급! 주석쌤의 프러포즈 수학II
[2022 수능개념] 세젤쉬 50일 프로젝트-수학II
[2022 수능개념] 이국희의 개념폭발 수학II
[2022 수능개념] 이하영의 전지적 출제자 시점 수학II

Q3
[기본][2022 수능특강] 수학II
[2주 라이브 특강] 고3 - 수학II
[2021 내신만점 수능특강] 수학 II
[2021 수능개념] 이열치열~UP! 남치열의 수학II

미적분

Q1. 미적분 문제풀이는 어떻게 연습하면 좋을까요?

Q2. 지금 미적분을 시작해도 늦지 않을까요? 부족한 내용을 보완할 수 있는 인강 추천해 주세요.

Q3. 개념을 정리할 수 있는 강의 추천해 주세요.

Q1
[2022 수능 기출의 미래] 미적분

Q2
[2022 수능개념] 김민재의 미적분 page2
[2022 수능개념] 남치열의 만점으로 수렴하는 미적분

Q3
[기본][2022 수능특강] 남치열의 미적분
[집중관리] 쉽고 빠른 기출분석 미적분

확률과 통계

Q1. 확률과 통계 문제풀이는 어떻게 연습하면 좋을까요?

Q2. 지금 확률과 통계을 시작해도 늦지 않을까요? 부족한 내용을 보완할 수 있는 인강 추천해 주세요.

Q3. 개념을 정리할 수 있는 강의 추천해 주세요.

Q1
[2022 수능 기출의 미래] 확률과 통계

Q2
[2022 수능개념] 정유빈의 찹쌀떡 수학, 확률과 통계
[2022 수능개념] 최은진의 확통 만렙공략집
[2020 수능개념] 3주완성 개념끝판왕 정종영의 확률과 통계
[2020 수능개념] 최은진의 노베부터 시작하는 확통 20
[올림포스] 확률과통계 : 개념완성

Q3
[기본][2022 수능특강] 정승제의 확률과 통계
[2주 라이브 특강] 고3 - 확률과 통계
[2021 내신만점 수능특강] 확률과 통계
[5일만에 끝내는 라이브 특강] 정종영의 3시간만에 끝내는 핵심 쏙쏙 통계 특강
[2021 수능개념] 15강 개념으로 끝낸다. 최은진의 확통 만렙 공략집

기하

Q1. 기하 문제풀이는 어떻게 연습하면 좋을까요?

Q2. 지금 기하를 시작해도 늦지 않을까요? 부족한 내용을 보완할 수 있는 인강 추천해 주세요.

Q3. 개념을 정리할 수 있는 강의 추천해 주세요.

Q1
[2022 수능 기출의 미래] 기하

Q2
[2022 수능개념] 김소연의 '기초부터 만점까지' 기하
[2022 수능개념] 남치열의 만점이 보이는 기하

Q3
[기본][2022 수능특강] 김소연의 기하

5~9등급

공통질문

Q1. 쉬운 문제풀이부터 시작하고 싶어요?

Q1
[초보탈출 NO.1] 초중고 연계 수학 개념 _수와 연산
[초보탈출 NO.1] 초중고 연계 수학 개념 _기하와 함수
[초보탈출 NO.1] 초중고 연계 수학 개념 _문자와 식
[초보탈출 NO.1] 초중고 연계 수학 개념 _확률과통계

수학 I

Q1. 개념 공부는 어떻게 해야하나요?

Q1
[기초][2022 수능특강] 박자영의 수학 I
[기초][2022 수능특강] 이미지의 수학 I

수학 II

Q1. 개념 공부는 어떻게 해야하나요?

Q1
[기초][2022 수능특강] 이국희의 수학 II
[기초][2022 수능특강] 이미지의 수학 II

미적분

Q1. 개념 공부는 어떻게 해야하나요?

Q1
[기초][2022 수능특강] 김민재의 미적분

확률과 통계

Q1. 확률과 통계 어떻게 시작하면 좋을까요?
Q2. 확률과 통계 기초 개념을 정리하고 싶어요

Q1
[수능 감(感) 잡기] 확률과 통계

Q2
[기초][2022 수능특강] 정유빈의 확률과 통계

(3) M스터디 집중 분석

학생들이 메가스터디 인터넷 강의도 많이 이용하는데, 넘 많아서 어떤 걸 선택할지 고민을 하는 친구들이 많아. 여기서 몇 가지만 소개해 줄게. 보통 학생의 인강에 대한 고민부터 들어볼까?

우선 고3들의 고민을 들어볼까?

Q1

기하은 공부를 해도 잘 모르겠어요. 특히 중학교때 배웠던 개념도 알아야 된다고 하는데 혼자서 할 자신이 없어요.

A1 . 기학 내용들이 다 처음보는 개념이라 어렵다는 친구들이 아주 많아. 그럼 [기하 클리어]를 수강하면 좋을것 같아. 이 강의는 개념 따로 문제 따로가 아니라, 개념 설명 후 그 내용에 맞는 문제풀이를 하기 때문에 효율적인 학습이 가능해. 개념 응용문제까지 풀이하기 때문에 수능까지 대비할 수 있어.

Q2

최근 기출 유형 문제들을 많이 풀고 싶은데 어떤 강의가 좋을까요?

A2 . 새로운 유형의 문제들을 풀고 싶으면 [메가 문풀의 민족] 강의를 추천해. 수학에서 제일 중요한 건 '개념 또 개념'이라고 하는데 개념만 안다고 해서 문제를 풀 수 있는 게 아니야. 다양한 문제에 대한 적응력을 키워야 해. 이 강의는 수학의 전반적 내용을 꼼꼼하게 점검하며 진행되기 때문에 개념을 바탕으로 한 고난도 문제를 많이 풀 수 있을거야.

Q3

미적분을 잘하고 싶은데 함수 그래프, 미적분 응용문제만 나오면 문제 풀이가 너무 어려워요.

A3 . [미적분 열공 백서]는 어때? 혹시 개념 정리가 잘되어있지 않으며 개념반을 아니면 문제풀이반 수업을 들으면서 다양한 문제들을 풀어보는 것이 좋아. 특히 평가원, 교육청, 수능 기출문제 중심으로 다양한 유형을 연습한다면 미적분도 어렵지 않게 공략할 수 있을거야.

Q4

개념을 한번 정리하고 난이도있는 문제를 다루고 싶어요.

A4 . 그럼 [고3 개념 특강] 도 좋아. 수능에 꼭 필요한 개념 위주로 정리를 하고 본격적인 문제 풀이를 할 수 있어. 개념만으로 기출문제들이 어떻게 풀리는지 자세히 설명을 해 주는 강의라서 실전에 많은 도움이 될 거야.

(4) E투스 집중 분석

수학 누구나 잘하고 싶은데 혼자 계획을 세워 공부하니 잘 안된다고? 인터넷 강의의 도움을 받는 것도 좋을 것 같아. 이투스에 다양한 수학 강의를 몇 가지 추천할게.

Q1

고1, 고2 때 배웠던 내용들이 잘 기억이 나지 않아 문제 풀이에 어려움이 있어요. 다시 복습을 해야 될 것 같은데 어떤 강의가 좋을까요.

A1 . 수학은 앞에서 배운 개념이 약하면 다음 학습으로 넘어가기 힘든 과목 중 하나지. 그럼 이 강의가 좋을 것 같아. [이과생을 위한 수능에 꼭 필요한 수학], [문과생을 위한 수능에 꼭 필요한 수학] 이 강의는 기초 개념 정리에서 시작하여 시험에서 꼭 필요한 공식을 암기하는 것보다 이해하게 만드는 강의라 할 수 있어. 강좌 수가 많지 않아 고3이 듣기에 부담스럽지 않을 거야.

Q2

기초부터 심화까지 학습을 하고 싶은데 적절한 강의를 못 찾겠어요. 사실 공부 방법도 잘 몰라 고민이 되기도 해요.

A2 . 정확한 개념을 공부하고 기출문제를 분석하기에 좋은 강의가 있어. [개때잡으로 1등급 만들기] 수학 영역마다 강의가 개설되어 있으니 부족한 것부터 듣는 게 좋을 것 같아. 제목이 조금 특이한 것 같다고? [개념때려잡기]를 줄인 말이야. 수업 듣는 시간이 너무 즐겁다는 후기 많아. 수포자였던 친구들도 다시 수학을 시작했다고 하니 한번 들어 봐.

Q3

난이도 있는 문제만 집중하고 싶어요. 기본 문제들은 제가 스스로 해도 될것 같아서요.

A3 . 기출문제를 어느정도 풀고 난이도 있는 문제들을 집중하기 위해서 [최고난도 완전정복] 강의도 좋아. 킬러문제 유형을 파악해서 원하는 점수를 받아야 해.

Q4

고3이지만 내신 대비도 해야될 것 같아요. 수능 특강이나 수능완성 외에 공부할 내용이 정리되어 있는 강의가 있을까요!

A4 . 고3이지만 내신을 무시할 수 없지. 이 강의는 어때? [이투스 백점 맞는 족보] 수학 영역마다 개설되어 있으니 필요한 걸 선택하면 돼. 내신 기출 문제풀이와 시험에 잘 나오는 핵심내용까지 정리해 주는 강의야.

Q5

저는 재미있는 강의를 듣고 싶어요. 문제를 푸는 스킬도 익히고 싶어요 .

A5 . 재미있는 강의가 있는데, [야매노트]야. 문제를 푸는 스킬을 설명해 주는 강의지. 처음에 이 강의를 들으면 아 저렇게 풀어도 되구나. 놀랄 걸. 재미있게 수업을 들으면서 실력도 업 시키기 바래.

(5) 문제집 등급별 활용법

[수학 문제집 선택에 고민이 많은 학생 이야기]

고등학생이 되면서 수학 문제집을 처음부터 끝까지 풀어 본 적이 없어요. 제가 세운 계획에도 문제가 있었고, 문제집 수준도 저와 맞지 않았어요. 수학 선생님 말씀으로는 문제집 한 권만 끝까지 푸는 게 중요하다고 조언을 해 주셨는데 아직 교과서 외에 제대로 푼 문제집이 없어요. 학교에서 푸는 부교재는 선생님이 푼 문제만 풀고, 학원 문제집은 너무 어려운 것 같아요. 혼자 공부할 수 있는 문제집 추천해 주시고, 학습법도 알려주세요.

문제집이 너무 많아서 선택이 어렵다는 고민이구나. 친구들이 풀고 있는 문제집을 보면 사야 될 것 같아서, 또는 멋진 광고를 보면 그 자리에서 사 버리기도 하더라. 책상에는 문제집이 쌓여만 가고, 학년이 바뀌면 버릴까 말까 그것도 고민이 되겠지. 수학 문제집을 정리해 볼게.

고3 : 1-2등급

이 등급의 학생은 1~2등급을 유지해야 되는 친구들이기 때문에 수능연계 교재와 기출문제를 계속 풀어보는 것이 좋아. 킬러문제를 풀기 위한 학습 전략이 필요해.

Q1 각 과목별로 간단한 개념들과 고난도 문제들을 공부해 보고 싶어요. 그리고 난이도 있는 문제들은 계속 복습하고 싶은데 저는 한번 문제집을 풀고 나면 다시 보지 않아요. 오답노트도 만들어 보았는데 별 의미가 없어요.

A1 . 이런 친구들에게는 [미래로 HOW to 수능1등급 수능기출문제집]도 좋아. 제일 성적이 낮은 과목부터 계획을 세워 공부하는 것이 좋을 것 같아. 1권 [개념+유형편] 학습과 1등급을 위한 2권 [고난도+실전편] 학습으로 구성하여 단계별 학습, 선택적 학습이 가능해. 그리고 제일 맘에 든 부분은 3권 [祕 서브노트]이다. 해설을 보기 전 한 번 더 생각할 수 있도록 모든 문제가 그대로 제시되어 있고 특히 선지가 빠져 있으므로 주관식처럼 문항을 풀 수 있어. 이렇게 연습한 선배들은 그전에는 틀렸지만 이 부분에서 다시 풀면서 오답이 나온 부분을 스스로 체크할 수도 있었어. 그러니 오답노트를 잘 안 쓰거나 활용을 못하는 학생들은 이 문제집도 좋아.

Q2 수능 연계 교재는 무조건 풀어 봐야 하나요? 수학 문제집은 다 비슷한 것 같아서요.

A2 . 수학 수능 연계 교재는 [수능특강] 과 [수능완성]이 있어. 3학년 때는 수업 부교재로 사용하는 학교들이 많아서 1학기 중간고사나 기말고사에 비슷한 유형이 출제될 확률이 높아. 문제집이 비슷비슷하다면 굳이 다른 문제집보다 연계 교재를 먼저 풀고 다른 문제집을 선택하는 게 좋을 것 같아. [수능특강]의 STEP3 파트와 [수능완성]의 난이도 있는 문제는 꼼꼼하게 다룰 필요가 있어. 특히 오답이 많은 단원은 작년 EBS교재에서 그것만 출력해 푸는 것도 좋은 방법이야. 네가 자주 틀리는 것을 보완할 수 있어.

Q3 기출 문제집은 다 같나요? 아님 어떤 걸 선택해야 하나요.

A3 . 시중에 나온 기출문제집이 너무 많지. 거의 대부분이 학력평가, 모의평가, 수능으로 구성되어 있어. 기출 문제집을 선택할 때, 맞는 구성을 따져봐야 해. 대개는 모의고사 문제를 1번부터 30번까지 풀어 볼 수 있도록 구성된 것과 단원별로 된 것이 있어. 이들 2가지로 구성된 문제집을 사는 학생들이 많아. 개념이 부족하면 단원별 문제집으로 그 단원의 개념을 다시 정리하는 것도 좋아. [기출의 미래], [N수능기출문제집 4점], [자이스토리] 등이 있어. 학습 계획을 세울 때 문제집에 문제가 너무 많다면 난이도 별로 체크해서 푸는 것도 좋아.

기출 모의고사 문제는 [마더텅], [씨뮬 3개년 모의고사 모음] 등 다양해. 기출 모의고사를 풀다 보면 여러 문제집에서 접한 문제가 많다는 것을 알게 될 거야. 자주 나오는 문제는 '왜 그 문제를 출제했는지, 네가 풀었을 때 오답이었으면 왜 그랬는지'까지 파악하면서 풀어야 해. 연습할 때 실전처럼 시간을 80분 놓고 체크하면 실전에서 여유있게 풀 수 있을 거야.

Q4 수능 실전을 위한 모의고사 문제집이 어떤게 좋을까요.

A4 . 수능이 가까워지면 [봉투 모의고사]을 푸는 학생들이 많아. [EBS 파이널 모의고사]도 많이 선택해. 봉투 모의고사를 살 때는 그 모의고사 강의를 들을 수 있는 사이트가 있는지 확인하는 게 좋아. 최종 모의고사는 난이도 있는 문제들이 많고, 간혹 풀이과정이 틀린 경우도 있어 그럴때는 인터넷 강의나 주위 선생님, 친구에게 질문해서 해결하면 돼. 참! [봉투 모의고사]의 최대 약점은 미리 어떤 문제인지 볼 수 없다는 거야.

고3 : 3-4등급

학생부 종합 전형을 준비하는 중위권 학생 대다수가 모의고사보다 내신에 신경을 많이 쓰지. 수능 최저를 준비하거나 만약을 위해 고2 겨울방학부터 수능을 본격적으로 준비하면서 내신과 수능 둘 다를 위한 학습 계획을 세워야 해.

Q1 수능연계 교재랑 병행할 수 있는 다른 교재가 있을까요? 개념 정리가 잘 안 된 단원이 있는데 이부분은 어떻게 보완할까요?

A1 . [수능특강]과 [수능완성]이 연계 교재이다보니 외워서라도 소화하려는 학생이 많아. 하지만 문제가 똑같이 나오지 않는다는 사실은 명확해. [수능특강]이나 [수능완성]에는 개념 정리가 간단히 되어 있어서 문제를 풀기에 개념이 부족하다는 평이 있어. 그런 경우 1~2학년 때 사용한 개념서가 있으면 그 교재를 사용하는 것이 좋아.

개념서가 없는 학생은 [개념원리] 나 [개념+유형 : 개념] , [바이블] 등을 이용하여 개념을 빠르게 정리하면 좋아. 시험에 자주 나오는 개념은 계속 반복되기 때문에 문제없지만 간혹 나오는 개념이나 공식은 정리해 두고, 이해가 안 되는 부분은 인덱스나 포스트잇을 이용해 보충해 두는 방법도 좋아.

Q2 모의고사를 치면 풀었던 문제인건 기억나는데 도통 어떻게 풀었는지 기억나지 않아요. 모의고사에 잘 나오는 유형을 연습하고 싶어요.

A2 . 우선은 모의고사 문제를 풀어보고 모르는 문제들을 [RPM]이나 [쎈수학]과 같은 유형문제집을 풀어보는 것도 좋아. 하지만 네가 잘 모르는 문제와 비슷한 유형을 찾지 못하면 시간 낭비가 돼. 그때는 [기출의 미래], [N수능기출문제집 4점], [N수능기출문제집 3점], [자이스토리] 문제를 풀면서 어려운 유형들을 [RPM]이나 [쎈수학]을 푸는 것도 좋아. 고3 때 유형별 문제집을 푸는 게 수능을 대비에 너무 늦지 않을까 생각하는 친구도 있는데 이때 모든 문제를 다 풀지 말고 모르는 유형만 풀고, 문제마다 난이도가 표시되어 있으니 '중상' 위주로 풀면 될 것 같아.

Q3 EBS 연계 교재 변형 문제들을 풀어보고 싶어요.

A3 . 이런 고민이 있는 친구는 [메가스터디 EBS 분석노트 유사변형]이 좋을 것 같아. 연계교재와 기출문제를 분석 후 출제 가능성이 어느 정도이다라고 제시해 주지. 보면 '아 이건 수업시간에 선생님께서 강조 했어.'라는 문제를 다시 정리할 수 있고, 오답문제는 연계 교재에서 비슷한 유형을 정리해도 돼. 이 책의 해설 부분에는 변형 포인트와 개념도 같이 설명하고 있으니 정확한 개념 정리가 안 되어 있다는 생각이라면 해설 부분을 한번 읽는 것도 좋아.

고3 : 5-9등급

'수학을 포기할까?, 아니면 끝까지 해 볼까?' 하루에도 수십번 마음이 변할 수도 있어. 나중에 '수학도 좀 공부할걸' 후회하기 전에 지금부터 천천히 시작해.

Q1 고1, 고2 때는 진로 결정도 못하고, 왜 공부를 해야 하는지 몰라 수학 공부를 안 했어요. 공부를 해야겠다는 생각으로 시작하니 수학 문제가 조금씩 풀렸어요. 고3이라 시간이 많이 없어 걱정이 되는데 어떤 교재로 공부를 하면 좋을까요?

A1 . 계산문제는 반복해서 풀면 되는데, 개념을 묻는 문제들은 체계적으로 학습해야 돼. 집에 [개념원리]나 [개념+유형] 문제집이 있을까? 없다면 [개념+유형 : 개념]을 사서 빠르게 개념을 정리하는게 좋아. 개념 정리를 해 놓은 부분을 보면 심화유형보다 빠르게 읽으면서 공부할 수 있게 구성되어서 1~2주 정도에 한번 읽었다고 하네.
개념을 공부한 후, 유사 문제를 풀어보고 싶으면 [개념+유형 : 유형]도 좋아. 개념편과 유형편을 공부하는 방법은 개념 한 파트가 끝나면 그 파트 유형문제를 다시 반복해서 푸는 게 좋았어.

Q2 모의고사를 치면 풀었던 문제인건 기억나는데 도통 어떻게 풀었는지 기억나지 않아요. 모의고사에 잘 나오는 유형을 연습하고 싶어요.

A2 . 개념을 먼저 공부하는 게 좋아. ‘Q1’ 질문에서 추천한 [개념원리]나 [개념+유형]도 좋고, [바른개념]책도 최근에 많은 인기래. 이 책은 개념을 꼼꼼하게 설명하고, 그 개념을 이용한 간단한 문제를 풀 수 있게 구성되었어. 특이하게도 해설지에 채점 기준표가 있어. 자신이 푼 풀이 과정에서 꼭 써야 할 부분이 빠졌는지 확인이 가능해. 채점 기준표에서 점수가 큰 문제에서 유추하면 그 개념이 중요하다는 이야기지. 이런 교재들로 먼저 공부한 후, 학교 수업을 들어봐. 예전보다 더 쉬워질거야. 학교 수업 교재를 100% 이해하려 하기보다 난이도에 따라 나눠서 공부하는 것도 좋은 방법이야.

Q3 저는 수능에서 2~3점짜리 문제를 푸는게 목표에요.

A3 . 수학을 포기하지 않고 꾸준히 한다면 예전보다 좋은 결과가 나올거야. 고3쯤 되면 수학을 포기하는 친구들이 많다는 건 너도 알고 있지? 그런 이유이기도 해. 우선 [교과서]부터 정리하는 것도 나쁘지 않아. 수능에선 3과목이고 고3 때 학교 시험도 3과목을 다 반영하기 때문에 교과서의 개념과 문제를 먼저 정리하고, 유형서를 풀어 보는 게 좋아. [쎈수학]을 C단계를 빼고 풀거나 아니면 [마플]을 빠르게 푸는 학생도 있어. 처음부터 모든 문제를 다 풀지 말고 하·중 위주로 풀이를 하다가 중·상으로 난이도를 높이는 방법이 좋아. 3과목의 수학을 공부해야 하니 자신있는 과목부터 먼저 하는 것도 전략이야.

나 고등학교 2학년

(1) 모의고사 등급별 공부법

등급별	학습법
1~2등급	고2 때 자주 출제되는 문제를 정리해 놓고 고3 때 난이도 문제만 풀기
3~4등급	기출문제 풀면서 교과서 개념 정리하기
5~9등급	수학교과서 개념학습, 계산문제, 공식 암기에 올인하기

[고2 : 1~2등급]

이 등급이면 아마 기본개념과 원리는 잘 되어 있을거야. 이 성적을 유지하면서 실수가 없으려면 수능까지 방심하지 말고 계획을 세워 공부해. 2021수능에서 기하 과목은 출제되지 않으니 어려운 문제는 미적분에서 나올 가능성이 높아. 수능 기출문제 중 미적분 문제들에 주목해. 교과서 개념과 원리를 정리하고, 그 개념이나 원리가 어려운 문제에 어떻게 응용되었는지 분석해 봐. 자주 출제되는 유형이나 개념은 노트에 정리하는 것도 좋은 방법이야. 잘 안 풀리는 문제는 고민만 하지 말고 답안지의 한 줄 정도 참고해서 시작해 보는 것도 좋아. 현재 성적을 잘 유지하길, 화이팅!

[고2 : 3~4등급]

네가 개념과 원리를 잘 알고 있다고 착각을 하는 부분이 있을거야. 항상 확인하면서 공부해. 수학에 대한 열정이 조금만 있어도 금방 상위권으로 갈 수 있어. 혹시 알고있는 개념과 원리를 문제에 적용하는 능력이 부족하다고 느끼지 않니? 그 해결방법을 같이 찾아 볼까!

교과서를 읽으면서 기본 개념과 유형의 문제를 꾸준히 풀어 봐. 그러다보면 네가 자주 틀리는 유형을 알게 될 거야. 그 유형의 공식을 암기하면서 오답노트를 정리해. 기출문제를 풀 때도 모르는 문제는 꼭 교과서를 찾아 개념 정리를 다시하고 문제를 푸는 것도 도움이 될 거야. 교과서 문제를 정확하게 풀 수 있으면 어려운 문제에 좀 더 쉽게 접근할 방법이 점점 생길 거야.

개념 정리 후에 여러 응용문제를 풀면서 너의 실력을 다지면 되는 거야. 응용문제는 조금씩 난이도를 올려가며 푸는 연습을 하면 상위권이 될 수 있어.

하루 30분~ 1시간 정도 시간을 정해 놓고, 그 시간은 수학 문제를 고민해 봐. 문제가 잘 풀릴 수도 있고, 어떤 날은 책만 뒤적거리며 개념만 정리할거야. 아직 시간이 있으니 이를 반복하면 너도 어려운 문제에 자신감이 생길 거야.

[고2 : 5~9등급]

수학이 너무 힘들지? 주중에는 현재 배우는 수학교과서를, 주말에는 1학년 때 배운 교과서를 한 단원씩 개념정리 해 봐. 아마도 아직 기본개념 이해가 부족할 거야. 그러니 문제풀이보다 개념학습과 계산연습, 공식을 암기하는데 올인하자.
교과서나 문제집에서 난이도가 낮은 문제부터 풀고 반복해 봐. 이미 여러 번 풀었다면, 네가 공부한 단원에서 나온 모의고사 문제중 2점~3점 문제에 도전하는 것도 좋아. 이전에 안 풀렸던 문제가 풀리면 수학에 대한 자신감이 생길 걸!

수학 문제를 집중해서 풀면 시간도 잘 가고 네가 공부한만큼 성취감도 오를거야. 실력이 빨리 늘지 않는다고 조급해 하지 말고 꾸준히 문제를 반복해서 푸는 연습을 한다면, 네 성적은 반드시 향상 될거야. 오늘부터 시작해!

(2) EBS 강의 목록

① EBS 고2 수학 강의 목록

고2가 되니 수학에 대한 고민이 더 많지? 수학을 열심히 하자니 부족한 부분이 있는 것 같고, 안 하자니 불안하다면 시간을 쪼개서 인강을 하나 듣는 것도 괜찮아.인강 정리는 『수학(수학 I, 수학II)』, 『확률과 통계』, 『미적분』 순서로 설명해 줄께

공통질문

Q1. 수학 문제 풀이법에 대해 알고 싶어요
Q2. 수학 학습법을 다시 정리하고 싶어요

Q1 [2020학년도 고2 학력평가 해설] 수학

Q2 [EBS 공부법 Q] 내신 관리법

1~2등급

수학 I

Q1. 수학 I 전체 내용을 한번 정리하고 싶어요

Q1 유빈쌤의 랜선스터디 - 수학 I 특강

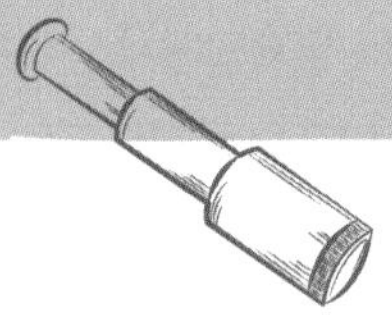

수학 II

Q1. 수학 II 난이도 있는 문제들을 정리하고 싶어요

Q1 [올림포스 고난도] 수학II

확률과 통계

Q1. 확률과 통계 난이도 있는 문제들을 많이 풀어보고 싶어요~

Q1 [2020 수능개념] 받아 보자 1,2등급! 주석쌤의 프러포즈 확률과 통계
[올림포스 고난도] 확률과통계

미적분

Q1. 미적분 고난이도 문제 풀이법이 궁금해요.

Q1 [발전][2022 수능특강] 최은진의 미적분
[올림포스 고난도] 미적분

3~4등급

수학 I

Q1. 수학 문제 풀이법에 대해 알고 싶어요
Q2. 수학 다시 한번 더 정리하고 싶어요
Q3. 개념 정리 인강을 소개해 주세요
Q4. 학교 시험을 잘 보고 싶어요

Q1
[올림포스 전국연합학력평가 기출문제집] 수학I

Q2
[단기특강] 수학 I - 고2 개념 미리보기
[올림포스 평가문제집] 수학 I

Q3
[고2 개념 몰아보기] 수학 I
[10분 수학 개념] 수학 I
[수학 용어 사전] 수학 I
[2주 라이브 특강] 고2 - 수학 I
[수학의 왕도] 수학 I

Q4
[2021 학교시험 3주완성] 수학 I
[학교시험 예상 모의고사] 핵인싸 1등급으로 환생하라! 최우재의 수학 I
[학교시험 서술형특강] 착붙는 찹쌀떡 답안, 정유빈의 올림포스 수학 I

수학 II

Q1. 수학 문제 풀이법에 대해 알고 싶어요
Q2. 수학 다시 한번 더 정리하고 싶어요
Q3. 개념 정리 인강을 소개해 주세요
Q4. 학교 시험을 잘 보고 싶어요

Q1
[올림포스 전국연합학력평가 기출문제집] 수학II

Q2
[단기특강] 수학 II - 고2 개념 미리보기

Q3
[고2 개념 몰아보기] 수학 II
[수학 용어 사전] 수학 II
[집중관리 2주완성] 이것만이라도 알고 개학하자-수학 II
[수학의 왕도] 수학 II
[올림포스] 수학II

Q4
[2021 학교시험 3주완성] 수학 II
[학교시험 예상모의고사] 스킬과 실전을 한번에! 김지석의 수학II
[학교시험 서술형특강] 간단하지만 완벽한 김민재의 올림포스 수학 II

확률과 통계

Q1. 수학 문제 풀이법에 대해 알고 싶어요
Q2. 수학 다시 한번 더 정리하고 싶어요
Q3. 개념 정리 인강을 소개해 주세요
Q4. 학교 시험을 잘 보고 싶어요

Q1
[올림포스 전국연합학력평가 기출문제집] 확률과 통계

Q2
[단기특강] 수학 확률과 통계 - 고2 개념 미리보기

Q3
[2주 라이브 특강] 고2 - 확률과 통계
[집중관리 2주완성] 이것만이라도 알고 개학하자-확률과 통계
[수학의 왕도] 확률과 통계
[올림포스] 확률과 통계

Q4
[2주 라이브 특강] 고2 - 확률과 통계
[집중관리 2주완성] 이것만이라도 알고 개학하자-확률과 통계
[수학의 왕도] 확률과 통계
[올림포스] 확률과 통계

기하

Q1. 기하는 어떻게 시작하면 좋을까요?

Q1
[2022학년도 뉴수능 스타트] 기하
[수학 용어 사전] 기하
[올림포스] 기하

미적분

Q1. 수학 문제 풀이법에 대해 알고 싶어요
Q2. 수학 다시 한번 더 정리하고 싶어요
Q3. 개념 정리 인강을 소개해 주세요
Q4. 학교 시험을 잘 보고 싶어요

Q1 [올림포스 전국연합학력평가 기출문제집] 미적분

Q2 [단기특강] 수학 미적분 - 고2 개념 미리보기

Q3 [집중관리] 쉽고 빠른 기출분석 미적분
[집중관리 2주완성] 이것만이라도 알고 개학하자-미적분을 위한 삼각함수
[수학의 왕도] 미적분
[올림포스] 미적분

Q4 [2021 학교시험 3주완성] 미적분
[학교시험 예상모의고사] 도전! 내신 1등급 - 이민형의 미적분

5~9등급

수학 I

Q1. 수학 다시 한번 더 정리하고 싶어요
Q2. 개념 정리 인강을 소개해 주세요
Q3. 학교 시험을 잘 보고 싶어요

Q1 [2022학년도 뉴수능 스타트] 수학 I
[수능 감(感) 잡기] 수학 I

Q2 [올림포스 닥터링] 수학 I

Q3 [교과서 시험직전 요약] 수학1
[교과서 진도 특강] 수학1

수학II

Q1. 수학 문제 풀이법에 대해 알고 싶어요
Q2. 수학 다시 한번 더 정리하고 싶어요

Q1
[2022학년도 뉴수능 스타트] 수학II
[수능 감(感) 잡기] 수학 II

Q2
[10분 수학 개념] 수학II
[올림포스 닥터링] 수학II

확률과 통계

Q1. 중학교때 확률 공부를 안 했는데 지금부터 시작해도 될까요?
Q2. 확률과 통계 개념 공부부터 시작하고 싶어요.

Q1
[2022학년도 뉴수능 스타트] 확률과 통계
[수능 감(感) 잡기] 확률과 통계

Q2
[올림포스 닥터링] 확률과 통계

미적분

Q1. 미적분 너무 어려운데 포기하면 안되겠죠?
Q2. 개념공부 처음부터 하고 싶어요.

Q1
[2022학년도 뉴수능 스타트] 미적분
[수능 감(感) 잡기] 미적분

Q2
[10분 수학 개념] 미적분
[올림포스 닥터링] 미적분

(3) M스터디 집중 분석

Q1

수 I & 수 II 를 꼼꼼하게 내신과 모의고사를 학습하고 싶어요.

A1 . 그럼 [수 I & 수 II 생생리포트]가 좋을 것 같아. 고2는 내신 준비기간에 내신 공부에 시간 투자를 더 많이 해야 되기 때문에 교과서를 바탕으로 자세한 설명과 학생들이 실수하기 쉬운 부분들을 꼼꼼하게 체크해 주는 강의야. 개념에 대한 설명과 개념 적용 문제들을 동시에 다루기 때문에 효과적으로 학습할 수 있어.

Q2

확률과 통계는 공부를 하는데 문제 분석도 안되고 문제 푸는 게 너무 어려워요.

A2 . 확통은 우선 개념이 중요한 과목이라 개념정리를 꼼꼼하게 한 후 문제를 풀면 고득점이 나오지. 혼자서 힘들면 인터넷 강의 [확통 사용설명서]를 수강하는 것도 좋아. 이 강의는 개념공부는 했는데 문제가 안 풀리는 학생에게 적합한 강의로 구성되어 있어. 내신문제부터 모의고사의 유형, 서술형 학습까지 할 수 있는 내신 유형의 문제와 모의고사형의 문제를 푸는 연습을 할 수 있어.

(4) E투스 집중 분석

Q1

단순히 공식을 암기하는게 아니라 이해를 하고 문제를 풀고 싶어요. 수학을 공부하는 방법을 배우고 싶어요.

A1 . 모의고사+수능을 준비하는 학생들에게 공식과 기본 개념을 학습한 후, 문제에 적용시킬수 있는 강의 [수학적 접근] 공부하는 방법과 생각하는 방법을 배울 수 있어. 수학 각 과목별로 다 개설이 되어 있으니 필요한 과목을 선택하면 돼.

Q2

문제가 조금만 바뀌어도 적용이 잘 되지 않아요. 성적의 변화가 너무 심해요.

A2 . 우선 기본 개념부터 완벽히 공부한 후, 문제풀이를 하는게 좋을 것 같네. 그런 친구들에게는 [New 개념의 新 수학] 을 추천해. 재미있어서 거의 완강한 경험이 없는 학생들이 이건 완강했다는 후기가 많고, 이걸 듣고는 수학이 이제 무섭지 않다고들 하네.

Q3
수학 문제를 꼼꼼하게 풀이 해 주는 강의를 찾고 있어요. 문제집의 해설지의 풀이를 보면 이해가 안되는 부분들이 많아요.

A3. [수학의 바이블~기본다지기-문제편] 이 좋을 것 같아. 기본다지기에 쉬운 문제부터 예제, 유제 문제 풀이로 구성하는 강의야. 예습용으로도 좋지만 수학을 빠르게 정리해야 하는 학생들에게 도움이 될 거야.

Q4
내신 시험을 위해 볼 수 있는 강의는 없을까요?

A4. 시험전에는 특강이 좋을 것 같아. [수학의 바이블 : 중간(기말)고사 만점 특강] 간단한 개념을 설명하고 실전형 내신 문항을 다루는 강의야. 시험 전에 자신의 부족한 부분을 점검할 수 있는 문제 풀이 강의야.

Q5
시험에 나오는 필수 문제들을 많이 다루어보고 싶어요.

A5. 그럼 [단원별 유형공략] 이 좋겠어. 다양한 학교 기출 문제를 분석하고 필수 유형만을 선별하여 수업을 하고 있어. 내신 준비를 위해 다양한 문제 연습과 기출문제를 풀면 좋은 결과가 있을 거야.

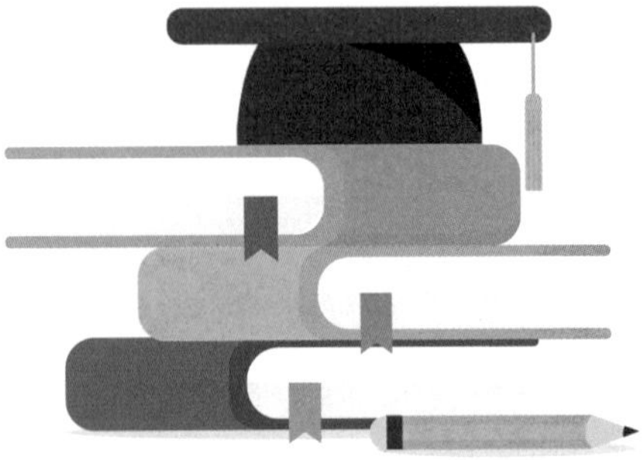

(5) 문제집 수준별 활용법(고1/고2 공통)

고1, 고2 : 1-2등급

수학은 출제되는 문제수가 적다보니 1~2문제로 등급이 갈리는 경우가 많아. 지금부터 실수를 줄이고 난이도 있는 문제에 초점을 맞춰서 학습해야 돼.

Q1 선배들이 상위권이라도 개념을 정확하게 공부 한 후 문제를 푸는 게 좋다고 했어요. 개념서 선택에 기준이 있을까요?

A1. 대표적인 개념서 몇 개만 추천할게.
[바이블], [숨마쿰라우데], [정석], [개념원리] 등 다양해. 개념서는 읽고, 또 읽고 반복해서 네 것으로 만들어 놓고, 예제와 유제, 연습 문제를 푸는 게 좋아.
[바이블]은 개념을 너무 꼼꼼하게 설명해서 시간이 많이 걸린다는 후기가 있어. 내 생각에는 처음에는 시간이 많이 걸리지만 몇 번 반복하다보면 속도는 비슷해지는 거 같아. 문제는 조금 어렵다는 걸 참고해.
[숨마쿰라우데]는 문제에 대한 다양한 방식의 문제 풀이와 심화된 추가 내용으로 다시 개념 설명하고 있기 때문에 반복적 학습이 가능해.
[정석]은 네 부모님 세대에서 누구나 봤던 베스트셀러야. 지금도 이 책을 좋아하는 친구가 많아. 그만큼 오래된 책이라면 따로 설명이 필요 없겠지? 하지만 문제의 양이 적다고 말하는 친구도 간혹 있으니 그 부분 참고해.
[개념원리]은 문제가 난이도별 다양하게 구성되어 있는 게 가장 큰 장점이야.

Q2 난이도 있는 유형 문제집이 필요한데 어떤 책이 좋을까요?

A2. 상위권의 친구들은 [블랙라벨], [일품], [일등급수학]을 많이 선택해.
[블랙라벨] 은 4단계 문제로 구성되어 있어. step1은 유형 문제집에 있는 대표 유형들, step2는 응용 문제들로 구성되는데 여기까지는 상위권 학생들이 나름 잘 해결해. step3문제는 정말 어렵다고 하는 학생들이 많아. 이 단계를 어느정도 해결한다면 완전 최상위권이야. 또 기출문제도 수록되어 있어.
[일품]은 개념 정리를 한 후, 기본문제와 응용문제, 고난도 문제를 풀면 돼. 문제집이기 때문에 개념서랑 같이 보는 것도 좋아. 답지에는 '1등급 비밀노트'가 숨어 있어. 이 부분은 교과서의 개념들을 일반화 시켜놓은 건데 상위권 학생들에게 사고의 확장에 많은 도움이 될 거야.
[일등급수학]은 간단한 개념을 정리한 후, 난이도별 문제를 풀면 돼. 그리고 고난도 문항들로 구성된 '도전문제'를 푸는데, 너무 어려운 경우는 해설지를 참고해도 좋아. 답안은 일반적인 방법도 제공되지만 다른 관점에서 생각할 수 있는 풀이를 같이 다루고 있기 때문에 이런 내용도 오답 노트를 만들 때 꼼꼼하게 정리하면 좋아.

Q3 모의고사를 대비해서 공부하고 싶어요.

A3 . 모의고사 문제를 내신 기간이 아닐 때는 주1회에 30문제씩 꾸준히 풀어보는 게 좋아. [자이스토리 전국연합 학력평가 수학] , [씨뮬] 등 '전국연합학력평가'라는 제목이 붙은 책은 모두 기출모의고사 문제집이야. 굳이 교재를 안 사더라도 EBS에서 문제와 해설지를 다운받아 풀어 볼 수 있어.

고3 대비 사설모의고사를 출판사에서 직접 사서 푸는 학생도 있어. 사설모의고사는 난이도가 높은 문제나 생소한 문제들이 출제된다고 해. 그 부분 참고해서 문제집을 선택해.

고1, 고2 : 3-4등급

수학 시험을 보고 나면 '아는 문제인데 계산 실수 했어요', '어제 밤에 이 유형을 풀었는데 그때만 기억이나지 않았어요.' 라는 이야기를 많이 하는데 정말 실수였고, 아는 문제였는지 체크해봐야 해.

Q1 한 단원씩 공부할 때는 문제에 적용되는 개념을 다 이해했는데 시험범위가 많아지면 정리가 안되는 경우가 있어요. 지금이라도 개념서 1권을 꼼꼼하게 봐야 될 것 같아요.

A1. [개념원리]나 [개념+유형], [마플교과서]도 학생들이 많이 선택해. [개념원리]와 [개념+유형]은 고3 'Q&A'에 설명이 되어 있으니 여기는 [마플교과서]에 대해 알아볼게.

[마플교과서]에는 다양한 문제들이 수록되었어. 기본문제에 기출문제까지 있어서 개념과 모의고사를 같이 공부하는 친구들에게 딱 맞는 교재야.

Q2 연산부터 다양한 문제를 많이 풀면서 복습을 하고 싶은데 어떤 교재가 좋을까요.

A2. 내용 설명이 쉽고 간단한 [풍산자]나 [수학의 샘], [개념라이트쎈]도 좋아. 참 [바른개념]을 보는 학생도 많아.

[풍산자]는 개념이해 후, 확인문제를 풀 때 문제푸는 아이디어를 제공하면서 한번 더 개념정리를 해주고 있어. 풀이과정이 자세해서 수학 개념이 약하더라도 혼자서 공부하기에 어려움이 없을 거야.

[수학의 샘] 이라는 책은 제목에 끌려서 자세히 본 책 중에 하나야. 이 책은 주로 개념을 자세히 설명해 주는 책이야. 각 단원의 핵심 포인트를 잘 잡아주는 개념서라고 할 수 있어.

[개념라이트쎈]은 개념들을 간단하게 빠르게 볼 때 좋은 책이야. 그리고 인터넷 강의를 들을 수 있는 장점도 있고, 생각보다 문제의 양도 많아서 문제를 통해 개념을 정리하는 친구들에게 적당할 것 같아.

[바른개념]이라는 책도 최근에 본 책인데, 고3을 위한 추천 책으로 소개된 내용을 보면 풀이과정이 다른 책과 다르게 특이하다고 해. 채점기준표가 있으니그 부분을 참고해. 다양한 책들을 찾아보고 구성이 네가 제일 맞는 책을 선택하는 게 좋아.

Q3 내신 대비는 계획을 세워 공부하고 나름 성적도 좋아요. 그런데 모의고사는 어떻게 공부해야 될지 모르겠어요.

A3. 내신 기간이 아닐 때 모의고사 문제를 꾸준히 풀고, 오답을 정리하는 게 좋아.
[자이스토리 전국연합학력평가수학], [씨뮬] 등 다양한 모의고사 문제집이 있어. 기출문제를 수록한 문제집은 난이도가 없다는 사실, 추가 내용들이 네 수준과 맞는지 확인하고 선택하면 돼.
[자이스토리 전국연합학력평가 수학]의 경우에 '고난도 문제 집중 학습' 파트는 처음엔 풀기 힘들 수도 있으니 잠시 보류도 괜찮아. 모의고사 문제에서 오답이 나오면 해설을 잘 이용하면 좋아. 다양한 풀이법(다른 풀이, 톡톡 풀이, 쉬운 풀이)가 매력적이야.

고1, 고2 : 5-9등급

어렸을 때 다양한 물건으로 탑을 만드는 놀이를 했니? 처음부터 꼼꼼히 쌓지 않으면 아무리 열심히 쌓아도 결국에는 무너져. 사실 수학이 이런 탑 쌓기와 비슷해. 수학의 기초가 부족하다고해서 포기할 필요는 없어. 지금부터 천천히 탑을 다시 쌓는다고 생각하고 시작하면 돼.

Q1 쉬운 개념들을 자세히 설명해주고, 그 개념에 맞는 쉬운 문제들을 계속 반복해서 풀고 싶어요. 근데 제가 산 문제집은 몇 문제 풀다 보면 금방 문제 난이도가 높아져서 풀 수 있는 문제들이 많이 없어요.

A1. 그럴 경우는 [숨마쿰라우데 스타트업(START UP)]을 추천해. 개념마다 시험에 출제될 수 있는 TIP이 정리되어 있어서 그 부분은 시간이 날 때 반복해서 보는 것이 좋아. 그리고 각 개념을 확실히 이해할 수 있는 쉬운 문제로 구성했고, 많은 유사문제들이 있어 반복하면서 연습할 수있어, 난이도 있는 문제들이 아니더라도 쉬운 문제들이 학교 시험에서 어떻게 변형되어 나오는지도 알려주기 때문에 시험에서 예전보다 풀 수 있는 문제들이 더 많아 질거야.

Q2 수학이 항상 어려워요. 다들 개념부터 공부하라고 하는데 어떤 개념서를 가지고 공부를 해야 되나요.

A2. 중위권 친구들이 유형서로는 [RPM]이나 [쎈]을 많이 풀어. [RPM]은 [개념원리-개념서]와 세트 문제집이기 때문에 기본 개념과 같이 공부하기가 좋아.
[RPM]에 나오는 개념들은 공식위주의 간단한 내용들이기 때문에 부족한 부분은 [개념원리]를 참고하고, 연산이 힘든 친구들은 '교과서 문제 정복하기'부터 공부하면 돼.
[쎈] 수학은 난이도별 다양한 수준의 많은 문제가 있어. 그래서 [쎈] 수학 한 권을 끝내고 굉장한 자부심을 가지는 학생이 있을 정도야. 사실 [쎈] 수학 한 권만 끝까지 풀어도 내신시험은 어느 정도 커버가 가능해.

Q3 계산이 잘 안 될 경우가 많아요. 연산부터 공부하고 싶어요.

A3. [수력충전] 이나 [만렙AM]으로 연습하는 친구들이 많아. 이 두 권은 수학적 기본 개념과 기초 연산을 다루고 있어. 연산을 공부하기 전에 유사한 문제를 직접 설명을 해 주니, 수학 실력이 낮더라도 혼자서 문제 해결이 가능해. 공식을 이용해서 푸는 문제는 공식을 정리하면서 복습을 하는 게 좋아.

Q4 공식 암기가 힘들어요. 공식만 정리된 책은 없을까요.

A4. [형상기억 수학 공식집]은 어떨까! 고등학교에서 배운 내용뿐 아니라 중학교 과정의 공식도 필요하다면 '중등 수학 종합' 공식집이 있어. 책이 두껍지 않고 손글씨로 쓴 설명이 친근감있게 느껴져. 공식을 배운 다음 간단한 핵심문제를 풀 수 있어서 공식을 제대로 이해했는지 점검도 가능해. 이 공식집을 잘 활용하는 학생은 책 앞쪽에 있는 '학습 계획표'를 잘 사용하고 있더라. 사실 공식이라는 게 계속 복습하다보면 '아는 것 같다'라는 생각할 수 있는 부분이라 '내가 언제 복습을 했는지'를 확인하고 반복학습 계획을 세우는 것이 좋아.

다 고등학교 1학년

(1) 모의고사 등급별 공부법

등급별	학습법
1~2등급	다양한 문제 유형 익히기. 수학적 배경지식을 독서로 정리하기.
3~4등급	주말에 중등과정 도형 심화문제 연습하기.
5~9등급	중등 수학 기본 내용 정리하기.

[고3 : 1~2등급]

현재의 네 성적을 고3 수능까지 유지, 또는 만점을 받기 위한 도전이 필요할 거야. 모의고사 공부를 지금부터 하기보다 내신을 유지하면서 다양한 문제의 유형을 익히고 난이도 있는 문제 푸는 연습을 하는 게 좋아. 또 서술형 문제를 푸는 여러 방법을 살펴보는 것도 필요해.

친구들과 스터디하는 방법도 있어. 한 문제를 여러 가지 방법으로 풀면서 다양한 각도로 문제를 분석하는 연습을 하면 좋아. 꼬~옥 기억해야 할 것은 문제의 정답보다 문제에 개념이 어떻게 응용이 되었는지 확인해 봐야 해.

수학에 대한 이론이나 원리, 수학사적 인물이 나오면 독서를 통해서 정리하는 것도 좋은 방법이야. 수학에 대한 배경지식도 쌓을 수 있고, 교과 통합형 문제를 풀 때 많은 도움이 되거든. 아직 시간이 있으니 너만의 학습법을 찾아야 고2, 고3이 되었을 때 흔들리지 않을 거야.

방학 때는 예습을 하면서 2~3학년 학습 계획을 세우자. 일단 내신에 중심을 두고, 시간을 분배해서 어려운 문제, 서술형 문제를 풀면서 수능에서 실수없이 고득점을 받을 수 있도록 공부하자.

[고1 : 3~4등급]

지금이 너무 중요한 거 알고 있지? 지금을 어떻게 보내느냐에 따라 상위권으로 갈 수도 있고 중위권에 머무를 수도 있어. 상위권으로 가고 싶다고? 그럼 선배가 상위권으로 가는 수학 학습법을 이야기해 줄게.

이렇게 해 보자. 주말에 시간이 있을 때마다 네가 중학교 때 배운 방정식이나 도형, 원, 피타고라스 정리의 개념을 잘 알고 있는지 확인해. 특히 모의고사에 나왔던 도형 문제들은 중학교 때 배운 개념이 주로 나와. 그러니 꼬~옥 시간 날 때마다 정리해.

상위권으로 가기 위해 너무 조급하게 생각하지 마. 여유를 갖고 너만의 정확한 풀이법을 아는 것이 중요해. 4점짜리 문제를 풀 때, 정확함을 위해 풀이과정을 빠르게 스캔해서 오류를 찾는 연습을 해. 그러다보면 계산 실수가 줄어들고 오류를 빨리 찾아낼 수 있어.

단계적 풀이를 하면서 다시 확인하고, 생각이 나지 않을 때는 답안지의 한 줄만 먼저 참고해 봐. 그러면 문제 풀이의 시작점을 찾을 수 있을거야. 그리고 다음 풀이를 고민하는 거야. 정말 모르는 문제가 나왔다 해도 미리 포기하지 마. 네가 모르는 부분이 어디인지 찾아서 조금씩 고쳐나가는 거야. 꾸준히 하면 좋은 결과가 나올 거야. 시간이 걸릴 수도 있지만 이런 과정을 통해 문제해결력이 너도 모르는 사이에 길러진다는 것을 잊지 마. 2학년에는 꼭 상위권으로 도약하길....

[고1 : 5~9등급]

아직 1학년인데 '나는 수학을 못해'라고 벌써 포기한 건 아니지? 지금부터 단계별로 공부하면 2학년때 좋은 결과를 얻을 수 있을 거야.

너에게 모의고사가 어려운 이유는 중학교 수학의 개념 정리가 안되어 있기 때문이야. 그런 상태에서 고등학교의 수학 개념이 섞여서 이리저리 섞이니 당연히 어려울 수 밖에. 우선 중학교 수학에서 방정식 풀이법, 일차/이차 함수 그래프와 응용문제를 다시 정리해. 중학교 2학년에 나오는 삼각형/다각형의 성질도 너무 중요하니 잊지말고. 또 중3 과정의 피타고라스 정리와 원의 성질도 꼼꼼히 다시 정리할 필요가 있어. 주말마다 중학교 개념서나 교과서를 펴서 한 단원씩 정리해 봐. 이런 내용이 반드시 고등학교 수학과 연계되거든. 정리해 두면 수학시간에 도움이 많이 될 거야.

혹시 수능문제집을 샀어? 먼저, 2~3점 문제만 한 번 풀어봐. 중학교 수학개념이 어느정도 정리가 되면, 고등학교 교과서를 계속 읽어보고 이것도 내용 정리를 해야 해.

그 날 배운 내용은 교과서 문제를 다시 풀어보면서 반드시 복습하는 습관을 기르자. 네 스스로 많이 틀리는 단원이나 문제를 발견했다면, 그 문제를 반복해서 푸는 연습을 해서 완벽하게 네 것으로 만드는 게 중요해. 계획을 세워서 매일 30분씩만 개념정리하는 습관을 들이면 다음 시험은 기대해도 될 거야.

명심해. 중학교 수학 내용 정리, 잊지 마!

(2) EBS 강의 목록

① EBS 고1 수학 강의 목록

학교 수학을 잘 정리해 두지 않았다면 고등학교 수학은 많이 어려울 수 있어. 시간이 날 때 중학교 수학을 정리하는 거 잊지마. 네 수준에 맞는 인터넷 강의 하나 정도 듣는 것도 좋아.

공통질문

Q1. 수학 문제 풀이법에 대해 알고 싶어요

Q2. 수학 학습법을 다시 정리하고 싶어요

Q1 [2020학년도 고1 학력평가 해설] 수학

Q2 [EBS 공부법 Q] 내신 관리법
[고1 공부법 특강] 수학

1~2등급

수학

Q1. 학교 시험대비는 어떻게 하면 좋을까요?

Q1 [중간기말 예상 모의고사] 고1 수학

수학 I

Q1. 수학 I 개념을 한번 더 정리하고 싶어요

Q2. 고난도 수학 I 공부를 하고 싶어요.

Q3. 학교 시험은 어떻게 나올까요. 미리 예습을 하고 싶어요.

Q1 유빈쌤의 랜선스터디 - 수학 I 특강

Q2 [올림포스 고난도] 수학I

Q3 [학교시험 예상 모의고사] 핵인싸 1등급으로 환생하라! 최우재의 수학 I
[학교시험 서술형특강] 착붙는 찹쌀떡 답안, 정유빈의 올림포스 수학 I
[학교시험 3주완성] 박자영의 수학 I

수학 II

Q1. 방학때 수학 II 를 한번 정리하고 싶어요

Q1 [올림포스 고난도] 수학II
[집중관리 2주완성] 이것만이라도 알고 개학하자-수학 II
[수학의 왕도] 수학 II
[올림포스] 수학II

3~4등급

수학

Q1. 수학 문제 풀이법에 대해 알고 싶어요

Q2. 수학 학습법을 다시 정리하고 싶어요

Q1
[집중관리 2주완성] 이것만이라도 알고 개학하자-수학
[수학의 왕도] 수학
[올림포스] 수학

Q2
[2021 학교시험 3주완성] 수학
[학교시험 예상모의고사] 평범한 우리도 1등급 각! 임재석의 수학
[학교시험 서술형특강] 함께 작성해보는 우리의 완벽한 답지 - 올림포스 수학
[학교시험 서술형특강] 만점메뉴얼가이드, 김소연의 올림포스수학

수학 I

Q1. 수학 I 을 예습하고 싶은데 방학때 어떻게 공부해야 될까요?

Q2. 개념 정리는 어떻게 해야 하죠.

Q1
[2022학년도 뉴수능 스타트] 수학 I
[수능 감(感) 잡기] 수학 I

Q2
[올림포스 닥터링] 수학 I

5~9등급

공통질문

수학

Q1. 수학 공부 어떻게 해야 될지 모르겠어요

Q2. 개념부터 공부해야 하는 거 맞죠.

Q1
국희쌤의 랜선스터디 - 고교에 필요한 초중학 개념 총정리
소연쌤의 랜선스터디 - 홈스쿨 수학
현준쌤의 랜선스터디 - 수학(하)에 입문(하)다
[고등예비과정] 수학
[2019년, 고1 예비] 지금, 내 등급은? - 수학

Q2
[교과서 진도 특강] 수학

(3) M스터디 집중 분석

Q1

중학교 때 수학을 포기해서 고등학교 수학이 너무 어려워요. 시험대비로 문제를 많이 풀고 있는데 숫자만 바뀌어도 풀지 못하는 문제들이 있어요. 어떻게 개념을 시작할 수 있죠?

A1 . 수학의 기초가 없으면 개념정리부터 해야하는데 문제풀기만 하면 시간투자에 비해 성적이 나오지 않고, 갈수록 수학은 더 어려워 질거야. 지금부터라도 개념을 정리하는 게 좋을 것 같아. [고1 고민타파] 강의 중 내신(진도)부분을 들으면 좋을 것 같아. 교과서 개념을 완벽하게 정리하고 다양한 기출문제를 풀어볼 수 있어서 도움이 될 거야. 굉장히 쉽게 설명해 준다는 강의 후기도 있네.

Q2

고등학교 진학 후 수학을 열심히 하는데 수학 성적에 변화가 없어요. 주위에서는 난이도 있는 문제를 안 풀어서 그렇다고 하는데 어떻게 하면 좋을까요?

A2 . 기본문제만 계속 풀이를 하면 상위권으로 올라가기는 힘들 수도 있어. 플랜을 짤 때, 난이도 문제를 푸는 시간을 두는 게 좋아. 인터넷 강의를 찾는다면 [고1 고민타파] 강의 중 수능대비와 내신(선행)과정도 좋을 것 같아. 시험에 자주 나오는 개념을 정리해 주고 문제 풀 때 다양한 접근방법을 설명해 주기 때문에 난이도 있는 문제에 적용하기에 좋을 것 같아.

(4) 문제집 수준별 활용법(고1/고2 공통)

고1, 고2 : 1-2등급

수학은 출제되는 문제수가 적다보니 1~2문제로 등급이 갈리는 경우가 많아. 지금부터 실수를 줄이고 난이도 있는 문제에 초점을 맞춰서 학습해야 돼.

Q1 선배들이 상위권이라도 개념을 정확하게 공부 한 후 문제를 푸는 게 좋다고 했어요. 개념서 선택에 기준이 있을까요?

A1. 대표적인 개념서 몇 개만 추천할게.

[바이블], [숨마쿰라우데], [정석], [개념원리] 등 다양해. 개념서는 읽고, 또 읽고 반복해서 네 것으로 만들어 놓고, 예제와 유제, 연습 문제를 푸는 게 좋아.

[바이블]은 개념을 너무 꼼꼼하게 설명해서 시간이 많이 걸린다는 후기가 있어. 내 생각에는 처음에는 시간이 많이 걸리지만 몇 번 반복하다보면 속도는 비슷해지는 거 같아.문제는 조금 어렵다는 걸 참고해.

[숨마쿰라우데]는 문제에 대한 다양한 방식의 문제 풀이와 심화된 추가 내용으로 다시 개념 설명하고 있기 때문에 반복적 학습이 가능해.

[정석]은 네 부모님 세대에서 누구나 봤던 베스트셀러야. 지금도 이 책을 좋아하는 친구가 많아. 그만큼 오래된 책이라면 따로 설명이 필요 없겠지? 하지만 문제의 양이 적다고 말하는 친구도 간혹 있으니 그 부분 참고해.

[개념원리]은 문제가 난이도별 다양하게 구성되어 있는 게 가장 큰 장점이야.

Q2 난이도 있는 유형 문제집이 필요한데 어떤 책이 좋을까요.

A2. 상위권의 친구들은 [블랙라벨], [일품], [일등급수학]을 많이 선택해.

[블랙라벨] 은 4단계 문제로 구성되어 있어. step1은 유형 문제집에 있는 대표 유형들, step2는 응용 문제들로 구성되는데 여기까지는 상위권 학생들이 나름 잘 해결해. step3문제는 정말 어렵다고 하는 학생들이 많아. 이 단계를 어느 정도 해결한다면 완전 최상위권이야. 또 기출문제도 수록되어 있어.

[일품]은 개념 정리를 한 후, 기본문제와 응용문제, 고난도 문제를 풀면 돼. 문제집이기 때문에 개념서랑 같이 보는 것도 좋아. 답지에는 '1등급 비밀노트'가 숨어 있어. 이 부분은 교과서의 개념들을 일반화 시켜놓은 건데 상위권 학생들에게 사고의 확장에 많은 도움이 될 거야.

[일등급수학]은 간단한 개념을 정리한 후, 난이도별 문제를 풀면 돼. 그리고 고난도 문항들로 구성된 '도전문제'를 푸는데, 너무 어려운 경우는 해설지를 참고해도 좋아. 답안은 일반적인 방법도 제공되지만 다른 관점에서 생각할 수 있는 풀이를 같이 다루고 있기 때문에 이런 내용도 오답 노트를 만들 때 꼼꼼하게 정리하면 좋아.

Q3 모의고사를 대비해서 공부하고 싶어요.

A3 . 모의고사 문제를 내신 기간이 아닐 때는 주1회에 30문제씩 꾸준히 풀어보는 게 좋아. [자이스토리 전국연합 학력평가 수학] , [씨뮬] 등 '전국연합학력평가'라는 제목이 붙은 책은 모두 기출모의고사 문제집이야. 굳이 교재를 안 사더라도 EBS에서 문제와 해설지를 다운받아 풀어 볼 수 있어.

고3 대비 사설모의고사를 출판사에서 직접 사서 푸는 학생도 있어. 사설모의고사는 난이도가 높은 문제나 생소한 문제들이 출제된다고 해. 그 부분 참고해서 문제집을 선택해.

Q4 저는 항상 오답이 많아 1등급이 나오지 않아요. 어떤 책이 좋을까요?

A4 . 공부를 열심히 한 친구들이 오답이 나오면 너무 속상하지. 이때는 [수학오답의 모든 것]을 활용해봐. 우리가 오답이 나오는 포인트를 제대로 체크해 주고 있어. 특히 다른 학생들이 틀리게 푼 내용들을 확인하고, 잘못된 부분을 찾는 것도 재미있어. 틀린 부분을 찾을 수 있다면 정확하게 알고 있는 거야. 그리고 이 문제집은 단순히 풀이 과정을 제시하는 것이 아니라 단계별로 생각할 수 있게 하기 때문에 한두 번만 풀어보면 그 문제는 절대로 틀리지 않을 거야.

4 수학공부왕

고1, 고2 : 3-4등급

수학 시험을 보고 나면 '아는 문제인데 계산 실수 했어요', '어제 밤에 이 유형을 풀었는데 그때만 기억이나지 않았어요.' 라는 이야기를 많이 하는데 정말 실수였고, 아는 문제였는지 체크해 봐야 해.

Q1 한 단원씩 공부할 때는 문제에 적용되는 개념을 다 이해했는데 시험범위가 많아지면 정리가 안되는 경우가 있어요. 지금이라도 개념서 1권을 꼼꼼하게 봐야 될 것 같아요.

A1. [개념원리]나 [개념+유형], [마플교과서]도 학생들이 많이 선택해. [개념원리]와 [개념+유형]은 고3 'Q&A'에 설명이 되어 있으니 여기는 [마플교과서]에 대해 알아볼게.

[마플교과서]에는 다양한 문제들이 수록되었어. 기본문제에 기출문제까지 있어서 개념과 모의고사를 같이 공부하는 친구들에게 딱 맞는 교재야.

Q2 연산부터 다양한 문제를 많이 풀면서 복습을 하고 싶은데 어떤 교재가 좋을까요.

A2. 중위권 친구들이 유형서로는 [RPM]이나 [쎈]을 많이 풀어. [RPM]은 [개념원리-개념서]와 세트 문제집이기 때문에 기본 개념과 같이 공부하기가 좋아.
[RPM]에 나오는 개념들은 공식위주의 간단한 내용들이기 때문에 부족한 부분은 [개념원리]를 참고하고, 연산이 힘든 친구들은 '교과서 문제 정복하기'부터 공부하면 돼.
[쎈] 수학은 난이도별 다양한 수준의 많은 문제가 있어. 그래서 [쎈] 수학 한 권을 끝내고 굉장한 자부심을 가지는 학생이 있을 정도야. 사실 [쎈] 수학 한 권만 끝까지 풀어도 내신시험은 어느 정도 커버가 가능해.

Q3 모의고사를 치면 풀었던 문제인건 기억나는데 도통 어떻게 풀었는지 기억나지 않아요. 모의고사에 잘 나오는 유형을 연습하고 싶어요.

A3 . 우선은 모의고사 문제를 풀어보고 모르는 문제들을 [RPM]이나 [쎈수학]과 같은 유형문제집을 풀어보는 것도 좋아. 하지만 네가 잘 모르는 문제와 비슷한 유형을 찾지 못하면 시간 낭비가 돼. 그때는 [기출의 미래], [N수능기출문제집 4점], [N수능기출문제집 3점], [자이스토리] 문제를 풀면서 어려운 유형들을 [RPM]이나 [쎈수학]을 푸는 것도 좋아. 고3 때 유형별 문제집을 푸는게 수능을 대비에 너무 늦지 않을까 생각하는 친구도 있는데 이때 모든 문제를 다 풀지 말고 모르는 유형만 풀고, 문제마다 난이도가 표시되어 있으니 '중상' 위주로 풀면 될 것 같아.

Q4 EBS 연계 교재 변형 문제들을 풀어보고 싶어요.

A4 . 이런 고민이 있는 친구는 [메가스터디 EBS 분석노트 유사변형]이 좋을 것 같아. 연계교재와 기출문제를 분석 후 출제 가능성이 어느 정도이다라고 제시해주지. 문제들을 보면 '아 이건 수업시간에 선생님께서 강조 했어.'라는 문제를 다시 정리할 수 있고, 오답문제는 연계 교재에서 비슷한 유형을 정리해도 돼. 이 책의 해설 부분에는 변형 포인트와 개념도 같이 설명하고 있으니 정확한 개념 정리가 안 되어 있다는 생각이라면 해설 부분을 한번 읽는 것도 좋아.

Q5 저는 틀린 문제들을 계속 틀리는 것 같아요. 물론 시험에서도 틀렸습니다.

A5 . 우선 틀린 문제 오답을 정리했는지 확인해봐. 그리고 오답의 이유를 정확히 체크해야 해. 혹시 오답 유형 분석이 힘든 경우는 [수학 오답의 모든 것]을 활용해 보는 것도 좋아. 어느 부분에서 오답이 나오는지, 왜 나오는지, 해결책은 무엇인지 꼼꼼하게 체크되어 있어서 좋아. 특히 학생들의 오답을 보면서 공감하는 친구들도 많아. 누구나 많이 틀리는 오답들이 수록되어 있어 도움이 많이 될거야.

고1 : 5-9등급

'수학을 포기할까?, 아니면 끝까지 해 볼까?' 하루에도 수십번 마음이 변할 수도 있어. 나중에 '수학도 좀 공부할 걸' 후회하기 전에 지금부터 천천히 시작해.

Q1 **쉬운 개념들을 자세히 설명해주고, 그 개념에 많은 쉬운 문제들을 계속 반복해서 풀고 싶어요. 근데 제가 산 문제집은 몇 문제 풀다 보면 금방 문제 난이도가 높아져서 풀 수 있는 문제들이 많이 없어요.**

A1 . 그럴 경우는 [숨마쿰라우데 스타트업(START UP)]을 추천해. 개념마다 시험에 출제될 수 있는 TIP이 정리되어 있어서 그 부분은 시간이 날 때 반복해서 보는 것이 좋아. 그리고 각 개념을 확실히 이해할 수 있는 쉬운 문제로 구성했고, 많은 유사문제들이 있어 반복하면서 연습할 수있어, 난이도 있는 문제들이 아니더라도 쉬운 문제들이 학교 시험에서 어떻게 변형되어 나오는지도 알려주기 때문에 시험에서 예전보다 풀 수 있는 문제들이 더 많아 질거야.

Q2 **고1, 고2 때는 진로 결정도 못하고, 왜 공부를 해야 하는지 몰라 수학 공부를 안 했어요. 공부를 해야겠다는 생각으로 시작하니 수학 문제가 조금씩 풀렸어요. 고3이라 시간이 많이 없어 걱정이 되는데 어떤 교재로 공부를 하면 좋을까요?**

A2 . 계산문제는 반복해서 풀면 되는데, 개념을 묻는 문제들은 체계적으로 학습해야 돼. 집에 [개념원리]나 [개념+유형] 문제집이 있을까? 없다면 [개념+유형 : 개념]을 사서 빠르게 개념을 정리하는게 좋아. 개념 정리를 해 놓은 부분을 보면 심화유형보다 빠르게 읽으면서 공부할 수 있게 구성되어서 1~2주 정도에 한 번 읽었다고 하네.
개념을 공부한 후, 유사 문제를 풀어보고 싶으면 [개념+유형 : 유형]도 좋아. 개념편과 유형편을 공부하는 방법은 개념 한 파트가 끝나면 그 파트 유형문제를 다시 반복해서 푸는 게 좋았어.

Q3 **모의고사를 치면 풀었던 문제인건 기억나는데 도통 어떻게 풀었는지 기억나지 않아요. 모의고사에 잘 나오는 유형을 연습하고 싶어요.**

A3 . 개념을 먼저 공부하는 게 좋아. 'Q1' 질문에서 추천한 [개념원리]나 [개념+유형]도 좋고, [바른개념]책도 최근에 많은 인기래. 이 책은 개념을 꼼꼼하게 설명하고, 그 개념을 이용한 간단한 문제를 풀 수 있게 구성되었어. 특이하게도 해설지에 채점 기준표가 있어. 자신이 푼 풀이 과정에서 꼭 써야 할 부분이 빠졌는지 확인이 가능해. 채점 기준표에서 점수가 큰 문제에서 유추하면 그 개념이 중요하다는 이야기지. 이런 교재들로 먼저 공부한 후, 학교 수업을 들어봐. 예전보다 더 쉬워질거야. 학교 수업 교재를 100% 이해하려 하기보다 난이도에 따라 나눠서 공부하는 것도 좋은 방법이야.

Q4 저는 수능에서 2~3점짜리 문제를 푸는게 목표에요.

A4 . 수학을 포기하지 않고 꾸준히 한다면 예전보다 좋은 결과가 나올거야. 고3쯤 되면 수학을 포기하는 친구들이 많다는 건 너도 알고 있지? 그런 이유이기도 해. 우선 [교과서]부터 정리하는 것도 나쁘지 않아. 수능에선 3과목이고 고3때 학교 시험도 3과목을 다 반영하기 때문에 교과서의 개념과 문제를 먼저 정리하고, 유형서를 풀어 보는 게 좋아. [쎈수학]을 C단계를 빼고 풀거나 아니면 [마플]을 빠르게 푸는 학생도 있어. 처음부터 모든 문제를 다 풀지 말고 하·중 위주로 풀이를 하다가 중·상으로 난이도를 높이는 방법이 좋아. 3과목의 수학을 공부해야 하니 자신 있는 과목부터 먼저 하는 것도 전략이야.

② 수학 내신 끝판 공부법

고등학생 설문 조사결과 학생 대부분이 제일 힘든 과목을 수학이라고 했대. 이건 수학을 잘하든지 못하든지 누구나에게 다 공통인 고민이래.

내신에서 수학 점수를 잘 받으려면 기본적인 계산능력과 개념 이해가 필요해.

학교 수업에 잘 참여하는 것이 좋아. 계산이 힘들면 학교 수업을 열심히 들어도 문제가 안 풀리니 나중에는 집중할 할 수 없어. 그날그날 교과서로 복습하면서 개념을 정리한 후, 자신의 수준에 맞는 문제 풀이를 반복하는 것이 좋아. 내신에는 서술형이 큰 비중을 차지하기 때문에 문제 풀이를 꼼꼼히 쓰는 연습과 교과서에 있는 풀이도 논리적으로 증명하는 연습을 하면서 내신을 준비하는 것이 좋아.

수학 공부에 도움이 되는 몇가지 학습법을 이야기해 줄게.

가 수학은 정확한 계산력에서 시작

기본적인 계산의 원리나 연산, 개념이 약해서 문제 풀이가 어려운 경우는 이렇게 내신을 준비해 봐.

먼저, 수업을 듣고 공식과 개념은 너만의 개념노트를 만들어서 정리해. 기본적인 공식을 이용하여 교과서를 반복해서 푸는 방법도 좋아. 계산 실수를 하면 안되니 처음 배우는 연산의 경우에는 반드시 복습이 필요해.

혹시 계산이 잘 안되는 친구는 늦었다고 생각하지 마. 연산연습용 책을 사서 반복하면서 계산 원리를 파악하는 게 좋아. 계산 속도가 늦는 친구들이 있는데, 틀리지 말자는 생각으로 꼼꼼히 문제를 풀어야 돼.

나 수학은 개념 정리가 최우선

우선 개념정리가 잘 되어 있는지 확인해 봐. 혹시 이런 친구가 있을까?

'계속 개념서를 읽고 공식도 외우는데 시험 때는 어떻게 풀어야 할지 잘 모르겠어. 개념도 기억이 안나고...'

그럼 개념서보다 교과서를 여러 번 읽어 봐. 문제를 풀기보다 개념 배경설명 위주로 읽는 게 좋아. 교과서의 개념이 툭 튀어 나오는게 아니라 이해하기 쉽게 개념의 배경 설명과 함께 이전에 연계된 단원도 같이 설명해 주거든. 읽으면서 개념의 정의가 나온 배경부터 그것이 실생활에 어떻게 적용되는지 확인할 수 있어. 나중에 그 개념을 응용한 문제가 나오면 더 쉽게 느껴져.

교과서를 여러 번 읽은 후 어느 정도 이해된다 싶으면 그 개념과 공식을 이용하여 마인드맵을 하는 것도 기억하기에 좋아. 대단원마다 마인드맵으로 정리하는 거지. 다음 복습에서는 소단원마다 마인드맵으로, 모의고사 기출문제를 푸는 방법이 좋은 프로세스야.

공부는 열심히 외우고 문제 푸는 것도 중요하지만 자신이 무엇을 알고 모르는 것이 무엇인지 파악하는 것도 중요해. 이걸 메타인지라고 하지. 네 실력을 확인하고 싶으면 책의 목차를 보면서 알고 있는 것을 옆에 적어봐. 네가 아는 내용을 꺼내는 과정이 정말 중요하거든.

적어보려니 하나도 못하겠다고? 처음부터 완벽하게 사람은 별로 없어. 하지만 공부하고 적어보고 하다보면 배운 내용이 확실히 정리되겠지. 언제하는 게 가장 좋을까? 주말에 30분~1시간 정도가 가장 적당하다고 생각해. 개념학습만 되면 실수하는 것도 줄어들어. 꼬~옥 실천해 보자.

다 > 도형과 그래프만 나오면 당황의 시작이

수학에도 언어가 있다는 말 들어봤니? 용어, 문자, 기호, 식, 표, 그래프 등이 수학의 언어야. 이런 언어를 모르면 문제를 해결하기 어려워.

특히 도형과 그래프 문제는 내신에서 응용하여 출제되는 경향이 있기 때문에 고득점을 노리는 학생이라면 난이도 있는 문제를 꼼꼼히 연습을 해야 되는 부분이지.

문제에서 '그림과 같이'라는 문구가 있는 경우, 해당 문제의 정보를 담고 있는거야. 만약 그런 문구가 없다면 참고자료라고 보면 돼.

도형이 나오는 문제를 무조건 그림에 보이는 조건에만 맞추어서 푸는 경우가 많은데, 그게 문제에 필요한 조건인지 반드시 확인해야 해. 점, 선, 각의 위치 같은 정보는 요구하는 것을 정확하게 파악한 후, 표현하는데 문자는 적게 사용해야 유리하다는 것을 잊지 마.

함수는 그래프를 어느 정도 활용할 수 있는지를 묻는 문제들이 많아. 따라서 다양한 함수들의 성질을 파악하는게 중요하지. 여러 함수들의 개념과 특징, 문제에 주어진 조건을 활용하는 연습을 평소에 많이 하면 좋아.

도형과 그래프는 연습이 많이 필요해. 풀기에 어려운 문제가 출제되기 때문에 평소 시간을 정해놓고 하나씩 풀어보면 좋겠지. 정 모르면 답지를 살짝 보고 풀어도 괜찮아. 이해가 된다면 친구들에게 설명이 가능할 정도로 공부해 봐. 도형과 그래프를 문자로 바꾸는 연습을 꾸준히 하면 내신에서 원하는 점수를 얻을 거야.

라 > ㄱ, ㄴ, ㄷ 선택형 문제는 항상 고민 덩어리

주어진 논리로 참과 거짓을 판별하는 문제들이 많아. 그런데 학생들은 그 중 하나가 헷갈려서 틀렸다는 이야기를 항상 하지.

이런 문제는 ㄱ은 간단하게 대입하는 해서 참, 거짓을 판별하므로 실수없이 계산을 해야 해. ㄴ은 보통 일반화를 시키기 때문에 주어진 조건을 연역적으로 추론하거나 반례를 찾아야 해. 마지막 ㄷ이 제일 어려운데, ㄴ을 풀면 힌트가 나오는 경우가 많으니 ㄴ을 잘 풀어야 해. 문제를 푼 후에 참, 거짓을 떠나 참인 경우는 왜 참인지, 거짓인 경우는 그 반례를 찾아보는 연습을 해야 돼.

마 > 식 추론하여 빈칸에 채워 넣기

수능형으로 내신을 출제하는 선생님은 꼭 빈 칸 채우기 문제를 내셔. 이런 문제를 풀 때, 주어진 조건 중에 모르는 부분을 지나치지말고 빈 칸 앞, 뒤의 내용을 정리하거나 문제에 주어진 내용을 일반화 시키면 답이 나오게 되어 있어.

평소에 문제를 풀 때 앞, 뒤 논리에서 답을 찾는 연습을 하고, 다 풀면 답지를 보며 다시 순서를 서술해보자. 만약 답지를 보고도 이해가 안되면 그 개념을 교과서나 참고서를 이용해서 다시 정리해. 빈칸 채우기 문제는 교과서의 증명 부분에서 출제될 가능성이 높아. 시험 전 복습시 증명을 정리해 놓고 틈틈이 연습하는 것이 제일 좋아.

바 > 문제 상황을 분석하여 종합적으로 문제 해결

이런 문제는 1~2등급을 가리기 위해 내는 경우가 많지. 문제 상황을 읽고 관련된 수학적 원리를 모두 찾아서 종합적으로 해결해야 해. 문제에 주어진 조건 중에 하나라도 놓치면 해결이 되지 않는 경우가 있으니 주의해. 수학을 잘하는 학생들도 틀리는 경우가 많아. 반드시 문제를 읽을 때 제시된 조건을 하나 하나 체크해야 해. 평소에는 문제에서 나온 개념을 문제에 표시하는 습관을 들이면 실수가 줄어들거야.

사 > 실생활 문제를 수학적으로 해석

통계나 확률의 경우는 실생활에 연계된 문제를 출제하는 경향이 있어. 그렇다보니 문제가 길어지는데 걱정하지마. 그저 문제를 읽으면서 필요한 수학적인 내용만 확인하면 돼.

평소 공부할 때 문제를 읽으면서 필요한 부분을 체크하는 습관을 들이고, 언어로 된 것을 수학적 기호로 표현해 보자.

③ 수학 시기별 끝판 공부법

가 3월 ~ 6월 : 학교 진도에 맞춰 간단히 예습, 복습을 꼭 해요

고1 1학기에 배우는 이차방정식, 이차함수, 부등식은 고2, 고3 때 수능의 기초가 되는 중요한 부분이야. 중간, 기말고사에 집중하면 학년이 올라가면서 공부하기가 더 쉬워질 거야.

이미 중학교 때부터 수학은 벼락치기가 통하지 않은 과목이야. 물론 다른 과목도 그래 고등학교에서는 하지만 수학은 앞부분을 놓치면 그게 누적되어 뒷부분은 이해가 안될 수 밖에 없어. 수학이 싫어지는 학생들이 자연스레 생겨나. 만약 학교 수학이 힘들면 인터넷 강의나 친구와의 멘토링 등의 활동을 통해 반드시 보완해야 해.

이 시기에는 학교 진도에 맞춰 간단히 예습해 보자. 예습은 교과서 학습 목표와 개념 설명을 읽는 정도가 좋아. 혹시 시간이 넉넉하다면 개념 증명한 내용을 따라 써 보면서 논리 파악도 좋아. 1학년은 우선 내신에 초점을 맞춰 학습하는 것이 좋은데, 시험 범위가 어느 정도 될 거라고 예상하고, 처음부터 전체적인 개념 위주로 공부하는 것이 좋아.

교과서를 읽고, 공식을 노트에 정리하고, 증명을 연습장에 여러 번 쓰면서 논리를 파악해 봐. 공식을 외워도 자꾸 보면서 반복해.

문제 풀이는 배운 부분에 맞춰. 교과서 문제에 자신있으면 문제집을 풀어 봐. 문제집은 많이 사지 말고 1~2권을 반복해서 푸는 것도 좋아. 미리 풀어보지 않으면 시험이 닥쳤을 때 풀어야 되는 문제의 양이 많아. 미리미리 교과서의 예제나 유제를 풀자.

내신에서 교과서 위주로 출제되기 때문에 교과서를 2~3번 공부하고 전체 문항을 반복적으로 푸는 것이 좋아. 2번 정도는 쉬운 문제, 어려운 문제를 가리지말고 풀고, 3번째는 오답에 집중하는 거야. 교과서 문제 풀이가 어느 정도 되었으면 학교에서 정해준 부교재나 다른 문제집을 사서 풀어봐.

수학은 서술형 연습을 해야 해. 수학에서 상위권인 친구들도 풀이과정 연습을 하지 않아서 원하는 점수를 받지 못하는 경우가 종종 있어. 학교 시험에서 서술형 비중이 높아지기 때문에 짧은 시간에 정확한 풀이를 쓰기 위한 연습이 필요해.

문제에 주어진 조건은 반드시 한번 쓰고, 문제를 정리한 후 풀이하는 것이 좋아. 답을 쓸 때는 문제를 다시 읽어보고 문제에서 요구하는 답인지 확인해. 답안의 풀이과정을 다시 보고 단순 계산 부분은 생략해도 괜찮지만 논리적으로 꼭 필요한데 빠진 부분은 채워넣어야 해. 교과서의 서술형 문제 위주로 반복하는 것이 꼭 필요해.

나 7월~8월 : 수학 학습은 방학이 기회죠

수학 학습하기에 방학이 기회야. 예습과 복습을 병행하면서 내신 공부와 모의고사 계획을 세워보자. 학기 중에 배운 내용 중 헷갈리는 부분은 반드시 복습해야 해. 우선 복습은 교과서를 1학기때 배운 내용을 처음부터 개념을 정리하고 문제도 하나씩 풀어보는 것이 좋아.

처음에는 심화내용은 말고, 두 번 정도 교과서 보고 2학기 예습을 하는 것도 좋아. 수학의 경우 전에 배운 내용을 이해하지 못하면 다음 내용을 이해하기 어렵다는 건 알지? 방학 때 예습과 복습의 비율은 항상 1:2 정도로 계획해 봐.

개념이 어느 정도 정리되면 모의고사 형태의 문제를 풀어보는 것이 좋아. 모의고사 문제가 여러 단원을 융합한 경우가 많으므로 사고력을 키우는데 도움이 될 거야. 시간이 있으면 난이도 있는 문제를 푸는 게 좋아. 풀리지 않는 문제는 답안을 참고해. 답안 전체 보다는 한 줄씩 연습장에 옮겨놓고 생각하는 것이 문제해결력을 키우기에 도움이 되기도 해.

다 9월 ~ 12월 : 다시 시작하는 마음으로 1학기 내용 복습해요

다시 내신 기간이야. 1학기에 아쉬웠던 성적을 만회할 기회야. 1학기 시험지를 확인하고 네가 객관식, 단답형, 서술형 중 어느 부분에서 많이 틀렸는지, 전체를 풀기에 시간이 남았는지 아니면 부족했는지 생각해 봐.

다시 시작한다는 마음으로 교과서 문제와 개념부터 풀어보자. 개념과 계산과정을 안다고 넘어가면 막상 시험에서는 단순히 숫자만 바꿔서 낸 문제도 못 풀기도 해. 기호나 용어를 정확하게 이해하지 못했기 때문에 일어나는 현상이야.

해결법은 교과서만 몇 번 읽어도 충분해. 수학 교과서는 개념설명에 배경 지식부터 나오기때문에 이해하기가 더 쉽거든. 개념이 정리되면 학교에서 정한 부교재와 문제집을 풀며 내신을 대비하면 돼.

라 1월 ~ 2월 : 수학계통도를 참고해서 부족한 부분을 채워보세요

겨울방학에는 개념강의나 개념서를 가지고 예습을 하면 2, 3학년의 수학수업에 도움이 될 거야. 윗학년은 1학년보다 수업 시수가 늘어나서 6~8단원까지 구성되니 학습부담이 커져. 그래서 지레 겁먹고 포기하는 학생들이 많아져. 개념서를 이용해서 정리하고 기본 개념과 예제를 풀어보면 학기 중에 다소 여유있을 거야.

수학을 공부하다보면 중학교 때 배운 개념을 몰라서 문제 풀이가 잘 되지 않기도 해. 1학년때[이차방정식과 이차함수]를 배울 때 방정식의 풀기나 함수그래프를 못 그렸다면 학교 수업 따라가기 힘들었을 거야. 이럴 때 방학을 이용하여 중3때 배운 [이차방정식]과 [이차함수의 그래프와 이차함수의 성질] 부분을 공부하는 거야. 중학교 교과서를 빠르게 정리하거나 인터넷 강의를 들으면서 정리하는 것, 둘 중 하나를 선택해서 공부해 보자.

혹시 다음 학기 예습을 하고 싶니? 그럼 전체적인 개념과 계산 위주로 공부하고 수학계통도를 참고해서 심화시키고 싶은 부분을 단원별로 뽑아서 공부해도 좋아. 수학(하)에서 [함수, 유리함수, 무리함수]를 배웠다면 [지수와 로그]의 간단 개념을 공부, [지수 함수와 로그 함수]도 하면 함수의 전체를 파악할 수 있어서 도움이 될 거야.

방학 외에는 수학 성적을 올릴 수 있는 기간이 없다는 걸 명심하고 수학계통도를 참고하여 부족한 부분을 보완해 봐. 다음 학기는 더 좋은 수학 성적이 나오길 바라.

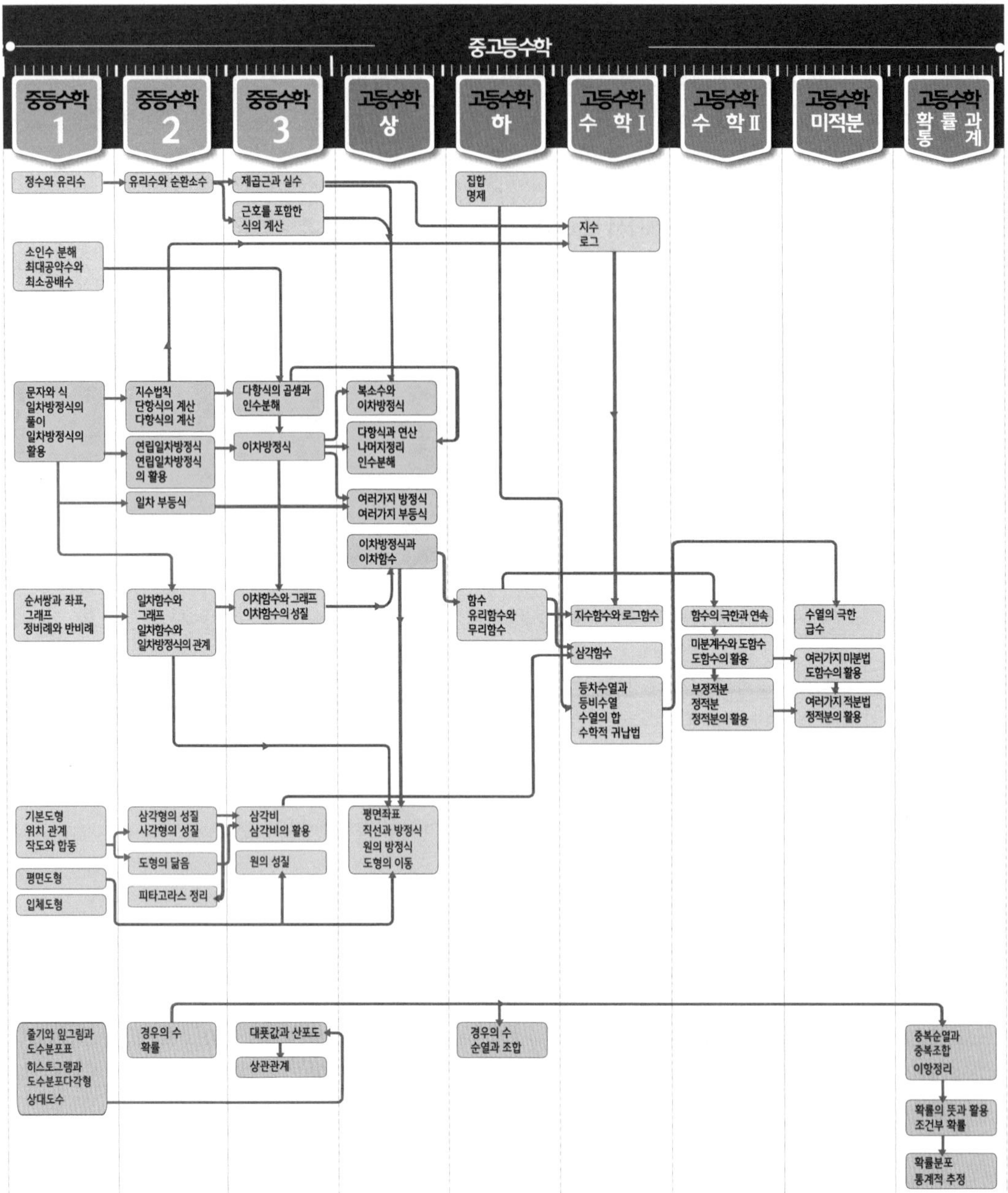
중고등수학
중등수학 1
중등수학 2
중등수학 3
고등수학 상
고등수학 하
고등수학 수 학 I
고등수학 수 학 II
고등수학 미적분
고등수학 확률과 통계
정수와 유리수
유리수와 순환소수
제곱근과 실수
근호를 포함한 식의 계산
집합 명제
지수 로그
소인수 분해 최대공약수와 최소공배수
문자와 식 일차방정식의 풀이 일차방정식의 활용
지수법칙 단항식의 계산 다항식의 계산
다항식의 곱셈과 인수분해
복소수와 이차방정식
연립일차방정식 연립일차방정식의 활용
이차방정식
다항식과 연산 나머지정리 인수분해
일차 부등식
여러가지 방정식 여러가지 부등식
이차방정식과 이차함수
순서쌍과 좌표, 그래프 정비례와 반비례
일차함수와 그래프 일차함수와 일차방정식의 관계
이차함수와 그래프 이차함수의 성질
함수 유리함수와 무리함수
지수함수와 로그함수
함수의 극한과 연속
수열의 극한 급수
미분계수와 도함수 도함수의 활용
여러가지 미분법 도함수의 활용
삼각함수
등차수열과 등비수열 수열의 합 수학적 귀납법
부정적분 정적분 정적분의 활용
여러가지 적분법 정적분의 활용
기본도형 위치 관계 작도와 합동
삼각형의 성질 사각형의 성질
삼각비 삼각비의 활용
평면좌표 직선과 방정식 원의 방정식 도형의 이동
도형의 닮음
원의 성질
평면도형
입체도형
피타고라스 정리
줄기와 잎그림과 도수분포표 히스토그램과 도수분포다각형 상대도수
경우의 수 확률
대푯값과 산포도
상관관계
경우의 수 순열과 조합
중복순열과 중복조합 이항정리
확률의 뜻과 활용 조건부 확률
확률분포 통계적 추정

• 수학 계통도 •

BONUS

수학은 노트 정리를 어떻게 해야 할까요? 새학기가 되면 수학노트를 사긴 하는데 거의 연습장처럼 쓰고 있어요. 처음에는 깔끔한 풀이를 정리하는데, 시간이 흐르면 그저 계산을 마구 하는 연습장이 되네요. 개념을 정리한 노트가 따로 필요할까요? 아님 이대로 사용해도 될까요?

수학 노트를 문제 풀이용으로 생각하는 학생들이 많은데, 수학은 개념을 확실히 알아야 되기 때문에 개념노트와 오답 정리를 하면서 자신이 왜 틀렸는지를 확인해야 해. 특히 오답 노트는 반드시 필요해. 그럼 노트를 어떻게 쓰는지, 활용법을 정리해 볼까!

오답 노트 활용법

*오답을 정리할 때 문제와 해설지를 그대로 옮겨 놓은 경우가 있어. 이 방법이 편하고, 시간 절약이되겠지만 그러려면 '오답노트를 만드는 이유가 있을까' 생각해. 어려운 문제는 문제에 사용한 용어나 개념, 공식을 정리하는 것이 도움이 돼. 문제에서 도형이 주어진 경우, 너무 복잡한 경우가 아니면 직접 그려서 푸는 것이 좋아.

*수학 노트 정리는 너무 빽빽하게 쓰는 것보다 여유있는게 좋아. 풀다보면 개념을 추가하기도 하고, 다 푼 후에 생각을 적어놓기도 하거든. 그렇게 해 두면 다음에 다시 볼 때 실수했던 것, 몰랐던 개념을 확인할 수 있어서 도움이 될 거야.

*앞부분은 5~10장 (노트의 두께에 따라 다름)정도 비워두고, 내용을 추가해서 쓸 때마다 간단한 개념을 적으면 볼 때마다 확인할수 있고 나중에는 거의 외울 정도가 될 거야. 혹시 중학교 수학 공식이 기억이 나지 않아 문제를 못 푼다면 나올 때마다 공책 맨 뒤에 정리하면서 쓰는 것도 좋은 방법이야.

*예상 문제를 만들어 보는 것도 좋아. 만들기가 힘들면 기존 문제에 숫자를 바꿔서 푸는거야. 그리고 선생님이 중요하다고 말씀한 내용도 반드시 포함해서 문제를 내 봐. 시험이 끝난 후 네가 예상한게 얼마나 적중했는지 확인하는 것도 나름 재미있어.

※ 서술형 출제 예상문제 !!

오른쪽 그림과 같이 세 점 A(1, 5), B(−4, −7), C(5, 2)를 꼭짓점으로 하는 삼각형 ABC에서 ∠A의 이등분선이 변 BC와 만나는 점 D의 좌표를 구하여라.

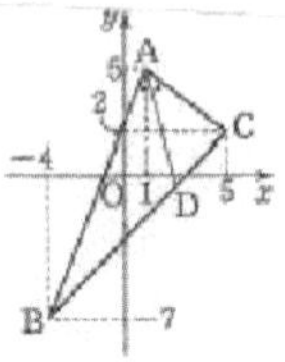

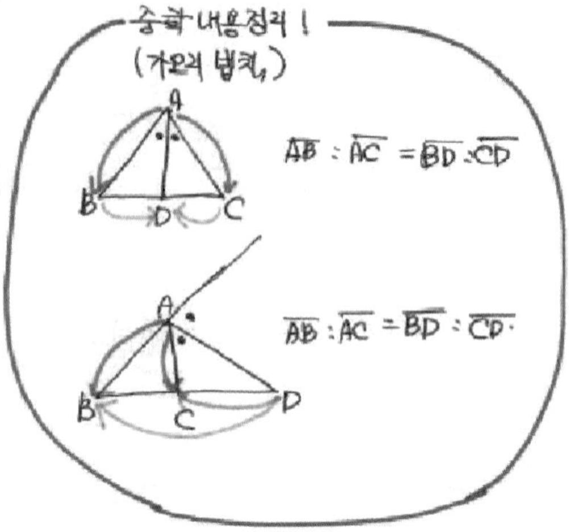

1) D 좌표 구하기 !!

① $\overline{AB}$, $\overline{AC}$의 길이구하기

$\overline{AB} = \sqrt{(-4-1)^2+(-7-5)^2} = 13$

$\overline{AC} = \sqrt{(5-1)^2+(2-5)^2} = 5$

② 내분점 이용

점 D는 $\overline{BC}$를 13 : 5로 내분하는 점.

$\frac{13\cdot 5 + 5(-4)}{13+5} = \frac{5}{2}$, $\frac{13\cdot 2 + (5)(-7)}{13+5} = -\frac{1}{2}$

D$\left(\frac{5}{2}, -\frac{1}{2}\right)$ ☆

2) 직선 AD의 방정식을 구하여라.

A(1, 5) D$\left(\frac{5}{2}, -\frac{1}{2}\right)$

기울기 $= \frac{y\text{증가량}}{x\text{증가량}} = \frac{-\frac{1}{2}-5}{\frac{5}{2}-1} = \frac{-\frac{11}{2}}{\frac{3}{2}} = -\frac{11}{3}$

$\therefore y-5 = -\frac{11}{3}(x-1)$ $y = -\frac{11}{3}x + \frac{26}{3}$ ☆

3) △ABD와 △ADC의 넓이 비를 구하여라.

△ABD와 △ADC는 높이가 같으므로 밑변의 비가 삼각형 넓이의 비이다.

∴ △ABD : △ADC = 13 : 5 ☆

[출제 예상 문제 만들어 보기]

<2차 부등식 풀이법>

1 인수분해가 되는 경우

$\alpha < \beta$

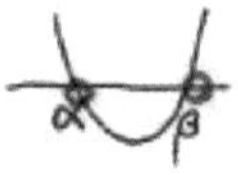

$(x-\alpha)(x-\beta) \leq 0 \Leftrightarrow \alpha \leq x \leq \beta$

$(x-\alpha)(x-\beta) < 0 \Leftrightarrow \alpha < x < \beta$

$(x-\alpha)(x-\beta) \geq 0 \Leftrightarrow x \leq \alpha$ or $x \geq \beta$

$(x-\alpha)(x-\beta) \leq 0 \Leftrightarrow x < \alpha$ or $x > \beta$

완전제곱식

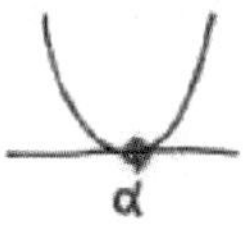

$(x-\alpha)^2 \leq 0 \Leftrightarrow x = \alpha$

$(x-\alpha)^2 < 0 \Leftrightarrow$ 해가 없다.

$(x-\alpha)^2 > 0 \Leftrightarrow x \neq \alpha$ 모든실수

$(x-\alpha)^2 \geq 0 \Leftrightarrow$ 모든실수

2 인수분해가 바로 되지 않는 경우.

① $D>0 \Rightarrow$ 근의공식 $x = \dfrac{-b \pm \sqrt{b^2-4ac}}{2a}$

$\alpha : \dfrac{-b-\sqrt{b^2-4ac}}{2a}$, $\beta : \dfrac{-b+\sqrt{b^2-4ac}}{2a}$

② $D<0 \Rightarrow$ 그래프 이용. $(a>0)$

$ax^2+bx+c>0$, $ax^2+bx+c \geq 0$) 모든실수

$ax^2+bx+c<0$, $ax^2+bx+c \leq 0$) 해가 없다

[개념을 처음 배울 때 나만의 정리 노트 만들기]

V

영어 끝판 공부법

나의 공부법

영어
(내신학습법)

모의고사보다 나는 내신 공부하기가 불안했어. 그 이유는 서술형 때문이야. 나는 완벽하게 쓴 것 같은데 중간에서 감점이 많아져서 생각보다 점수가 잘 나오지 않았어. 그 이유를 보니 평소 쓰기보다는 읽고 영어를 암기할 때가 많다보니 직접 써야하는 시험에서 자신감이 떨어졌던 것 같아.

그래서 교과서 본문을 직접 써서 그 부분에 참고서처럼 설명을 붙이는 연습을 했어. 중요구문에 형광펜으로 색칠을 하고, 비슷한 단어로 바꾸어 보는 연습도 했어. 특히 문장 배열에서 오답이 많았기 때문에 '왜 이 전치사가 여기에', '동사의 형태가 바뀌어야 하지 않을까' 항상 고민을 하면서 본문을 쓰다보니 어느 순간 배열 문제에서 오답은 없어졌어.
학교 선생님은 문법 문제를 꼭 출제했는데 모의고사에서 중요한 문법을 내는 것을 확인하고 모의고사 변형만 공략했어.

다른 사람과 비교했을 때 영어 성적이 잘 나왔던 이유는 시험을 한 번 보고 나서 문제 분석을 했기 때문이야. '이 문제는 교과서에서', '이 문제는 모의고사 변형', '이 문제는 학교 선생님께서 시사 문제를 본문으로 만들었네' 등 그리고 나서 많이 출제되는 영역과 형태를 공부했던 것 같아. 아마 내신에 적합한 효율적인 공부였던 것 같아. 이 방법은 모든 과목에 다 적용을 했어. 시험을 보고 나서 그게 끝이라고 생각하지 말고 다음 시험을 준비하는 지략이 필요할 것 같아.

나의 공부법

영어
(모의고사학습법)

Q 모의고사가 항상 1~2등급이라고 하는데, 특별한 비법이 있나요?

나의 영어영역 모의고사는 다른 사람들과 비슷하게 공부했어. [문제 풀이, 채점, 틀린 문제 정리] 세 단계 방법으로 실전학습을 많이 했어. 기출문제를 이용해서.

Q 그럼 그 세단계 방법을 설명해 주세요.

우선 문제풀이를 할 때는 10분을 줄여서 60분으로 시험을 봤어. 물론 듣기평가도 다운을 받아서 풀었어. 이어폰을 끼고 듣기를 하니 좀 더 집중이 잘 되었어. 하지만 실전에서는 환경적 영향이 있다는 것도 감안해야 될 것 같아. 혹시 듣기가 한 개 틀렸을 때는 주위가 너무 시끄러웠다고 엄마에게는 뻥을 칠 수 있었거든. 문제를 풀 때 애매했던 것은 반드시 표시를 해 두었어.

그리고 채점을 했지. 아까 표시해 둔 부분이 맞으면 '찍기 신'이 강림한 거지. 맞다 틀리다 오답만 확인하고 다시 틀린 문제 풀이를 했어. 왜 틀렸는지 생각해보고 오답이 나온 이유를 모르면 해설지를 참고해 정리했어.

그리고 모의고사에 나오는 모든 단어들을 외울 수가 없어서 내가 틀린 지문의 문제들만 확인하고 암기를 했어. 근데 듣기 대본은 반드시 확인하고 모르는 단어들을 100%암기를 했어. 듣기에서 틀리면 너무 아까우니까.

Q 그 외 공부법은 없나요?

나는 따로 구문노트를 사용했어. 지문을 빠르게 읽어내기 위해서는 구문의 연습이 필요했어. 처음에는 모든 지문에 모르는게 많아 고생을 했어. 재미도 없었고. 그래서 이제는 그냥 2지문에서 10개 정도만 하고 있어. 꾸준히 하다보면 나도 모르게 영어 공부가 되고 있어. 어쨌든 영어는 꾸준함이 생명인 것 같아.

내신영어 만점 공부 십계명

1. 시험 문제는 선생님이 강조한 부분에서 나오기 마련이다. 수업시간에 선생님께서 열심히 설명하시는 내용은 반드시 체크 해 놓고, 이해가 가지 않는 부분은 따로 표시한 다음 질문을 통해 나의 것으로 만든다.

2. 예습과 복습도 중요하다. 전날 저녁 혹은 당일 쉬는 시간이나 아침을 활용해 그 날 배울 내용을 미리 살펴보면서 해석이 되지 않는 구문이나 어휘에 표시를 해두는 식으로 예습을 한다.

3. 선생님의 설명을 보다 체계적이고 적극적으로 듣기 위해 형광펜이나 색깔 펜을 사용하여 중요도를 표시하자.

4. 모르는 것에 대한 철저한 학습과 정리, 그리고 수업 중 선생님께서 강조한 내용을 다시 정리하고 수업 중에 이해되지 않은 내용이나 항목에 대해 수업 중이나 쉬는 시간에 선생님께 질문하자.

5. 고득점을 목표로 교과서나 부교재에 있는 내용에 대한 문법 범위에 대해 고난도의 문제를 철저하게 많이 연습해 보자.

6. 서술형은 모두 난이도 있거나 특히 문법적으로 어려운 고난도의 영작 수준을 요구하거나 어법상 틀린 부분을 찾아 바르게 고치는 문제가 출제되기도 하므로 평소 작문할 때 문법적 요소를 철저하게 따져가며 연습해 두자.

7. 철저한 문법 공부와 어려운 문법 사항이 포함된 작문연습과 본문 암기를 하자.

8. 학교 시험도 수능의 연속선에 있다고 생각하고 교과서나 부교재 지문을 글의 논리적 흐름 문제(글의 순서/무관한 문장 고르기/주어진 문장 넣기)와 관련하여 변형문제로 만들어 풀어보자.

9. 교과서나 부교재 지문을 주제 관련 문제(빈칸 추론/주제/제목/요지/주장/목적/요약문)로 변형문제를 만들어 풀자.

10. 교과서나 부교재 지문을 어법 문제와 어휘문제로 변형하여 풀어보자.

@다음과 같은 문제 유형별 풀이방법을 따르면 등급 상승에 많은 도움이 된다.

1. 반드시 풀어서 맞아야만 5등급 이상 나오는 문제 유형들

→ 어휘만 알아도 어느 정도 쉽게 풀 수 있는 문제 유형들(6문제)

1) 18번-글의 목적
2) 19번-심경 추론
3) 24번-도표(일치 불일치)
4) 25번-글의 내용(일치/불일치)
5) 26번-안내문(내용 일치)
6) 27번-안내문(내용 불일치)

2. 반드시 풀어서 맞아야만 4등급 이상 나오는 문제 유형들

→ 기본적인 어휘, 기본 구문 독해력만 있으면 비교적 쉽게 풀 수 있는 문제 유형들(7문제)

1) 20번~23번 필자의 주장/ 글의 요지 2문항
2) 30번-가리키는 대상 불일치
3) 35번-흐름과 관계없는 문장
4) 43번~45번- 장문(순서/가리키는 대상 불일치/ 일치, 불일치)

3. 반드시 풀어서 맞아야만 3등급 이상 나오는 문제 유형들

→ 어휘, 직독직해 구문 독해력과 유형별 풀이방법을 알면 풀 수 있는 문제 유형들(6문제)

1) 20번~23번 주제 또는 제목 2문항
2) 36번-글의 순서(EBS 연계)
3) 38번-문장 삽입(EBS 연계)
4) 40번-요약
5) 41번-제목

4. 반드시 풀어서 절반 이상 맞아야만 2등급 이상 나오는 문제 유형들

→ 어휘, 문법, 배경지식, 시간, 논리적 추론능력 등 복합적 능력들이 필요한 문제 유형들(9문제)

1) 28번-어법성 판단
2) 29번-어휘 추론
3) 31번~34번 - 빈칸 추론
3) 37번-글의 순서(비 연계)
4) 39번-문장 삽입(비 연계)
5) 42번-어휘 추론

위의 문제 유형별 풀이를 익혀 자신의 등급에 따라 문제풀이 순서를 정하여 반드시 맞아야만 하는 문제 유형들 먼저 해결하고 어려운 유형들은 나중에 푸는 방식으로 접근하면 등급 상승에 많은 도움이 되므로 자신의 등급에 맞는 유형의 문제들 먼저 완벽하게 연습하고 다음 단계 문제 유형으로 나아가는 작전이 필요하다.

영어 끝판 공부법

① 학년별 영어 끝판 공부법

영어를 절대평가라고 만만히 보고 공부를 게을리하면 안돼. 절대평가라고 하더라도 대학별 반영 비율에 따라 합격의 당락을 결정하는 매우 중요한 과목이 바로 영어야. 네가 원하는 대학의 최저와 정시 반영 비율을 확인한 후, 영어 학습 전략을 세워야 해. 대학별 영어 등급도 꼭 확인해.

① 듣기 평가는 대화/담화문을 듣고 추론하는 능력과 실제 의사소통 상황에서 어떤 일이 일어났는지 파악하는 문제로 구성돼. 듣기 평가를 연습할 때는 상황을 연상하는 게 좋은 학습법이야.

② 영어영역의 지문이 너무 다양하게 나와. 글을 읽고 세부 사항과 전체 내용을 파악하는 연습을 해야 해. 단어 하나 하나에 초점을 맞추기보다는 전체적인 의미 파악이 중요해.

③ 지문에 있는 내용 분만 아니라 생략된 부분도 추측할 수 있어야 해. 글의 앞, 뒤 흐름을 보면 쉽게 파악할 수 있어. 이런 문제를 잘 풀기 위해서는 지문을 볼 때 앞에 어떤 내용이 나왔으며, 뒤에 이어질 내용은 어떤 내용인지를 파악하는 연습을 해야 해.

가 고등학교 3학년

(1) 모의고사 등급별 공부법

등급별	학습법
1~2등급	1등급을 위한 매일 학습. 정해진 시간에 고난도 문제 풀이하기
3~4등급	해석이 어려운 문제 구문 노트 만들기
5~9등급	문장을 포함한 나만의 단어장 만들기

[고3 : 1~2등급]

안정적인 1등급이더라도 자만하지 말고 1등급을 계속 유지할 학습전략을 세워야 해. 영어는 조금이라도 매일 학습해. 또 수능 감각을 익히기 위해 고난도 지문으로 구성된 여러 문항을 풀면서 감각을 잃지 않는 것이 중요해.

네가 2등급이라면 조금만 더 노력하면 1등급이 될 수 있어. 고난도 문제 연습과 문제를 빠르고 정확하게 푸는 연습을 하면서 오답을 줄이자.

이 등급은 듣기에서 틀리면 안돼. 매일 듣기 연습을 해 봐. 듣기 연습은 언제가 좋을까? 선배는 등하교길 이용하는 것을 추천해.

[고3 : 3~4등급]

네가 약한 부분이 어딘지 파악해야 1~2등급을 받을 수 있어. 매일 어떻게 할지 파트별로 계획을 세워. 듣기는 등하교길을 이용하여 꾸준히 듣고, 틀린 문제는 듣기 대본의 어휘를 포함하여 글의 내용이 이해될 때까지 반복해야 돼.

독해를 할 때 모르는 어휘들이 있을거야. 지문 속에서 유추해 낼 수 있으면 다행이야. 한 지문에 모르는 단어들이 너무 많아서 지문 자체의 해석이 안되는 경우가 있다고도 하니 어휘 암기는 매우 중요해. 시험에 잘 나오는 어휘들은 반드시 예문을 통해 문맥에서 어떻게 쓰이는지 같이 공부해 두자.

독해 문제는 답을 찾을 수 있는 결정적인 부분의 해석이 안되거나 대강 '이런 뜻이야'하면서 답을 찾는 학생이 많아. 평소 구문 학습을 통해 정확한 해석을 연습해서 오답을 줄여야 해. 해석이 안되는 문장은 정리노트를 만들어서 구조를 파악하는 연습을 하자.

1~2등급으로 올라가기 위해서 쉬운 문제는 무조건 맞춰서 오답을 줄여야 하고, 어려운 문제에 집중해서 풀 수 있도록 시간 배분 연습도 하면 좋아.

[고3 : 5~9등급]

우선 어휘력에 초점을 맞추어 공부하는 것이 좋을 것 같아. 단어 암기가 되지 않으면 지문의 내용을 이해할 수 없어서 독해가 불가능해. 지문을 읽어보고 모르는 단어가 5개가 이상 나오면 그 문제를 못 풀 가능성이 높다고 생각하면 돼.

독해를 하면서 모르는 단어를 찾아서 나만의 단어장을 만드는 방법도 좋아. 어휘 학습은 낱말로만 외우기보다 문맥 안에서 그 단어가 어떻게 쓰이는지 문장 단위로 하는 게 좋아.

단어를 외우는 시간을 1~ 2시간으로 길게 잡기보다 10~20분쯤 짧게 반복하는 것이 기억에 오래 남을거야. 독해를 매일 2~3개의 지문으로 연습하고 모르는 단어 정리, 다음날 다시 복습하면서 전날 했던 것을 반복하는 게 좋아. 어휘력만 생기면 영어 실력이 늘어가는 것을 느낄 거야.

(2) EBS 강의 목록

① EBS 고3 영어 강의 목록

수능 영어가 계속 어려워지고 있어서 걱정이 많지? 여기에서는 인강을 수강에 어떤 고민이 있는지 학생의 고민을 받아볼 거야. 그 고민에 맞게 인강을 소개할게.

등급에 상관없이 먼저 독해, 문법, 단어, 듣기에 대한 인강을 알아볼까?

공통질문

Q1. **효율적인 영어 학습법을 알고 싶어요.**

Q1
[EBS 공부법 Q] 내신 관리법
[고3 공부법 특강] 영어

1~2등급

영어종합

Q1. **난이도있는 문제들은 어떻게 풀이하면 좋죠. 노하우를 전해주는 인강이 있을까요?**

Q2. **개념을 정리할 수 있는 인강이 있나요?**

Q1
[만점마무리 봉투모의고사 Red Edition] 영어
[2021 고난도 시크릿X 봉투모의고사] 영어
[2021 수능의 7대 함정] 영어
[2021 수능연계완성 4주특강] 영어 (고난도·신유형)

Q2
[발전][2022 수능특강] 조명훈의 영어

영어독해

Q1. **문제풀이법이 궁금해요?**

Q2. **개념을 빠르게 정리하고 싶어요.**

Q1
[고난도 시크릿X 모의고사] 영어독해 - 킬러 문항 최종 점검
[만점마무리] 영어독해

Q2
[발전][2022 수능특강] 조명훈의 영어독해연습

영어듣기

Q1. 문제풀이법이 궁금해요?

Q2. 영어듣기 학습법을 정리하고 싶어요

Q1
[고난도 시크릿X 모의고사] 영어듣기 - 킬러 문항 최종 점검
[만점마무리] 영어듣기

Q2
[발전][2022 수능특강] 김용지의 영어듣기

3~4등급

영어종합

Q1. 문제풀이를 잘 할 수 있는 방법이 있을까요?

Q2. 등급은 나오는데 아직 영어에 자신이 없어요

Q3. 개념을 정리할 수 있는 인강이 있나요?

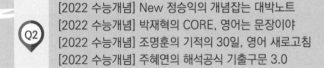

Q1
[2022 수능 기출의 미래] 영어 어법·어휘
[파이널 체크포인트] 주혜연의 꽃필날 연계지문 모의고사
[수능완성] 박재혁의 10일 완성
[수능완성] 정승익의 정답이 보이는 수능공식
[수능완성] 주혜연의 영어 정답의 기술

Q2
[2022 수능개념] New 정승익의 개념잡는 대박노트
[2022 수능개념] 박재혁의 CORE, 영어는 문장이야
[2022 수능개념] 조명훈의 기적의 30일, 영어 새로고침
[2022 수능개념] 주혜연의 해석공식 기출구문 3.0

Q3
[기본][2022 수능특강] 영어
수능연계 기출 Vaccine VOCA 2200
[집중관리] 세.모.삔 (세상에. 못 풀. 빈칸은 없다)
[집중관리] 수특수완 킬러문장 정복

영어독해

Q1. 문제풀이를 할 때 시간이 많이 걸려요?

Q2. 영어 지금부터 꼼꼼히 준비하고 싶어요.

Q3. 독해, 아직 개념이 부족한 것 같아요.

Q1
[2022 수능 기출의 미래] 영어독해
[파이널 체크포인트] 주혜연의 꽃필날 연계지문 변형 모의고사
[약점공략] 5강으로 끝내는 킬러 유형 〈1지문 2문항〉
[약점공략] 5강으로 끝내는 킬러 유형 〈글의 순서 정하기〉
[약점공략] 5강으로 끝내는 킬러 유형 〈듣기〉

Q2
[수능개념 Summary] 강원우의 강스파이크
[예비 고3 지금 내 등급은?] 영어독해
[수능개념] 개념부터 시작하는 마법구문독해
[수능개념] 정승익의 150문장 완성 그래머킹

Q3
[기본][2022 수능특강] 정승익의 영어독해연습
[5일만에 끝내는 라이브 특강] 정승익의 6시간에 끝내는 문장 해석

영어구문

Q1. 영어구문은 어떻게 공부를 해야 하나요?

Q1
[수능개념 Summary] 주혜연의 해석공식-초심-구문독해편

영어문법

Q1. 영어문법은 어떻게 공부하는 게 좋을까요?

Q2. 영어문법 정리 인강 추천해 주세요

Q1
[수능개념 Summary] 정승익의 150문장 완성 그래머킹
[올림포스] 고교 Basic Grammar

Q2
[5일만에 끝내는 라이브 특강] 주혜연의 6시간에 끝내는 영어 문법

영어어휘

Q1. 영어어휘는 어떻게 공부해야 하나요?

Q2. 영어어휘 정리하고 싶어요.

Q1
수능연계교재의 VOCA 1800 - 빈출순으로 끝내기
수능연계교재의 VOCA 1800 - 주제 모아 끝내기

Q2
2021 수능연계교재의 VOCA 1800

영어듣기

Q1. 실전 영어 듣기 연습을 하고 싶어요

Q2. 시험에 나오는 영어 듣기는 어떤 강의가 좋은가요?

Q3. 영어 듣기 천천히 준비하고 싶어요

Q1
[수능완성] 영어듣기
[FINAL 실전모의고사] 영어듣기

Q2
[2022 수능개념] 레이나의 New Listening 101

Q3
[기본][2022 수능특강] 레이나의 영어듣기

5~9등급

영어종합

Q1. 영어 어떻게 시작해야 할지 모르겠어요.

Q2. 개념을 정리할 수 있는 인강이 있나요?

Q1 [수능 감(感) 잡기] 영어

Q2 [기초][2022 수능특강] 박재혁의 영어
[3등급 목표달성] 영어 - 14일의 약속

영어독해

Q1. 영어 어떻게 시작해야 할지 모르겠어요.

Q2. 개념을 기초부터 공부하고 싶어요

Q1 [초보탈출 NO.1] 영어구문
[초보탈출 NO.1] 영어독해
[초보탈출 NO.1] 영어듣기
[초보탈출 NO.1] 영어문법

Q2 [기초][2022 수능특강] 박재혁의 영어독해연습

영어어휘

Q1. 영어어휘는 어떻게 공부해야 하나요?

Q1 Core 이미지 Voca

영어듣기

Q1. 영어 듣기 천천히 준비하고 싶어요

Q1 [기초][2022 수능특강] 김보라의 영어듣기

(3) M스터디 집중 분석

문법 , 독해 , 듣기 , 단어 등 어떤 것부터 공부해야 될지 모르겠다는 학생과 학원에 가지 않아 학교 수업과 병행할 수 있는 인강을 찾는 학생들 들어 봐. 메가스터디에 다양한 강의가 있어서 추천할게.

수능 영어는 절대평가이기 때문에 절대 놓쳐서는 안 되는 과목이야. 특히 선배는 수시에서 최저를 맞추기에 영어가 제일 좋다고 생각해. 좋은 강의가 많은데, 우선 몇 가지만 소개할게.

Q1

영어 등급이 2~3등급에서 더 오르지 않아요. 수능에서 성적을 더 올리고 싶은데 도움이 되는 강의가 없을까요?

A1 . [확실한 영어1등급] 이라는 영어 강의 중에서 찾아보는 게 좋을 것 같아. 영어 지문을 읽는 방법부터 정확한 해석 과정을 배울 수 있는 강의이고, 어휘나 문법, 독해 강의는 따로 개설되어 있어 부족한 부분을 병행하기에 좋아.

Q2

수능 연계 교재 EBS에서 한 번 들었어요. 다른 곳에서는 어떻게 강의를 하고 있는지 궁금해요.

A2 . 그럼 [ALL 바른 EBS 영어]가 좋을 것 같아. 3등급 이하의 학생들은 아직 어휘가 부족하니까 어휘 정리부터 해주고, '왜 이렇게 해석해야 하는지'를 보여주는 강의야. 내신과 수능을 모두 준비할 수 있는 변형문제들까지 있어.

Q3

듣기는 별 문제 없다고 생각했는데 꼭 1~2문제씩 틀려요. 듣기도 학습 방법이 있을까요?

A3 . 영어 듣기에 대한 학습법은 앞에도 많이 이야기했었어. 제일 중요한 건 매일매일, 조금씩 반복해야 돼. 혹시 인터넷 강의가 필요하면 [듣다, 점수를 얻다] 추천해. 듣기 전략을 유형별 문제 풀이를 하면서 실전에 적용할 수 있도록 알려주는 강의야.

Q4

영어 단어를 어느 정도 안다고 생각했는데, 지문 속에서 해석이 어려워요. 이런 문제점을 해결할 수 있는 인터넷 강의는 없나요?

A4 . '다의어'라고 들어봤니? 한 단어가 하나의 뜻이 아니라 다양한 뜻으로 사용되는 단어를 말해. 그 단어가 명사, 또는 동사로 다양한 뜻으로 해석될 수 있어. 대표 뜻 하나만 외우면 지문 해석은 어렵겠지. [1등급 필수 VOCA]를 수강하는 것도 좋아. 짧은 시간에 마무리 할 수 있는 강의도 있어. 주말을 이용해도 좋을 것 같아.

Q5

다양한 기출 문제를 풀고 싶어요. 단순 문제 풀이가 아니라 꼼꼼한 강의를 원해요.

A5 . 그렇다면 [1등급의 KEY, 기출]도 좋을 것 같아. 기출문제가 나오는 유형은 항상 나오기 때문에 그 문제들의 분석과 매번 달라지는 킬러문제들에 집중할 수 있는 강의야. 특히 꼼꼼한 지문 분석이 강점이니 잘 활용해야 돼.

(4) E투스 집중 분석

'절대평가' 이게 바로 네게 기회야. 절대평가는 다른 사람과의 경쟁이 아니라 너와의 점수 싸움이야. 늦었다고 생각하지 말고 지금부터 계획을 세워 열심히 하자.

Q1

영어를 너무 못해요. 기초부터 들을 수 있는 강의가 없을까요?

A1 . 고3들이 영어에 기초가 없다고 포기하지 말고, 우선 [쌩기초 단기완성 프로젝트]를 들어 봐. 영어 어휘가 약한 친구부터 be동사도 모르는 학생도 쉽게 공부한다고 해. 빨리 영포자 탈출하고 수능에서 원하는 성적을 받길 바래.

Q2

중위권의 영어 성적인데요. 너무 독해가 안돼요.

A2 . [개.소.득] 이라는 강의를 들은 적이 있니? [개.소.득]이 뭐냐고? 개바닥도 90점으로 소생시키는 독해 충격기란 뜻이래. 해석이 안되는 학생에게 지문의 구조를 파악해서 쉽게 해석하는 방법을 알려주고, 기출문제 중 빈도수가 높은 문제 위주로 실전에 적용할 수 있게 하는 강의야.

Q3

저는 어법과 빈칸 넣기/ 순서 배열하는 문제에서 오답이 많아요. 그 부분만 집중해서 공부하고 싶어요.

A3 . 자신이 어느 파트를 못하는지 알고 있으면 영어 성적을 올리기가 훨씬 쉬워. 우선 [어법/빈칸공략]이나 [어법/순서배열]을 학습해 봐. 빈도가 높은 기출 문제를 정리해서 수업을 하기 때문에 실전에 쉽게 적응 할 수 있어. 빈칸 채우기의 경우 지문 전체를 이해하지 못해도 이해한 내용만으로 정답을 유추해 낼 수 있는 방법까지 소개해 주네. 순서 배열이나 문장 삽입 부분은 전략적으로 풀이하는 방법을 제시하고 있어.

Q4

고3때 영어에 시간 투자를 적게 하다 보니 영어 성적이 들쑥날쑥 하고 있어요. 짧은 시간에 영어를 정리하고 싶어요.

A4 . [구문부터 독해전략까지] 이 강의는 짧은 시간에 수능 전 영역을 한번 정리하고 싶은 학생들에 딱 맞는 강의야. 기출문제를 통해 자신의 약점의 기회를 보완할 수 있어서 같은 실수를 반복하지 않을 것 같아.

Q5

모의고사 문제를 실전처럼 풀어보고 싶어요

A5 . 이투스 강의중에 모의고사 해설강의나 직접 모의고사 유형으로 만든 문제들을 강의하고 있기 때문에 미리 실전처럼 풀어보고 강의를 들으면 피드백에 좋을 것 같아.

그 강의들은 각 모의고사(3월, 4월 학평이나 6월, 9월 모평) 전에 수강하는 게 좋아.

(5) 문제집 수준별 활용법

[영어 문제집 선택에 고민이 많은 학생 이야기]

> 영어 문제집은 독해·문법·단어·듣기·쓰기 등 파트별 문제집을 1권씩 사서 풀고 있어요. 어떤 교재는 너무 쉽고, 어떤 책은 어려워서 첫 페이지만 보고 책상 위에 있어요. 사실 1권에 모든 파트가 다 있었으면 좋겠다는 생각도 했고, 설명이 더 자세한 책은 없을까 생각도 했어요. 지금은 모의 고사나 내신 후, 부족한 파트를 보완해 나가고 있어요. 어떤 교재로 어떻게 공부하는 게 좋을까요?

'고등 영어 문제집'이라고 검색어를 치면 많은 교재와 사용 후기들이 나와. 하지만 그 교재들이 학생에게 안 맞는 경우도 있기 때문에 직접 서점에 가거나 인터넷 서점에서 미리보기를 확인하여 교재의 구성을 확인하는 방법이 좋아. 그럼 다른 친구들은 문제집 선택에 어떤 고민이 있는지 알아볼까?

고3 : 1-2등급

Q1 시중에 모의고사 문제집이 너무 많아요. 저는 어려운 문제로 구성된 모의고사 문제집을 찾고 있어요.

A1. 난이도 있는 모의고사 문제를 많이 풀고 싶으면 [자이스토리 1등급 고난도 모의고사 영어]도 좋아. 친구들이 많이 틀리는 '오답률 베스트 문항'을 중심으로 킬러 유형을 정리하고 그 문제를 왜 틀렸는지 자세히 분석해 주지. 이 책에 나오는 어휘들은 따로 정리되어 있으니 그 부분도 활용하면 좋을 거야. 마무리 학습으로 [EBS 파이널 모의고사]를 보는 친구들도 많아.

Q2 EBS 연계되는 지문의 문제들은 해결을 하겠는데 난이도가 높은 비연계 문제들이 걱정이 되어요. 어떻게 공부하면 좋을까요?

A2. 50%~70%정도 EBS 수능 교재와 연계가 된다는 사실 알고 있지? 사실 영어 기본기가 있고 꾸준히 공부한다면 비연계 문제들도 무리 없을거야. [오답백서(EBS비연계만점공략)] 교재로 계획을 세워봐. 최근 기출문제 중에서 오답이 높은 문제들을 분석해서 그 부분들을 집중 공략하고 있어. 이 교재의 장점을 오답률이 높은 이유와 오답 선택을 막아주는 Tip을 주는 부분이 있어서 좋다는 친구들의 의견이 많아. 참고로 [빈칸백서]와 [오답백서]를 병행해서 공부하면 효율성이 높았다는 친구도 있었어.

Q3 다양한 어휘를 공부하고 싶어요.

A3. 영어 단어 학습은 현재 공부하는 교재의 단어를 정리해서 암기하는 게 가장 좋아. 더 다양한 단어가 궁금하면 [숨마쿰라우데 영어 워드 매뉴얼(MANUAL)]을 선택해도 좋을 것 같아. 수능 필수 어휘와 토익, 텝스를 준비 할 수 있는 난이도가 있는 어휘들로 구성되어 있어. mp3 파일을 다운로드 할 수 있어서 자투리 시간을 활용, 원어민 발음의 듣기도 병행할 수 있어.

Q4 실전 수능 연습을 하고 싶은데 어떤 문제집이 좋을까요?

A4. 보통 친구들이 실전 모의고사 연습은 [봉투 모의고사]로 하는 경우가 많아. 난이도가 있는 문제를 풀고 싶으면 [사관학교 시리즈 모의고사]를 공부해도 좋아. 사관학교 시험은 수능보다 난이도가 조금 높아서 어려운 문제를 풀면서 생각하기를 좋아하는 친구들에게는 추천하지만 시간투자가 어려우면 그냥 패스해도 돼. 그리고 [수능완성] 교재를 3년치 정도 풀어보는 것도 영어 영역 1등급을 받는 지름길이라는 거 참고해.

고3 : 3-4등급

Q1 수능 모의고사 파트별로 나누어져 있는 문제집을 추천해 주세요.

A1. 파트별로 구성되어 있는 문제집은 많은데 그 중에서 [씨리얼]을 보는 친구들이 많아. 수능 기출 중 꼭 풀어야 하는 문제를 유형별로 정리했기 때문에 오답을 체크하면서 많이 틀리는 문제들은 그 파트만 다시 복습하면 더 좋은 효과가 있어.

Q2 수능특강과 병행해서 공부할 수 있는 교재는 없을까요?

A2. 수능특강과 수능완성을 병행하는 친구들이 많아. 수능특강과 수능완성이 나오는 시기의 차이가 있기 때문에 기출모의고사 문제나 아님 전년도 수능특강을 다시 풀어보기도 해. 아직 교재를 선택하지 않았다면 [자이스토리]나 [빅데이터]와 같은 모의고사 문제집을 추천해.

고3 : 5-9등급

Q1 영어가 절대평가라서 포기할 수가 없어요. 기초부터 공부해서 등급을 조금만 올리고 싶어요. 혼자서 공부한다면 어떻게 하는 게 좋을까요?

A1. 우선 고2 모의고사 기출문제를 먼저 풀어보고, 어떤 부분이 부족한지 파악하는 게 중요해. [수능특강: 어법 어휘]를 반복하고, 그 단원의 문제들을 다시 풀고, 이해가 되지 않는 내용은 친구나 선생님의 도움을 받는 것도 좋은 방법이야. 끝까지 포기하지 않으면 수능에서 좋은 결과가 있을 거야.

Q2 설명이 잘 되어 있는 영어 문제집이 어떤 게 있을까요. 지금보다 등급을 조금 올리고 싶어요.

A2. 문제에 대한 풀이가 잘되어 있는 책 중에 [마더텅:영어]가 있어. 마더텅 해설지를 보면 지문과 보기를 다 옮겨와서 선생님이 설명해 주는 것처럼 자세하지. 이걸로 천천히 한 지문씩 공부한다면 등급이 향상될 거야.

나 고등학교 2학년

(1) 모의고사 등급별 공부법

등급별	학습법
1~2등급	모의고사 공부할 때마다 파트별 시간 체크하기
3~4등급	주말 학습법 : 월~금 학습했던 듣기 단어 복습하기
5~9등급	단어 암기 및 수능특강 기본 문제 반복하기

[고2 : 1~2등급]

영어영역이 절대평가라고 해서 소홀히 하면 한 문제 차이로 등급이 갈리는 일이 생겨. 일일계획이나 주간계획에 잠깐이라도 꾸준히 할 수 있게 영어 공부 시간을 넣자.

이 등급에서는 난이도와 상관없이 배경지식에 없는 새로운 지문에 대한 이해력과 고난도 문제를 해결할 수 있는 사고력을 기르는 연습이 필요해.

먼저, 풍부한 배경 지식을 바탕으로 지문에 숨은 핵심 내용을 빨리 파악할 수 있어야 해. 평소 다양한 글을 접하고, 빠르게 읽으면서 정확하게 이해하는 훈련을 꾸준히 하자.

가끔 이 등급의 학생이 시간 배분 연습이 되어 있지 않아서 원하는 성적을 얻지 못하기도 해. 평소 모의고사 연습을 할 때 파트를 나누어서 시간을 많이 쓰는 부분과 남는 부분을 체크하면서 공부하면 실제 시험에서 시간에 대한 부담은 없어질거야.

이 등급의 학생이 가장 어려워하는 게 빈칸 추론 문제야. 학생들은 보통 선지를 보며 맞는 답을 찾아. 평소 공부할 때 보기가 없다고 생각하고 들어갈 단어를 찾는 연습을 하면 실전에서 더 좋은 결과를 얻을 수 있을 거야.

무엇보다 문제에 집중해서 되도록 실수가 없어야 해.

[고2 : 3~4등급]

이 등급의 학생은 자신의 어느 부분이 약한지 알아야 하는 게 우선이야. 듣기, 어휘, 구문 이해, 문제 유형 분석 등 가장 자신이 없는 부분이 어딘지 한번 생각해 봐. 그리고 거기에 맞는 학습 계획을 세우는 거야.

듣기와 어휘는 매일 계획을 세워서 일정량 꾸준히 학습해야 해. 주말에는 욕심내지 말고 주중에 공부했던 부분을 복습을 하는 것이 좋아.

구문 학습은 문제를 풀면서 해석이 안되던 부분만 정리하여 문법과 문장 구조를 정리하여 여러 번 반복하는 것이 좋아. 우선 하루에 2~3개의 구문을 꾸준히 정리해 보자.

기출문제를 많이 풀어보며 네가 많이 틀리는 유형에 대해 알고 익숙하게 풀수 있도록 연습해야 해. 한글 보기가 있는 문제라면, 역으로 이를 이용해서 답을 찾는 것도 괜찮아. 꾸준히 하면 모의고사에서 좋은 결과를 얻을 수 있을 거야.

[고2 : 5~9등급]

너는 영어의 기초가 약할 수 있어. 하지만 절대 포기해서는 안돼. 영어 절대평가는 너에게 주어진 기회야. 시간이 좀 걸려도 일단 단어부터 외워서 지문이 어떤 내용인지 읽어낼 수 있도록 공부해야 돼.

어휘를 할 때 교과서 단어와 수능 단어 중에서 빈출 어휘를 정리하여 암기해 보자. 듣기는 기출문제 위주로 반복해서 들어봐. 들리는 단어를 적어보는 것도 좋은 방법이야.

구문이해 능력이 약하면 혼자서 하긴 힘들어. 구문분석 인강을 들으면서 차차 정리하는 게 좋을 것 같아. 지금은 많은 문제를 푸는 것보다 기본기 다지기가 필요해. 교과서, 학교 부교재나 EBS 구문 문제집을 반복하는 것도 좋아.

(2) EBS 강의 목록

① EBS 고2 영어 강의 목록

우선 독해, 문법, 듣기, 단어, 작문 학습에 대한 인강을 알아볼거야. 네 등급에 맞는 인강을 확인해 봐.

1~2등급

영어종합

Q1. 다양한 문제풀이를 하고 싶어요

Q1 [2020학년도 고2 학력평가 해설] 영어

영어독해

Q1. 영어 독해 1등급 비법이 있을까요?

Q1 [방학집중관리 2주특강] 1~2등급을 위한 독해 - 기출편

***영어구문**

Q1. 영어 구문 1등급 비법이 있을까요?

Q1 [방학집중관리 2주특강] 1~2등급을 위한 구문 - 기출편

영어문법

Q1. 영어 문법 1등급 비법이 있을까요?

Q1 [방학집중관리 2주특강] 1~2등급을 위한 문법 - 기출편

영어어휘

Q1. 중요한 영어 어휘 집중해서 정리하고 싶어요.

Q1 [방학집중관리 2주특강] 1~2등급을 위한 어휘 - 기출편

3~4등급

영어종합

Q1. 영어는 어떻게 시작하는 게 좋을까요?

Q2. 영어개념을 공부하고 싶어요

Q3. 학교 시험대비는 어떻게 할 수 있을까요?

Q1
[단기특강] 영어독해 어법편 - 고2 어법 미리보기
[고1,2를 위한 기본개념] 김도현의 왕초보 영문법
[기본개념] 주혜연의 해석공식 Basic 2.0
[기본개념] 로즈리의 Grammar Holic-영문법 특강

Q2
[고2 개념 몰아보기] 영어
[집중관리] 세.모.빈 (세상에. 못 풀. 빈칸은 없다)
[집중관리] 수특수완 킬러문장 정복
[5일만에 끝내는 라이브 특강] 황혜경의 3점 문제 긴급 진단

Q3
[학교시험을 위한 학평변형] 학평변형 영어

영어독해

Q1. 다양한 문제들을 많이 풀어보고 싶어요.

Q2. 3~5등급인 제가 꼭 들어야 하는 강의를 추천해 주세요~~ 영어를 시작하는 친구들에게도 추천해요.

Q3. 영어독해를 정리하고 싶어요.

Q1
[올림포스 전국연합학력평가 기출문제집] 영어독해 (고2)

Q2
[단기특강] 영어독해 유형편 - 고2 유형 미리보기
이미지로 뿌리 뽑는 영단어 50강
[방학집중관리 2주특강] 3~5등급을 위한 독해 - 개념편
[기본개념] 정동완의 영어구문독해 - 구사일생

Q3
[5일만에 끝내는 라이브 특강] 정승익의 6시간에 끝내는 문장 해석
[Reading Power] 주제별 독해 완성
[집중관리 2주완성] 독해가 막힐 때, 문장해석 5스텝
[수능특강 Light] 영어독해

영어구문

Q1. 영어 구문은 어떻게 시작할까요?

Q2. 재미있게 영어 구문을 공부하고 싶어요.

Q1 [방학집중관리 2주특강] 3~5등급을 위한 구문 - 개념편

Q2 핵심만 쏙쏙, 5분 매추리알 - 구문편
[집중관리 2주완성] 초단기 구문특강

영어문법

Q1. 영어 문법은 어떻게 시작할까요?

Q2. 영어 문법 쉽게 공부하고 싶어요.

Q1 주혜연의 해석공식 BASIC3.0 (그래머)
[방학집중관리 2주특강] 3~5등급을 위한 문법 - 개념편
[기본개념] 주혜연의 기초영문법 원리와 적용

Q2 [5일만에 끝내는 라이브 특강] 주혜연의 6시간에 끝내는 영어 문법
핵심만 쏙쏙, 5분 매추리알 - 문법편

영어어휘

Q1. 영어 어휘 암기법 알수 있을까요?

Q2. 영어 어휘 쉽게 공부하고 싶어요.

Q1 [방학집중관리 2주특강] 3~5등급을 위한 어휘 - 개념편
[기본개념] 수능 영어독해의 비법 - 이아영 (이아영의 답 찾는 실전 어법)

Q2 [집중관리 2주완성] 10일 300단어, 어휘 폭발 프로젝트!

영어듣기

Q1. 영어 듣기는 어떻게 공부하면 좋을까요?

Q1 [기본개념] 레이나의 Listening Anatomy

5~9등급

영어종합

Q1. 영어는 어떻게 시작하는 게 좋을까요?
Q2. 영어개념을 공부하고 싶어요
Q3. 학교 시험대비는 어떻게 할 수 있을까요?

Q1 [2022학년도 뉴수능 스타트] 영어
[수능 감(感) 잡기] 영어

Q2 [전치사 TOP 15] 열일하는 전치사

Q3 [교과서 시험직전 요약] 영어1

영어문법

Q1. 영어 문법은 어떻게 시작할까요?
Q2. 영어 문법 쉽게 공부하고 싶어요.

Q1 [2주면 끝] 고등예비과정-영어 〈개념이 있는 문법〉

Q2 MY GRAMMAR COACH 표준편

영어어휘

Q1. 영어 어휘 어떻게 시작하면 좋을까요?

Q1 Core 이미지 Voca

(3) M스터디 집중 분석

고등학교 1학년으로 들어오면서 내신과 모의고사 유형을 한꺼번에 공부하느라 힘들었지? 2학년 때는 부족한 내용을 보완하고 3학년 때 원하는 등급을 받을 수 있도록 참고할만한 인터넷 강의 소개해 줄게.

Q1

내신을 준비할 때 교과서를 외우고, 부교재도 열심히 했는데 1등급이 나오지 않아서 걱정이에요.

A1 . 보통 내신 시험은 교과서와 학력평가의 변형문제들로 구성하고 있어. 여기에 듣기라든지 부교재도 많이 포함 돼. 학생들이 어려워하는 서술형 문제들도 연습해야 1등급 받을 수 있어.

혼자서 다 준비하기 힘들 때는 [내신 1등급 끝장 내자!]강의도 좋아. 교과서 강좌부터 부교재, 학력평가 변형문제들까지 내신을 대비한 강의들로 구성되어 있어.

Q2

저는 내신 대비할 때 교과서는 수업시간에 필기한 내용으로 대비가 되는데 부교재와 학력평가 변형문제를 정리하고 싶어요.

A2 . 내신에 신경이 많이 쓰이지? [학평변형&부교재강좌]를 추천해. 사실 교과서는 선생님에 따라 조금씩 다르지만 대개 비슷한 지문에 비슷한 유형의 문제들이 나오지. 하지만 부교재나 특히 학평문제들은 매번 달라지기 때문에 변형문제를 다른 사람이 도와주면 훨씬 효율적이야.

Q3

저는 영어 기초가 부족해서 영어를 어떻게 공부해야 할 지 방법을 모르겠어요.

A3 . 기초가 부족하다고 해서 포기하면 안 되는 과목이 바로 영어야. 대학에 들어가도, 앞으로의 사회생활을 위해서도 꼭 필요하니까 포기하지 마. 지금부터 열심히 하면 돼.

혼자서 공부하다 보면 쉽게 지칠 수 있는데, 인터넷 강의 [생기초 사이다 특강]를 추천해 . 어휘, 어법, 구문&독해, 수능까지 기초적인 내용부터 찬찬히 설명해 주니 도움이 많이 될 거야.

(4) E투스 집중 분석

고등학교 2학년, 지금 영어를 열심히 하지 않으면 3학년때 등급 받기 전략 세우기에 힘들 수 있어. 부족한 부분을 인터넷 강의로 채워서 보완하면 좋을 것 같아.

Q1

영어 기초가 너무 없는데 영어를 어떻게 시작하죠?

A1 . 아직 시간이 많이 남았어. 포기하지말고 지금부터 하면 돼.
쉽고 빠르게 기초를 공부할 수 있는 [고1/2 기초문법+기초구문 : 생기초 단기완성 프로젝트]를 추천해. 실력이 부족해서 다른 강의를 들을 수 없는 학생에게 딱 맞는 강의야. 아마 이 강의를 듣고 복습까지 한다면 영포자에서 자신있게 벗어날 거야.

Q2

내신 대비를 하고 싶은데 교과서별 강의가 있나요?

A2 . 교과서별, 단원별 강의가 모두 구성되어 있기 때문에 필요한 강의를 수강하면 돼. 내신에 출제가능성이 높은 문항으로 구성되어 있고, 특히 짧은 시간 안에 마무리하고 싶은 학생에게 좋은 강의야. 고2 때 내신은 절대적이라는거 알고 있지? 부족한 부분은 인터넷 강의로 마무리하는 것도 괜찮아.

Q3

저는 독해보다 어법, 빈칸 추론, 문장 배열 문제가 너무 어려워요.

A3. 고3에게도 소개했는데, [어법/빈칸공략] 이나 [어법/순서배열]을 추천해. 수능에 많이 출제되는 문제들을 정리해서 수업을 진행해. 지문의 내용이 정확하게 독해가 되지 않았다고 그 문제를 못 푼다고 포기하지 않게 적절히 정답을 유추하는 방법까지 알려줘. 순서배열은 200개의 문항으로 연습을 하면 어느 정도는 감이 잡힐 거야.

Q4

모의고사 전에 대비할 강의가 없을 까요?

A4. 무료 강의 중[학평 변형 모의편]강의가 있어. 교재도 필요 없고 파일로 제공되기 때문에 모의고사 전에 준비하기에는 딱 좋은 강의야. 해설지를 봐도 이해하기 어려운 31번~49번 중 높은 오답 비율을 보인 문제를 푸는 접근법을 제시해 주는 강의야.

Q5

학교 내신 시험을 보면 항상 서술형에서 많이 틀려요.

A5. 그렇다면 평소 서술형 문제를 많이 풀어 봐야 해. [내신마스터-서술형 마스터]강의도 좋아. 학생들 스스로 문장을 만들어 보는 연습으로 서술형 문제를 풀 수 있는 실력을 키워주는 수업이야. 영어의 기본기가 약한 친구들도 들으면 좋을 것 같아.

(5) 문제집 수준별 활용법(고1/고2 공통)

고1, 고2 : 1-2등급

Q1 내신 대비를 위한 서술형 연습을 하고 싶어요. 특히 단어 배열 문제가 어려워요. 혼자서도 공부할 수 있는 교재를 추천해 주세요.

A1. 내신의 비중이 높다보니 서술형 문제의 난이도가 계속 올라가고, 철자 하나만 실수해도 점수가 나오지 않는 경우가 있어서 속상한 학생들이 많아. 워크북 형태의 [화이트라벨 : 서술형 문장 완성북]을 공부해 볼래? 단어 배열에 대한 유형 연습을 할 수 있어서 좋았다는 친구들이 후기가 많아.

Q2 모의고사 문제집이 필요해요. 저에게 맞는 교재를 추천해 주세요.

A2. 보통 친구들이 [자이스토리], [마더텅]을 많이 공부해. 특히 [자이스토리]1등급 고난도 마스터는 어려운 문제들로 구성되어 있으니 집중적으로 난이도 문제를 연습하면 돼. [마더텅]은 생각보다 책이 두꺼워서 한 번 놀라고, 해설이 잘 되어 있어서 두 번 놀란다고 해. 그 외에도 모의고사 문제집은 많이 있으니 여러 권을 비교해 보고 선택해.

Q3 영어에 대한 기초가 약해요. 단어와 구문부터 공부하라는 조언을 받았습니다. 어떤 교재가 좋을까요?

A3. [숨마쿰라우데 영어 입문 매뉴얼(MANUAL)] 은 예비고등학생이나 고1이 영어를 정리할 때 유용한 책이야. 이 교재는 '독해 유형편'과 '수능 문법편'으로 구성되어 있어. 고1, 고2의 전국 모의고사 문제를 연습하면서 수능 유형에 대한 적응과 어휘, 독해, 문법 실력을 점검해 볼 수 있어. '정답과 해설' 부분도 혼자서 공부할 수 있도록 자세히 설명되어 있어.

Q4 어려운 독해를 많이 풀면서 오답을 체크하고 싶어요.

A4. 지금 영어를 잘한다고 해도 3학년이 되기 전에 심화문제를 많이 다루어보는 것도 좋아. 그럼 [영어 오답의 모든 것 4: 영끝극복 심화독해]를 추천해. 이 책은 오답률이 높은 6가지 유형을 꼼꼼히 다루고 있어. 글의 순서 맞추기, 문장 삽입하기, 빈칸 추론하기, 무관한 문장 찾아내기, 그리고 어휘와 어법까지 다 해결할 수 있어. 어때! 고3때까지 1등급을 유지할 수 있겠지.

고1, 고2 : 3-4등급

Q1 내신 영어는 시험기간에 바짝, 모의고사는 그냥 대충 시험을 보고 있어요. 그래도 학교 수업은 제대로 들어서 4등급은 유지하고 있는데, 이제 맘 먹고 영어 공부를 해볼려고 하는데, 다들 단어부터 공부를 해야 한다고 해요. 근데 저는 영어 단어 외우는 게 너무 재미없어요.

A1. 영어 학습에서 알고 있는 어휘의 양이 부족하면 성적 향상은 한계가 있어. 근데 영어 단어 외우기는 싫다고. 이런 친구들이 많아. 그런 친구들이 [단디해라! 수능VOCA]로 공부를 한 후 영어 단어 외우기가 훨씬 재미있다고 하네. 70일 완성으로 구성되어 있는데, 하루마다 재미있고 황당한 에피소드로 시작해. 영단어집이 대부분 단어들만 구성되어 있는데, 이 책은 대화 지문을 많이 사용하기 때문에 재미있다는 친구들이 많아. 그리고 [단디해라! 수능VOCA]는 그 단어의 다른 쓰임도 예시문으로 사용해서 영어 듣기에도 도움이 되었다는 친구들도 있었어. 어때! 오늘부터 시작해 보는게^^

Q2 수능에서 문법을 묻는 문제는 몇 문제 되지 않는다는 선배의 이야기를 듣고 문법보다는 독해와 어휘 암기에 많은 시간을 보냈어요. 그런데 문장 구조와 원리를 모르니 독해력이 늘지 않아서 문법을 정리해야 될 것 같은데 어떤 교재가 좋을까요?

A2. [키워드 그래머]를 추천해. 중학교 때와 달리 고등학교 영어를 힘들어하는 학생의 대부분이 지문이 길어지고, 구조가 복잡하다는 이야기를 많이 해. 이 책은 내신과 수능에 자주 나오는 문법들을 이해하기 쉽게 설명하고 있어. 25일 완성으로 책이 구성되어 있지만 방학 때 이 책을 이용하여 빠르게 2~3번 반복하는 것도 좋아.

Q3 기초 문법은 정리를 했어요. 문법 정리를 반복하면서 제가 부족한 어법 유형이 무엇인지 확인하고 보완하고 싶어요. 어떻게 공부하면 좋을까요?

A3. [시험에 꼭 나오는 어법만 딱! 공부하자]를 추천해. 이 교재는 친구들이 알아야 하는 어법들, 알고는 있지만 시험에서 자주 틀리는 문제들로 구성했어. 3단계 시스템으로 학습을 하고, 마지막 학습에서 쉽게 이해 할 수 있는 비법이 제공되니 그 부분도 참고해.

Q4 문법과 어법 파트를 모의고사와 내신 시험을 같이 준비할 수 있는 교재가 있을까요?

A4. 내신 시험이 학교 교과서와 모의고사에 많이 나오기 때문에 그 부분을 보완하고, 서술형을 먼저 연습을 해야 돼. [첫단추 모의고사 : 문법&어법편]는 개념정리와 출제 빈도수가 높은 어법 문제를 많이 다루고 있어. 학교 서술형에 많이 나오는 틀린 부분 찾기, 순서 배열 및 문장 완성, 단어 변형에 대한 문제들도 다루고 있어서 내신 대비에 좋아.

Q5 저는 듣기에서 점수가 나오지 않아 걱정이예요.

A5. 듣기는 틀리면 아쉬운데... [영어 오답의 모든 것1: 낭패없는 듣기훈련]로 연습해 보자. 듣기는 습관이 중요해. 이 책을 1~12차로 구성되어 각 차시별 유형소개와 비법을 딱 짚어주는 교재야. 이 책으로 공부를 하면 듣기 지름길로 가고 있다는 느낌이 들거야. 연습 후 실전연습 문제를 풀어보면서 부족한 것을 보완하면 돼.

고1, 고2 : 5-9등급

Q1 등하교 길에 듣기평가를 계속 연습하고 싶어요. 조금 쉬운 교재가 있을까요?

A1. 자투리 시간을 이용해서 듣기평가를 대비하는 학습법은 너무 좋아. 조금 내용이 쉬운 [디딤돌 수능영어듣기 실전모의고사 BASIC] 교재를 추천해. 우선은 1회를 반복해서 듣고, 들리는 단어를 써보는 연습을 한 후, 대본을 보면서 계속 반복해서 학습하면 듣기 실력뿐 아니라 다른 파트에도 자신감이 생길거야.

Q2 모의고사 문제를 바탕으로 고등 영어를 전체적으로 정리하고 싶어요. 어떻게 공부하면 좋을까요?

A2. [천일문 기본]을 여러 번 학습하는 게 좋아. 시험에 기초가 되는 111개의 구문을 정리한 후 본문 해석 연습지에 해석한 내용을 쓰면서 점검하는 방법이 좋아. 기초가 부족한 학생을 위한 MP3파일 버전이 느린 속도와 정상 속도 두 가지 있으니 원어민 발음을 무한 반복해서 듣는 것도 도움이 될거야. www.cedubook.com 에 MP3파일, 본문 해석 연습지, 본문 말하기&영작 연습지, 어휘테스트, 딕테이션 Sheet가 있어서 자기주도학습을 하는데 딱이야!

Q3 단어 암기가 잘 되지 않아요. 매일 계획을 세워 체계적으로 외우고 싶은데 좋은 방법이 없을까요?

A3. 암기가 잘 되지 않는다는 친구들이 의외로 많아. 암기는 여러 가지 방법 중 자신에게 맞는 공부법을 선택해서 반복할 수 밖에 없어. 요즘은 영어 단어장 구성을 보면 날짜별, 학습량을 체크하기 때문에 매일 공부할때는 더 도움이 돼. [어휘끝 : 고교기본]으로 시작하면 좋아. 9주~12주 정도 플랜으로 암기를 반복한 후, [어휘끝 : 수능]으로 단계를 바꾸면 돼. 또 [능률보카], [워드마스터] 도 친구들이 많이 보는 단어장이니 비교해 보고 자신에게 맞는 걸 선택해.

다 고등학교 1학년

(1) 모의고사 등급별 공부법

등급별	학습법
1~2등급	각 파트별 계획을 세워 학습하기. 구문 학습에 충실하기
3~4등급	듣기 반복하면서 주말에는 듣기 단어 적는 연습하기
5~9등급	나만의 단어장 만들기

[고1 : 1~2등급]

고1은 모의고사 성적에 상관없이 영어에 대한 기본학습에 충실해야 돼. 이 등급의 학생 중 고2, 3학년에 올라가면 영어 성적이 떨어지는 학생 대부분이 현재 영어 성적이 잘 나오니까 파트별로 계획없이 즉흥적으로 공부하는 경우였어.

1학년 때 성적이 잘 나온다고 해서 영어 공부시간을 줄이지말고 더 투자하는 것이 좋아. 그래야지 고3때 등급을 유지할 최저 시간만 투자하고 다른 과목에 더 집중할 수 있거든. 이 등급의 친구들은 학교 수업에 충실하면서 듣기, 어휘 구문학습을 꾸준히 해서 내신과 수능 두 마리 토끼를 잡아야 해.

[고1 : 3~4등급]

이 등급의 학생들에게 영어영역은 대학 입시에 미치는 영향력이 크다는 걸 알아둬. 꾸준히 학습하면서 1~2등급을 받을 수 있는 전략을 세워야 해.

듣기는 꾸준히 하지 않으면 평소에 알던 단어도 원어민 발음으로 들었을 때 다른 단어로 들리는 경우가 있거든. 듣기에서 중요한 것은 네가 아는 단어가 실제 어떻게 발음되는지 그 차이의 구별이야. 그래서 듣기 연습이 필요해. 대화문을 반복해 들으면서 들리는 단어를 적는 연습도 필요해. 독해의 기본인 어휘력과 문장 구조 파악에 대한 구문연습, 글의 핵심을 파악하기 위해 지문을 논리적으로 이해하는 것도 마찬가지야.

[고1 : 5~9등급]

우선 어휘학습과 듣기 학습을 계획을 세워보자. 어휘는 교과서나 학교에서 쓰는 부교재, 혹시 중학교 때 어휘 학습을 많이 안했다면 중학교때 산 단어장도 괜찮아. 월요일부터 금요일까지 단어를 암기 계획을 세우고 주말에는 복습을 하는 거야. 1학년때 최대한 단어를 많이 외워서 모의고사 지문을 읽어낼 수 있어야 해.

시간날 때마다 듣기도 준비해야 돼. 처음에는 한 달 정도 해도 점수가 오르는 게 쉽지 않아. 하지만 6개월 정도 투자하면 결과가 나타날거야. 영어는 습관이 필요해. 이걸 잊지말고, 혼자 계획세워 공부하기 힘들면 인터넷 강의나 학교에서 멘토링 도움 받는 것도 좋아.

(2) EBS 강의 목록

① EBS 고1 영어 강의 목록

중학교 영어랑 고등학교 영어랑은 많이 다른 것 같지 않니? 배우는 양도 많고 단어도 외워야 하고, 듣기도 해야 하고, 문법은 모르겠고, 하지만 차근차근 해 나가면 돼. 걱정하지마. 선배랑 기본 인터넷 강의부터 확인해 볼까?

1~2등급

영어종합

Q1. 학교 내신에서 영어 모의고사 문제가 출제된다고 하는데 어떻게 공부하는 게 좋을까요?

Q1 [고1 학력평가 해설] 영어

영어독해

Q1. 방학 때 영어를 집중 공부하고 싶어요.

Q1 [방학집중관리 2주특강] 1~2등급을 위한 독해 - 기출편

영어구문

Q1. 영어 구문은 어떻게 정리해요.

Q1 [방학집중관리 2주특강] 1~2등급을 위한 구문 - 기출편

영어문법

Q1. 단기간에 영어문법을 정리하고 싶어요.

Q1 [방학집중관리 2주특강] 1~2등급을 위한 문법 - 기출편

영어어휘

Q1. 어려운 어휘들을 공부하고 싶어요.

Q1 [방학집중관리 2주특강] 1~2등급을 위한 어휘 - 기출편

3~4등급

영어종합

Q1. 단기간 모의고사 유형을 정리하고 싶어요.
Q2. 영어 어떻게 시작해야 성적을 올릴 수 있을까요?
Q3. 학교 시험대비는 어떻게 할까요?

Q1
[단기특강] 영어독해 어법편 – 고2 수능어법 미리보기
[단기특강] 영어독해 유형편 – 고2 수능유형 미리보기

Q2
[고1 개념 몰아보기] 영어
[집중관리] 세.모.삔 (세상에. 못 풀. 빈칸은 없다)
[집중관리] 수특수완 킬러문장 정복
[2주 라이브 특강] 고1 – 영어
[5일만에 끝내는 라이브 특강] 황혜경의 3점 문제 긴급 진단
[숙어 TOP 200] OK 수능숙어 '옥수수'

Q3
[학교시험 3주완성] 고1 학평변형 영어

영어독해

Q1. 영어 어떻게 시작하면 좋을까요?
Q2. 쉽게 독해 할 수 있는 방법 알려주세요.

Q1
[방학집중관리 2주특강] 3~5등급을 위한 독해 – 개념편
[예비 고1 지금, 내 등급은?] 영어독해교재안내

Q2
[5일만에 끝내는 라이브 특강] 정승익의 6시간에 끝내는 문장 해석
[Reading Power] 주제별 독해 완성
[집중관리 2주완성] 독해가 막힐 때, 문장해석 5스텝
[수능특강 Light] 영어독해
[올림포스] 구문연습 300

영어구문

Q1. 영어구문이 항상 어려워요.

Q2. 영어구문 꼭 외워야 하는 거 있나요?

Q1 [방학집중관리 2주특강] 3~5등급을 위한 구문 - 개념편

Q2 핵심만 쏙쏙, 5분 매추리알 - 구문편
[집중관리 2주완성] 초단기 구문특강

영어문법

Q1. 영어문법 개념을 정리하고 싶어요.

Q2. 영어문법 어떻게 시작해야 하나요?

Q1 주혜연의 해석공식 BASIC3.0 (그래머)
[방학집중관리 2주특강] 3~5등급을 위한 문법 - 개념편
[기본개념] 주혜연의 기초영문법 원리와 적용

Q2 [5일만에 끝내는 라이브 특강] 주혜연의 6시간에 끝내는 영어 문법
핵심만 쏙쏙, 5분 매추리알 - 문법편
[집중관리 2주완성] 3개년 기출로 문법 싹~
[집중관리 2주완성] ABC만 알아도 이해되는 문법 개념

영어어휘

Q1. 제 등급에는 어떤 어휘 공부를 해야하죠

Q2. 어휘도 공부하는 방법이 있나요?

Q1 [방학집중관리 2주특강] 3~5등급을 위한 어휘 - 개념편

Q2 [집중관리 2주완성] 10일 300단어, 어휘 폭발 프로젝트!

영어듣기

Q1. 영어 듣기는 어떻게 공부할까요.

Q1 [예비 고1 지금, 내 등급은?] 영어듣기

5~9등급

영어종합

Q1. 지금 영어 공부를 시작하려면 어떻게 해야하죠.

Q2. 전치사 공부는 어떻게 해야하죠?

Q3. 학교 시험대비는 어떻게 할까요?

Q1
[고1 예비] 2021년, 내 등급은? 영어
[2022학년도 뉴수능 스타트] 영어
[고등예비과정] 김지우의 영어듣기
[고등예비과정] 정승익의 영어문법
[고등예비과정] 주혜연의 영어독해

Q2
[전치사 TOP 15] 열일하는 전치사

Q3
[수행평가] 올림포스로 만점 도전 - 영어독해의 기본
[교과서 진도 특강] 영어

영어듣기

Q1. 영어 공부 어떻게 시작해요.

Q1
[2주면 끝] 고등예비과정-영어 〈2주 독해 Ready Go 高~!〉

영어문법

Q1. 영어문법 쉬운 인강 없나요?

Q2. 영어문법 어떻게 시작해야 하나요?

Q1
[2주면 끝] 고등예비과정-영어 〈개념이 있는 문법〉

Q2
MY GRAMMAR COACH

영어어휘

Q1. 영어 어휘 공부 어떻게 시작해요.

Q1
Core 이미지 Voca

영어듣기

Q1. 영어 듣기는 어떻게 공부할까요.

Q1
[예비 고1 지금, 내 등급은?
[1주면 끝] 고등예비과정-영어 〈듣기, 정답의 알고리즘〉

(3) M스터디 집중 분석

고1 학생의 대부분 고민은 '학교 내신을 위해 어떻게 공부할까?' 이더라. 정말 많이 들어. 1학년 메가스터디 강의는 [고2] 대상인 것을 참고해도 좋아.

기초가 약하면 [생기초 사이다 특강], 학력평가와 부교재 변형 문제가 필요한 경우는 [학평변형&부교재강좌], 내신 1등급을 위해 꼼꼼한 강의가 필요하다면 [내신 1등급 끝장 내자!] 각 파트 안에 많은 강좌들이 있으니까 미리 보기를 한 번 들어보고 네가 원하는 걸 선택하면 될 것 같아.

(4) E투스 집중 분석

중학교 때 시험과 고등학교 시험이랑 차이가 많이 나는 걸 느낄거야. 시험 유형에 빨리 익숙해져야 돼. 혹시 부족한 부분이 있으면 인터넷 강의를 이용해서 보완하는 것도 괜찮아.

Q1

중학교 때부터 거의 영어를 포기 해서 걱정이 많아요. 어떻게 공부를 하면 될까요?

A1 . 고2 학생에게도 추천했는데, [고1/2 기초문법+기초구문 : 생기초 단기완성 프로젝트]가 좋을 거야. 쉽고 재미있다는 후기가 많으니까 흥미를 잃지 않고 계속할 수 있을 거야.

Q2

내신 대비 교과서 공부를 하고 싶은데 어떻게 해야 할지 모르겠어요.

A2 . [이투스가 곧 족보다] 에서 교과서 출판사에 맞는 강의를 찾으면 돼. 단원별로 개설이 되어 있어서 부족한 부분을 찾아서 학습할 수 있어. 학교 부교재가 'EBS 올림푸스'인 경우가 많은데, 그 강좌도 개설되어 있으니 찾아서 수강하면 돼.

Q3

모의고사 준비는 어떻게 해야 하나요.

A3 . 모의고사는 기출문제를 풀어보고 해설 강의를 듣는 것이 좋아. 예전 강의들이 탑재된 경우가 있으니 그 것을 참고해도 되고, 네가 직접 풀었던 지난 모의고사 문제에 강의를 들으면서 너 자신의 약점 파트를 공략하는 것도 좋아.

(5) 문제집 수준별 활용법(고1/고2 공통)

고1, 고2 : 1-2등급

Q1 내신 대비를 위한 서술형 연습을 하고 싶어요. 특히 단어 배열 문제가 어려워요. 혼자서도 공부할 수 있는 교재를 추천해 주세요.

A1. 내신의 비중이 높다보니 서술형 문제의 난이도가 계속 올라가고, 철자 하나만 실수해도 점수가 나오지 않는 경우가 있어서 속상한 학생들이 많아. 워크북 형태의 [화이트라벨 : 서술형 문장 완성북]을 공부해 볼래? 단어 배열에 대한 유형 연습을 할 수 있어서 좋았다는 친구들이 후기가 많아.

Q2 모의고사 문제집이 필요해요. 저에게 맞는 교재를 추천해 주세요.

A2. 보통 친구들이 [자이스토리], [마더텅]을 많이 공부해. 특히 [자이스토리]1등급 고난도 마스터는 어려운 문제들로 구성되어 있으니 집중적으로 난이도 문제를 연습하면 돼. [마더텅]은 생각보다 책이 두꺼워서 한번 놀라고, 해설이 잘 되어 있어서 두 번 놀란다고 해. 그 외에도 모의고사 문제집은 많이 있으니 여러 권을 비교해 보고 선택해.

Q3 모의고사 문제를 바탕으로 고등 영어를 전체적으로 정리하고 싶어요. 어떻게 공부하면 좋을까요?

A3. [숨마쿰라우데 영어 입문 매뉴얼(MANUAL)] 은 예비 고등학생이나 고1이 영어를 정리할 때 유용한 책이야. 이 교재는 '독해 유형편'과 '수능 문법편'으로 구성되어 있어. 고1, 고2의 전국 모의고사 문제를 연습하면서 수능 유형에 대한 적응과 어휘, 독해, 문법 실력을 점검해 볼 수 있어. '정답과 해설' 부분도 혼자서 공부할 수 있도록 자세히 설명되어 있어.

Q4 독해 문제집 중에서 오답 해설이 잘 되어 있는 책이 있을까요?

A4. 오답 문제집은 오답의 유형과 그 설명이 잘 되어 있어야 학생들이 혼자서도 공부하기가 좋아. [영어 오답의 모든 것3: 뼈 때리는 핵심독해] 이 책으로 공부를 해봐. 해설이 잘 되어 있어서 1대1 과외를 해 주는 느낌이야. 그리고 비법 연습문제-기출 연습문제-실전 연습문제-고난도 연습문제까지 풀 수 있어서, 자신의 단계가 어디가 부족한지도 체크 할 수 있는 책이야.

고1, 고2 : 3-4등급

Q1 내신 영어는 시험기간에 바짝, 모의고사는 그냥 대충 시험을 보고 있어요. 그래도 학교 수업은 제대로 들어서 4등급은 유지하고 있는데, 이제 맘 먹고 영어 공부를 해볼려고 하는데, 다들 단어부터 공부를 해야 한다고 해요. 근데 저는 영어 단어 외우는 게 너무 재미없어요.

A1. 영어 학습에서 알고 있는 어휘의 양이 부족하면 성적 향상은 한계가 있어. 근데 영어 단어 외우기는 싫다고. 이런 친구들이 많아. 그런 친구들이 [단디해라! 수능VOCA]로 공부를 한 후 영어 단어 외우기가 훨씬 재미있다고 하네. 70일 완성으로 구성되어 있는데, 하루마다 재미있고 황당한 에피소드로 시작해. 영단어집이 대부분 단어들만 구성되어 있는데, 이 책은 대화 지문을 많이 사용하기 때문에 재미있다는 친구들이 많아. 그리고 [단디해라! 수능VOCA]는 그 단어의 다른 쓰임도 예시문으로 사용해서 영어 듣기에도 도움이 되었다는 친구들도 있었어. 어때! 오늘부터 시작해 보는게^^

Q2 수능에서 문법을 묻는 문제는 몇 문제 되지 않는다는 선배의 이야기를 듣고 문법보다는 독해와 어휘 암기에 많은 시간을 보냈어요. 그런데 문장 구조와 원리를 모르니 독해력이 늘지 않아서 문법을 정리해야 될 것 같은데 어떤 교재가 좋을까요?

A2. [키워드 그래머]를 추천해. 중학교 때와 달리 고등학교 영어를 힘들어하는 학생의 대부분이 지문이 길어지고, 구조가 복잡하다는 이야기를 많이 해. 이 책은 내신과 수능에 자주 나오는 문법들을 이해하기 쉽게 설명하고 있어. 25일 완성으로 책이 구성되어 있지만 방학 때 이 책을 이용하여 빠르게 2~3번 반복하는 것도 좋아.

Q3 기초 문법은 정리를 했어요. 문법 정리를 반복하면서 제가 부족한 어법 유형이 무엇인지 확인하고 보완하고 싶어요. 어떻게 공부하면 좋을까요?

A3. [시험에 꼭 나오는 어법만 딱! 공부하자]를 추천해. 이 교재는 친구들이 알아야 하는 어법들, 알고는 있지만 시험에서 자주 틀리는 문제들로 구성했어. 3단계 시스템으로 학습을 하고, 마지막 학습에서 쉽게 이해 할 수 있는 비법이 제공되니 그 부분도 참고해.

Q4 문법과 어법 파트를 모의고사와 내신 시험을 같이 준비할 수 있는 교재가 있을까요?

A4. 내신 시험이 학교 교과서와 모의고사에 많이 나오기 때문에 그 부분을 보완하고, 서술형을 먼저 연습을 해야 돼. [첫단추 모의고사 : 문법&어법편]는 개념정리와 출제 빈도수가 높은 어법 문제를 많이 다루고 있어. 학교 서술형에 많이 나오는 틀린 부분 찾기, 순서 배열 및 문장 완성, 단어 변형에 대한 문제들도 다루고 있어서 내신 대비에 좋아.

Q5 어휘는 어느 정도 알고 있다고 생각하는데, 선생님과 시험지 분석을 하면 맨날 어휘와 구문분석이 약하다고 하는데 어떻게 공부하면 좋을까요?

A5. 그럴 때는 이 책으로 공부를 해봐. [영어 오답의 모든 것2: 구문어휘] 이 책은 내가 구문분석을 할 때 잘못된 점부터 체크해서 오답을 줄일수 있도록 도와주는 책이야. 4가지 학습법을 바탕으로 오류를 체크하여 피드백을 받을 수 있어. 이때 오답이 나오는 요인까지 분석을 해주니 1석 2조의 효과를 볼 수 있어. 매일 매일 계획적으로 할 수 있게 플랜도 같이 제공되니 더 공부하기 편할 거야.

고1, 고2 : 5-9등급

Q1 등하교 길에 듣기평가를 계속 연습하고 싶어요. 조금 쉬운 교재가 있을까요?

A1. 자투리 시간을 이용해서 듣기평가를 대비하는 학습법은 너무 좋아. 조금 내용이 쉬운 [디딤돌 수능영어듣기 실전 모의고사 BASIC] 교재를 추천해. 우선은 1회를 반복해서 듣고, 들리는 단어를 써보는 연습을 한 후, 대본을 보면서 계속 반복해서 학습하면 듣기 실력뿐 아니라 다른 파트에도 자신감이 생길 거야.

Q2 영어에 대한 기초가 약해요. 단어와 구문부터 공부하라는 조언을 받았습니다. 어떤 교재가 좋을까요?

A2. [천일문 기본 베이직]을 여러 번 학습하는 게 좋아. 시험에 기초가 되는 111개의 구문을 정리한 후 본문 해석 연습지에 해석한 내용을 쓰면서 점검하는 방법이 좋아. 기초가 부족한 학생을 위한 MP3파일 버전이 느린 속도와 정상 속도 두 가지 있으니 원어민 발음을 무한 반복해서 듣는 것도 도움이 될거야. www.cedubook.com 에 MP3파일, 본문해석 연습지, 본문 말하기&영작연습지, 어휘테스트, 딕테이션 Sheet가 있으니 자기주도학습을 하는데 딱이야!

Q3 단어 암기가 잘 되지 않아요. 매일 계획을 세워 체계적으로 외우고 싶은데 좋은 방법이 없을까요?

A3. 암기가 잘 되지 않는다는 친구들이 의외로 많아. 암기는 여러 가지 방법 중 자신에게 맞는 공부법을 선택해서 반복하는 수밖에 없어. 요즘은 영어 단어장 구성을 보면 날짜별, 학습량을 체크하기 때문에 매일 공부할때는 더 도움이 돼. [어휘끝 : 고교기본]으로 시작하면 좋아. 9주~12주 정도 플랜으로 암기를 반복한 후, [어휘끝 : 수능]으로 단계를 바꾸면 돼. 또 [능률보카], [워드마스터], [경선식 영단어 초스피드암기비법 수능]도 친구들이 많이 보는 단어장이니 비교해 보고 자신에게 맞는 걸 선택해.

② 영어 내신 끝판 공부법

내신은 교과서와 부교재, 모의고사 변형문제, 학교 선생님이 직접 만든 프린트물까지 그리고 듣기 평가를 내신 시험에 포함시키는 학교도 있어.

무조건 학교 선생님의 수업을 성실히 듣고, 필기하면서 예습과 복습을 매일 하는 것이 제일 좋아.

가 듣기를 잘하려면 소리내어 읽기를 먼저

내신에 듣기를 포함하는 학교도 있으니까 듣기부터 설명할게. 영어 듣기를 귀에 이어폰만 꽂고 들으면 된다고 생각하는 학생이 많아. 하지만 이 방법이 실력 향상에 그리 도움이 되지 않아.

듣기를 잘하기 위해서는 먼저 소리내어 문장을 읽어봐야 해. 하루 일과를 마치고 집에 왔을 때, 10분정도 모의고사나 기출문제집의 듣기 대본을 읽어봐. 그리고 어제 읽었던 듣기 파일을 등하교시 계속 들으면서 대본의 내용을 이해하는 거지. 학교에 도착하면 녹음 대본 속에 있는 단어와 문장을 다시 보며 정리해. 그러다보면 단어만 들리던 게 어느덧 문장까지로 확대될 거야.

나 독해는 내신의 50% 이상을 차지

독해는 내신의 50% 이상을 차지하므로 이 부분 공부에 좀더 시간을 투자해야 해. 본문을 암기해서 시험에 임하는 학생이 종종 있는데 매우 효율성이 떨어지는 학습법이야. 본문을 암기하는 것보다 글의 흐름을 이해하고, 모르는 단어와 구문을 정리해서 다른 예에 응용할 수 있는 학습이 필요해. 그렇게 해야 선생님이 문제를 살짝 응용해서 내더라도 해결할 수 있거든.
문제 유형에 따라 하나 하나 살펴볼까?

• 중심 내용 파악하기 •

시험에서 제일 중요한 문제야. 지문을 읽은 후, 전체 내용을 이해하고, 주제, 요지, 제목을 추론하는 문제야. 이 때 읽으면서 중요 문구가 어디 있는지, 단어나 문장에 중요한 내용은 정리하는 것이 좋아. 수업 시간 필기했던 것과 선생님께서 강조한 내용도 같이 표시해 두어야 해.

평소에 다양한 소재의 글을 읽어 보는 걸 추천해. 단어를 하나씩 해석하기보다는 전체를 훑으면서 글쓴이가 어떤 내용을 이야기하는지 찾는 연습을 계속해야 돼.

인문, 사회, 예술, 과학과 같은 다양한 분야의 대화를 오디오 북으로 듣거나, 글을 읽고 맥락을 이해하여 핵심 내용을 파악하고 숨겨진 내용도 파악하는 게 좋아. 내신기간에도 중심 내용을 파악하는 문제를 평소대로 공부한다면 좋은 결과가 있을 거야.

● 세부 내용 파악하기 ●

전체 독해 후, 주어진 내용과의 일치와 불일치를 많이 묻는 문제가 출제 돼. 이런 유형의 문제는 수업 후 본문을 복습한 학생이라면 쉽게 해결하지. 그래서 교과서 외 다른 지문이 출제되기도 해.

평소에 여러 분야의 글을 읽고, 구체적인 내용 이해에 초점을 맞추어 읽는 것과 직접 제시된 정보를 정확하게 파악하는 연습이 필요해.

일상생활에서 쉽게 접할 수 있는 안내문이나 광고글을 읽고 담긴 내용과 답지의 일치 여부를 찾는 문제를 많이 보는 것이 좋아. 이런 유형에서 제일 중요한 건 네가 알고 있는 지식이 아니라 주어진 내용에 대한 사실적 이해에 근거를 하여 답지와의 일치 여부를 판단해야 된다는 거야. 가끔 배경지식으로 문제를 풀다가 틀리지. 그 부분을 유의해.

● 논리적 관계 파악하기 ●

이게 보통 이야기하는 빈칸 추론 유형이야. 이 문제를 해결하기 위해서는 문장 속의 논리적인 관계(원인과 결과)도 파악해야 되고. 중심 내용과 전체적인 맥락, 글의 흐름을 이해하고 빈칸 속에 어떤 단어나 문장이 들어갈지를 생각해야 해. 모의고사의 경우는 5지선다형이기 때문에 보기에서 적절한 말을 고르면 돼. 하지만 내신에는 빈칸 유형이 단답형으로 많이 출제되기 때문에 문장 쓰는 연습을 해야해. 어떤 단어나 문장을 대입했을 때, 앞 뒤 문맥이 자연스러운지 검토해 보는게 팁이야.

● 맥락 파악하기 ●

글을 쓴 목적이나 주장하는 것, 글의 분위기나 등장인물의 성격 등을 파악하는 문제들이 주로 출제돼. 지문을 읽어 내용을 파악하고, 글쓴이가 전달하고자 하는 메시지를 생각하면서 글을 읽는 연습을 하자. 반복되는 내용이나 강조하는 핵심 표현이 있는데, 여기에 집중하면 글쓴이가 전달하고자 하는 내용과 글의 목적을 쉽게 파악할 수 있어.

● 간접 쓰기 유형 파악하기 ●

간접 쓰기 유형 문제로 지문에서 글의 전체 흐름과 관계없는 문장 찾기, 주어진 문장이 들어갈 빈칸 찾기, 글의 순서 나열하기, 문장 요약하기 등이 있는데, 이 유형은 학생들이 어려워하는 부분이지. 시험에서 이 부분이 주관식으로 나오기 때문에 미리 공부하지 않으면 문제푸는 게 쉽지 않아.

평소 교과서 지문이나 부교재를 복습할 때 글의 중심 내용을 파악한 후, 이어지는 문장들의 연결성을 잘 봐야 해. 특히 접속사, 지시어, 대명사 들의 쓰임에 초점을 맞추어 읽는 게 필요할 것 같아. 이 파트는 논리적 전개가 중요하므로 평소 다양한 글을 읽고, 글의 중심 내용이 어떻게 전개되는지 파악하는데 초점을 맞추어 학습하면 도움이 될 거야.

다 문법을 위한 노트 정리는 필수

문법 유형은 알맞은 문법을 보기 중에서 선택하거나 아님 잘못된 표현을 찾아내는 유형이야. 요즘에는 단순 문법 문제가 아니라 문장의 전체적인 의미나, 문장 간의 관련성까지 파악해야 풀수 있는 문제까지 나오고 있어서 내신 대비 기간만 공부가 아닌 미리미리 공부해야 해.
교과서나 부교재의 지문 중 선생님이 문법적으로 강조한 부분은 따로 노트를 만들어 정리하는 것이 좋아. 혹시 아직 문법이 정리되지 않았다면 인터넷 강의를 통해서 전체적으로 정리하는 것도 좋은 방법이야.

라 어휘는 모든 영어학습의 기초

모든 영어학습에서 제일 중요한 건 어휘야. 문장 속에서 알맞은 어휘를 사용하는 능력을 확인하는 것이라서 그 단어의 뜻을 단순하게 한 가지만 외우는 것보다 여러 의미를 같이 암기하는 것이 좋아.

'단어는 알고 있는데 해석이 되지 않는다'라는 고민을 이야기하는 친구들이 있는데, 한 단어의 다양한 뜻을 몰라서 그래. 다의어를 암기하면 문맥속에서 가장 적절한 의미를 찾을 수 있기 때문에 글의 정확한 의미 파악이 가능하지.

영어 단어는 항상 문장 속에서 외우는 것이 좋아. 그래야 시험에서 '적절한 어휘를 고르시오' 형의 문제가 나오면 쉽게 찾지. 어휘는 매일 외워야 하는데, 그 단어가 그 글의 흐름에서 어떻게 쓰이는지 고려하면서 암기하는게 좋아. 주말에는 일주일 동안 외운 단어 복습하는 거 잊지 말고 꾸준히 하자.

어휘를 외울때 직접 단어장을 만들기 힘들면 스마트폰 을 이용해도 돼.

* 안키(Anki)

이 어플은 '간격 반복 플래시 카드 프로그램'으로 하는 것을 반복적으로 보여주는 프로그램이야. 네가 원하는 방식으로 카드를 만들 수 있어. 이미지로 영어 단어를 외우려면 이미지를 넣기. 영어단어 듣기를 병행하려면 음성첨부도 가능해. 카드만들기도 되는데 주말이나 잠이 올 때 해 보면 좋아.

*저절로 암기 영단어

고등학생이나 대학생들이 많이 쓰는 어플이야. 어려운 영단어가 많기 때문에 1~2등급의 학생에게 괜찮아.

그외

[이지보카 영단어] : 어원으로 외우는 영단어, [워드마스터 수능 2000] : 유료결제를 해야하는 앱. 수능 영어를 무한 반복하는 시스템

③ 영어 시기별 끝판 공부법

가 3월~6월 : 수업시간에 집중해요

2015 개정 과정교육과정에서 내신 영어는 다양한 평가방법을 적용하도록 하고 있어.

지필평가 대비법부터 알아볼까? 지필평가는 수업시간에 다룬 교과서와 선생님이 선택한 부교재, 그리고 학력평가 문제의 지문을 이용한 변형문제를 출제해. 학력평가를 보고 나서 네가 틀린 문제를 분석하고 오답노트 정리를 해. 그걸 안하면 시험기간에 해야할 공부의 양이 많아서 힘들 거야.

학교 기출문제를 분석하면 좋은데 이건 학교 홈페이지나 도서관에서 찾을 수 있어. 혹시 학교에 보관이 되어 있지 않으면 동아리 선배들에게 구해도 돼. 선생님마다 출제 경향이 다르기 때문에 선생님의 스타일을 파악하는 것도 중요해.

너무 당연하지만 기본적으로 수업시간에 집중하는게 제일 중요해. 내신 성적이 좋은 학생들을 보면 수업시간에 적극적으로 질문도 하고, 선생님과 아이컨택을 하면서 수업에 참여하는 것을 알 수 있어. 선생님이 강조하는 부분은 반드시 책에 표시해 두고 그날 복습을 해. 항상 선생님의 이야기를 잘 필기하는 것도 중요해.

네가 필기하지 않고 친구의 필기를 빌려서 보고 공부하면, 그 시간에 선생님이 왜 그 이야기를 했는지 알 수 없어. 네 필기로 공부하는 것이 좋아. 항상 수업 시간에 집중하고 필기해 봐.

영어 교과는 수행평가(30%이상)를 다양하게 해. 듣기평가, 영어 에세이 쓰기, 영어 말하기, 모둠에서 인터뷰하기 등 다양한 평가를 하기 때문에 제출 기간을 잘 지키고 계획을 세워서 준비하자.

수행평가 대비를 EBS를 통해 미리 준비할 수 있어. '올림푸스 독해의 기본' 파트에 강의마다 탑재된 수행평가 코너에서 말하기, 쓰기 연습이 가능해. 영어 논술은 1:1 첨삭지도도 가능하기 때문에 혼자하는 것보다 도움이 될 거야.

나 7월~8월 : 내신과 모의고사를 병행 학습해요

이 기간에는 내신과 모의고사를 병행해서 공부하는 게 좋아. 영어는 내신에 항상 모의고사 변형문제가 나오기 때문에 이 기간에는 모의고사 기출문제를 푸는게 좋아. 물론 다른 부분도 신경을 써야 되겠지만 단어 학습에 많은 시간을 투자해야 할 거야.

어휘와 듣기는 매일 공부해야 하는거 알지? 어휘를 모르고는 영어 공부 자체를 할 수 없기 때문에 어휘가 약하다면 방학 때 계속해야 해. 어휘가 되면 독해를 하는데, 어휘만 따로 공부하면 그 단어의 뜻만 외워서 그게 어떤 문장에 어떻게 쓰이는지에 대한 공부는 또 따로가 되어버려. 때문에 독해와 병행하는 것이 좋아. 독해를 하면서 모르는 단어는 따로 정리하여 나만의 어휘장을 만들어 수시로 가지고 다니면서 공부하는 것이 좋아.

듣기도 매일 공부해야 해. 매일 20~30분정도 집중해서 듣기를 반복한 후에 듣기 대본을 보고 네가 들은 내용을 파악하면서 반복해야 돼.

영어 문제의 절반이 독해야. 그러니 신경써야 돼. 지문에서 전체 흐름을 보기 위해서 글을 구성하고 있는 문장에 대한 이해가 필요해. '영어는 감이야'라고 하면서 푼다면 한 두 번은 점수가 나올수도 있지만 그 성적이 유지될 띄우고 거라는 보장이 없어.
지문이 길고 복잡하더라도 의미단위별로 나누어서 정확하게 해석하려고 연습할 필요가 있어. 이 과정에서 문법이 필요해. 모르는 문법이 나오면 그 내용만 찾아서 정리하거나 인터넷 강의를 찾아서 듣는 것도 좋아. 모의고사에서 고득점이 나오기 위해서는 반드시 기출문제의 답만 체크하는 것이 아니라 그 지문 속에 숨어있는 문법, 어휘, 구문을 다 정리해야 해.

다 9월~12월 : 1학기 기출과 단어 암기에 집중해요

방학이 지나고 또 2학기 시험과 모의고사가 있으니 공부를 본격적으로 해야겠지. 고등학교 영어는 벼락치기해서 되는 과목이 아니라는 걸 느꼈을 거야.

우선 내신 대비를 위해서 1학기 기출문제를 확인해. 교과서에서 본문 독해가 많이 출제되는지, 문법이 비중있게 나오는지, 또 부교재와 모의고사 변형된 문제는 어떻게 나오는지 알아야 해. 선생님이 바뀌지 않으면 다시 그런 형태로 출제될 확률이 높아.
기출 분석이 끝났으면 네가 틀린 문제도 확인해. 단어 암기가 부족했는지, 문장 구조 이해가 약해 잘못 해석했는지를 파악한 후에 부족한 부분을 보완할 계획을 세워야 해.

어휘 학습은 수능과 내신에 크게 차이가 나지 않아. 교과서 위주로 아님 부교재라도 1권에 나오는 어휘를 단어장을 만들어 꼼꼼하게 암기하는 게 좋아. 방학을 이용하여 네가 만든 단어장과 서점에서 파는 단어장을 활용하면 어휘 암기는 2배 효과가 나지. 학기중에는 내신 범위의 어휘에 초점을 맞추면 돼.

고3, 2학기에 수능과 1-2학년의 모의고사가 있지. 대부분 내신에 비중을 두는데, 한 달 전부터 계획을 세워 공부해야 돼.

라 1월~2월 : 부족한 부분 보완해요

영어 성적 향상을 위해서 꾸준한 학습도 중요하지만 부족한 부분 보완에 방학이 좋아. 그런데 요즘 여름방학이 짧은 학교가 많아서 계획은 세웠지만 실천이 힘들었다고 하기도 해. 지난 1년동안의 내신과 모의고사 성적 변화와 네 약점을 찾아서 그 부분을 집중적으로 한 달 하는 거야. 나머지 한달은 다음 학년 예습을 하는 것이 좋아. 영어라는 과목은 딱히 예습보다 꾸준히 해야 성적이 오르는 과목이기 때문에 자기주도 학습 시간 확보가 무조건 필요해.

방학때는 상위권이라 할지라도 1등급 유지를 위해서 매일 적은 시간이라도 난이도 있는 문제를 꾸준히 풀어야 돼. 최소 주 1회 정도 실전 모의고사 문제를 푸는게 좋아. 이 때 기출 어휘랑 그걸 복습할 시간도 확보해야 돼.

아직 영어 등급이 3등급 띄우고 이하이면 방학에 듣기와 어휘를 먼저 공부해. 듣기 17문항을 다 맞춰도 원하는 등급을 충분히 받을 수 있어. 자투리 시간에 매일 듣는 게 가장 좋지만 여건이 되지 않으면 주 2회 정도 규칙적으로 학습하는 것이 좋아.
수능 어휘가 몇 개 정도 될까? 영어선생님은 2,000개 정도만 정확하게 알면 된다고 해. 방학 때 좀 빡빡하게 하루 계획을 세우면 2달안에 2,000개는 외울 수 있지 않을까? 물론 반복이 필수지. 집중 단어 학습후에 지문을 보면 더 쉬울거야.

모의고사 성적보다 내신 성적이 잘 안 나오는 학생의 문제는 문법과 서술형에 약해서 그런 경우가 많아. 모의고사에서는 문법 문제가 1~2문제 출제되지만 내신은 어법 실력이 있어야 하지. 암기식 학습보다는 변형된 문제를 풀 수 있을 정도가 되어야 돼. 고등학생이 되면서 단어와 독해에 시간 투자를 많이 하기 때문에 내신 유지에 힘들다는 이야기를 많이 하긴 해. 방학에는 문법교재 1권과 교과서 위주의 서술형 문제를 공부하면 다음 학기에는 좀 더 여유있게 내신을 대비할 수 있을 거야.

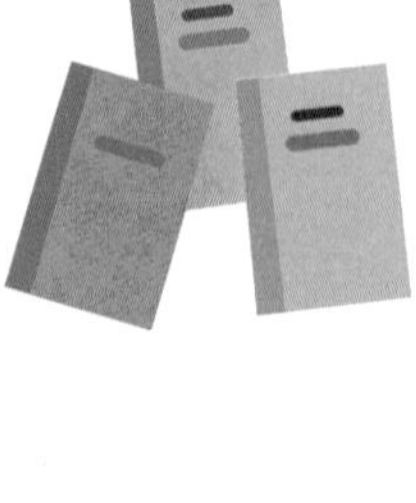

VI

사회 끝판 공부법

나의 공부법

사회
(모의고사 공부법)

사회는 암기 과목이라고 예전부터 많이 외워서 시험을 봤어. 아마 이렇게 공부 한 친구들은 난이도 있는 문제들은 접근도 못해보고 틀린 경우가 많을 거야. 수능형 문제의 경우 최근에는 시사상식문제들까지 연계되어서 나오기 때문에 배경지식이 없는 나로써는 많이 힘들었지. 근데 문제는 내신 시험도 그런 유형들이 나온다는 거야.

사실 이 문제점을 가지고 상담을 받은 적이 있는데 나보고 뉴스나 신문을 보며 시사 상식의 배경지식을 쌓으라고 하는데, 그렇게 하면 좋겠지만 지금의 위치에서는 시간 낭비가 될 수도 있을 것 같아. 그래서 나는 다양한 기출문제를 풀고 시사 동아리에서 필요한 배경 지식을 얻었어. 문제 유형이 다양하기 때문에 많은 문제집을 풀었던 것 같아. 하지만 기본서와 EBS교재만으로 충분할 것 같아.
또 문제를 많이 풀면서 유형을 익혀서 좋은 성적을 받았던 것 같아.

Q 사회 학습의 구체적인 공부법이 없나요.
사회 자료 분석 문제가 나오면 너무 어려워요.

보통 표를 분석하는 문제들은 2~3문제 정도 출제가 되는데 사실 나도 어려웠어. 근데 계속 그 문제들만 보아도 보니 유형, 패턴이 정해져 있었어. 그리고 선지들도 비슷한 형태로 묻는 걸 찾을 수 있었어. 너도 그런 유형이 어려우면 시간을 잡아서 그런 유형들만 계속 확인을 해봐. '패턴의 위대함'을 느낄 수 있을 거야.

Q '한국사'나 '동아시아사'는 어떻게 공부를 하죠?

'역사는 흐른다' 역사를 공부할 때는 흐름이 너무 중요해. 그렇기 때문에 다양한 사건들의 인과관계를 위주로 공부하는 게 중요해. 그리고 문제는 단순하게 주어지지 않고 또 다른 자료를 제시해서 그 때의 시대 배경을 찾아 문제를 푸는 경우가 많았어. 그때는 그 지문이나 자료에 힌트나 중요 용어들이 숨어있기 때문에 그것을 찾는 연습이 필요해.
나는 처음에 어떻게 해야 될지 몰라서 해설지도 많이 참고 했어.

Q 저는 지도 문제가 나오면 그냥 어려워요. 표나 그래프 문제들도 마찬가지예요.

지도 문제가 나오면 나도 처음에는 힘들었는데 공부를 할 때부터 아는 문제들도 지문의 내용이나 선지를 보고 지도에 적어보는 연습을 했어. 똑같은 문제는 없지만 유사한 문제들이 나왔을 때 도움이 많이 되었어. 표나 그래프, 나는 수학과 과학을 잘하는 친구들의 도움을 많이 받았어. 우선 문제 속에서 핵심 용어 찾기, 그리고 그래프는 가로와 세로축이 무엇을 의미하는지 정말 중요하대. 그때 생각했어. 공학계열의 친구들은 확실히 '생각하는 게 다르구나!'를. 그 그래프가 어떤 것을 나타내는지를 확인해보는 연습이 필요했어.
그래프에서 제일 중요한 것은 가로와 세로축!!!

나의 공부법

한국사
(과목별 공부법)

Q 초등학교, 중학교, 고등학교 때까지 한국사를 공부했는데 기억나는 것은 빗살무늬 토기 밖에 없어요. 평소에도 공부해야 될까요?

우리가 한국사를 암기과목이라고 생각하여 막 외우다보니 그 시험을 보고 나면 또 다 잊어버리는 것 같아. 우선 한국사 교과서를 잘 봐. 구성이 정치, 경제, 사회, 문화로 구성되어 있어. 여기서 제일 중요한 것은 정치를 바탕으로 경제, 사회, 문화를 공부해야 한다는 사실이야.
그래서 평소에는 정치사 위주로 흐름을 공부하는 것이 좋아.

Q 그럼 시험기간에는 어떻게 공부해야 하나요?

평소에 정치사를 전반적으로 공부를 했기 때문에 시험 기간에는 경제와 사회 파트를 먼저 공부해. 그러면서 암기할 부분이 많은 문화 파트는 외울 요점 정리하고, 사실 한달 전에 그림의 종류라든지 불상을 외워도 기억할 확률이 적으니깐 일주일 전에 요점 정리한 내용을 바탕으로 문화 파트를 암기하는 게 좋아.
그리고 내신 시험에서는 제일 중요한 게 교과서라는 거 알고 있지? 교과서를 정독한 후 참고서나 교과서 맨 뒤에 있는 정리 로드맵을 보고 암기 한 후, 교과서의 그림까지도 세세하게 볼 필요가 있어.

Q 문제에 대한 적용이 힘들어서 문제를 많이 풀어보고 있어요.

만약 암기가 되지 않은 상태에서 문제를 푼다면 계속 앞 뒤로 넘기면서 개념과 문제를 동시에 보게 되지. 나름 문제의 적용력을 기르고 있다고 생각하면서.
채점하면서 생각보다 점수가 많이 나오면 공부를 많이 해서 뿌듯하다는 학생들이 많아. 하지만 그게 실제 본인의 점수와 같을까?
반드시 암기가 된 상태에서 문제만 보고 풀어야 해. 그리고 채점 후에 오답 노트 정리가 필요해 .

사회 끝판 공부법

① 학년별 사회 끝판 공부법

고1에 처음 접하는 '통합 사회'는 통합이라는 말처럼 그 평가방법이 논술보고서, 포트폴리오, 토론 및 발표 등 다양한 형태로 진행돼. 이런 활동 위주의 평가방식에 잘 적응해야 좋은 성적을 얻을 수 있어.

2학년이 되면 선택하는 사회교과(윤리교과, 역사교과, 지리교과, 일반사회)에 필요한 배경 지식을 미리 쌓는 과목이기 때문에 1학년부터 찬찬히 학습해야 하지.

단원마다 내용이 나뉘어졌던 중학사회와 달리 통합사회는 한 단원에서 일반적인 생활과 지리, 역사적인 내용이 모두 구성된 교재로 수업을 하기 때문에 다양한 주제에 대한 배경지식이 필요해.

통합사회 교과서의 내용은 중학교와 비교해도 그리 어렵지 않아서 중학교 교과서 한 번 복습하고 통합사회를 예습하면 좋아. 통합사회가 한 주제마다 다양한 개념이 모여서 많은 내용을 한꺼번에 공부한다고 생각하기 쉬워. 하지만 다양한 개념의 연관성을 이해하면 그리 어렵지 않아. 교과서의 외에 참고서나 EBS 자료실과 학교에서 제공하는 보충자료를 이용하면 좋아. 이해되지 않는 개념은 다시 짚어보고 넘어가는 습관이 필요해.

먼저, 간단하게 한국사 학습법 알아 볼까?

① 한국사를 쉽게 공부하려면 역사적 순서를 이해하면 돼. 기본적인 용어나 개념도 외워두고 순서를 이해하려면 교과서나 참고서의 목차를 이용해 봐. 목차를 큰 틀로 잡아 공부한 후 시간적 순서에 따라 적으면 확실하게 이해될거야.

② 어려운 부분은 사건과 사건을 연결하는 거야. 이 때 원인과 결과를 파악하는 것이 중요해. 왜 그 사건이 일어났는지, 그 사건이 어떤 일에 영향을 미쳤는지 알아야 해.

③ 한국사는 당시 사회 모습을 반영한 유물이나 유적, 사료 등을 통해 시대적 배경을 분석하는 문제가 자주 출제돼. 공부할 때, 사진 참고 자료와 내용을 함께 공부하면 좋아. 한국사 교재는 자료들이 많아서 다른 과목들보다 재미있게 공부할 수 있을 거야.

이번엔, 사회탐구 학습법에 대해 알아볼까?
다음은 공통적인 방법이고, 사회 각 과목 학습법은 뒤에서 정리할 거야.

① 사회탐구가 암기할 내용이 많다는 것은 사실이지만, 중요한 게 이해야. 역사적 흐름에 따라 이해(교과서 이용)했다면 목차와 키워드 중심으로 다시 내용을 추가하면 돼. 이 때 마인드 맵을 이용하면 좋지.

② 기출문제를 이용하는 학습법도 효과적이야. 교과서를 보면서 개념을 이해하고 암기했다면 제대로 공부했는지 확인해야지. 처음에는 기본 문제를 풀고 익숙해지면 평가원 모의고사나 수능 기출문제를 푸는 것이 좋아.

③ 사회탐구는 문제를 풀 때, 제시된 도표나 그림, 지도 등의 자료를 잘 분석해야 돼. 특히 교과서나 문제집에서 다루지 않은 자료들이 주어진 경우, 그 자료가 배운 내용과 어떤 연관성을 가지는지 파악하는거지. 잊지 말아야 할 것은 선지를 정확하게 읽어야 해.

가 고등학교 3학년

(1) 모의고사 등급별 공부법

등급별	학습법
1~2등급	기출문제 풀면서 고난도 문제 정리하기. 오답체크 후 모르는 개념을 교과서나 참고서로 정리하기
3~4등급	기출문제에서 오답 문제 정확하게 파악하기. 자신의 약점 공략 답 체크보다 유형파악을 하는 것이 최우선.
5~9등급	교과서 개념 정리하여 기본문제 풀이 하기

[고3 : 1~2등급]

예전 수능에선 난이도 있는 문제가 3~4문제였는데 최근엔 2문제를 넘지 않아. 문제가 쉽다보니 이 영역의 등급 경쟁이 치열해지고 있지. 그러니 한 문제라도 실수하면 아래 등급으로 내려갈 수 있어. 최저를 맞추거나 정시를 준비한다면 작은 실수도 안돼. 실수를 줄이기 위해 교과서 속 개념과 원리를 이해하고, 교과서 구석구석 내용을 잘 알아야 해. 특히 오답 체크 하면서 부족한 부분은 꼭 교과서와 참고서, 수능 기출문제들로 보완하면 좋을 것 같아.

기출문제를 계속 풀면서 빈출 고난도 문제 유형을 외울 정도로 머릿속에 익혀 둬야 해. 복잡한 자료를 분석하는 문제, 선택지의 구성이 까다로운 문제를 많이 풀어보는 게 좋아. 이런 문제는 읽으면서 빨리 주어진 자료를 분석해야 해. 문제에서 요구하는 핵심 개념과 원리를 찾아내는 것이 중요하므로, 문제를 풀 때 이 점에 유의하며 시간을 두고 연습하자.

기출문제를 푼 뒤, 틀린 문제를 점검해. 단순히 답만 확인하지 말고 네가 왜 틀렸는지 그 이유를 정확하게 알아야 해. 단순 문제 풀이는 그저 시간만 보내는 거지, 아무 의미가 없어. 몰라서 틀렸다면 문제에서 뭘 묻는지, 자료의 핵심내용이 무엇인지, 답지 구성을 살펴서 출제 의도를 파악해야 해. 문제를 이해하지 못해 틀린 거라면 자료 분석하는 연습을 해야겠지. 자주 나오는 자료를 여러 면으로 분석하는 것이 가장 좋아.

개념이나 원리를 몰라서 틀렸다면 교과서로 다시 확인하고, 참고서를 이용해서 보충하면 될거야. 실수로 문제를 틀린 경우는 어떤 실수를 했는지 봐. 주로 옳은 것, 옳지 않은 것을 비교하는 문제에서 헷갈리는 경우가 많아. 문제를 풀 때 신경쓰자. 실수를 하지 않는 게 진정한 실력이야. 수능까지 1등급을 위해 화이팅!

[고3 : 3~4등급]

최근 사회탐구 영역의 문제가 쉬워져서 이 등급의 학생은 조금만 노력하면 상위권으로 올라갈 확률이 높아. 5년 전에는 1등급 비율이 1~2%였는데 지금은 5% 정도 이거든. 어때? 이 정도면 한 번 해볼만 하지 않아? 미리 계획을 세운다면 충분히 할 수 있어.

사회탐구를 무조건 암기과목이라 생각하고 '나중에 나중에' 하고 계속 미루다 벼락치기 하면 너무 늦어. 7~8월에 국영수 공부할 시간도 부족한데 언제 사회탐구까지 그 넓은 범위를 할까. 제발 미리 미리 학습하기 바라.

우선 네 스스로 교과의 주요 개념과 원리를 어느정도 이해하고 있느냐를 파악한 후, 기출문제를 푸는 게 좋아. 기출문제를 풀면서 틀렸을 때, 제시문 분석이 잘못되었는지, 선지에서 주어진 내용을 이해 못했는지 스스로 파악해 봐. 만약 제시문 이해를 못했다면 그 부분이 네 취약 단원이므로 교과서나 참고서로 개념을 다시 정리해. 선지에서 주어진 내용이 이해되지 않으면 답지를 활용해도 좋아. 대신 선지를 다시보고 네가 알던 내용이 정확한 것이었는지 확인하고, 몰랐던 부분은 정리해야겠지. 특히 다른 과목과 융합된 선지는 배경지식이 없으면 힘드니 꼼꼼히 체크해야 돼.

알고 있는 거 같았는데, 막상 시험볼 때 '어~~? 어디서 봤더라' 이렇게 혼동을 주는 문제들이 출제되기 때문에 그런 문제부터 공략하는 것이 좋아. 최근 2~3년의 기출 모의고사와 수능문제를 풀다보면 패턴이 보일거야. 1년의 기출문제를 풀면 그 문제를 재구성하거나 변형하여 출제되는 것이 보이니 기출문제를 확실히 정리해야 해.

기출문제를 풀 때 단순히 '맞다/틀리다'의 답 체크보다 문제의 유형, 자료의 활용, 자료와 개념의 연계 방식 등을 정리하면서 공부해야 해. 그리고 나서 수능특강과 수능완성의 문제들을 풀면서 전에 네가 풀었던 기출 문제와 비교하는 것도 좋아. 수능에서 조금씩 변형한 유형의 문제에 자신감을 갖는 힘을 기르는 것이 1등급으로 올라갈 수 있는 지름길이야.

[고3 : 5~9등급]

수능이 쉬워지는 경향을 보이기 때문에 사회탐구 성적이 낮아도 지금부터 집중하면 좋은 성적을 얻을 수 있어.

문제를 풀 때 정확하게 알고 풀기보다 감각으로 푸는 일이 많을 거야. 그러다보면 시험에서 네 실력이 나오기보다 그저 운에 따른 성적이 나오기 때문에 기본 개념 학습이 필요해.

먼저 교과서와 참고서를 이용하여 교과서의 중요한 단어들과 사건들을 정리하여 개요를 만들고 참고서를 읽으면서 배경지식을 쌓아가는 것이 중요해. 암기과목이니 나중에 하자는 생각을 버리고 지금부터 공부한다면 다른 어떤 과목보다 등급이 오를 가능성이 높은 게 사회야. 하루에 많은 양을 공부하기보다 교과서의 개념을 정확하게 이해하고 스스로 설명할 수 있을 정도로 공부를 한 후 기출문제를 푼다면 좋은 결과가 있을 거야.

교과서 중심의 기본 문제를 푸는 연습을 먼저 해야 해. 기계적인 문제풀이만 하게 되면 네가 풀었던 것과 비슷한 유형이 나오지 않았을 때 분명히 틀리게 돼. 문제를 풀 때, 문제에서 묻는 개념의 이해 정도를 확인하고 모르는 개념은 교과서나 참고서를 이용, 너만의 개념 노트를 만들어. 그리고 답지를 잘 활용해야 돼. 답지가 어떻게 구성되어 있는지, 주어진 자료는 어떤 것인지 보면서 연습해. 매일 조금씩 개념 정리를 하면서 문제를 풀면 어느새 그 유형에 익숙해져서 풀 수 있는 문제가 늘어날 거야. 개념 노트를 만들 때 시간을 써서 한 글자 한 글자 다 쓰지 말고, 안 외워지는 키워드 위주로 작성하면 시간도 아끼고 좀 더 효율적으로 나만의 개념 노트를 만들 수 있어.

수능에 대한 감각도 길러야 해. 수능특강을 이용하여 개념 강의를 들으면서 개념 노트를 만들고, 기본 문제를 접하면서 문제에 익숙하게 하는 거지. 수능이나 모의고사에 자주 나오는 형식과 기출문제를 풀면서 유형을 정리해. 정답 확인보다 맞은 문제는 네 생각과 풀이가 일치하는지 정리해야 해.

(2) EBS 강의 목록

① EBS 고3 한국사 강의 목록

한국사 영역이 필수로 지정되면서 부담이 늘었다고 하는 학생들이 많은데, 학교 수업과 재미있는 한국사 수업을 하나 정도 들으면 편하게 공부할 수 있을 거야.

1~2등급

한국사

Q1. 한국사 문제풀이 어떻게 공부하나요?

Q2. 한국사 개념을 한번 정리하고 싶어요.

Q1 [2020학년도 고1 학력평가 해설] 국어

Q2 [2020학년도 고1 학력평가 해설] 국어

생활과 윤리

Q1. 생활과 윤리 다양한 문제들을 다루고 싶어요

Q2. 개념을 한번 정리하고 기출문제를 풀고 싶어요

Q1 [만점마무리] 강승희 생활과 윤리
[수능의 7대 함정] 강승희 생활과윤리

Q2 [발전][2022 수능특강] 최양진의 생활과 윤리

사회문화

Q1. 사회문화 다양한 문제들을 다루고 싶어요

Q2. 개념을 한번 정리하고 기출문제를 풀고 싶어요

Q1 [2021 만점마무리] 박봄 사회·문화
[2021 수능의 7대 함정] 박봄 사회문화

Q2 [발전][2022 수능특강] 박봄의 사회·문화

한국지리

Q1. 한국지리 개념 정리가 필요해요.

Q1 [발전][2022 수능특강] 전성오의 한국지리

세계지리

Q1. 세계지리 다양한 문제들을 다루고 싶어요

Q2. 세계지리 개념 정리가 필요해요

Q1 [2019 수능 출제 시그널] 세계지리 - 모평 심층분석&수능예측

Q2 [발전][2022 수능특강] 이다은의 세계지리

윤리와 사상

Q1. 윤리와 사상 개념 정리가 필요해요

Q1 [발전][2022 수능특강] 김성묵의 윤리와 사상

동아시아사

Q1. 동아시아사 개념 정리가 필요해요

Q1 [발전][2022 수능특강] 길진봉의 동아시아사

정치와 법

Q1. 정치와 법 개념 정리 빠르게 하고 싶어요.

Q1 [발전][2022 수능특강] 최적의 정치와 법

세계사

Q1. 세계사 개념 정리가 필요해요.

Q1 [발전][2022 수능특강] 김준우의 세계사

경제

Q1. 경제는 너무 어려운 것 같아요.

Q1 [발전][2022 수능특강] 문병일의 경제

3~4등급

한국사

Q1. 다양한 한국사 문제풀이를 하고 싶어요
Q2. 한국사 기본부터 시작하고 싶어요
Q3. 한국사도 개념이 중요한걸 알고 있는데 어떻게 공부해야 하는지 모르겠어요.

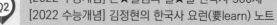

Q1
[수능특강Q 미니모의고사] 한국사
[2022 수능 기출의 미래] 한국사
[2021 파이널 체크포인트] 최태성의 한국사

Q2
[2022 수능개념] 박세훈의 한국사 1등급 5분컷 가이드 [문제적용편]
[2022 수능개념] 큰★별쌤의 별★별 한국사 500제
[2022 수능개념] 김정현의 한국사 요런(要learn) 노트
[2020 수능개념] 정선아의 50장면 한국사

Q3
[기본][2022 수능특강] 최태성의 한국사
[집중관리] 박세훈의 10강으로 끝내는 한국사
[2021 내신만점 수능특강] 한국사
[5일만에 끝내는 라이브 특강] 큰★별쌤의 한국사 맥
[2021 수능특강 사용설명서] 활용가이드 한국사

생활과 윤리

Q1. 다양한 문제 풀이를 시작하고 싶어요
Q2. 생활과 윤리 개념을 정리하고 싶어요
Q3. 학교수업만 듣고 수능 준비는 처음이예요. 어떤 강의가 좋을까요

Q1
[수능특강Q 미니모의고사] 생활과 윤리
[2022 수능 기출의 미래] 생활과 윤리
[파이널 체크포인트] 강승희의 생활과 윤리
[2021 수능완성] 강승희 생활과 윤리

Q2
[2022 수능개념] 강승희의 생활과 윤리♥덕
[2022 수능개념] 최양진의 생활과 윤리 원샷 원킬

Q3
[기본][2022 수능특강] 강승희의 생활과 윤리
[집중관리] 강승희의 선택지로 완성하는 생활과 윤리
[2주 라이브 특강] 고3 - 생활과 윤리
[5일만에 끝내는 라이브 특강] 강승희, 벤다이어그램으로 생윤 만점 잡기

사회문화

Q1. 다양한 문제 풀이를 시작하고 싶어요
Q2. 사회문화 개념을 정리하고 싶어요
Q3. 수능 준비는 처음이예요. 어떤 강의가 좋을까요

Q1
[수능특강Q 미니모의고사] 사회·문화
[2022 수능 기출의 미래] 사회·문화
[2021 수능완성] 박봄 사회·문화
[2021 FINAL 실전모의고사] 박봄 사회문화

Q2
[2022 수능개념] 김지선의 시그니처 사회문화
[2022 수능개념] 박봄의 사회문화 개념 홀릭

Q3
[기본][2022 수능특강] 김지선의 사회·문화
[집중관리] 박봄의 사회문화 표 분석의 패턴
[2주 라이브 특강] 고3 - 사회·문화
[5일만에 끝내는 라이브 특강] Spring is perfect 봄쌤의 핵심 쏙~ 사문 개념
[수능특강 사용설명서] 활용가이드 사회·문화

한국지리

Q1. 다양한 문제 풀이를 시작하고 싶어요

Q2. 한국지리 개념을 정리하고 싶어요

Q3. 수능 준비는 처음이에요. 어떤 강의가 좋을까요

Q1

[수능특강Q 미니모의고사] 한국지리
[2022 수능 기출의 미래] 한국지리
[2021 수능완성] 이진욱 한국지리
[2021 FINAL 실전모의고사] 이진욱 한국지리

Q2

[2022 수능개념] 이진웅의 한국지리 시각적 사고
[2022 수능개념] 전성오의 프리미엄 한국지리
[2020 수능개념] 강봉균의 자료로 마스터하는 한국지리

Q3

[기본][2022 수능특강] 이진웅의 한국지리
[집중관리] 이진웅의 한국지리, 수능적 해석
[2주 라이브 특강] 고3 - 한국지리

세계지리

Q1. 다양한 문제 풀이를 시작하고 싶어요

Q2. 한국지리 개념을 정리하고 싶어요

Q3. 수능 준비는 처음이에요. 어떤 강의가 좋을까요

Q1

[2022 수능 기출의 미래] 세계지리
[2021 수능완성] 민병권 세계지리
[2020 약점공략] 민병권의 세계지리 1등급 필수 자료와 고난도 기출 정복
[2020 약점공략] 이윤지의 하루만에 끝내는 세계지리 자료 분석

Q2

[2022 수능개념] 민병권의 세계지리 퍼펙트가이드
[2022 수능개념] 이다은의 만점신항로, 단단한 세계지리

Q3

[기본][2022 수능특강] 민병권의 세계지리
[집중관리] 민병권의 세계지리부도 특강

윤리와 사상

Q1. 다양한 문제 풀이를 시작하고 싶어요
Q2. 윤리와 사상 개념을 정리하고 싶어요
Q3. 수능 준비는 처음이예요. 어떤 강의가 좋을까요

Q1
[2021 수능완성] 최양진 윤리와 사상
[2020 파이널 체크포인트] 200분의 기적 - 윤리와 사상

Q2
[2022 수능개념] 김성묵의 개념의 힘 윤리와 사상
[2022 수능개념] 한보라의 윤리와 사상 개념 스케치

Q3
[기본][2022 수능특강] 한보라의 윤리와 사상
[집중관리] 최양진의 윤리와 사상, 매력적 오답 선택지 필살기

동아시아사

Q1. 다양한 문제 풀이를 시작하고 싶어요
Q2. 동아시아사 개념을 정리하고 싶어요
Q3. 수능 준비는 처음이예요. 어떤 강의가 좋을까요

Q1
[2021 수능완성] 정선아 동아시아사
[2020 약점공략] 조상혁의 동아시아사 고난도 연표로 1등급 잡기

Q2
[2022 수능개념] 길진봉의 맥시멈 동아시아사
[2022 수능개념] 정선아의 처음부터 완벽하게 동아시아사

Q3
[기본][2022 수능특강] 정선아의 동아시아사
[집중관리] 정선아의 연표와 킬러 문항으로 잡는 동아시아사 1등급

정치와 법

Q1. 다양한 문제를 풀고 싶어요.

Q2. 동아시아사 개념을 정리하고 싶어요

Q3. 재미있는 정치와 법 강의는 없을까요?

Q1
[2021 수능완성] 박민아 정치와 법

Q2
[2022 수능개념] 박민아의 정치와 법 개념, 요 정도쯤이야
[2022 수능개념] 최적, THE 정치와 법

Q3
[기본][2022 수능특강] 박민아의 정치와 법
[집중관리] 박민아의 긴급체포, 정치와 법 1등급

세계사

Q1. 다양한 문제를 풀고 싶어요.

Q2. 세계사 개념을 정리하고 싶어요

Q3. 세계사 흐름을 확인하고 싶은데 적당한 강의가 없을까요?

Q1
[2021 수능완성] 류성완 세계사
[2020 약점공략] 류성완의 세계사 1등급 승부처 최고난도 연표 정복
[2020 약점공략] 박세훈의 세계사 연표 뇌새김

Q2
[2022 수능개념] 김준우의 Hi-Story 세계사
[2022 수능개념] 류성완의 심쿵 세계사

Q3
[기본][2022 수능특강] 류성완의 세계사
[집중관리] 류성완의 세계사 연표 특강

경제

Q1. 다양한 문제를 풀고 싶어요.

Q2. 경제 개념을 정리하고 싶어요

Q3. 경제 너무 어려운 것 같아요.

Q1

[2021 수능완성] 문병일 경제

[2020 약점공략] 문병일의 경제 최고난도 기출 킬러 문항 공략

Q2

[2022 수능개념] 문병일의 퍼펙트 경제

[2022 수능개념] 박봄의 경제 개념홀릭

Q3

[기본][2022 수능특강] 박봄의 경제

[집중관리] 문병일의 경제, 최고난도 킬러 특강

5~9등급

한국사

Q1. 한국사는 어떻게 공부하면 좋을까요

Q1

듀냐TV 핵심 in 한국사

김정현의 한국사 흐름특강

생활과 윤리

Q1. 생활과 윤리 어떻게 시작해야 하나요?

Q1

세상을 움직이는 생각 생활과 윤리

[초보탈출 NO.1] 빈출 용어 총정리 〈생활과윤리〉

사회문화

Q1. 사회문화 공부 어떻게 시작해야 하나요?

Q1

[아주 쉬운 표, 그래프, 그림 읽기] 자료 분석의 기초 〈사회문화〉

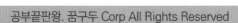

[초보탈출 NO.1] 빈출 용어 총정리 〈사회문화〉

한국지리

Q1. 한국지리 공부 어떻게 시작해야 하나요?

Q1 [아주 쉬운 표, 그래프, 그림 읽기] 자료 분석의 기초 〈한국지리〉
[초보탈출 NO.1] 빈출 용어 총정리 〈한국지리〉

세계지리

Q1. 세계지리 다양한 문제들을 다루고 싶어요

Q2. 세계지리 어떻게 공부할까요

Q1 [2021 파이널 체크포인트] 민병권의 세계지리

Q2 [아주 쉬운 표, 그래프, 그림 읽기] 자료 분석의 기초 〈세계지리〉
[초보탈출 NO.1] 빈출 용어 총정리 〈세계지리〉

윤리와 사상

Q1. 윤리와 사상 다양한 문제들을 다루고 싶어요

Q2. 윤리와 사상 어떻게 공부할까요

Q1 [2021 파이널 체크포인트] 박봄의 사회·문화

Q2 [초보탈출 NO.1] 빈출 용어 총정리 〈윤리와사상〉

동아시아사

Q1. 동아시아사 어떻게 공부하면 좋을까요

Q2. 기본 개념을 공부하고 싶어요

Q1 [초보탈출 NO.1] 빈출 용어 총정리 〈동아시아사〉

Q2 [하루에 끝내는 사상사] 길진봉의 사상으로 보는 동아시아사

세계사

Q1. 세계사는 어떻게 공부하면 좋을까요

Q1 [초보탈출 NO.1] 빈출 용어 총정리 〈세계사〉

경제

Q1. 경제 지금 시작해도 늦지 않을까요?

Q1 [초보탈출 NO.1] 빈출 용어 총정리 〈경제〉

(3) M스터디 집중 분석

사회나 한국사를 암기과목이라고 생각해서 '다음에 다음에' 라고 미루는 학생이 많아. 급하게 공부를 하다 보면 집중하기 힘들고, 다른 과목까지 영향을 미쳐서 공부밸런스가 깨질 수 있어. 자신이 선택한 사회탐구 과목은 한 과목씩 미리 공부하는게 좋아. 혼자서 공부하기 힘들면 인터넷 강의를 이용하는 방법도 괜찮아.

Q1

한국사 흐름 정리를 한 번 하고 싶어요.

한국사는 시간이 있을 때 빨리 정리하는 게 좋아. 개념과 흐름을 정리하고 모의고사를 치면서 부족한 내용을 반복하면 수능에서 원하는 성적을 얻을 수 있어. 인터넷 강의로 개념을 정리할 경우 [어차피 메가스터디] 개념 완성 강의를 추천해. 특히 보기와 선지를 정확하게 분석하는 강의가 잘 구성되어 있어.

Q2

사회 탐구를 전체적으로 정리하고, 다양한 문제도 풀고 싶어요. 1등급이 목표예요.

[사회탐구 SUPER HERO]를 추천해. 평가원 문제를 정확하게 분석하고, 기초부터 고난도 문제까지 다루어주고 있기 때문에 기초가 약한 친구들에게 좋아. 사회탐구의 경우 문제에서 함정에 빠져 틀리는 친구들이 많아. 함정에 빠지지 않게 지문과 선지를 파악하며 읽는 법도 익힐 수 있어.

Q3

어떤 사회 탐구 과목을 선택해야 될지 아직 모르겠어요.

아직 사회 탐구 과목을 선택하지 못했다면 [사탐 선택 가이드 설명회]를 한번 들어 봐. 과목 선택과 학습법을 이야기해 주고 있어. 사회탐구는 고3이라도 충분히 등급을 올릴 수 있으니까 선택을 잘 하면 좋은 결과가 있을 거야.

Q4

개념 공부와 실전 수능 문제까지 공부하고 싶어요.

그럼 [개념은 메가스터디]로 공부해 봐. 귀에 쏙 박히는 개념설명과 실전대비 문제까지 잘 정리가 되어 있어. 다양한 사회탐구 전문가가 있어서 네 스타일에 맞는 선생님을 선택하면 돼.

Q5

같은 계열을 선택하면 사회탐구 공부하기가 좋다고 하는데 어떻게 선택하면 좋을까요?

학생들이 한국지리&세계지리, 동아시아사&세계사, 생활과 윤리&윤리와 사상, 사회문화&법과 정치&경제를 선택하는 경우가 많아. 무엇보다 성적이 잘 나오는 과목, 네 진로와 맞는 계열의 과목을 선택하는 게 좋아. 그 선택이 어려우면 [베스트 패키지] 강의도 도움이 될 거야.

(4) E투스 집중 분석

Q1

사회 탐구를 늦게 시작해서 기초가 부족한데, 수능 때까지 열심히 하면 좋은 등급을 받을 수 있겠죠.

기본 개념부터 정리하는 것이 좋아. [기초의 힘]은 다양한 예시를 통해 개념을 정리해 주고, 이 교과목이 어떻게 활용되는지 알 수 있는 강의야. 이 강의를 들으면 전체적인 흐름은 파악할 수 있을 거야.

Q2

개념과 기본부터 심화까지 한꺼번에 하고 싶은데 적당한 강의가 있을까요?

단순한 개념정리가 아니라 '왜 사회탐구 과목을 배워야 하는지'를 알려주는 강의가 있어. [NEW 최적 SYSTEM 개념완성] 개념설명과 문제풀이로 구성되어 있고, 우선 개념을 꼼꼼히 정리해 주는 강의야. 특히 구조화된 설명이 너무 좋다는 평이 많아.

Q3

1~2문제 차이로 1등급을 못 받아요. 도움을 받을 수 있는 강의가 없을까요.

고난도 문제가 어려운가 보네. 그럼 [심화의 힘-고난도 킬러 문항 분석]을 들으면 좋을 거야. 매년 고난도 문제들은 점점 심화되는 거 알지? 처음 보는 유형도 잘 적응할 수 있도록 심화단계를 완성해 주는 강의야.

Q4

실제 모의고사 문제처럼 연습을 해 보고 싶어요.

[실전모의고사] 강의가 있어. 고난도 모의고사 문제가 많은데 실제 시험에서 변별력을 기를 수 있게 구성한 강의야. EBS 연계와 수능 출제 경향에 맞춘 내용이 많기 때문에 실전처럼 연습할 수 있을 거야.

Q5

한국사 문제를 많이 풀어 보고 싶어요.

[한국사 수능 500제] 강의를 들으면서 문제를 풀어보는 것도 좋아. 한국사는 흐름을 이해하는 과목이기 때문에 문제를 풀면서 그 개념을 이해해도 한국사는 별 문제없이 좋은 점수를 받을 수 있을 거야.

(5) 문제집 수준별 활용법

고3 : 1-2등급

Q1 사회탐구 다양한 문제들을 풀어보고 싶어요. [수능특강]은 다 풀었어요.

A1. 작년도 [수능특강] 이나 [수능완성]도 좋고, [자이스토리]나 [메가스터디 N제]도 좋아. 공부하기 전에 전체 목차부터 확인하고, 간단 개념을 먼저 공부해. 목차는 공부할 때마다 확인하는 습관을 가지자. 문제를 풀다가 틀리면 그 부분을 목차에 체크하고, 다시 그 개념을 잡아본다면 좋은 공부가 될거야. 한 문제집을 2~3번 풀고, 다른 문제집을 샀을 때, 이전 책의 목차에 표시된 부분을 옮겨 놓는거야. 네가 틀리는 개념이나 유형에 신경을 쓰는 일이기 때문에 보완이 되겠지.

Q2 실전 모의고사 문제를 많이 풀어보고 싶어요. 난이도 있는 문제들도 많이 다루는 문제집도 좋아요.

A2. 사회 탐구 문제집 중 [자이 프리미엄]이 있어. 이 책이랑 [자이스토리]랑 어떤 차이가 있는지 질문을 많이 하는데 유형은 거의 비슷해. [자이 프리미엄]은 1등급 킬러 문제들이 많아. 킬러 문제에 대한 공략법도 있는데, 혼자 복습하면서 정리하면 좋아. 해설서에서 오답과 정답의 차이를 설명해 주고, 문제 풀이에 필요 개념을 정리해 주기 때문에 이해가 안 되는 문제는 해설을 반복해 읽는 것도 성적향상에 도움이 될 거야.

고3 : 3~4등급

Q1 한국사의 경우는 전체 흐름이 중요하다고 하는데 저는 이 부분 연결이 잘 안 되는 편이예요. 재미있게 한국사의 흐름을 공부할 수 있는 문제집은 없을까요?

A1. 한국사의 경우 각 시대별로는 잘 암기하고 있는데 전체 흐름 파악이 힘들다는 친구들이 많네. 그럼 [숨마쿰라우데 한국사]가 좋아. 우선 [개념학습 단계]에서는 혹시 기초가 부족한 학생들이라도 쉽게 이해할 수 있도록 이야기 식으로 흐름을 파악할 수 있도록 구성되어 있어. [문제풀이 단계]에서는 수능형 문제들로 구성되어 있고, 학교 내신 시험을 대비한 서술형 문제까지 포함되어 있어. 마지막 [심화학습 단계]에서는 핵심적이고 고난도 문항으로 자주 출제되는 주제들로 문제를 출제했어. 그러다보니 내신이나 모의고사 고난도 문항도 쉽게 접근할 수 있을 거야.

Q2 한국사는 내신 기간에 공부를 했는데 수능 준비를 어떻게 해야 될지 잘 모르겠어요. 한국사를 쉽게 정리한 교재가 있나요?

A2. 교과서를 중심으로 빨리 정리하고, 문제집이나 개념서를 보는 것이 좋을 것 같아. [수능특강]을 공부하면서 모르는 부분은 EBS를 이용해도 되고, 아님 모의고사 문제집으로 [메가스터디 N제]를 이용해도 좋아. 'EBS' 변형과 연계문제의 변형된 출제 형태를 알수 있어. 서술형 문제도 다루고 있기 때문에 아직 내신이 끝나지 않은 고3에게 내신과 수능을 같이 준비하게 해 주지. [메가스터디] 해설지를 잘 이용하는 방법은, 단원별 '핵심파트'만 모아 정리 후 복습하면 출제빈도가 높은 개념이 눈에 보여. 이 방법 활용이 좋은 것 같아.

Q3 공부는 습관이 중요하다고 하는데, 저는 계획은 세우는데 실천이 잘 되지 않아요. 특히 사회탐구의 경우는 국·영·수에 비해 학습량이 너무 적어요. 하루에 할 수 있는 양을 정해 놓고 공부하고 싶어요.

A3 [매3시리즈] 중 사회영역도 있어. 친구들이 이 책을 추천하면 국어문제집이 아니냐고 물어보는 경우가 많아. 이 교재의 자료 분석 노트를 좋아하는 학생이 많아. 여기에서 도표 자료 분석 문제만 모아서 자세히 설명해주거든. 이 책을 구매한다면 꼭 활용해. 공부는 하고 싶은데 실천이 잘 되지 않으면 공부 계획표에 하루 한 주제만 공부하기를 정해 봐. 한 달 정도면 한 과목 정리를 끝낼 수 있어.

고3 : 5~9등급

Q1 한국사의 경우는 전체 흐름이 중요하다고 하는데 저는 이 부분 연결이 잘 안 되는 편이에요. 재미있게 한국사의 흐름을 공부할 수 있는 문제집은 없을까요?

A1. 한국사의 경우 각 시대별로는 잘 암기하고 있는데 전체 흐름 파악이 힘들다는 친구들이 많네. 그럼 [숨마쿰라우데 한국사]가 좋아. 우선 [개념학습 단계]에서는 혹시 기초가 부족한 학생들이라도 쉽게 이해할 수 있도록 이야기 식으로 흐름을 파악할 수 있도록 구성되어 있어. [문제풀이 단계]에서는 수능형 문제들로 구성되어 있고, 학교 내신 시험을 대비한 서술형 문제까지 포함되어 있어. 마지막 [심화학습 단계]에서는 핵심적이고 고난도 문항으로 자주 출제되는 주제들로 문제를 출제했어. 그러다보니 내신이나 모의고사 고난도 문항도 쉽게 접근할 수 있을 거야.

Q2 아직 개념이 부족한 부분들이 많아요. 혼자서 공부할 수 있는 사회 개념서가 있을까요?

A2. 자기주도학습에는 [완자] 교재가 좋아. 마치 옆에서 설명하는 것처럼 자세한 내용과 자료가 많은 교재야. 가끔 문제의 양이 너무 적다고 하는 학생이 있는데, 어느 정도 개념정리가 되었다면 [수능특강]을 추천해. 그래도 문제가 부족하면 기출문제집을 사서 풀어볼까. 기출문제집을 살 때는 해답지 내용 설명이 쉽게 잘 되어 있고, 그 문제를 풀 때 필요한 개념까지 정리되어 있으면 더 좋아.

Q3 선배들이 사회탐구는 개념노트를 직접 만들어서 계속 복습을 하면 좋다고 하는데, 수능까지 시간은 없고, 사실 필기를 열심히 한 적이 없어 너무 힘들어요. 혹시 정리된 개념 노트가 있을까요?

A3. 개념 노트는 자신이 만드는 게 가장 좋은데 혹시 힘들다면 [필수다 : 필기노트로 수능 다잡기]를 이용해. 사회탐구영역의 개념과 교육과정평가원에서 출제한 기출문제가 포함되어 있고, 선배들이 직접 출제 의도나 경향을 분석해 놓아서 이해가 쉬울 거야. 각 페이지 구성이 손 글씨체로 되어 있어서 친밀한 느낌을 줘. 예쁜 색감 때문에 필기하고 공부하는데 지겹지 않아.

(나) 고등학교 2학년

(1) 모의고사 등급별 공부법

등급별	학습법
1~2등급	자료 분석과 고난도 문제 꾸준히 풀이 하기
3~4등급	수능에서 선택할 과목을 생각하면서 내신 공부하기 내신과 병행하여 모의고사 기출문제 풀이 하기
5~9등급	교과서 목차를 보며 많이 틀리는 부분 체크하면서 공부하기 체크 된 부분 반드시 개념 정리하기

[고2 : 1~2등급]

최근 수능 출제경향에 따라 2021수능도 쉬운 난이도가 될 거라고 생각하는게 일반적이야. 그럴수록 상위권의 싸움은 더 치열해지지. 한 문제 때문에 등급이 달라질 걸.

2학년이니 우선 교과서의 주요 개념과 원리를 이해하고 교과서 구석구석 내용을 보고 정리하자. 기출문제를 풀면서 부족한 부분을 찾았다면 그 내용만 따로 정리하도록 해.

난이도가 높은 문제만 모아둔 문제집을 풀면서 빈출 고난도 문제 유형을 익히는 것도 좋아. 최근 수능에서는 2문제 정도 고난위 문제가 출제되는데 이에 대비해야 하지. 복잡한 자료를 분석하는 문제나 답지의 구성이 까다로운 문제들을 많이 풀어보는 게 좋아. 수능이나 모의고사에서 문제마다 읽고 분석해야 되는 문제들이 많아서 빠른 시간내 자료를 분석하는 연습과 문제에서 요구하는 핵심 개념과 원리를 찾아내는 것이 중요해. 그러니 꾸준한 연습이 필요하겠지? 제일 중요한 건 실수하지 않는 거야.

[고2 : 3~4등급]

네가 정한 대학이나 학과를 생각해서 수능 사회탐구 중 어떤 과목을 선택할지 미리 생각해 두자. 학교에서 사회탐구는 2~3학년 때 배우기 때문에 계획을 잘 세워야 하지. 사회탐구를 2학년 때 배우지 않는다면 주말에 개념 정리를 해 두는 것도 좋아.

고3때 급하게 시작하면 문제 풀기도 바쁘거든. 그러다보면 기본개념과 원리를 정확하게 이해하지 못하게 돼. 아직 배우지 않은 과목을 미리 공부하는 것은 힘들 수 있으니 우선 인터넷 강의로 개념 공부를 시작해도 좋아. 강의 듣기 전 큰 목차를 먼저 훑고, 다음엔 강의 듣고, 강의 후 간단 문제풀이 하는 방식도 추천해.

네가 지금 수능연계 과목을 배운다면 공부를 내신대비와 병행하면서 기출문제 풀이까지 하면 좋아. 기출문제는 유형 위주로 공부하면서 부족한 부분들을 계속 보완해 나가야하지. 학교 시험 진도를 맞춰서 공부하면 내신과 수능 모두 잡을 수 있을 거야.

[고2 : 5~9등급]

수능 사회영역의 문제가 쉬워져서 조금만 공부하면 등급이 오를 수 있어.

문제를 감각으로만 풀거나, 문제를 푼 후 오답 정리를 잘 안하다보니 네가 얻을 수 있는 점수를 못 얻는 경우가 있을 거야.

교과의 주요 개념과 원리부터 공부해야 해. 모르는 개념은 계속 정리하면서 문제를 풀어야지. 문제를 풀고 나서 교과서나 참고서 목차에 자주 틀리는 단원을 표시하고 그 단원을 집중 공부하는 것도 좋은 방법이야. 자료 분석이 어렵다면 자료 분석 문제를 계속 풀면서 답지에서 설명하는 내용과 네가 알고 있는 내용을 정확하게 정리하는 것도 필요해. 시험 때만 공부하지 말고 일주일에 1~2번 꾸준히 해. 단순히 점수를 올리는 데만 초점을 맞추지 말고, 하나의 개념이라도 정확하게 알고 넘어가는 습관이 필요해. 많은 문제를 풀기보다 정확하게 답지까지 분석하는 연습도 해야해.

(2) EBS 강의 목록

1~2등급

한국사

Q1. 학교시험대비는 어떻게 하나요?

Q1 [중간기말 예상 모의고사] 고2 한국사

✕

생활과 윤리

Q1. 생활과 윤리 어떻게 공부하면 좋을까요.

Q2. 모의고사 문제 연습하고 싶어요.

Q1 [개념완성] 생활과 윤리 (상위권을 위한 발전)

Q2 [고2 학력평가 해설] 생활과 윤리

윤리와 사상

Q1. 윤리와 사상 개념 정리가 필요해요.

Q2. 모의고사 문제 연습하고 싶어요.

Q1 [개념완성] 윤리와 사상 (상위권을 위한 발전)

Q2 [고2 학력평가 해설] 윤리와 사상

한국지리

Q1. 학교시험대비는 어떻게 하나요?

Q1 [개념완성] 한국지리 (상위권을 위한 발전)

세계지리

Q1. 세계지리 1등급 받고 싶은데 어떻게 공부하면 좋을까요?

Q1 [개념완성] 세계지리 (상위권을 위한 발전)

경제

Q1. 경제 시험대비는 어떻게 해야 할까요?

Q1
[2021 학교시험 3주완성] 경제
[2021 학교시험 3주완성] 최영희의 만점 경제 필기노트
[학교시험 예상 모의고사] 소성욱 경제
[서술형대비특강] 윤희석의 경제

사회문화

사회문화 1등급 받고 싶은데 어떻게 공부하면 좋을까요?

Q1 [개념완성] 사회문화 (상위권을 위한 발전)

3~5등급

Q1. 한국사 공부 어떻게 시작할까요
Q2. 한국사 개념 정리를 하고 싶어요
Q3. 시험대비는 어떻게 해야 할까요

Q1
정선아의 어필 한국사
[기본개념] 이다지의 한 번 듣고 다섯 번 이해하는 한국사
[뉴탐스런] 최태성의 한국사

Q2
[집중관리] 박세훈의 10강으로 끝내는 한국사
[2주 라이브 특강] 고2 - 한국사
[5일만에 끝내는 라이브 특강] 큰★별쌤의 한국사 맥
김정현의 한국사 종합완성(내용편)

Q3
[학교시험 예상 모의고사] 박세훈 한국사
[학교시험 3주완성] 박세훈의 한국사
[서술형대비특강] 이지은의 한국사

생활과 윤리

Q1. 생활과 윤리 개념정리를 하고 싶어요
Q2. 학교 시험은 어떻게 준비하는게 좋을까요?

Q1
[집중관리] 강승희의 선택지로 완성하는 생활과 윤리
[2주 라이브 특강] 고2 - 생활과 윤리
[5일만에 끝내는 라이브 특강] 강승희, 벤다이어그램으로 생윤 만점 잡기
[개념완성] 생활과윤리

Q2
[2021 학교시험 3주완성] 강승희의 갓성비 생활과 윤리
[학교시험 예상 모의고사] 한보라 생활과 윤리
[서술형대비특강] 강승희의 생활과 윤리

윤리와 사상

Q1. 윤리와 사상 어떻게 공부하면 될까요?
Q2. 학교 시험은 어떻게 준비하는 게 좋을까요?

Q1
[집중관리] 최양진의 윤리와 사상, 매력적 오답 선택지 필살기
[개념완성] 윤리와 사상

Q2
[2021 학교시험 3주완성] 한보라의 차곡차곡 윤리와 사상
[학교시험 예상 모의고사] 김태준 윤리와사상
[서술형대비특강] 최양진의 윤리와 사상

한국지리

Q1. 한국지리 어떻게 공부하면 좋을까요?

Q2. 한국지리 개념을 정리하고 싶어요.

Q1
- 이진웅의 한국지리 Plan A
- [뉴탐스런] 이윤지의 한국지리

Q2
- [집중관리] 이진웅의 한국지리, 수능적 해석
- [2주 라이브 특강] 고2 - 한국지리
- [개념완성] 한국지리

세계지리

Q1. 세계지리 어떻게 공부하면 좋을까요?

Q2. 세계지리 시험대비는 어떻게 하면 좋을까요?

Q1
- [집중관리] 민병권의 세계지리부도 특강
- [개념완성] 세계지리 (중위권을 위한 기본)

Q2
- [2021 학교시험 3주완성] 세계지리
- [2021 학교시험 3주완성] 이다은의 Fly to 세계지리
- [학교시험 예상 모의고사] 이윤지 세계지리

경제

Q1. 경제 시험대비는 어떻게 해야 할까요?

Q1
- [2021 학교시험 3주완성] 경제
- [2021 학교시험 3주완성] 최영희의 만점 경제 필기노트
- [학교시험 예상 모의고사] 소성욱 경제
- [서술형대비특강] 윤희석의 경제

사회문화

Q1. 사회문화 어떻게 공부하면 좋을까요?

Q2. 사회문화 시험대비는 어떻게 하면 좋을까요?

Q1

[집중관리] 박봄의 사회문화 표 분석의 패턴
[2주 라이브 특강] 고2 - 사회·문화
[5일만에 끝내는 라이브 특강] Spring is perfect 봄쌤의 핵심 쏙~ 사문 개념
[개념완성] 사회문화 (중위권을 위한 기본)

Q2

[2021 학교시험 3주완성] 박봄의 버저비터 사회 문화
[학교시험 예상 모의고사] 김지선 사회문화
[학교시험 3주완성] 김지선의 사회문화
[서술형대비특강] 김지선의 사회문화

5~9등급

한국사

Q1. 한국사 문제풀이 어떻게 공부하나요?

Q2. 한국사 개념을 한번 정리하고 싶어요.

Q1

정선아의 어필 한국사
[기본개념] 이다지의 한 번 듣고 다섯 번 이해하는 한국사
[뉴탐스런] 최태성의 한국사

Q2

[집중관리] 박세훈의 10강으로 끝내는 한국사
[2주 라이브 특강] 고2 - 한국사
[5일만에 끝내는 라이브 특강] 큰★별쌤의 한국사 맥
김정현의 한국사 종합완성(내용편)

생활과 윤리

Q1. 생활과 윤리 어떻게 공부해야 될까요?

Q1

[개념완성] 생활과 윤리 (하위권을 위한 기초)

윤리와 사상

Q1. 생활과 윤리 어떻게 공부해야 될까요?

Q1 [개념완성] 생활과 윤리 (하위권을 위한 기초)

한국지리

Q1. 한국지리는 어떻게 공부해야 할까요?

Q1 [개념완성] 한국지리 (하위권을 위한 기초)

세계지리

Q1. 세계지리 학교 수업이 너무 어려워요. 어떻게 공부해야 할까요?

Q1 [개념완성] 세계지리 (하위권을 위한 기초)

경제

Q1. 경제 시험대비는 어떻게 해야 할까요?

Q1
[2021 학교시험 3주완성] 경제
[2021 학교시험 3주완성] 최영희의 만점 경제 필기노트
[학교시험 예상 모의고사] 소성욱 경제
[서술형대비특강] 윤희석의 경제

사회문화

Q1. 사회문화 공부는 어떻게 시작하는 게 좋을까요?

Q1 [개념완성] 사회문화 (하위권을 위한 기초)

(3) M스터디 집중 분석

고2 때 선택한 과목으로 고3 때 수능을 칠 가능성이 높아. 사회 과목이나 한국사를 미리 공부해 놓으면 고3 때 심화문제 풀기와 다른 과목에 투자할 시간이 많아져서 좋은 결과를 얻을 수 있어.

Q1

한국사 내신을 공부해야 하는데, 어떻게 할지 모르겠어요. 그리고 모의고사까지 연습할 수는 없을까요?

한국사는 내신 따로 모의고사 따로 공부하지말고 병행해야 해. 우선 [내신&수능대비] 파트 중에 한 강의를 들어 봐. 내신은 단답형과 서술형 문제가 출제되므로 꼼꼼한 개념 수업부터 전체적인 맥락을 활용한 모의고사 공부까지 가능한 수업이야.

Q2

교과서 맞춤식 사회 강의를 찾고 있어요.

내신 준비하는 학생들에게 [개정 사탐의 모든 것] 추천해. 각 과목마다 포인트를 잘 잡아서 해석해 주기 때문에 학생들이 더 쉽게 공부할 수 있어. 그리고 개념, 문제 풀이, 모의고사까지 내신과 연계하여 설명해 주는 강의야.

(4) E투스 집중 분석

Q1

사회 탐구에 전반적인 기초 개념이 부족해요.

그럼, 재미있는 사회 탐구 강의를 소개해 줄까! [시험에 나오는 생활 속 사회탐구] 이 강의는 생활 속 이슈를 통해 사회를 이해할 수 있고, 재밌게 기본 개념을 공부할 수 있어. 심화 문제까지 있어서 내신 대비도 같이 할 수 있을 거야.

Q2

내신시험과 모의고사 둘 다 놓칠 수 없어요. 적절한 강의가 없을까요.

그럼 [NEW 최적 SYSTEM 열.끝]을 한 번 들어 봐. 시험에 나오는 개념 위주로 수업을 진행해. 기본에서 심화 내용까지 가능하니 내신과 모의고사를 둘 다 잡을 수 있을 거야.

Q3 **한국지리나 세계지리를 공부할 때 난이도 있는 문제에서 오답이 많아요. 어떻게 하면 좋을까요?**

[원 포인트 특강 약점만 콕콕] 이 강의는 오답률이 40% 이상인 강의로 구성되어 있어. 난이도 있는 문제로만 구성해서 풀이하기 때문에 심화과정까지 학습이 가능하지. 다양한 표, 그래프, 자료를 분석하는 연습을 할 수 있어.

Q4 **개념 공부는 했는데 문제가 잘 안 풀려요. 개념과 같이 문제 풀이를 해야 될 것 같아요.**

개념을 복습하면서 문제풀이를 하는 강의가 있어. [최적 Q-Bank PRIME : 주제 유형별 심화 + 집중문풀] 문제를 풀면서 기본개념에서 난이도 있는 문제까지 풀이할 수 있고, 모의고사 기출문제를 통해 다양한 문제를 풀고 적용할 수 있어.

Q5 **한국사 내신을 위한 강의를 추천해 주세요.**

[NEW 내신 100점 레시피 (고1,2를 위한 개념완성)] 내신 강의지만 수능까지 준비할 수 있는 강의야. 재미있는 배경지식을 개념 정리를 해 주지. 내신을 위해 교과서에서 자주 출제되는 자료를 통해 다양한 문제 풀이를 하고 있어. 내신 대비와 한국사 수능 대비는 별로 차이나지 않기 때문에 같이 공부해도 좋아.

(5) 문제집 수준별 활용법

고1, 고2 : 1~2등급

Q1 **개념을 자세히 정리해 놓은 개념서가 필요해요. 개념을 공부한 후 푸는 문제들은 난이도 있는 교재를 추천해 주세요.**

A1. [숨마쿰라우데 사회 시리즈]를 많이 사용하더라. 개념설명이 꼼꼼하게 되어 있고, 어려운 내용 설명도 자세해. 사진, 원문, 도표 등 다양한 자료가 있어 쉽게 읽혀지지. 인과관계를 해석해야 하는 문제를 이해하기 쉽도록 설명해 놓았다고 하기도 해. 다른 교재에 없는 논술형 문제까지 있어서 내신에서 논술형이 출제되는 학교 학생에겐 더 좋을 거야. 단원이 끝날 때마다 도표형식으로 정리해 주어서 시험 전 대비용으로도 좋아.

Q2 **내신 대비를 위해 문제가 다양한 교재를 추천해 주세요.**

A2. 여러 가지 문제집이 있는데 [셀파], [1등급 만들기], [단권화] 등 많은 책이 있어. 이 책들은 내신대비를 위해 개념설명과 개념형·내신형 문제들이 많아. 출제 빈도수가 높은 문제로 구성되어서 고득점을 노리는 학생에게 좋아.

고1, 고2 : 3~4등급

Q1 한국사의 경우는 전체 흐름이 중요하다고 하는데 저는 이 부분 연결이 잘 안 되는 편이예요. 재미있게 한국사의 흐름을 공부할 수 있는 문제집은 없을까요?

A1. 한국사의 경우 각 시대별로는 잘 암기하고 있는데 전체 흐름 파악이 힘들다는 친구들이 많네. 그럼 [숨마쿰라우데 한국사]가 좋아. 우선 [개념학습 단계]에서는 혹시 기초가 부족한 학생들이라도 쉽게 이해할 수 있도록 이야기 식으로 흐름을 파악할 수 있도록 구성되어 있어. [문제풀이 단계]에서는 수능형 문제들로 구성되어 있고, 학교 내신 시험을 대비한 서술형 문제까지 포함되어 있어. 마지막 [심화학습 단계]에서는 핵심적이고 고난도 문항으로 자주 출제되는 주제들로 문제를 출제했어. 그러다보니 내신이나 모의고사 고난도 문항도 쉽게 접근할 수 있을 거야.

Q2 고3이 되기 전에 한국사를 정리하고 싶은데 재미있는 교재가 없을까요?

A2. [한 권에 잡히는 한국사]는 한국사 강의를 재미있게 하는 '설민석'선생님이 쓰는 교재야. 요약 정리가 잘 되어 있지. 유료이지만 동영상 강의도 있어. 한국사는 맥락이 중요하다는 거 알지? 이 교재는 그 맥락을 잘 요약해서 도움이 될 거야.

Q3 혼자서 사회 개념 공부를 하고 싶어요. 자세히 설명된 교재 추천해 주세요.

A3. [완자]는 내용이 많고, 개념을 자세하게 설명해 주고 있어서 자기주도학습을 하거나 사회교과서를 읽으며 공부하는 학생에게 좋아. 어려운 용어나 개념 설명 하나까지 구체적 예를 들어주기 때문에 학교 내신이나 수능 공부의 개념 잡기에 좋은 것 같아.

Q4 내신 시험을 위해 다양한 문제를 많이 풀고 싶어요.

A4. 내신 대비를 하려면 개념정리가 우선이야. 그 후, 다양한 문제를 푸는 게 좋아. 시간이 많이 없다면 [내공의 힘] 교재가 적당해. 각 단원마다 주어진 문제의 양이 많지 않아서 시험 범위까지 풀고, 오답은 다시 교과서나 참고서로 정리하면 될 거 같아.

Q5 사회 탐구 개념서가 필요해요. 문제를 풀 때 가끔 모르는 개념이 나올 때 정리하고 싶어요.

A5. [원포인트 특강]을 교과 내용을 주제어로 설명하는 교재야. 각 주제어마다 출제 경향을 표시하고, 관련 주제까지 같이 공부하게 만드는 효율적인 교재야. 본문은 질문 형태로 되어 있어서 마치 선생님이 설명해 주는 느낌이라는 후기가 많아. 다양한 자료들이 잘 구성되었고, 파트별 마인드맵으로 정리되어 있어 복습용으로 좋아.

고1, 고2 : 5~9등급

Q1 한국사의 경우는 전체 흐름이 중요하다고 하는데 저는 이 부분 연결이 잘 안 되는 편이예요. 재미있게 한국사의 흐름을 공부할 수 있는 문제집은 없을까요?

A1. 한국사의 경우 각 시대별로는 잘 암기하고 있는데 전체 흐름 파악이 힘들다는 친구들이 많네. 그럼 [숨마쿰라우데 한국사]가 좋아. 우선 [개념학습 단계]에서는 혹시 기초가 부족한 학생들이라도 쉽게 이해할 수 있도록 이야기 식으로 흐름을 파악할 수 있도록 구성되어 있어. [문제풀이 단계]에서는 수능형 문제들로 구성되어 있고, 학교 내신 시험을 대비한 서술형 문제까지 포함되어 있어. 마지막 [심화학습 단계]에서는 핵심적이고 고난도 문항으로 자주 출제되는 주제들로 문제를 출제했어. 그러다보니 내신이나 모의고사 고난도 문항도 쉽게 접근할 수 있을 거야.

Q2 사회 과목을 쉽게 설명한 개념서가 필요해요. 그리고 개념을 정리하는 법도 궁금해요.

A2. 사회 과목은 공부한 내용을 이해한 후, 중요 개념을 정리하는 습관이 필요해. 참고서나 교과서 내용을 그냥 필기하는 학생이 있어. 노트 정리법은 인터넷으로 찾으면 다양한 방법이 많아. 개념서와 정리할 수 있는 노트도 제공되는 교재가 있는데, 바로 [개념풀]이야. '개념책+정리노트+용어집+정답해설집'으로 구성되지. 정리노트에 개념공부 후 빈 공간을 채우면서 개념정리하는 연습을 할 수 있어. 채우기가 힘들어도 선배들이 쓴 노트를 제공해주니 걱정 안 해도 돼.

Q3 저는 휴대폰으로 인강을 많이 들어요. 공부를 하다가 모르는 개념이 나오면 인터넷으로 바로 찾아봐요. 제가 부족한 부분은 바로 찾을 수 있는 링크나 QR코드가 있는 문제집이 있었으면 좋겠어요.

A3. [올쏘 시리즈]를 추천해. 개념 설명이 잘 되어 있고, 시각화 된 자료나 도표가 많아. 이 책의 특징으로 '실전 자료 코너'가 있는데 출제 빈도가 높은 개념과 문제를 자세히 분석했어. 다들 이 부분이 좋다고 하더라. 모바일로 학습 서비스도 무료 제공되니 잘 이용하면 더 좋겠지. '핵심노트', '사회용어사전'이 제공되기도 해. 스마트폰으로 공부를 많이 하는 사람에게 딱 맞는 교재야.

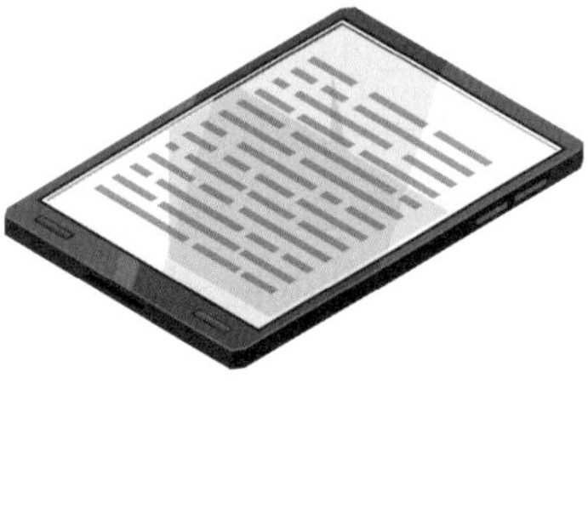

다 고등학교 1학년

(1) 모의고사 등급별 공부법

등급별	학습법
1~2등급	난이도 있는 자료 분석과 그런 문제에 익숙해지기
3~4등급	참고서는 설명과 자료가 많은 책을 선택해서 연관성있게 학습하기
5~9등급	교과서 목차로 개념 정리 후 교과서 읽기

[고1 : 1~2등급]

2022 수능은 탐구과목 선택에서 계열이 폐지되기 때문에 총 17개 과목 중 2과목을 선택해야 돼. 네가 공부할 학과 계열과 연관된 과목을 선택하여 학습을 하는 것이 도움이 될거야. 잘 모르겠다면, 이부분은 대학 입시 요강을 참고해.

네가 잘 틀리는 문제 유형은 아마 자료를 분석하는 문제일 거야. 예전과 다르게 자료의 형식이 다양화되고, 융합적인 문제들이 많이 출제되고 있거든. 평소 공부를 할 때 도표, 지도, 연표, 그림, 그래프 등의 문제들이 나오면 더 집중해서 파악하는 연습을 해 봐. 처음에는 어려워도 자꾸 풀면서 연습을 하다보면 금방 익숙해질거야. 이런 문제도 일정한 형식이 있을 수 밖에 없거든. 고득점은 짧은 시간에 주어진 자료를 얼마나 정확하게 분석하느냐가 중요하니까 평소 자료를 분석하는 연습을 하면 많은 도움이 될 거야.

[고1 : 3~4등급]

1학년 통합사회는 중학교 내용과 융합해서 문제를 출제하기 때문에 중학교 때 배운 내용을 잘 알고있으면 좋아. 부족한 부분이 있으면 참고서 중 설명과 자료가 많은 책을 선택해서 보면 내용이 잘 정리되어 있을 거야.

통합사회를 공부하면서 재미있는 영역을 찾다보면 네 진로에 도움을 주고, 선택과목으로 무얼할지 고민을 하는 사람도 큰 틀을 잡을 수 있을 거야. 교과서에 있는 개념과 원리를 먼저 학습한 후, 기출문제를 푸는 것이 좋아. 2015개정교육과정에서 교과 중심의 수능 문제를 출제한다는 발표가 있었어. 교과서 개념 설명이 자세한 교재를 선택해 보자. 정확한 개념과 전체적인 흐름을 파악하는 것이 중요해.

처음부터 많은 문제를 풀기보다 문제를 푼 후, 문제의 지문에서 이야기하는 내용과 선지에 주어진 내용과의 연관성을 찾는 연습을 계속해야 해. 문제집 선택은 자세한 설명이 있는 것이 좋아.

[고1 : 5~9등급]

이 등급은 사회탐구와 내신을 병행해서 공부해야 해. 학교에서 배우는 사회과목 위주로 공부하면 두 마리 토끼를 잡을 수 있어. 교과서로 먼저 공부하는 것이 좋은데, 목차를 보면서 키워드를 선별해 보자. 복습이나 예습도 마찬가지. 목차를 먼저 보고, 수업을 들으면 그 단어들이 어떻게 쓰이는지 수업에 집중하면서 참여하게 되고 수업이 이해되고 재미도 있을 거야. 수업 후엔 참고서나 교과서를 계속 읽으면서 공부해. 사회는 흐름의 파악도 매우 중요해. 단락별로 공부하고 문제를 풀 때는 아는 거 같았는데, 전체적으로는 모르겠다는 학생들이 간혹 있어. 문제를 잘 풀기 위해서 먼저 목차에 따라 흐름을 정리하고, 교과서 내용을 계속 읽으면서 개념을 정리해 봐.

(2) EBS 강의 목록

1~2등급

한국사

Q1. 학교시험대비는 어떻게 하나요?

Q1 [중간기말 예상 모의고사] 고1 한국사

통합사회

Q1. 통합사회 학교시험대비는 어떻게 하나요?

Q1 [중간기말 예상 모의고사] 고1 통합사회 - 개념완성 활용편

3~5등급

한국사

Q1. 한국사 공부 어떻게 시작할까요
Q2. 한국사 개념 정리를 하고 싶어요
Q3. 시험대비는 어떻게 해야 할까요

Q1
[개념완성] 자료와 연표로 흐름을 읽는 한국사
2주만에 끝내는 고1 한국사

Q2
[집중관리] 박세훈의 10강으로 끝내는 한국사
[5일만에 끝내는 라이브 특강] 큰★별쌤의 한국사 맥
[개념완성] 김정현의 필수 한국사
김정현의 한국사 종합완성(내용편)

Q3
[학교시험 예상 모의고사] 박세훈 한국사
[2021 학교시험 3주완성] 길진봉의 한국사 내비게이션

통합사회

Q1. 통합사회 공부 어떻게 시작할까요
Q2. 통합사회 개념 정리를 하고 싶어요
Q3. 통합사회 시험대비는 어떻게 해야 할까요

Q1
2주만에 끝내는 통합사회

Q2
[2주 라이브 특강] 고1 - 통합사회
[개념완성] 통합사회 (중위권을 위한 기본)

Q3
[2021 학교시험 3주완성] 김민선의 행복비타민 통합사회
[학교시험 예상 모의고사] 배인영 통합사회

5~9등급

한국사

Q1. 한국사공부 어떻게 해야 하나요?

Q2. 한국사 개념정리가 필요해요.

Q1

[고등예비과정] 한국사

Q2

[집중관리] 박세훈의 10강으로 끝내는 한국사
[개념완성] 김정현의 필수 한국사
[5일만에 끝내는 라이브 특강] 큰★별쌤의 한국사 맥
김정현의 한국사 종합완성(내용편)

통합사회

Q1. 통합사회 공부 어떻게 해야 하나요?

Q2. 통합사회 개념정리가 필요해요.

Q1

[고등예비과정] 이진웅·임원택의 통합사회

Q2

[개념완성] 통합사회 (하위권을 위한 기초)
5분 통합사회
[교과서 진도 특강] 통합사회

(3) M스터디 집중 분석

통합사회를 처음 배우면 낯설어 하는 친구들이 많아. 중학교 내용을 바탕으로 재구성했기 때문에 중학교 내용과 병행을 해도 좋을 거야. 한국사 내신을 위한 강의를 원하면 고2에게도 추천한 [내신&수능대비]를 추천해.

Q1

통합사회는 내신만 공부하면 되죠. 어차피 수능에 안 들어가니깐 교과서 위주로 공부하는 게 맞는 방법인가요?

수능에 들어가지는 않지만 나중 사회 탐구를 선택하거나 2학년 내신공부를 할 때 기초가되는 과목이 통합사회지. [통합사회 레전드 되는법]을 이용해서 내용을 한번 정리하는 것도 좋을 것 같아. 여러 예시를 들어 이해를 돕고, 자료를 제공해 주고 있어. 다양한 문제 유형으로 자신이 몰랐던 부분을 체크해 주는 강의야

(4) E투스 집중 분석

Q1

통합 사회 개념을 정리하고 싶어요. 내신대비와 병행이 되면 더 좋고요.

통합사회를 전체적으로 정리하고 싶으면 전체 범위 강의를, 또는 단원별로 통합사회를 공부해도 좋아.
[BON 통합사회 개념완성] 사회를 '왜 배워야 하는지'를 먼저 알려주지. 전체적인 자료분석을 통해 교과서에서 '어떻게 나오는지'를 알려주고 직접 생각할 수 있게 만들어 주는 강의야.

Q2

저는 내신대비를 위해 교과서 중심 강의를 듣고 싶어요.

그럼 학교 교과서 강의를 들으면 돼. [내신 탄탄 PACK 개념 완성+교과서 특강] 사회는 개념을 자료에 적용시키는 능력이 요구돼. 다양한 자료를 해석하는 능력을 키워주고, 난이도 상중하를 고려, 다양한 문제를 풀면서 세부 개념 이해와 고난도 문제를 연습할 수 있는 강의야.

Q3

내신 시험 서술형이 걱정이 많이 되는데, 해결 방법이 없을까요?

내신에서 서술형의 비중이 높아져서 걱정이 되지? 그럼 [서술형이 발목 잡을 때] 가 도움이 될 거야. 문제 출제 포인트를 체크하고, 단원별 필수 서술형 문제를 통해 정답 키워드를 배우는 수업을 진행하고 있어. 그래서 서술형에 자신이 없는 학생이나 많은 문제를 풀어보고 싶은 사람에게 도움이 될 거야.

Q4

저는 인문학계열로 지망을 희망하고 있어 고1부터 모의고사를 준비하고 싶어요.

그럼 다양한 모의고사 문제를 풀어보는 게 좋아. [모의고사 해설강의] 강의를 들으면서 부족한 내용을 보완해도 되고, 많은 기출문제를 다룰 수 있어서 내신뿐 아니라 수능에도 도움이 될 거야.

Q5

재미있게 한국사를 공부하고 싶어요. 어렸을 때는 만화책으로 역사를 공부했는데 지금은 너무 재미가 없어요.

만화를 좋아했던 친구네. 그럼 [한국사 만화에 퐁당 빠지다!]를 추천해. 인강 최초, 3D 애니메이션 특강이라서 재미있게 공부하고 싶은 학생들에게 딱이야. 여유가 있다면 한국사 능력 시험에 도전해 볼래? 공부한 내용을 점검할 수 있는 좋은 기회가 되기도 해.

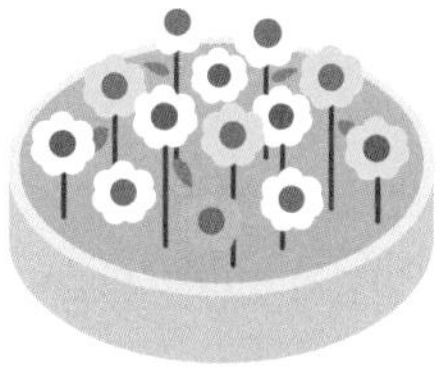

(5) 문제집 수준별 활용법

고1, 고2 : 1~2등급

Q1 개념을 자세히 정리해 놓은 개념서가 필요해요. 개념을 공부한 후 푸는 문제들은 난이도 있는 교재를 추천해 주세요.

A1. [숨마쿰라우데 사회 시리즈]를 많이 사용하더라. 개념설명이 꼼꼼하게 되어 있고, 어려운 내용 설명도 자세해. 사진, 원문, 도표 등 다양한 자료가 있어 쉽게 읽혀지지. 인과관계를 해석해야 하는 문제를 이해하기 쉽도록 설명해 놓았다고 하기도 해. 다른 교재에 없는 논술형 문제까지 있어서 내신에서 논술형이 출제되는 학교 학생에겐 더 좋을 거야. 단원이 끝날 때마다 도표형식으로 정리해 주어서 시험 전 대비용으로도 좋아.

Q2 내신 대비를 위해 문제가 다양한 교재를 추천해 주세요.

A2. 여러 가지 많은 문제집이 있는데 [셀파], [1등급 만들기], [단권화] 등 많은 책이 있어. 이 책들은 내신 대비를 위해 개념설명과 개념형·내신형 문제들이 많아. 출제 빈도수가 높은 문제로 구성되어서 고득점을 노리는 학생에게 좋아.

고1, 고2 : 3~4등급

Q1 한국사의 경우는 전체 흐름이 중요하다고 하는데 저는 이 부분 연결이 잘 안 되는 편이에요. 재미있게 한국사의 흐름을 공부할 수 있는 문제집은 없을까요?

A1. 한국사의 경우 각 시대별로는 잘 암기하고 있는데 전체 흐름 파악이 힘들다는 친구들이 많네. 그럼 [숨마쿰라우데 한국사]가 좋아. 우선 [개념학습 단계]에서는 혹시 기초가 부족한 학생들이라도 쉽게 이해할 수 있도록 이야기 식으로 흐름을 파악할 수 있도록 구성되어 있어. [문제풀이 단계]에서는 수능형 문제들로 구성되어 있고, 학교 내신 시험을 대비한 서술형 문제까지 포함되어 있어. 마지막 [심화학습 단계]에서는 핵심적이고 고난도 문항으로 자주 출제되는 주제들로 문제를 출제했어. 그러다보니 내신이나 모의고사 고난도 문항도 쉽게 접근할 수 있을 거야.

Q2 고3이 되기 전에 한국사를 정리하고 싶은데 재미있는 교재가 없을까요?

A2. [한권에 잡히는 한국사]는 한국사 강의를 재미있게 하는 '설민석'선생님이 쓰는 교재야. 요약 정리가 잘 되어 있지. 유료이지만 동영상 강의도 있어. 한국사는 맥락이 중요하다는 거 알지? 이 교재는 그 맥락을 잘 요약해서 도움이 될 거야.

Q3 혼자서 사회 개념 공부를 하고 싶어요. 자세히 설명된 교재 추천해 주세요.

A3. [완자]는 내용이 많고, 개념을 자세하게 설명해 주고 있어서 자기주도학습을 하거나 사회교과서를 읽으며 공부하는 학생에게 좋아. 어려운 용어나 개념 설명 하나까지 구체적 예를 들어주기 때문에 학교 내신이나 수능 공부의 개념서로 좋은 것 같아.

Q4 내신 시험을 위해 다양한 문제를 많이 풀고 싶어요.

A4. 내신 대비를 하려면 개념정리가 우선이야. 그 후, 다양한 문제를 푸는 게 좋아. 시간이 많이 없다면 [내공의 힘] 교재가 적당해. 각 단원마다 주어진 문제의 양이 많지 않아서 시험 범위까지 풀고, 오답은 다시 교과서나 참고서로 정리하면 될 거 같아.

Q5 사회 탐구 개념서가 필요해요. 문제를 풀 때 가끔 모르는 개념이 나올 때 정리하고 싶어요.

A5. [원포인트 특강] 교재를 추천해. 교과 내용을 주제어로 설명하는 교재야. 각 주제어마다 출제 경향을 표시하고, 관련 주제까지 같이 공부하게 만드는 효율적인 교재야. 본문은 질문 형태로 되어 있어서 마치 선생님이 설명해 주는 느낌이라는 후기가 많아. 다양한 자료들이 잘 구성되었고, 파트별 마인드맵으로 정리되어 있어 복습용으로 좋아.

고1, 고2 : 5~9등급

Q1 한국사의 경우는 전체 흐름이 중요하다고 하는데 저는 이 부분 연결이 잘 안 되는 편이예요. 재미있게 한국사의 흐름을 공부할 수 있는 문제집은 없을까요?

A1. 한국사의 경우 각 시대별로는 잘 암기하고 있는데 전체 흐름 파악이 힘들다는 친구들이 많네. 그럼 [숨마쿰라우데 한국사]가 좋아. 우선 [개념학습 단계]에서는 혹시 기초가 부족한 학생들이라도 쉽게 이해할 수 있도록 이야기 식으로 흐름을 파악할 수 있도록 구성되어 있어. [문제풀이 단계]에서는 수능형 문제들로 구성되어 있고, 학교 내신 시험을 대비한 서술형 문제까지 포함되어 있어. 마지막 [심화학습 단계]에서는 핵심적이고 고난도 문항으로 자주 출제되는 주제들로 문제를 출제했어. 그러다보니 내신이나 모의고사 고난도 문항도 쉽게 접근할 수 있을 거야.

Q2 사회 과목을 쉽게 설명한 개념서가 필요해요. 그리고 개념을 정리하는 법도 궁금해요.

A2. 사회 과목은 공부한 내용을 이해한 후, 중요 개념을 정리하는 습관이 필요해. 참고서나 교과서 내용을 그냥 필기하는 학생이 있어. 노트 정리법은 인터넷으로 찾으면 다양한 방법이 많아. 개념서와 정리할 수 있는 노트도 제공되는 교재가 있는데, 바로 [개념풀]이야. '개념책+정리노트+용어집+정답해설집'으로 구성되지. 정리노트에 개념공부 후 빈 공간을 채우면서 개념정리하는 연습을 할 수 있어. 채우기가 힘들어도 선배들이 쓴 노트를 제공해주니 걱정 안 해도 돼.

Q3 저는 휴대폰으로 인강을 많이 들어요. 공부를 하다가 모르는 개념이 나오면 인터넷으로 바로 찾아봐요. 제가 부족한 부분은 바로 찾을 수 있는 링크나 QR코드가 있는 문제집이 있었으면 좋겠어요.

A3. [올쏘 시리즈]를 추천해. 개념 설명이 잘 되어 있고, 시각화된 자료나 도표가 많아. 이 책의 특징으로 '실전 자료 코너'가 있는데 출제 빈도가 높은 개념과 문제를 자세히 분석했어. 다들 이 부분이 좋다고 하더라. 모바일로 학습 서비스도 무료 제공되니 잘 이용하면 더 좋겠지. '핵심노트', '사회용어사전'이 제공되기도 해. 스마트폰으로 공부를 많이 하는 사람에게 딱 맞는 교재야.

② 사회 내신 끝판 공부법

가 첫 수업시간 포인트 체크와 예습법

첫 수업시간에 담당 선생님을 파악하는 것이 내신 1등급에 도움을 줄거야. 사회 과목의 경우, 여러 선생님이 범위를 나누어 수업하는 경우가 많아. 각 선생님이 강조하는 부분과 부교재를 꼼꼼히 챙길 필요가 있어.

여러 선생님이 들어오실 때 그 선생님의 성향 파악도 중요해. 필기를 꼼꼼히 하는 선생님, 수행평가를 중요하게 생각하는 선생님, 모둠학습으로 수업을 하는 선생님 등… 학기 초 시간표에 어떤 수업이 진행되는지도 반드시 체크~~~!

수업 3분전 쯤 그날 배울 내용들을 간단하게 읽어 보는 것이 좋아. 수업 시작 종이 친 후 선생님이 들어오시기 전까지의 시간을 활용하는 방법도 있어. 교과서를 보면서 모르는 용어를 체크해 두면 수업시간에 더 집중하겠지.

나 수업 시간 집중은 너무 중요해

항상 강조하는 부분이지만 내신 시험은 누가 낸다고??? 당근 교과목 담당 선생님이지. 수업 하시면서 '이 부분은 꼭 시험에 낸다', 아니면 '중요하다'고 이야기를 하실 때 반드시 별표를 해 둬. 또 수업 시작할 때 그 전 수업에 대한 내용을 정리해 주는 선생님도 계셔. 그 정리 내용은 오늘 수업과 연관된 부분이거나 시험 포인트가 될 거야.

수업시간 필기는 선배가 강조하지 않아도 이미 알 거고, 만약 수업 시간에 잠이 온다면 선생님이 말씀하는 내용을 연습장에 적으면서 손가락을 움직여.

이전 기출문제를 구할 수 있으면 좋은데 말이지. '뭐? 작년에 지금 선생님이 출제하지 않아서 필요가 없다고…' '아니야'. 선생님이 중요하다고 생각하는 부분은 시험 출제에 그 포인트가 조금씩 차이가 나는 것 밖에 없어. 내신에서 어떻게 시험 문제가 출제되는지 유형을 한번 체크하고 시험을 보는 것이 매우 중요해.

다 수업 후 복습은 최대한 빠르게

에빙하우스 망각 곡선 알고 있지? 최대한 복습을 빨리 해야 더 기억에 오래 남는 것은 누구나 알지만 실천이 잘 안돼. 그 날 바로 복습하면 좋지만 여유가 없다면 주말에 꼭 해.

복습을 할 때 교과서와 필기 내용, 부교재나 학교 프린트물 위주로 하면 돼. 주말이 되면 수업 내용이 기억이 나지 않는다는 사람도 있더라. 그럴 때는 교과서를 읽는 것도 좋아. 그리고 나서 필기한 내용을 보면 수업시간에 중요한 내용들, 추가해서 필기한 것이 있을 거야. 이 때 머릿속에 떠오르는 것이 바로 선생님이 강조한 내용이니까 별표 한 번 더 추가하면서 시험에 나올만한 것을 정리하면 돼. 그리고 시간이 남으면 배운 내용에 맞는 문제를 푸는 거지.

라 내신 대비는 계획 세우기부터

내신 대비는 한달 전에 계획 세우는 것이 좋지. 시험 범위가 나오지 않았다 해도 범위를 예측해서 공부할 수 있어. 내신 전에 중요 과목은 어느 정도 공부했는지 보고 남은 시간에 따라 암기 과목 시간표를 짜는 거야. 내신 과목의 중요도는 네가 지원할 계열의 학업역량을 강조할 수 있는 과목 위주로 해야겠지.

시험이 2~3주 남았으면 한 달 전에 세운 계획을 조금씩 수정해야지. 갑자기 범위가 많아진 과목도 있고, 프린트 위주로 시험을 낸다는 경우도 있으니 그 부분도 체크해. 아직 어느' 과목을 버린다'는 말을 하면 안되는 시기야. 내신에서 고른 성적이 나올 수 있도록 계획을 잘 세워.

시험 대비 하다 부족한 파트는 인터넷 강의에서 그 부분만 선택해서 듣거나 친구와의 그룹스터디를 통해 부분을 보완하는 방법도 있어.

마 수행평가 관리 잘하기

내신은 지필 시험만으로만 나오는 게 아닌거 알지? 수행평가는 담당 선생님의 평가 기준에 맞추어 준비해. 기본 점수가 있는지, 점수의 간격이 어느 정도인지도 미리 알아 둬. 나중에 등급을 계산하려면 수행평가 점수도 미리 잘 정리해 두어야지. 수행평가는 생활기록부에 기재하기 좋은 활동이니 적극적으로 참여해.

바 과목별 특징 파악하기

윤리교과의 경우 사상가들의 이론들을 바탕으로 문제가 출제가 돼. 서술형이나 난이도 있는 문제들은 이 부분에서 많이 나오니 각 과목마다 정리 노트를 만드는 게 좋아. 한국사, 세계사는 흐름이 제일 중요한 거 알고 있지. 백지에 쓰기 복습이나 마인드 맵으로 한 눈에 보기 좋게 정리하는 학생들이 많아. 계속 공부하면서 모르는 내용과 중요 내용을 추가하다보면 모의고사나 수능 준비에도 도움이 돼.

지리교과는 지도와 연결해서 공부를 해. 어떤 학생은 내신이라고 학교 프린트만 열심히 외우더라. 시험은 지도와 연관된 문제가 출제되는데 말야. 같은 지역의 특징을 묻는 내용을 통합, 문제를 풀 수 있어야 돼. 일반사회는 학생들이 수능 과목으로 많이 선택하고 있어. 너도 이 과목을 수능에서 선택할거면 내신부터 꼼꼼하게 공부해야 되겠지. 일반사회는 보통 암기 과목이라고 생각하는 경우가 많은데, 현상 분석이 제일 중요해. 문제에서 이야기하는 것, 선지 분석까지 완벽해야 상위권 성적을 유지할 수 있다는 거 잊지마.

사 시험친 후, 어쩌면 더 중요해!

시험을 본 후, 그 시험지가 어디에 있는지도 모르면서 다음 시험 준비를 하는 사람은 없겠지? 시험지 결과를 꼼꼼히 확인하고 너의 약점을 보완해야 돼. 오답 문제 분석할 때

***개념을 몰라서 틀린 문제**
***문제를 잘못 이해해 틀린 문제**
***시간이 없어 못 푼 문제**

등을 파악하고 시험 때의 컨디션이나 기분을 고려하고, 그때 교실의 분위기도 기억하는게 좋아. 저번 시험은 연습이라 생각하고 이제 자세하게 학습 계획을 세워야 돼. 앞의 시험 점수가 안 좋았다고 등급컷을 지레 짐작하지 말고 부족한 점을 보완하여 수행평가와 그 다음 시험을 준비하는 게 좋아.

③ 사회 시기별 끝판 공부법

가 3월~6월, 9월~12월

사회는 여러 선생님이 한 교과서로 영역을 나눠 수업하는 경우가 많아. 선생님 한 분, 한 분의 수업방법, 평가방법, 수업시간에 중요하게 생각하는 요소들을 잘 파악해야 하지.

만약 선생님이 수능에 출제 된 문제를 중요하게 생각하신다면 EBS 기출문제를 계속 풀며 공부해야 해. 수업중 언급한 내용만 출제하시는 선생님 수업은 필기를 열심히 해. 복습할 때 필기에 참고서 내용을 더해 정리해서 하면 좋아.

복습은 수업 시간 필기 내용 점검, 교과서 관련 단원 읽기, 문제 풀기를 통해 부족한 부분을 정확하게 알고 있어야 해. 필기를 했더라도 친구의 노트와 비교하면서 빠진 부분이나 잘못된 부분을 바로 잡아야 해. 가끔 필기를 엉뚱하게 하고 그걸로 공부하다 틀리는 사람이 있기도 하거든. 일주일에 한 번이 좋지 싶어. 시험기간에는 마음이 바쁘고 신경이 예민해지니까 친구에게 부탁을 미리 하자. 알겠지?

시험 한 달 전쯤 선생님께서 시험범위를 이야기해 주실 거야. 다 배우지 않아도 시험범위 끝까지 공부하는 것이 좋아. 안 배운 부분은 간단하게 교과서를 읽는 정도로 하고, 배운 내용도 선생님이 중요하다고 한 부분은 서술형으로 쓸 수 있도록 이해되게 공부하자.

고등학교 사회는 공부할 양이 많아서 미리 해야 해. 단순히 암기 과목이라고 생각했다가 벼락치기도 힘들어 하는 친구들이 많아. 최소 3주 전에 교과서 읽기, 노트 필기로 개념 정리 후 문제를 풀어봐야 해.

시험을 치른 후, 결과를 확인하고 꼼꼼히 보완점을 체크해. 개념이 부족했는지, 서술형 쓰기가 힘들었는지, 도표 분석을 못한건지 말야. 시험 기간이 아닐 때는 수행평가에 집중해야 하는 거, 알지?

나 7월~8월, 1월~2월

방학 동안 다양한 배경 지식을 공부하면 좋아. 학기 중 시험에서 네가 만족할 수 없는 성적이 나왔다면 기본적인 개념이 부족한 거라고 보면 돼. 다음 학기 예습하기는 벅찰 거야. 교과서와 참고서로 복습하면서 개념문제와 유제를 반복해 풀면서 개념을 정확하게 잡아보자.

스스로 예습이 필요하다고 느끼면 기출문제를 풀거나 선택 과목을 미리 인터넷에서 미리보기 강의를 들어보는 것도 괜찮아. 인터넷 강의를 신청할 때 주의할 점 생각나? 앞에서 이야기 했었는데. 절대 많은 과목을 한꺼번에 신청하면 안돼. 우선 한 개 강좌를 완강한 후, 다른 강좌를 듣는 게 좋아. 한국사는 방학 때 공부해 두어야 해. 1학년은 재미있는 이야기 위주의 한국사 강의 추천해.

시간이 날 때 최근 사회적으로 이슈가 된 사건을 검색하여 읽어 보면서 중요개념이나 논지를 정리해 두면 좋아. 사회과의 배경지식에 도움이 되고 국어 비문학에도 연결되지. 만약 인문계열에 지원한다면 면접에 큰 도움이 될 거야.

VII

과학 끝판 공부법

나의 공부법

과학
(모의고사 공부법)

나는 모든 과목을 공부를 할 때 개념을 많이 공부했어. 과학의 경우 '완자'책은 좋아했어. 설명이 풍부해서 좋았거든.

내가 그 개념을 완벽하게 이해했을 때 암기해야 할 부분들을 암기를 했어. 물리의 공식, 화학반응식 등 암기는 싫어해서 정작 꼭 외워야 하는 것만 했어. 사실 나는 외우는 것에는 자신이 없거든.

그리고 문제에서 그림이 나오거나 예시가 주어진 경우 어려운 문제들이 많아서 분석하는 연습을 많이 했어. 모르는 문제들은 해설지를 많이 참고하는 것도 좋을 것 같아. 나는 해설지를 보면서 설명한 것을 그림이나 표에 다 다시 한번 써보면서 현상을 이해하려고 했어.

모의고사 틀린 문제들은 인강을 많이 이용했어. 어떤 인강이냐구? 당연 EBS 인강을 참고했어. 우리 때는 70%정도 연계율을 가지고 있어서 많이 이용했어. 모르는 그림이나 표, 실험, 예시는 따로 정리해 두고 여러 번 보는 연습을 했어. 그 노트가 내가 수능에서 1등급을 받을 수 있었던 비결이였던 것 같아. 한 번 더 이야기 하지만 과학은 개념 학습이 너무 중요해.

나의 공부법

과학
(물리 화학 생명과학 지구과학 공부법)

Q '물리'는 운동 방정식 부분이 너무 어려운 것 같아요.

수능에서 물리를 선택하는 학생들의 비중이 제일 적지. 공식 암기도 많고, 공식을 암기했다고 하더라도 적용이 힘들다는 학생들이 많아.
모든 문제를 다 풀면 좋지만 나는 1~18번까지를 집중을 했어. 19번과 20번은 운에 맡기기로 하고 앞에 문제는 실수하지 않는다는 각오로 공부를 했지. 그리고 19번과 20번에 역학 문제가 출제되는 경우도 있지만 역학은 쉬운 문제로도 출제 되기 때문에 놓쳐서는 안 되는 분이야.
우선 개념 정리를 하고 주말마다 아니면 계획을 세워 복습을 하는 길만이 물리를 살릴 수 있는 길이야.

Q 그럼 선배는 어떤 과목이 제일 어려웠어요?

나도 4과목의 과학 과목 중에서 화학이 제일 어려웠는데. 공부를 해도 오답도 많이 나왔고, 그래서 똑같은 문제들을 많이 풀었어. 사실 내신은 교과서에 있는 내용과 문제를 다 외우다시피 했고, 모의고사는 '마더텅'을 5번 정도 풀어 본 것 같아.
과학은 개념이라도 하는데 개념을 알아도 문제 적용을 못하면 안 될 것 같아서 다양한 문제를 풀면서 개념을 적용시켰어. 그리고 문제집은 1권으로 계속 반복해서 풀다보니 그 유형의 문제들은 완벽하게 소화 시킬 수 있었어.

Q '생명과학'이나 '지구과학'은 암기가 너무 많아요.

이 과목들을 공부할 때 암기를 잘 하는 친구들이 너무 부러웠어. 나는 하루에 암기할 양이 조금씩 정해 놓고 다 외우면 백지 복습을 항상 했어. 문제를 풀고 책을 보고 있으면 내가 다 아는 것처럼 느껴지는데 조금만 지나도 모르는 게 너무 많다는 걸 알게 되었어.
근데 처음부터 백지복습을 하려고 하면 쓸 게 하나도 없을 수도 있어. 그때는 목차나 교과서의 소단원을 써 놓고 시작하는 것도 좋은 방법이야.
공부는 머릿속에서 저장하는 것보다 꺼내는 것이 더 중요하다고 생각해. 처음에는 힘들더라도 백지 복습을 꾸준히 하면 좋은 결과를 얻을 수 있을 거야.

나의 공부법

과학
(내신대비 공부법)

Q 고3 때 내신 공부 중 제일 힘들었던 과목은 어떤 과목인가요?

나는 생명과학Ⅱ가 제일 힘들었어. 사실 나는 수능에서 화학 Ⅰ 과 생명과학 Ⅰ 을 칠거라서 조금은 부담스러웠어. 하지만 수업은 너무 재미있었어. 중간고사 보기 전에 담당선생님께서 꼭 생명과학Ⅱ에서 필요한 부분을 정리해 주시고, 꼼꼼히 보라고 하셨어. 근데 나는 혹시나 싶어서 배운 모든 부분을 다 공부를 했어. 그런데 정말 중요하다고 한 내용과 생명과학 Ⅰ 과 연계가 된 부분에서 출제 되었어. 나중에 '내가 왜 그랬을까' 생각을 하기도 했는데 지금 대학에서 공부해보니 그때 공부한 것이 많이 도움이 돼. 고3때 배우는 Ⅱ과목들은 선생님들께서 학생들을 많이 배려해 주셔서 대학가서 필요한 것만 정리해 주셔서 도움이 많이 되었어.

Q 계획을 잘못 세워 시간이 부족했던 적은 없나요? 만약 있다면 그때는 어떻게 대처했나요?

솔직히 매 시험에서 공부할 시간이 부족했던 것 같아. 그리고 생각하지. '다음 시험에는 그러지 말자' 하지만 똑같은 일이 반복되었어.

과학은 무조건 개념을 공부한 후 다양한 풀이로 들어가야 하는데 시간이 부족해서 개념을 공부하다보면 연습할 시간이 없이 시험을 봐야 되는 경우가 많아서 원하는 점수를 받기가 힘들어. 이럴 때는 그냥 문제 풀이부터 했어. 수업 시간에 풀었던 문제들이나 내가 가지고 있던 문제를 풀면서 푸는 동시에 부족한 개념을 보완하는 방법을 사용했어. 이 방법은 개념에서 부족한 부분이 있었지만 시간이 없을 때는 나올 문제들만 공략해 보는 것도 괜찮았어.

미리 계획을 세워서 개념을 정확히 알고 문제에 적용하는 게 제일 좋아.

과학 끝판 공부법

① 학년별 과학 끝판 공부법

고1 때 처음으로 접하는 '통합과학'은 통합이라는 말처럼 보고서, 실험과 탐구 보고서, 포트폴리오, 토론 및 발표 등 다양한 형태의 통합 평가를 실시해. 활동 위주 평가방식을 잘 알고 수업에 임해야 좋은 성적을 얻을 수 있지.

통합과학이 수능에서 출제되지 않아서 소홀히 생각할 수 있는데, 통합과학은 내신에서 차지하는 비중이 높아. 또 2학년에 선택할 과학(물리, 화학, 생명과학, 지구과학)에 필요한 배경 지식을 쌓는 교과이므로 1학년부터 놓치면 안 된다는 것 잊지 마.

통합과학이 물리, 화학, 생명과학, 지구과학의 네 과목이 주제 중심으로 묶여 있기 때문에 어렵다고 생각할 수도 있어. 겁부터 먹지 말고 차근차근 중학교 교과서 내용부터 정리하면 괜찮아. 중학교 내용을 복습하면 그리 어렵지는 않을 거야. 그저 난이도가 중학교에 비해 조금 더 상승하는 것 뿐이야.

통합과학은 단순 개념이 아니라 여러 개념간의 연결과 융합을 배우기 때문에 학교 학교 수업을 열심히 듣는 것도 중요하지만 예습과 복습도 중요해. 기본 개념을 공부하고 개념간 연결성을 찾아야 하거든.

과학영역 학습법 알아볼까!

① 과학 영역은 기본 개념학습이 먼저야. 뒤에서 자세히 이야기하겠지만 교과서 개념정리와 너만의 노트가 중요해. 그리고 그 개념을 연결해서 문제해결력을 키우는 거야.

② 과학 탐구의 과정은 문제 인식, 가설 설정, 실험 설계 및 실험 보고서 작성이야. 자료해석과 분석 과정도 시험에 출제 돼. 교과서나 다른 자료를 볼 때 탐구과정이 나온 문제를 꼼꼼히 확인해야 해.

③ 자료분석력이 중요해. 모의고사나 수능에서 측정한 데이터, 그림, 그래프, 표 등을 분석하여 문제를 해결해야 하지. 특히 그래프에서 x축과 y축이 어떤 의미를 가지는지 파악하는 문제를 많이 연습해 보자.

④ 과학에서 사용하는 단위와 기호의 의미를 정확하게 이해해야 해. 물리에서 아주아주 중요해.

⑤ 이제는 실생활 관련 문제도 많이 출제되고 있어. 이런 문제는 길어서 어려워하는 학생이 많아. 문제에서 요구하는 내용이 무엇인지 체크하며 푸는 연습을 꾸준히 하면 돼.

가 고등학교 3학년

(1) 모의고사 등급별 공부법

등급별	학습법
1~2등급	난이도 있는 문제 선지 내용 정확하게 파악하는 연습하기
3~4등급	오답 문제의 개념을 정리하여 반복 학습하기
5~9등급	수능특강 기본문제와 참고서 개념 반복학습하기

[고3 : 1~2등급]

과학탐구 영역은 매년 비슷한 난이도로 출제되는데 상위권 학생도 항상 어렵다고 생각을 하지. 난이도 있는 문제의 해결 여부에 따라 1~2 등급으로 나눠지기 때문에 난이도 있는 문제에 대한 적응력이 필요해.

난이도 높은 문제만 모은 문제집을 꾸준히 풀고, 기출문제에서 다시 정리 후 풀어보자. 이 등급의 학생에게 잦은 실수가 선지를 정확하게 파악하지 못해서 일어나. 그렇게되면 원하는 점수를 얻지 못하지. 문제 풀이 후 오답 문제는 반드시 답지의 풀이방법을 참고해 이해해야 하고, 그래도 모른다면 다른 사람에게 질문해서 설명을 들어.

[고3 : 3~4등급]

이 등급 학생은 등급 변동이 많아. 바로 개념을 정확하게 이해하지 못해서야. 문제를 풀어서 정답을 맞혀도 그 개념을 다시 설명해 보라고 하면 어려워하는 경우가 종종 있으니 꼭꼭 확인해.

고3의 경우 개념을 다시 공부해야 한다면 시간에 대한 촉박함 때문에 힘들 수 있어. 그렇지만 개념이 정확하게 정리되지 않으면 아무리 많은 문제를 풀어도 약간 생소한 문제에선 틀릴 확률이 높아.

문제풀이보다 개념정리를 하는 것이 먼저야. 이해가 잘 되지 않는 개념은 2~3번 반복해서 자신의 것으로 만드는 연습이 필요해. 어느 정도 개념이 정리된 후에는 모르는 것만 반복 정리하는거야. 그렇게 정리한 내용은 수능 당일날 시험 직전에 보는 것도 좋아.

[고3 : 5~9등급]

우선 개념 이해 자체가 안되기 때문에 문제를 푼다고 해도 어떤 개념을 적용시킬지가 어려운 친구들은 우선 개념 정리부터 할 필요가 있어. 6월 모평 전까지는 계속 EBS 수능특강의 개념과 자신이 공부하던 참고서의 개념만 계속 공부하는 것이 좋아.

중간중간에 수능특강의 기본문제들을 풀면서 문제에 대한 감각을 잃지 않도록 노력해야해. 6월 모평에서 4등급 정도가 나온다면 이제는 쉬운 형태의 기출문제를 풀면서 유형을 공부하고 원하는 등급이 나오지 않았다면 개념정리와 문제풀이를 병행해야 해.

(2) EBS 강의 목록

1~2등급

지구과학 I

Q1. 다양한 문제풀이로 실력을 높이고 싶어요
Q2. 개념을 정리하고 싶어요

Q1
[2021 만점마무리] 최선묵 지구과학 I
[2021 수능의 7대 함정] 지구과학 I
[2021 수능연계완성 3주특강] 지구과학 I (고난도·신유형)

Q2
[발전][2022 수능특강] 최선묵의 지구과학 I

생명과학 I

Q1. 다양한 문제풀이로 실력을 높이고 싶어요
Q2. 개념을 정리하고 싶어요

Q1
[2021 만점마무리] 현원석 생명과학 I
[2021 수능의 7대 함정] 생명과학 I
[2021 수능연계완성 3주특강] 생명과학 I (고난도·신유형)

Q2
[발전][2022 수능특강] 현원석의 생명과학 I

화학 I

Q1. 다양한 문제풀이로 실력을 높이고 싶어요

Q2. 개념을 정리하고 싶어요

Q1
[2021 만점마무리] 양진석 화학 I
[2021 수능의 7대 함정] 화학 I

Q2
[발전][2022 수능특강] 양진석의 화학 I

물리학 I

Q1. 물리학 I 개념정리는 어떻게 하나요?

Q1
[발전][2022 수능특강] 장동호의 물리학 I

생명과학 II

Q1. 생명과학 II 수능문제에 익숙해지고 싶어요?

Q1
[고3 대학수학능력시험 해설] 생명과학 II
[고3 학력평가 해설] 생명과학 II
[고3 모의평가 해설] 생명과학 II

지구과학 II

Q1. 지구과학 II 수능문제에 익숙해지고 싶어요?

Q1
[고3 대학수학능력시험 해설] 지구과학 II
[고3 학력평가 해설] 지구과학 II
[고3 모의평가 해설] 지구과학 II

물리학 II

Q1. 물리학 II 수능문제에 익숙해지고 싶어요?

Q1
[고3 대학수학능력시험 해설] 물리학 II
[고3 학력평가 해설] 물리학 II
[고3 모의평가 해설] 물리학 II

화학 II

Q1. 물리학 II 수능문제에 익숙해지고 싶어요?

Q1
[고3 대학수학능력시험 해설] 화학 II
[고3 학력평가 해설] 화학 II
[고3 모의평가 해설] 화학 II

3~5등급

지구과학 I

Q1. 다양한 문제풀이로 실력을 높이고 싶어요

Q2. 지구과학 공부는 어떻게 시작하면 좋을까요.

Q3. 개념을 정리하고 싶어요

Q1
[수능특강Q 미니모의고사] 서인혜의 지구과학 I
[2022 수능 기출의 미래] 지구과학 I
[파이널 체크포인트] 정영일의 지구과학 I

Q2
[2022 수능개념] 갓선묵의 5G 지구과학 I
[2022 수능개념] 서인혜의 30일에 끝내는 쉬운 지구과학 I
[2022 수능개념] 영일쌤의 지구과학 I 일등급의 기술

Q3
[기본][2022 수능특강] 정영일의 지구과학 I
[집중관리] 최선묵의 지구과학 I 빡쓰리!
[2주 라이브 특강] 고3 - 지구과학I

생명과학 I

Q1. 다양한 문제풀이로 실력을 높이고 싶어요
Q2. 생명과학 공부는 어떻게 시작하면 좋을까요.
Q3. 개념을 정리하고 싶어요

Q1
[수능특강Q 미니모의고사] 박소현의 생명과학 I
[2022 수능 기출의 미래] 생명과학 I
[2021 파이널 체크포인트] 박소현의 생명과학 I
[2021 수능완성] 박소현 생명과학 I
[2021 FINAL 실전모의고사] 생명과학 I

Q2
[2022 수능개념] 청출예람 생명과학 I
[2022 수능개념] 하루 30분, 60일에 끝내는 생명과학 I
[2022 수능개념] 현쌤의 Real 생명과학 I

Q3
[기본][2022 수능특강] 박소현의 생명과학 I
[집중관리] 현원석의 생명과학 I 빡쓰리!
[2주 라이브 특강] 고3 - 생명과학
[2021 내신만점 수능특강] 생명과학 I
[5일만에 끝내는 라이브 특강] 春쌤의 '3강으로 유전 완전정복'

화학 I

Q1. 다양한 문제풀이로 실력을 높이고 싶어요
Q2. 화학 I 공부는 어떻게 시작하면 좋을까요.
Q3. 개념을 정리하고 싶어요

Q1
[수능특강Q 미니모의고사] 신영철의 화학 I
[2022 수능 기출의 미래] 화학 I
[2021 파이널 체크포인트] 박주원의 화학 I
[2021 수능완성] 박주원 화학 I
[2021 FINAL 실전모의고사] 화학 I

Q2
[2022 수능개념] 신영철의 마스터 화학 I
[2022 수능개념] 양진석의 하드트레이닝 화학 I
[2022 수능개념] 친절한 주원쌤의 디테일 화학 I

Q3
[기본][2022 수능특강] 박주원의 화학 I
[집중관리] 박주원의 화학 I 빡쓰리!
[2주 라이브 특강] 고3 - 화학I
[2021 내신만점 수능특강] 화학 I
[5일만에 끝내는 라이브 특강] 주원쌤의 3강으로 화학반응 양적관계 완전정복

물리학 I

Q1. 다양한 문제풀이로 실력을 높이고 싶어요

Q2. 물리학 I 공부는 어떻게 시작하면 좋을까요.

Q3. 개념을 정리하고 싶어요

Q1
[수능특강Q 미니모의고사] 장동호의 물리학 I
[2022 수능 기출의 미래] 물리학 I
[2021 파이널 체크포인트] 장동호의 물리학 I
[2021 수능완성] 장동호 물리학 I
[2021 FINAL 실전모의고사] 물리학 I

Q2
[2022 수능개념] 차영의 만만한 물리학 I
[2022 수능개념] 캡틴의 물리학 I 백신

Q3
[기본][2022 수능특강] 차영의 물리학 I
[집중관리] 차영의 물리 I 빡쓰리!
[2021 내신만점 수능특강] 물리학 I
[2021 수능개념] 장동호의 4주 끝장 물리학 I
[2021 수능개념] 차영의 물리학I 30일 완성

생명과학 II

Q1. 다양한 문제풀이로 실력을 높이고 싶어요

Q2. 생명과학 II 공부는 어떻게 시작하면 좋을까요.

Q3. 개념을 정리하고 싶어요

Q1
[2021 수능완성] 여한종 생명과학 II
[2020 수능완성] 변춘수 생명과학 II

Q2
[2022 수능개념] 여한종의 돌직구 생명과학 II
[내신완성] 내신 1등급을 위한 변춘수의 생명과학 II

Q3
[기본][2022 수능특강] 여한종, 이주연의 생명과학 II
[집중관리] 여한종의 생명과학 II 빡쓰리!

지구과학 II

Q1. 다양한 문제풀이로 실력을 높이고 싶어요

Q2. 지구과학 II 공부는 어떻게 시작하면 좋을까요.

Q3. 개념을 정리하고 싶어요

Q1
[2021 수능완성] 한성헌 지구과학 II
[2020 수능완성] 송원희 지구과학 II

Q2
[2022 수능개념] 한성헌의 SOS 지구과학 II
[2020 수능개념] 송원희의 30일로 완성하는 지구과학 II 만점 단권화 노트
[내신완성] 내신 1등급을 위한 한성헌의 지구과학 II

Q3
[기본][2022 수능특강] 한성헌의 지구과학 II
[집중관리] 한성헌의 지구과학 II 빡쓰리!

물리학 II

Q1. 다양한 문제풀이로 실력을 높이고 싶어요

Q2. 물리학 II 공부는 어떻게 시작하면 좋을까요.

Q3. 개념을 정리하고 싶어요

Q1
[2021 수능완성] 장인수 물리학 II

Q2
[2022 수능개념] 장인수의 쌩초보를 위한 물리학 II

Q3
[기본][2022 수능특강] 장인수의 물리학 II
[집중관리] 장인수의 물리 II 빡쓰리!

화학 II

Q1. 다양한 문제풀이로 실력을 높이고 싶어요

Q1
[2022 수능개념] 손은정의 손쉬운 화학 II
[내신완성] 내신 1등급을 위한 김윤영의 화학 II

5~9등급

지구과학 I

Q1. 지구과학 어떻게 공부하면 좋을까요?

Q2. 개념을 정리하고 싶어요

Q1
눈으로 지구과학 I
[과학탐구 용어 사전] 지구과학 I
[비주얼 과학탐구] 지구과학
[초보탈출 NO.1] 최선묵의 왕초보 지구과학 I
[아주 쉬운 표, 그래프, 그림 읽기] 자료 분석의 기초 〈지구과학 I

Q2
[기초][2022 수능특강] 서인혜의 지구과학 I
4강으로 끝내는 지구과학 I 항성 특강

생명과학 I

Q1. 생명과학 어떻게 공부하면 좋을까요?

Q2. 개념을 정리하고 싶어요

Q1
[과학탐구 용어 사전] 생명과학 I
[비주얼 과학탐구] 생명과학I
[초보탈출 NO.1] 조은희의 왕초보 생명과학 I
[아주 쉬운 표, 그래프, 그림 읽기] 자료 분석의 기초 〈생명과학 I 〉

Q2
[기초][2022 수능특강] 강예람의 생명과학 I
박소현의 생명과학 스케치북

화학 I

Q1. 화학 I 어떻게 공부하면 좋을까요?

Q2. 개념을 정리하고 싶어요

Q1
[과학탐구 용어 사전] 화학 I
[비주얼 과학탐구] 화학I
[아주 쉬운 표, 그래프, 그림 읽기] 자료 분석의 기초 〈화학 I 〉
[초보탈출 NO.1] 빈출용어 - 화학 I
[초보탈출 NO.1] 초중고 연계 개념 - 화학 I

Q2
[기초][2022 수능특강] 신영철의 화학 I

물리학 I

Q1. 물리학 I 어떻게 공부하면 좋을까요?

Q2. 개념을 정리하고 싶어요

Q1
[과학탐구 용어 사전] 물리학I
[비주얼 과학탐구] 물리학I

Q2
[기초][2022 수능특강] 이광조의 물리학 I

생명과학 II

Q1. 생명과학 II 공부 어떻게 하는 게 좋을까요?

Q1
[과학탐구 용어 사전] 생명과학 II
[비주얼 과학탐구] 생명과학II

지구과학 II

Q1. 지구과학 II 공부 어떻게 하는 게 좋을까요?

Q1
눈으로 지구과학 II
[과학탐구 용어 사전] 지구과학 II
[비주얼 과학탐구] 지구과학II

물리학 II

Q1. 물리학 II 공부 어떻게 하는 게 좋을까요?

Q1
[과학탐구 용어 사전] 물리학 II
[비주얼 과학탐구] 물리학II

화학 II

Q1. 화학 II 공부 어떻게 하는 게 좋을까요?

Q1
[과학탐구 용어 사전] 화학 II
[비주얼 과학탐구] 화학II

(3) M스터디 집중 분석

고3 때 과학탐구가 어느 정도 공부가 된 친구도 있고, 지금 시작한 친구들도 있는데 우선은 개념부터 꼼꼼히 정리하고 다양한 기출문제 오답을 정리하면서 실력을 쌓아야 해.

Q1

모의고사 공부를 하고 싶은데 어떻게 하면 될까요?

선배들의 후기가 좋은 강의 중 [과탐 1타 만점 특강]이 있어. 개념정리를 한번 더 할 수 있었고, 학생들이 실수하기 좋은 문제들로 구성되어 있어 실전에 잘 적응할 수 있도록 구성한 강의야. 문제 유형이 모의고사나 수능 기출 변형이라 좋았다는 이야기가 많아.

Q2

모의고사와 내신을 둘 다 잡을 수 있는 강의를 원해요.

우선 수능에 대한 기초 개념을 정리할 수 있고, 모의고사 고득점을 위한 문제풀이로 구성되어 있는 [함께하면 성적이 UP]을 추천해. 파트별로 간단하게 구성된 강의도 있어. 예를 들면 [물리 : 힘 표시 10대 유형 분석] 이나 [생명과학 : 유전 입문편] 등 자신이 부족한 부분을 공부할 수 있는 강의야.

Q3

과학 탐구에서 가장 중요한 것은 개념이라고 하는데 개념을 정리 할 수 있는 인강은 없나요?

기초 개념에서 난이도 있는 내용까지 시험에 나오는 다양한 개념들을 정리한 강의가 있어. [만점을 향한 개념] 오개념으로 실수가 생기는 학생에게 개념을 정리 할 수 있는 좋은 기회가 될 것 같아.

Q4

과학 탐구에 대한 전략이 필요한 학생입니다. 어떻게 공부해야 될까요?

위에서도 이야기했는데 과목별 학습 전략이 필요하면 [만점 전략 설명회] 강의를 들어보는 것도 좋아. 영어영역의 절대평가 영향으로 과학탐구의 중요성이 커지고 있기 때문에, 고득점이 나와야 하는 과목이 되었기 때문이야. 아직 다른 과목이 제자리 걸음이라면 과학 탐구에 시간 배분을 더 하는 것도 좋아.

(4) E투스 집중 분석

고3 때 과학탐구가 어느 정도 공부가 된 친구도 있고, 지금 시작한 친구들도 있는데 우선은 개념부터 꼼꼼히 정리하고 다양한 기출문제 오답을 정리하면서 실력을 쌓아야 해.

Q1

아직 과학 탐구에 기초가 부족한 부분이 있어요. 어떻게 하면 좋을까요?

기초 강의를 듣고 개념 정리 후, 문제 풀이를 하는 것이 좋아. [NEW 쌩기초 탈출] [기초 입문 특강] 등 다양한 강의가 있는데 개념학습에 필요한 기초 배경지식을 깔끔하게 정리해 주지. 수능과 내신 준비의 방향성을 제시해 주는 강의야.

Q2

수능대비를 위해 기본 개념과 출제 유형에 맞는 문제를 풀고 싶어요.

교과과정, 모의고사 기출문제를 분석한 강의를 추천해 줄게. [NEW 필수본 개념완성반 : 기초부터 심화까지] 이 강의의 특징은 시간이 없는 고3들이 이해해야 할 내용과 암기 및 정리해야 할 내용을 확실하게 구분해 주지.

Q3

난이도 있는 문제들을 많이 풀어보고 싶어요.

각 과목마다 심화 문제풀이 강좌가 있어. 기출문제 풀이 결과를 분석하여 학습방향을 제시해 주는 강의도 있고, 개념학습, 모의고사 문제를 풀고, 문제 유형을 정리하여 자료를 해석하는 능력에 초점을 맞춘 강의도 있어. 강의가 너무 많으니까 샘플 강의를 먼저 들어보고 결정하는 것이 좋아.

Q4

과학 탐구 문제 풀이를 많이 하고 싶어요.

고3 이라면 봉투모의고사 문제를 많이 풀지. 출판사에서 파는 봉투모의고사는 난이도 있는 문제들이 많아서 인터넷 강의랑 병행하면 좋아. 각 문제에 대한 유형별 접근법이나 다양한 풀이법을 제시하는 강의야. 그리고 [실전완성반] 강의를 들으면 1등급에 조금 더 가까워지겠지.

Q5

6평이나 9평 후 해설강의를 꼭 들어야 하나요?

몰랐던 문제나 애매하게 틀린 문제들은 인터넷 강의를 들어보는 것도 좋아. 선생님들마다 해석 방법이 다르기 때문에 자신에게 맞는 풀이법을 선택해야 그 문제가 다음에 나오면 정확하게 풀 수 있을 거야.

(5) 과학 문제집 등급별 활용법

고3 : 1~2등급

Q1 1등급 킬러문제들로 구성된 모의고사 문제가 많은 문제집에는 어떤 것이 있나요?

A1. [자이스토리 1등급 고난도 모의고사], [메가스터디 N제], [자이프리미엄] 등 다양한 교재들이 있어. 우선 3점짜리 공략을 위해 개념정리와 난이도 있는 문제들은 단원 처음에 분석해 놓았어. 어떤 문제들이 난이도 있는 문제인지 미리 확인하고 공부를 하면 그와 유사한 개념이나 문제들이 나올 때 좀 더 신경 써서 문제를 풀겠지. 오답들은 수능 전에 계속 반복해야 되니 미리 오답 개념 노트를 만들어 놓는 것도 좋은 방법이야.

Q2 실전 모의고사 문제를 풀고 싶어요. 어떤 문제집이 좋을까요?

A2. 많은 친구들이 [EBS 파이널 실전 모의고사]를 많이 선택해. 그리고 각 출판사에서 나오는 다양한 [봉투모의고사]를 많이 풀어 봐. 이투스나 메가스터디 등 인터넷 강의에서도 [봉투모의고사] 문제들이 나오고 인터넷 강의가 제공되는 것도 있어. [봉투모의고사]의 특징을 보면 '문제 난이도가 높다'라는 이야기를 많이 해. 그 부분은 감안해서 문제를 풀면 도움이 될 거야.

고3 : 3~4등급

Q1 개념이 어느 부분이 부족한지 잘 모르겠어요. 우선은 모의고사 문제를 풀면서 수능 준비를 하고 싶어요. 그래서 해설지 설명이 자세한 모의고사 문제집을 찾고 있어요.

A1. [마더텅] 교재를 많이 사용해. 해설지에 문제를 그대로 옮겨 분석하는 방법들까지 자세히 설명해 주고, 그 문제에 사용된 개념들까지 자세히 설명해 주고 있어. [마더텅] 풀이가 끝나면 [수능특강]을 친구들이 많이 풀이를 해. 워낙 [마더텅]에서 많은 문제를 다루다보니 [수능특강]은 오답이 많이 나오지 않아서 자신감이 생겼다는 친구들도 많아.

Q2 저는 개념 공부를 할 때 소설책처럼 읽어보고 개념 정리된 내용을 많이 보고 있어요. 혹시 그렇게 구성된 개념서가 있을까요?

A2. 소설책을 찾는다면 없을 거야. 개념을 교과서처럼 이해하기 쉽게 풀어 쓴 책이 있어. [숨마쿰라우데]는 쉬운 문장으로 표현했기 때문에 읽으면 과학적 용어가 왜 생겼는지, 어떻게 사용하는지 설명이 잘 되어 있고. 풍부한 자료들이 있어 이해하기는 쉬울 거야. 문제는 [수능특강] 이나 [수능완성]으로 보완하면 될 것 같아. 하지만 개념을 실전에서 문제 풀이를 할 때 사용하기 위해서 [숨마쿰라우데]를 공부하면서 정리 노트를 만들고, 암기할 필요가 있어.

고3 : 5~9등급

Q1 아직 과학 탐구를 어떤 과목을 선택하지 못해 다른 친구들보다 늦게 공부를 시작했어요. 개념부터 혼자서 공부하고 싶은데 교재 추천해 주세요.

A1. 혼자서 공부하기에는 [완자] 교재가 좋아. 개념을 자세히 설명하고, 주의할 점, 암기해야 할 부분까지 체크 되어 있어. [완자]는 개념서라 문제가 적을 수도 있으니 문제집을 병행해도 좋아. 아니면 [수능특강]을 이용하는 것도 좋은 방법이야.

Q2 수능연계 교재는 풀어봐야 되겠죠. 그런데 [수능특강]은 개념이 간단하게 설명되어 있어 저에게는 어려워요. 연계교재를 어떻게 공부해야 되죠.

A2. 개념 공부가 되어 있지 않는 상태에서 [수능특강]을 풀기는 힘들거야. 우선은 개념 공부를 [완자]를 통해 하고, [수능특강]을 학습하는 걸 추천해. 그리고 개념이 정리된 [원포인트 특강] 교재도 좋아. 개념을 전체적으로 볼 수 있으니 문제를 풀 때 어려운 내용들은 참고해. 기출문제를 풀어야 한다면 [마더텅] 이나 [기출의 미래], [기출의 고백] 등 풀이과정이 자세한 문제집을 사서 풀고, 다음에 수능특강을 하면 훨씬 더 도움이 될 거야.

나 고등학교 2학년

(1) 모의고사 등급별 공부법

등급별	학습법
1~2등급	그래프 및 자료 분석 문제에 집중하기
3~4등급	교과서나 그래프를 이용하여 개념 정리 후 읽으면서 암기하기
5~9등급	백지 학습법을 이용한 자신만의 노트 만들기

[고2 : 1~2등급]

고2는 수능에서 어떤 과목을 고를지 고민해야 돼. 고3 때 급하게 선택하다보면 맞지 않는 과목을 선택해서 귀한 시간을 낭비하는 경우가 종종 있어. 2학년 때 자신의 진로에 맞춰서 진학하고자 하는 계열과 학과, 목표하는 대학에 맞게 선택해.

아직까지 진로를 결정하지 못했어? 4과목 중 가장 재미있는 과목을 선택하는 것도 괜찮아. 수능이나 모의고사에서 고득점을 얻기 위해서 난이도 있는 문제를 해결할 수 있어야 해.

지금 1등급 받는다고 자만하지 마. 난이도 있는 문제를 많이 풀기보다 개념학습을 먼저 해. 수준별 문제집으로 문항의 난이도를 차츰 높여가는 전략이 필요해.

개념 이해와 적용, 특히 자료를 해석하는 문제가 고난도로 출제 돼. 특히 그래프의 변화는 과학적 현상에 맞추어 분석하는 학습법이 필요해. 이런 문제에서 틀린다면 대부분 주어진 조건을 다 이용하지 않아서야. 문제를 풀면서 주어진 조건을 표시하면서 읽는 연습도 중요해.

[고2 : 3~4등급]

수능이나 모의고사에서 상위권이 되기 위해서 자료를 분석하고 해석하는 능력이 필요해. 이런 문제는 나오는 유형이 다양하다보니 문제만 많이 푸는데, 그것보다 개념 학습이 먼저야. 개념은 교과서나 참고서를 보면서 모르는 개념 정리를 먼저한 다음, 반복해 읽으면서 이해하는 것이 첫 번째야.

그리고 나서 문제를 푸는 것이 훨씬 좋아. 문제를 풀 때, 주어진 자료를 이해하면서 다른 방법으로 해석할 가능성도 고민해 보자. 수능이나 모의고사에서 같은 내용과 자료로 다양한 변형을 통해 출제하기 때문에, 계속 노력한다면 상위권으로 금방 올라갈 수 있을 거야.

[고2 : 5~9등급]

과학이 어렵지? 단원에 맞는 유튜브 영상을 찾아서 볼래? 흥미가 있으면 더 쉬워지거든. 교과서 목차에 있는 단어만 쳐도 재미있는 과학 영상을 금방 찾을 거야. 주말에 쭉 보는 것도 수업에 집중할 수 있는 전략이지.

교과서 예습과 복습을 하려고 노력해 볼래? 뭣도 모르는데 어떻게 예습하냐고? 딱 2분만 오늘 배울 내용을 간단하게 보거나 목차만 확인해 보자. 그리고 수업을 열심히 참여하기. 정말 중요한 것은 복습이야. 복습을 할 때 교과서에서 핵심 내용을 찾아 밑줄 치며 읽어 보고 핵심내용을 다시 백지에 적거나 노트정리를 해 봐. 그리고 말로 설명해 보는 거야. 더 알고 싶은 내용은 참고서를 보고 보충하면 더 좋겠지?

그러다 보면 너만의 노트가 만들어지고 그걸 시험전에 반복해서 보면 돼. 그럼 문제풀이는 언제하냐고? 좀 늦더라고 개념부터 그렇게 꾸준히 하다보면 좋은 결과를 얻을 수 있을 거야.

(2) EBS 강의 목록

1~2등급

물리학 I

Q1. 물리학 I 모의고사 유형을 공부하고 싶어요
Q2. 개념을 정리하고 싶어요

Q1 [고2 학력평가 해설] 물리학 I

Q2 [개념완성] 물리학 I (상위권을 위한 발전)

화학 I

Q1. 화학 I 모의고사 유형을 공부하고 싶어요
Q2. 개념을 정리하고 싶어요

Q1 [고2 학력평가 해설] 물리학 I

Q2 [개념완성] 물리학 I (상위권을 위한 발전)

생명과학 I

Q1. 생명과학 I 모의고사 유형을 공부하고 싶어요
Q2. 개념을 정리하고 싶어요

Q1 [고2 학력평가 해설] 생명과학 I

Q2 [개념완성] 생명과학 I (상위권을 위한 발전)

지구과학 I

Q1. 지구과학 I 모의고사 유형을 공부하고 싶어요
Q2. 개념을 정리하고 싶어요

Q1 [고2 학력평가 해설] 지구과학 I

Q2 [개념완성] 지구과학 I (상위권을 위한 발전)

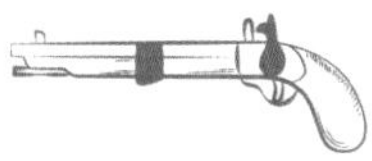

3~5등급

물리학 I

Q1. 물리학 I 공부는 어떻게 시작하면 좋을까요.
Q2. 개념을 정리하고 싶어요
Q3. 학교 시험대비 어떻게 하면 좋을까요?

Q1 [기본개념] 고1,2를 위한 차영의 길라잡이 물리 I
[기본개념] 고1,2를 위한 장동호의 탄탄 물리I

Q2 [집중관리] 차영의 물리 I 빡쓰리!
[개념완성] 물리학 I (중위권을 위한 기본)

Q3 [2021 학교시험 3주완성] 물리학 I
[학교시험 예상 모의고사] 김하나 물리학 I

화학 I

Q1. 화학 I 공부는 어떻게 시작하면 좋을까요.

Q2. 개념을 정리하고 싶어요

Q3. 학교 시험대비 어떻게 하면 좋을까요?

Q1

[기본개념] 이희나의 고1,2를 위한 똑소리 나는 화학I

Q2

[집중관리] 박주원의 화학 I 빡쓰리!
[2주 라이브 특강] 고2 - 화학I
[5일만에 끝내는 라이브 특강] 주원쌤의 3강으로 화학반응 양적관계 완전정복
[개념완성] 화학 I (중위권을 위한 기본)

Q3

[2021 학교시험 3주완성] 화학 I
[학교시험 예상 모의고사] 신영철 화학 I

생명과학 I

Q1. 생명과학 I 공부는 어떻게 시작하면 좋을까요.

Q2. 개념을 정리하고 싶어요

Q3. 학교 시험대비 어떻게 하면 좋을까요?

Q1

[기본개념] 박소현의 고1,2를 위한 개념의 정석 생명과학I
[기본개념] 고1,2를 위한 여한종의 두드림(Do Dream) 생명과학I

Q2

[집중관리] 현원석의 생명과학 I 빡쓰리!
[2주 라이브 특강] 고2 - 생명과학I
[5일만에 끝내는 라이브 특강] 春쌤의 '3강으로 유전 완전정복'
[개념완성] 생명과학 I (중위권을 위한 기본)

Q3

[2021 학교시험 3주완성] 생명과학 I
[학교시험 예상 모의고사] 현원석 생명과학 I

지구과학 I

Q1. 지구과학 I 공부는 어떻게 시작하면 좋을까요.

Q2. 개념을 정리하고 싶어요

Q3. 학교 시험대비 어떻게 하면 좋을까요?

Q1 [기본개념] 고1,2를 위한 박남정의 친절한 지구과학I

Q2 [집중관리] 최선묵의 지구과학 I 빡쓰리!
[2주 라이브 특강] 고2 - 지구과학I
[5일만에 끝내는 라이브 특강] 영일쌤의 '별 볼일 있는 별 이야기'
[개념완성] 지구과학 I (중위권을 위한 기본)

Q3 [개념완성 문항편] 지구과학I

5~9등급

물리학 I

Q1. 물리학 I 공부는 어떻게 시작하면 좋을까요.

Q2. 개념을 정리하고 싶어요

Q3. 학교 시험대비 어떻게 하면 좋을까요?

Q1 [과학탐구 용어 사전] 물리학I
[비주얼 과학탐구] 물리학I
[2주면 끝] 김하나의 물리학 I 미리보기
[초보탈출 NO.1] 수학 초보를 위한 과학공식 특강 - 물리 I

Q2 [개념완성] 물리학 I (하위권을 위한 기초)
[초중고 연계개념] 30일 완성 이광조의 물리학 I

Q3 [개념완성 문항편] 물리학I

화학 I

Q1. 화학 I 공부는 어떻게 시작하면 좋을까요.

Q2. 개념을 정리하고 싶어요

Q3. 학교 시험대비 어떻게 하면 좋을까요?

Q1

[기본개념] 이희나의 고[과학탐구 용어 사전] 화학 I

[비주얼 과학탐구] 화학I

[2주면 끝] 김성은의 화학 I 미리보기1,2를 위한 똑소리 나는 화학I

Q2

[개념완성] 화학 I (하위권을 위한 기초)

[초중고 연계개념] 30일 완성 손은정의 화학 I

Q3

[개념완성 문항편] 화학I

생명과학 I

Q1. 생명과학 I 공부는 어떻게 시작하면 좋을까요.

Q2. 개념을 정리하고 싶어요

Q3. 학교 시험대비 어떻게 하면 좋을까요?

Q1

[과학탐구 용어 사전] 생명과학 I

[비주얼 과학탐구] 생명과학 I

[2주면 끝] 김성은의 생명과학 I 미리보기

Q2

[개념완성] 생명과학 I (하위권을 위한 기초)

박소현의 생명과학 스케치북

[초중고 연계개념] 30일 완성 손은정의 생명과학 I

Q3

[개념완성 문항편] 생명과학I

지구과학 I

Q1. 지구과학 I 공부는 어떻게 시작하면 좋을까요.

Q2. 개념을 정리하고 싶어요

Q3. 학교 시험대비 어떻게 하면 좋을까요?

Q1

눈으로 지구과학 I
[과학탐구 용어 사전] 지구과학 I
[비주얼 과학탐구] 지구과학I
[2주면 끝] 양은혜의 지구과학 I 미리보기

Q2

[개념완성] 지구과학 I (하위권을 위한 기초)
4강으로 끝내는 지구과학 I 항성 특강
[초중고 연계개념] 30일 완성 윤화영의 지구과학 I

Q3

[개념완성 문항편] 지구과학I

7 과학공부왕

(3) M스터디 집중 분석

1학년 때 배운 공통과학을 기초로 선택 과목을 공부할 거야. 학습량이 많아져서 계획을 잘 세우지 못하면 학습이 힘들어 질 수 있어. 지금부터 차근차근 계획을 세워 학습하는 게 좋아.

Q1

내신과 모의고사 공부를 병행할 수 있는 강의를 찾고 있어요.

과학은 용어 정리가 중요해. 기본 용어 정리부터 개념 이해 수업을 진행하는 [개정 과탐 만점 전략] 강의가 좋을 것 같아. 내신을 위한 교과서 분석과 수능 유형에 맞는 자료 분석과 응용문제들까지 풀이를 하는 수업이라서 네가 필요한 과목을 선택하면 돼.

Q2

교육과정이 개정되다 보니 기출문제를 선택해서 풀기가 힘들어요. 기본부터 다양한 공부를 하고 싶어요.

2015개정교육과정의 변화된 과학을 공부하기 위해서 [개정 띄우고 물화생지란?]를 추천해. 예전 교육과정과 변화된 내용을 비교하면 키 포인트가 무엇인지 알 수 있어. 그 부분까지 꼼꼼하게 체크 해 주는 강의야. 이 강의를 통해 내신&수능을 위한 실력을 UP시키자.

(4) E투스 집중 분석

Q1

기본 개념부터 다시 공부하고 싶어요

[NEW 고1, 고2를 위한 기초 입문 특강] , [용어특강]까지 다양한 강의가 구성되어 있어. 개념 학습 전 필수내용들을 익히고, 기출문제를 풀이하지. 기초가 부족한 학생에게 다양한 문제풀이를 통해 개념을 정리시키는 강의야.

Q2

생명과학 꼼꼼하고 쉬운 강의를 원해요.

[생명과학 1등급 생★과★일 : 개념 1등] 강의도 좋아. 생명과학의 기초적인 부분부터 시작해서 최고난도 개념까지 완벽하게 잡아주는 강의야. 특히 다양한 CG와 시각자료로 지루할 틈이 없는 강의야.

Q3

내신을 위해 많은 문제를 풀고 싶어요.

개념 정리를 먼저 한 후, 다양한 문제를 풀고 싶은 학생은 [NEW 고1, 고2를 위한 내신 완성 400제] 강의도 좋아. 전국 고교 내신 출제 가능성 높은 문제들로 구성하여 다양한 유형의 내신 문제를 접할 수 있더라.

Q4

시험 전 내신대비와 개념을 간단하게 정리하고 싶어요.

시험 전에 알고 있는 개념을 실전문제를 통해 확인하기 위한 강의로는 [내신직전 모의고사] [내신대비 만점완성 실전 문제풀이]가 좋을 것 같아. 개념은 어느 정도 아는데 문제 해결이 어려운 학생들에게 권하고 싶어.

(5) 문제집 수준별 활용법

고1, 고2 ; 1~2등급

Q1 저는 과학탐구를 지구과학과 물리를 선택할거예요. 모의고사 준비를 위해 문제를 다양하게 풀 수 있는 교재가 없을까요?

A1. 모의고사 준비를 위해서는 개념 정리를 한 후, 다양한 문제 풀이가 필요해. 그때 [자이스토리] 시리즈가 좋을 것 같아. 개념 공부를 하기 전에 수능 출제 경향과 방향을 분석해 두었으니 그 부분을 먼저 확인하고 본격적인 개념 공부와 문제를 풀면 좋아. 이 책을 사면 문제집보다 해설편이 더 두껍다고 하는 친구들이 많은데, 문제들을 그대로 옮겨와서 문제와 선지를 하나하나 분석해 놓았기 때문이야. 내신이나 모의고사 전 복습할 시간이 많이 없을 때 풀었던 문제 해설편을 읽어 보는 친구들도 있었어.

Q2 교과서로 개념 정리를 한 번 했어요. 더 자세한 내용을 더 알고 싶어서 개념서를 찾고 있어요. 어떤 교재가 좋을까요?

A2. 깊이 있게 공부하고 싶다면 [하이탑]도 좋아. 개념서이기 때문에 다른 교재랑 구성은 비슷해. 어느 친구가 좋았다고 한 부분이 '보충 단락'이야. '보충 단락' 파트는 내용을 자세하게 정리해 주기 때문에 한 번씩 읽으면 재미도 있고, 심화 학습과 배경지식을 더하는데 도움이 될 거야.

고1, 고2 : 3~4등급

Q1 내신 대비를 위해 개념은 정리를 한 것 같은데 문제 적용하기가 힘들어요. 내신 대비를 위한 문제 풀이 교재가 없을까요?

A1. [오투] 문제집이 좋아. 우선 교과서 내용 정리와 문제들이 다양하게 구성되어 있고, 학생들이 어려워하는 도표 문제에 대한 설명이 꼼꼼해서 좋다는 친구들이 많아. 학교 기출문제 유형을 분석한 문제들로 구성되어 있어 과학을 어려워하는 학생들도 쉽게 이해할 수 있을 거야.

Q2 과학영역의 개념들을 정리한 책이 없을까요. 딱히 문제보다도 저는 개념 정리가 시급해요.

A2. 핵심 주제들로 구성된 책이 있어. [원 포인트 특강]이 교재는 과학의 개념 사전이라고 보면 돼. 문제없이 한 주제에 대해서 기본개념을 한 페이지에 요약정리 되어 있어. 이 교재는 과학 공부는 했는데 어느 부분이 중요한지 모르는 친구들이나 모르는 부분의 개념만 정리할 친구들에게는 좋은 교재야.

Q3 이공계열을 선택했어요. 아직 과학이 어렵지만 교과서를 계속 읽으면서 개념 정리를 하고 이제는 내신 대비 문제 풀이를 하고 싶어요. 어떻게 공부하면 좋을까요?

A3. 개념을 공부한 후, 과학은 마인드맵으로 정리해서 계속 복습을 하고, 문제를 병행하는 것이 좋아. 문제집을 선택할 때는 내신을 대비해야 하기 때문에 서술형 문제가 많은 것을 선택하면 공부에 더 편하겠지. [오투] 문제집이 개념 설명과 내신 대비 문제들로 구성되어 있어. 고등학교에서의 수행평가가 실험 후 실험보고서를 쓰는 걸로 많이 나와. '탐구' 파트에 그 부분도 정리되어 있어. 서술형 답안이 포인트를 잘 분석해서 시험 대비에 많은 도움이 될거야. [우공비]도 비슷한 구성이니 참고해도 돼. 내신 대비로는 [1등급 만들기] 교재도 출제 빈도율이 높은 문제들로 구성되어 있으니 시험 대비용 교재로 좋아.

고1, 고2 : 5~9등급

Q1 과학 개념부터 먼저 공부하고 싶어요. 선배들이 개념 정리가 중요하다고 하는데 저는 정리가 잘 안돼요. 어떻게 하면 될까요?

A1. 노트 필기법이 약한 친구들이 많아. 인터넷에 다양한 노트법이 소개되지만 처음 몇 장은 잘 정리하다가 금방 포기해 버리는 친구들이 많다고 해. 처음부터 끝까지 혼자서 노트 정리를 하는 게 아니라 어느 정도 구조를 잡아 놓은 노트가 있으면 혼자서 정리하기가 좋겠지. [개념풀] 이라는 교재는 '개념책+용어집+정리노트'로 구성되어 있어. 용어집은 시간이 날 때 짬짬이 읽어보고, 구조화된 정리노트에 하나씩 정리하면 생각보다 빨리 성적이 향상될 거야.

Q2 혼자 공부할 때 모르는 부분이 나오면 진도가 안 나가요. 인터넷 강의와 연결되어 모르는 부분은그 부분 강의만 들을 수 있는 교재는 없을까요?

A2. [EBS 과학] 강의를 이용해도 되고, [우공비] 교재도 괜찮아. [우공비] 는 문제 풀이 동영상 강의가 무료로 제공되니 틀린 문제만 강의를 듣는 것도 좋아. 이 책은 개념을 정확하게 이해시키기 위해 단계별로 문제를 제공하고 있어. 풀이집은 정답에 대한 설명뿐 아니라 오답 설명도 자세하지.

다 > 고등학교 1학년

(1) 모의고사 등급별 공부법

등급별	학습법
1~2등급	기출문제를 풀면서 자신의 진로에 맞는 선택 과목 정하기
3~4등급	오답 풀이 후 문제집이나 교과서의 개념 내용 한번 더 정리하기
5~9등급	매일 교과서 읽기

[고1 : 1~2등급]

2022학년도 수능부터 탐구과목 17개 중 2개를 선택해서 시험에 응시하는 거 알지? 1학년부터 네가 관심있는 계열이 있으면 미리미리 정하자.

고1 때 통합과학은 물리, 화학, 생명과학, 지구과학을 교과별로 구분하지 않고 수업을 진행하기 때문에 융합적인 사고가 요구돼. 개념을 알아도 틀리는 경우가 있으니 다양한 기출문제를 통해 문제해결력을 키우자. 모의고사나 수능 문제는 기출문제 변형이니 그 때 자료를 많이 활용해. 그러니 기출문제를 풀면서 문제를 분석하는 게 도움이 될 거야.

[고1 : 3~4등급]

수능에서 응시할 과목 선택에 고민이 많은 학생에게 고등과학 중 진로와 연관된 과목이나 재미있는 과목을 선택하라고 말하고 싶어.

이 등급의 학생들의 특징이 개념은 이미 알고 있다는 생각에 문제풀이를 많이 하는 경우가 있어. 문제만 계속 풀면 틀리는 문제는 계속 틀리게 될 거야. 그러니 그 점수에 만족하지 못하지. 먼저 개념학습 후, 자신이 부족한 부분들을 계속 보완해 나가야 해. 문제 풀이 후, 오답은 문제집이나 교과서에 문제의 내용을 계속 정리하다보면 자신이 부족한 부분을 쉽게 찾을 수 있어. 1학년 때 이런 방법으로 공부를 한다면 2학년 3학년때 지금보다 더 좋은 결과가 있을 거야.

[고1 : 5~9등급]

중학교 때는 나눠서 공부하다가 통합과학을 하니 많이 어렵지? 그래도 포기 하면 안돼. 아직 시간이 있어. 우선 교과서 목차에 나오는 낱말을 인터넷에서 검색해서 관련 글을 보거나 유튜브 영상으로 재미있게 다가가면 좋을 것 같아.

시간날 때 교과서를 자꾸 읽어보고, 자세한 내용이 설명된 참고서를 활용해도 좋아. 과학은 처음부터 암기하면 재미가 없어, 통합과학은 주로 스토리식 구성이야. 1학년은 배경지식을 쌓는다는 생각으로 교과서와 참고서를 읽자. 여기서 한 가지만 추가한다면 그냥 읽는 것이 아니라 수업시간에 많이 들어본 단어나 네가 중요하게 생각한 개념에는 밑줄을 치는 거야. 나중에 복습을 할 때 더 쉬워지거든. 기억에도 도움이 될 거야. 아직 1학년이야. 포기하지 말고 나중을 생각하며 공부해~~!

(2) EBS 강의 목록

1~2등급

통합과학 I

Q1. 통합과학 I 다양한 문제를 풀고 싶어요.

Q2. 개념을 정리하고 싶어요

Q3. 학교 시험대비 어떻게 하면 좋을까요?

Q1 [고1 학력평가 해설] 통합과학

Q2 [개념완성] 통합과학 (상위권을 위한 발전)

Q3 [중간기말 예상 모의고사] 고1 통합과학 - 개념완성 활용편

3~5등급

통합과학 I

Q1. 통합과학 I 다양한 문제를 풀고 싶어요.

Q2. 개념을 정리하고 싶어요

Q3. 학교 시험대비 어떻게 하면 좋을까요?

Q1 Real 통합과학 실험
신영철의 통합과학

Q2 [2주 라이브 특강] 고1 - 통합과학

Q3 [2021 학교시험 3주완성] 통합과학
[학교시험 예상 모의고사] 김윤영 통합과학
[교과서 시험직전 요약] 통합과학

5~9등급

통합과학 I

Q1. 통합과학 I 공부는 어떻게 시작하면 좋을까요.

Q2. 개념을 정리하고 싶어요

Q3. 학교 시험대비 어떻게 하면 좋을까요?

Q1 [고등예비과정] 장풍의 통합과학
[고등예비과정] 통으로 배우는 통합과학

Q2 [개념완성] 통합과학 (하위권을 위한 기초)
[교과서 진도 특강] 통합과학

Q3 [수행평가] 개념완성으로 만점 도전 - 통합과학

(3) M스터디 집중 분석

처음에 통합과학이라는 단어가 낯설었지? 중학교 때와 달리 학습 분량이 증가하고 난이도가 높아지기 때문에 꼼꼼히 학습해야 해.

Q1

우선 통합과학이 어떤 과목인지 어떻게 공부해야 되는지 궁금해요.

[통합과학 만점 완성 전략] 강의를 들어 봐. 기본 개념이 없는 친구들에게 중등 과학의 주요 개념정리부터 교과서에 있는 개념들을 심화까지 정리해 주지. 개념 이해를 통해 저절로 암기가 되도록 도와주는 강의야. 내신 시험과 모의고사의 적용하는 훈련도 가능해.

(4) E투스 집중 분석

Q1

중학교 때 과학 공부를 안해서 기초 지식이 너무 없어요. 어떻게 하면 될까요.

과학이 너무 어려웠구나! 우선 [미리 보는 통합과학] 수업을 들어 봐. 과학에 전혀 관심이 없거나 과학이 너무 어렵다고 느껴지는 학생들도 쉽게 들을 수 있어. 특히 중등과학을 모르는 친구들도 가능하니 겁 먹지 말고 지금부터 시작해 봐.

Q2

통합과학 내신 관리를 하고 싶어요.

기초개념에서 내신대비까지 하고 싶은 학생들에게는 [통합과학-개념편]을 추천해. 문제 출제 포인트에 대한 설명과 오개념에 대한 내용을 정리해주고 있어. 다양한 문제풀이 비법이 많다고 하니 한번 들어보는 것도 좋을 것 같아.

Q3

시험 전에 간단하게 모르는 단원들만 정리하는 강의도 있을까요?

내신대비 강의가 [단원별] 구성이나 [교과서별] 구성이라 필요한 강의를 찾아서 진행하면 될 것 같아. 선생님들마다 제공되는 자료들이 다르니까 이 부분도 시험 전에 꼼꼼히 확인해야 돼.

Q4

저는 공과계열을 희망하고 있어서 통합과학 모의고사도 신경을 쓰고 있습니다. 어떤 강의를 들으면서 난이도 있는 문제를 풀면 좋을까요?

모의고사 해설 강의가 많아. 먼저 모의고사를 풀어보고 해설강의를 들으면서 부족한 부분들을 채워나가는 게 좋아. 진로를 결정했으면 [물리 I] 이나 [화학 I]을 들어도 좋을 것 같아. 단, 1학년때는 내신이 중요하니까 완벽 내신 후 예습을 하는 게 좋겠지.

(5) 문제집 수준별 활용법

고1, 고2 ; 1~2등급

Q1 저는 과학탐구를 지구과학과 물리를 선택할거예요. 모의고사 준비를 위해 문제를 다양하게 풀 수 있는 교재가 없을까요?

A1. 모의고사 준비를 위해서는 개념 정리를 한 후, 다양한 문제 풀이가 필요해. 그때 [자이스토리 시리즈]가 좋을 것 같아. 개념 공부를 하기 전에 수능 출제 경향과 방향을 분석해 두었으니 그 부분을 먼저 확인하고 본격적인 개념 공부와 문제를 풀면 좋아. 이 책을 사면 문제집보다 해설편이 더 두껍다고 하는 친구들이 많은데, 문제들을 그대로 옮겨와서 문제와 선지를 하나 하나 분석해 놓았기 때문이지. 내신이나 모의고사 전 복습할 시간이 많이 없을 때 풀었던 문제 해설편을 읽어 보는 친구들도 있었어.

Q2 교과서로 개념정리를 한번했어요. 좀 더 자세한 내용을 더 알고 싶어서 개념서를 찾고 있어요. 어떤 교재가 좋을까요?

A2. 깊이 있게 공부하고 싶다면 [하이탑]도 좋아. 개념서이기 때문에 다른 교재랑 구성은 비슷해. 어느 친구가 좋았다고 한 부분이 '보충 단락'이야. '보충 단락' 파트는 내용을 자세하게 정리해 주기 때문에 한 번씩 읽으면 재미도 있고, 심화 학습과 배경지식을 더하는데 도움이 될 거야.

고1, 고2 : 3~4등급

Q1 내신 대비를 위해 개념은 정리를 한 것 같은데 문제 적용하기가 힘들어요. 내신 대비를 위한 문제 풀이 교재가 없을까요?

A1. [오투] 문제집이 좋아. 우선 교과서 내용 정리와 문제들이 다양하게 구성되어 있고, 학생들이 어려워하는 도표 문제에 대한 설명이 꼼꼼해서 좋다는 친구들이 많아. 학교 기출문제 유형을 분석한 문제들로 구성되어 있어 과학을 어려워하는 학생들도 쉽게 이해할 수 있을 거야.

Q2 과학영역의 개념들을 정리한 책이 없을까요. 딱히 문제보다도 저는 개념 정리가 시급해요.

A2. 핵심 주제들로 구성된 책이 있어. [원 포인트 특강]이 교재는 과학의 개념 사전이라고 보면 돼. 문제없이 한 주제에 대해서 기본개념을 한 페이지에 요약정리 되어 있어. 이 교재는 과학 공부는 했는데 어느 부분이 중요한지 모르는 친구들이나 모르는 부분의 개념만 정리할 친구들에게는 좋은 교재야.

Q3 이공계열을 선택했어요. 아직 과학이 어렵지만 교과서를 계속 읽으면서 개념 정리를 하고 이제는 내신 대비 문제풀이를 하고 싶어요. 어떻게 공부하면 좋을까요?

A3. 개념을 공부한 후, 과학은 마인드맵으로 정리해서 계속 복습을 하고, 문제를 병행하는 것이 좋아. 문제집을 선택할 때는 내신을 대비해야 하기 때문에 서술형 문제가 많은 것을 선택하면 공부가 더 편하겠지. [오투] 문제집이 개념설명과 내신 대비 문제들로 구성되어 있어. 고등학교에서의 수행평가가 실험 후 실험보고서를 쓰는 걸로 많이 나와. '탐구' 파트에 그 부분도 정리되어 있어. 서술형 답안이 포인트를 잘 분석해서 시험 대비에 많은 도움이 될거야. [우공비]도 비슷한 구성이니 참고해도 돼. 내신 대비로는 [1등급 만들기] 교재도 출제 빈도율이 높은 문제들로 구성되어 있으니 시험 대비용 교재로 좋아.

고1, 고2 : 5~9등급

Q1 과학 개념부터 먼저 공부하고 싶어요. 선배들이 개념 정리가 중요하다고 하는데 저는 정리가 잘 안돼요. 어떻게 하면 될까요?

A1. 노트 필기법이 약한 친구들이 많아. 인터넷에 다양한 노트법이 소개되지만 처음 몇 장은 잘 정리하다가 금방 포기해 버리는 친구들이 많다고 해. 처음부터 끝까지 혼자서 노트 정리를 하는 게 아니라 어느 정도 구조를 잡아 놓은 노트가 있으면 혼자서 정리하기가 좋겠지. [개념풀] 이라는 교재는 '개념책+용어집+정리노트'로 구성되어 있어. 용어집은 시간이 날 때 짬짬이 읽어보고, 구조화된 정리노트에 하나씩 정리하면 생각보다 빨리 성적이 향상될 거야.

Q2 혼자 공부할 때 모르는 부분이 나오면 진도가 안 나가요. 인터넷 강의와 연결되어 모르는 부분은그 부분 강의만 들을 수 있는 교재는 없을까요?

A2. [EBS 과학] 강의를 이용해도 되고, [우공비] 교재도 괜찮아. [우공비] 는 문제 풀이 동영상 강의가 무료로 제공되니 틀린 문제만 강의를 듣는 것도 좋아. 이 책은 개념을 정확하게 이해시키기 위해 단계별로 문제를 제공하고 있어. 풀이집은 정답에 대한 설명뿐 아니라 오답설명도 자세하지.

② 과학 내신 끝판 공부법

가 내신과 모의고사는 병행이 필요!

보통 학생들을 정시파, 수시파로 나누더라. 그리곤 내신 기간에 오로지 내신 공부만 해. 사실 1~2학년 때는 모의고사를 준비하는 학생들이 많지 않아. 내신 기간이 지나면 휴식기를 보내지. 그 기간에 모의고사를 준비해야 해.

3월엔 전반적인 학교 수업과 다양한 문제(자신의 수준에 맞게) 병행이 좋아. 학교수업 수준이 높아서 힘들다면 교과서 읽기와 개념 체크, 쉬운 인강도 좋아. 모든 학생이 첫 시험에는 스트레스를 많이 받으면서 공부해. 이 때 마인드 컨트롤이 중요해.

나 학교수업에 집중하기

시험을 출제는 교과 선생님이 하기 때문에 수업시간에 집중하라는 말은 이미 여러 번 들었을거야. 수업시간에 선생님이 강조하는 부분은 반드시 노트나 교과서에 표시해. 개념을 공부를 하긴 했는데 정리가 잘 안된다면 인터넷 강의 이용도 좋은 방법이야.

다 복습 또 복습

수업시간에 열심히 필기하고 듣는다고 해서 원하는 점수가 나오는 것은 아니야. 복습이 필요해. 복습은 되도록 빠른 기간 내에 하는 것이 좋아. 복습할 때, 먼저 개념 정리 후 그래프 자료와 그림을 눈여겨 보자. 그래프를 분석하는 문제들은 고난도로 출제되기 때문에 반드시 오답 문제를 정리해 두자. 내신 시험은 평가원이나 교육청 모의고사 문제를 변형해서 출제하는 경향이 있어. EBS를 활용하여 내신 범위에 있는 문제들만 따로 정리하는 방법도 좋아.

라 수행평가도 내신의 일부분

시험성적이 낮아서 고민이야? 수행평가도 챙기고 개념정리부터 다시 해. 수행평가는 기간을 길게 두기 때문에 그 기간 안에 촉박하게 하는 학생이 많지. 미리미리 주말에 해 두자. 주중에는 그 날 배운 내용을 복습하는데 많은 시간을 배분해야 돼. 수행평가 제출할 내용이 금방 만들어지는게 아닐거야. 자료를 정리하고, PPT 만드는 작업도 필요한 경우가 많아서야.

마 방학을 잘 이용하여 개념 공부하기

집중해서 공부하기 좋은 시간은 방학이야. 시험에서 부족한 점을 만회하고 수능에서 볼 과탐 과목을 하나씩 정리하는 게 좋아. 혼자서 공부하기 힘들다면 인터넷 강의를 이용하여 개념강의를 듣자.
다른 과목도 마찬가지지만 과학에서의 개념은 정말 중요하기 때문에 계속 반복할 필요가 있어. 방학때 1과목을 공부해 놓으면 2~3 학년 때 내신 공부에도 도움이 되고 수능도 미리 대비하는 길이 될 거야.

3 과학 시기별 끝판 공부법

가 3~6월, 9월~12월 : 학기 중 내신 대비 및 모의고사 준비

내신이 엄청 중요하다는 건 알고 있지? 1학년은 통합과학뿐만 아니라 보고서나 실험과정을 평가하는 과학탐구실험 과목에서도 시험을 봐. 통합과학에 대한 배경지식이 많은 학생은 실험보고서를 쓸 때도 연관되는 단어나 내용을 풍부하게 쓸수 있어. 또 다른 실험과도 연관성을 파악하고 있어서 더 깊이 있는 학습이 가능하지.
통합과학 학습법 알아볼까?

1) 수업시간에 집중해야 해. 과학도 전공분야가 다양하다 보니 여러 선생님이 나눠서 수업을 진행할 수 있어. 선생님마다 스타일을 파악하는 것도 중요해. 교과서가 4개 영역을 통합적으로 설명하기 때문에 공부할 때도 파트를 나누지 말고 스토리중심으로 공부하면 이해와 암기를 동시에 잡을 수 있어. 학교 수업 필기 중요하고, 유인물은 꼭 챙겨야 해.

2) 학교 수업이 잘 이해가 안된 상태에서 계속 수업을 들으면 재미있던 과학이 지겹게 될거야. 모르는 부분은 친구들에게 묻거나 EBSi 강의를 이용하는 것도 좋아. 전체적으로 공부하기보다 네가 부족한 부분만 찾아서 들을 수 있으니 효율적이야. 인터넷 강의에서 들은 내용과 교과서 내용을 같이 정리하는 것도 꼭 필요해.

3) 백지를 이용한 3단계 학습법이 좋아.
노트를 세로 1:2:2로 접어서 맨 처음 부분에는 예습 파트 그 부분에는 간단하게 목차와 소제목 정도 쓰는 거야. 다음엔 학교 수업을 한 후 기억나는 것만 써. 그리고 교과서나 부교재를 보고 네가 몰랐던 부분을 채워 넣어. 이 때 두 번째 파트와 세 번째 파트 글씨 색을 다르게 하면 더 쉽게 알 수 있어. 한 단원이 끝나면 전체 내용을 백지에 마인드 맵으로 그려 보거나 개념을 쭉 쓰는 것도 좋아.

4) 시험기간이 아닐 때 수행평가가 주어지기도 해. 과학탐구 보고서, 최근 이슈 관련 보고서, 모둠별 학습 보고서 등 기간에 맞추어 미리 미리 준비하자.

나 7월~8월, 1월~2월 : 방학 중 내신 대비 및 모의고사 준비기간

이 기간에는 천천히 수능에서 어떤 걸 선택할지 정하고 그 과목에 맞추어 공부해야 해. 진로가 결정되었으면 그 계열의 과목을 선택하면 좋은데, 그게 아니라면 네가 좋아하는 과목이나 잘할 수 있는 과목을 선택하는 것이 좋아.

알고 있지? 과학은 다른 과목에 비해 노력한 만큼 빨리 성적을 올릴 수 있어. 방학때 내신 대비를 어느 정도 해야 학기 중에 쉽게 시험을 준비할 수 있을 거야.

통합과학에 대한 이해가 약하다면 교과서를 읽으면서 개념 정리부터 해야 돼. 방학이니 부족한 부분은 EBSi 강의를 이용하는 것도 좋아. 어느 정도 개념정리가 되면 문제 풀이를 하는데, 답에만 치중하지 말고 그 내용에서 융합적인 개념을 정리하자. 이 부분은 답지를 이용하거나 아님 참고서에 정리된 내용을 보는 것도 괜찮아. 또 네가 선택한 과목 기출문제를 풀면서 부족함을 보완하는 학습을 하자.

VIII

모의고사 & 수능 시기별 학습법

모의고사 & 수능 시기별 학습법

① 고3 시기별 학력평가 준비법

가 3월·4월 학력평가

3학년 첫 시험이고, 매년 3월 모의고사를 치면 어렵다는 기사를 접해. 3월 모의고사가 수능 점수와 직결된다는 말도 들어서 더 긴장될 거야. 기출문제를 많이 풀어보는 것이 좋고, 자기효능감을 높이려면 시험 범위가 정해져있는 수학을 잘 공략하는 게 좋아.

[3월]

과목		출제 범위
국어	공통	1, 2학년 전범위
수학	공통	[수학 I] 전범위 [수학 II] 전범위 [확률과 통계] I . 경우의 수(1.순열과 조합) [미적분] I . 수열의 극한(1. 수열의 극한) [기하] I . 이차곡선(1.이차곡선(타원, 포물선, 쌍곡선)
영어	공통	1, 2학년 전범위
한국사	공통	전범위
사회탐구	생활과 윤리외 8개 과목	전범위
과학탐구	물리학 I , 화학 I 생명과학 I , 지구과학 I	전범위
과학탐구	물리학 II , 화학 II 생명과학 II , 지구과학 II	미실시

[4월]

과목		출제 범위
국어	공통	전범위(독서, 문학, 화법과 작문, 언어와 매체)
수학	공통	[수학 Ⅰ] 전범위 [수학 Ⅱ] 전범위 [확률과 통계] Ⅰ. 경우의 수(1.순열과 조합) [미적분] Ⅱ. 미분법(1. 여러 가지 함수의 미분) [기하] Ⅱ. 평면벡터(1.백터의 연산)
영어	공통	전범위(영어 Ⅰ, 영어 Ⅱ)
한국사	공통	전범위
사회탐구	생활과 윤리외 8개 과목	전범위
과학탐구	물리학 Ⅰ, 화학 Ⅰ 생명과학 Ⅰ, 지구과학 Ⅰ	전범위
	물리학 Ⅱ	Ⅱ. 전자기장 1. 전기장과 전기력석
	화학 Ⅱ	Ⅱ. 반응엔탈피와 화학 평형 1. 반응엔탈피
	생명과학 Ⅱ	Ⅲ. 세포 호흡과 광합성
	지구과학 Ⅱ	Ⅰ. 고체 지구

1~2등급

방학동안 개념정리와 자신이 약한 영역들을 어느 정도 파악하고 3월 모의고사를 준비했지? 이 등급의 학생들이 3월 모의고사에서 주로 사회나 과학탐구의 점수가 잘 나오지 않았다고 이야기하지.

특히 사회탐구의 경우 3~4개 정도의 킬러문제가 이제는 1~2문제로 줄어서 실수하거나 깊이 있게 공부하지 않은 부분에서 문제가 나오면 1등급을 못 받게 되어버려. 따라서 기출문제를 계속 풀면서 오답이 나온 경우 답지의 설명을 정확하게 알고 이해해야돼. 답지의 풀이 방법의 설명을 하나 하나 이해하면 다른 문제에 적용할 수 있어. 그리고 선택지를 변형하여 문제가 나오는 경우도 있으니 선택지도 잘 봐야 해.

상위권은 누가 실수를 줄일수 있느냐의 싸움이야. 문제에서 요구하는 것이 무엇인지 파악하고, 문제 풀이 후 그 답이 맞는지 문제를 한 번 더 읽는 습관이 실수를 줄일 전략이야.

3~4등급

입시전략이 세워졌다면 수시에서 어떤 과목으로 수능 최저를 맞출지, 정시에서 원하는 대학에 합격하기 위해 몇 등급이 목표인지 정해졌다면 이제는 전략적인 학습이 필요해. 2학년 때 모든 과목을 공부했다면, 고3인 너에게는 전략적인 과목에 시간 투자가 필요해.

또 3학년 내신 공부가 수능공부이기도 하므로 학교수업과 EBS 수능특강 위주로 공부하는 것이 좋아. 전략과목이 있다면 그 과목에 더 많은 시간 투자를 해야겠지. 전략적 과목이 탐구가 많을 거야. 수시나 정시에서 한 과목 성적을 반영하는 대학이 많은 거 알지? 겨울방학이니 개념학습부터 하는 것이 좋아. 수능특강에는 내용이 요약된 게 많아서 그 내용에 살을 붙여야 해. 수능특강 교재에 2학년 때 공부했던 참고서 내용을 채우는 방법이나 기출문제나 수능 특강의 문제를 풀면서 몰랐던 부분과 해설지의 설명을 수능특강 내용에 계속 채우는 거지. 그럼 너만의 '단권화' 노트가 만들어 지겠지?

2학년 때 탐구 개념노트를 만들었다면 추가 정리해도 되니, 몰랐던 부분을 계속 찾으면서 전체적인 개념은 모르지 않도록 해야 돼.

5~9등급

1~2월은 기본 개념정리를 하면서 3월 모의고사를 준비해야 돼. 지금 친구가 수능특강을 푼다고 조급해 하지 마. 차근차근 교과서를 통한 개념 학습을 하는 것이 좋아.

모든 과목을 열심히 하기 힘들다면 자신있는 2~3과목을 정해서 그 과목에 시간 투자 하자. 담임선생님이나 진학선생님께 본인이 가고 싶은 대학을 상담을 한 후, 과목을 선택하는 것도 방법이야. 대학의 전형이 워낙 다양해서 본인이 가고 싶은 대학이 그 과목을 반영하지 않는 경우도 있어.

3학년은 수능과 내신 공부를 따로 할 필요가 없어. 수업시간에는 모든 과목을 열심히 들어. 잘 모르는 내용이 많아서 집중이 안된다고? 그럴 때 영어나 국어는 지문을 미리 읽어보자. 특히 영어는 답안지에 해석판을 미리 읽어도 좋아. 그럼 선생님이 지문 해석을 할 때 내용을 어느 정도 알고 있으니 수업에 더 집중하게 될 거야.

수학은 학교 수업을 따라가기 어려울 수 있어. 그래도 선생님이 설명과 필기 내용도 우선 따라서 써보자. 전체적인 것은 모르더라도 풀이과정에서 네가 알고 있는 인수분해가 나온다면 그 부분은 직접 풀어볼 수 있거든.

이렇게 학교 수업에 집중하고 복습할 때 문제풀이보다 최대한 개념정리를 해 놓은 교재나 노트를 계속 읽고 외우는 것이 중요해.

나 6월 모의평가, 7월 학력평가

재수생이나 N수생과 같이 치는 시험이라 많이 긴장되지? 그냥 편안하게 실력을 발휘하면 돼. 과학 탐구에 Ⅱ과목을 치는 학생들, 그리고 직업탐구나 제2외국어를 선택하는 학생들, 이런 과목들은 미리 담당선생님께 의논 후 시험을 쳐야 해.

[6월]

과목		출제 범위
국어	공통	전범위(화법과 작문, 문학, 독서, 언어와 매체)
수학	공통	[수학Ⅰ] 전범위 [수학Ⅱ] 전범위 [확률과 통계] Ⅱ. 확률[12확통 02-07] [미적분] Ⅱ. 미분법[12미적 02-14] [기하] Ⅱ. 평면벡터[12기하 02-05]
영어	공통	전범위[영어Ⅰ, 영어Ⅱ]
한국사	공통	전범위
사회탐구	생활과 윤리외 8개 과목	전범위
과학탐구	물리학Ⅰ, 화학Ⅰ 생명과학Ⅰ, 지구과학Ⅰ	전범위
	물리학Ⅱ	Ⅱ. 전자기장[12물리Ⅱ02-08]
	화학Ⅱ	Ⅲ. 화학 반응 속도[12화학Ⅱ03-03]
	생명과학Ⅱ	Ⅳ. 유전자 발현의 조절[12생과Ⅱ04-06]
	지구과학Ⅱ	Ⅱ. 대기와 해양 2. 대기의 운동과 순환[12지과Ⅱ05-06]

[7월]

과목		출제 범위
국어	공통	전범위(화법과 작문, 문학, 독선, 언어와 매체)
수학	공통	[수학 Ⅰ] 전범위 [수학 Ⅱ] 전범위 [확률과 통계] Ⅲ. 통계. 1.확률분포 [미적분] Ⅲ. 적분법(1.여러 가지 적분법) [기하] Ⅲ. 평면벡터(1.공간도형)
영어	공통	전범위(영어 Ⅰ, 영어 Ⅱ)
한국사	공통	전범위
사회탐구	생활과 윤리외 8개 과목	전범위
과학탐구	물리학 Ⅰ, 화학 Ⅰ 생명과학 Ⅰ, 지구과학 Ⅰ	전범위
	물리학 Ⅱ	Ⅲ. 파동과 문질의 성질 1. 전자기파의 성질과 활용
	화학 Ⅱ	Ⅲ. 반응 속도와 촉매
	생명과학 Ⅱ	Ⅴ. 생물의 진화와 다양성 - 식물과 동물의 분류
	지구과학 Ⅱ	Ⅵ. 행성의 운동

1~2등급

재수생과 같이 시험을 친다고 하니 걱정이 많이 되지? 세운 계획대로 학습하는 것이 중요해. 지금쯤 자신이 갈 대학이 어느 정도 윤곽이 나왔기 때문에 그 수능 과목 위주로 공부하는 것이 좋아. 킬러문항을 공략해야 하지. 기출문제 중 고난도 문제만 모아둔 문제집을 이용해서 그런 문제들에 익숙해 지는 것도 좋은 방법이야.

문제집으로 공부할 때 수학은 다시 풀 문제를 책에 표시하고 답은 적어야 다음에 별 무리없이 그 문제를 다시 풀 수 있어. 수학은 풀면서 미리 답을 예측하고 푸는 것도 좋은 방법이 되거든. 다시 풀어야되는 문제를 꼭 표시해. 하지만 사탐이나 과탐은 다시 풀 문제에 답을 쓰는 것은 좋지 않아. 다만 난이도 있는 문제집으로 공부한다면 나중에 한 번 더 푸는 게 좋아.

2~3주 전 풀었던 문제가 100% 정답률을 가지지 않지? 답과 틀린 문제를 포스트잇에 써서 문제집 한 곳에 붙였다가 나중에 봐. 탐구과목은 보기를 잘 분석해야 하는데 답을 먼저 보면 그 답에 맞춰서 생각이 한정되기 때문이야.

3~4등급

6월 모의고사에 재수생이 들어오면 네 위치가 어떻게 변할까 고민을 하면서 시험 준비를 할 거야. 이 등급 학생의 목표는 상위권이야. 그러니 중간고사 후 바로 모의고사 대비를 해야 해.

모의고사 준비할 때 중간고사 시험지는 점수만 확인하고 다시 보지 않는 경우가 있는데 중간고사에서 틀린 문제의 개념을 정리하는 게 필요해. 고3 때 대부분 수능특강으로 학습을 하기 때문이야. 틀린 문제는 반드시 확인해.

3월~4월 모의고사 성적표에서 C난이도 문제를 확인했지? 그럼 3월 모의고사 성적표에서 D난이도 문제도 시간 내서 풀어 보자. 문제 수가 많지 않기 때문에 주말에 하루 정리하면 좋아. 혹시 오답 노트를 만들어 놓았다면 모의고사나 기출문제, 수능특강 문제 중 비슷한 유형은 같이 정리하고 시간 날 때 풀어 봐.

5~9등급

6월 모의고사를 준비하면서 수능시험에 대한 불안감이 자꾸 생길 거야. 풀 수 있는 문제를 정확히 푸는 연습이 필요해. 어떤 과목을 공부하더라도 문제를 풀 때 답지를 먼저 보지 마. 네가 생각하지 못했던 부분에서 오답이 나올 수 있어. 네가 맞다고 생각했는데 틀린 경우라면 오개념이 생긴 거야. 이럴 때는 반드시 개념 정리를 다시 해야 해. 그냥 답만 채점하면 안돼. 문제풀이 후 너만의 채점 방법으로 오답을 줄여 보자.

다 9월 모의평가, 10월 학력평가

수시 쓸 대학 선택, 자기소개서, 모의 면접 준비 때문에 많이 바쁘지? 9월 모평이 수시 원서를 쓰기 전 마지막 시험이야. 이 시험으로 쓸 대학이 변경되는 학생도 있으니 꼼꼼하게 준비해서 시험을 보자.

[9월]

과목		출제 범위
국어	공통	전범위(화법과 작문, 문학, 독선, 언어와 매체)
수학	공통	전범위(수학 Ⅰ, 수학 Ⅱ, 확률과 통계, 미적분, 기하)
영어	공통	전범위(영어 Ⅰ, 영어 Ⅱ)
한국사	공통	전범위
사회탐구	생활과 윤리외 8개 과목	전범위
과학탐구	물리학 Ⅰ, 화학 Ⅰ 생명과학 Ⅰ, 지구과학 Ⅰ	전범위
	물리학 Ⅱ, 화학 Ⅱ 생명과학 Ⅱ, 지구과학 Ⅱ	전범위

[10월]

과목		출제 범위
국어	공통	전범위(화법과 작문, 문학, 독선, 언어와 매체)
수학	공통	전범위(수학 Ⅰ, 수학 Ⅱ, 확률과 통계, 미적분, 기하)
영어	공통	전범위(영어 Ⅰ, 영어 Ⅱ)
한국사	공통	전범위
사회탐구	생활과 윤리외 8개 과목	전범위
과학탐구	물리학 Ⅰ, 화학 Ⅰ 생명과학 Ⅰ, 지구과학 Ⅰ	전범위
	물리학 Ⅱ, 화학 Ⅱ 생명과학 Ⅱ, 지구과학 Ⅱ	전범위

1~2등급

9월 모평은 수능시험을 준비하듯 계획을 세워야 해. 범위가 수능과 같고, 재수생들과 같이 시험을 보면 네 자신의 위치를 알수 있는 기회지. 꼼꼼히 방학에 집중 공부해. 수능특강, 수능완성 문제는 모르는 문제없이 해결 해야 안정권이야. 혹시나 불안하면 각 연계교재를 풀면서 만들었던 오답노트나 난이도 있는 문제만 한번 더 확인해. 정확히 모르는 문제는 강의나 개념서를 통해서 문제를 정확하게 분석하는 연습을 하자.

개념 노트는 반복해서 봐야 해. 상위권 학생중 가끔 아는 문제인데 순간적으로 기억나지 않아 틀려서 등급이 떨어지는 경우가 있어. 사회탐구나 과학탐구, 한국사는 마지막 점검으로 목차를 보고 단원별로 지금까지 어떤 문제가 나왔는지 그리고 어떤 개념이 있는지를 백지에 대강 써 보는 거야. 단원별로 쓰다보면 기억이 잘 나지 않는 단원이 나올 거야. 그럼 그것을 집중적으로 공부하면 부족했던 부분의 보완이 되겠지.

3~4등급

이번 방학에 9월 모평을 위해 정확한 개념학습과 문제풀이가 필요해. 개념노트는 계속 강조했는데 만들었니? 혹시 안 만들었다면 이번 9월 모평을 준비하면서 만들자. 수능까지 문제를 풀면서 개념 노트에 계속 내용을 채워. 네가 부족한 부분을 확인해야 돼. 개념노트를 만들어 두면 수능 당일 쉬는 시간에 효율적으로 사용 가능하지. 개념노트를 안 만들었다면 마인드맵 형태나 참고서처럼 대단원, 중단원, 소단원을 나누어 소단원에 들어갈 내용을 채우거나 하는 방법으로 하면 돼. 수학은 서술형 풀이를 꼼꼼히 쓰는 오답노트형도 좋아.

개념노트는 집중이 잘 안될 때 만들면 분위기 전환도 되고, 시간 활용도 돼. 근데 개념노트를 그냥 두면 아무 의미 없는 거 알지. 시간 날 때마다 보면서 외우고 친구에게 설명도 하는 식으로 반복하면서 다양한 기출문제 오답 포인트도 개념노트에 적으면 9월에 좋은 결과가 나올 거야.

5~9등급

아직 늦지 않았다는 생각으로 2~3과목 정도 선택해서 공부하자. 기출문제 중에서 수학은 2~3점 위주로 나머지 과목은 2점 위주로 학습하는 게 좋아. 꼭 외워야 하는 부분은 개념 노트와 오답노트를 활용해. 노트에 적으라고 하면 무작정 쓰기만 하는 친구들이 많아. 그게 다시 보지 않으면 무용지물이라는 거 알고 있지. 개념 노트는 그날 쓴 내용은 꼭 그날 복습, 특히 잠들기 30분 전에 복습하면 좋아. 또 다음날 복습하고, 주말에 전체 내용을 복습해야 돼.

암기가 잘 안되고, 외우려면 잠만 오는 학생이 있지? 그때는 그냥 개념 노트를 계속 읽는 것도 좋아. 읽다보면 시간도 잘 가고, 자신도 모르게 저절로 외워질 걸. 걸어다니면서 큰 소리로 읽으면 잠도 깨고 더 좋을 거야.

② 고2 시기별 학력평가 준비법

가 3월 학력평가

1학년때는 거의 내신 준비만 많이 했지? 모의고사 학습은 계획은 열심히 세우긴 하는데 실천이 힘들다고들 해. 2학년 첫 시험인데, 1학년 내용을 복습한다는 생각으로 기출문제를 풀어보고 3월 학력평가를 치르는 것이 좋을 것 같아.

과목		출제 범위
국어	공통	1학년 국어 전범위
수학	공통	[수학] 전범위
영어	공통	1학년 영어 전범위
한국사	공통	고1 전범위 (3월 수준에 맞추어 출제)
사회탐구	생활과윤리외 8개 과목	고1 통합사회 과목별 전범위
과학탐구	생명과학 외 3개 과목	고1 통합과학 과목별 전범위
	물리학 I	[통합과학 전범위] I . 역학과 에너지 1.힘과 운동 - 운동 법칙 단원
	화학 I	[통합과학 전범위] I . 화학의 첫걸음 1.아보가드로수와 물
	생명과학 I	[통합과학 전범위] I . 생명과학의 이해
	지구과학 I	[통합과학 전범위] I . 지권의 변동 2.대륙 분포의 변화

1~2등급

1학년 기말고사가 끝나면 대부분 2학년 예습을 하는 경우가 많아. 3월 모의고사 대비를 위해서 1학년 복습이 필요해. 국어나 영어는 공부하던 방법을 유지하면서 부족한 부분만 체크하면 되지만 수학은 1학년 때 어려웠던 파트나 난이도 있는 문제는 계획을 세워 꾸준히 풀어야 해. 특히 '함수'와 '경우의 수'는 2학년 과정과 연계가 되니 난이도 있는 문제까지 찾아서 풀면 좋아.

기출문제를 많이 푸는게 좋은데 교육과정이 바뀌어서 기출문제가 잘 없는게 문제이긴 해. 영어와 국어는 다양한 문제를 푼 감각이 필요해. 이전 교육과정의 문제도 상관없으니 풀어보자. 알람으로 시간을 맞추어 놓고 하면 더 좋아. 사회나 과학은 정리 노트를 한번 확인하거나 교과서 목차를 이용한 정리도 좋아.

3~4등급

이 등급의 학생은 모의고사 계획을 세워 하는 경우가 거의 없다고 하네. 혼자서는 공부가 힘드니 인터넷 강의를 듣거나 학습스터디를 만들면 좋아. 점심시간이나 주말에 배운 내용으로 모의고사 문제를 같이 풀고 서로 설명하면 넘넘 좋지. 보통 수학이나 과학, 사회를 그렇게 하는 경우가 많고, 국어나 영어는 학습량 지정도 스터디에서 같이 할 수 있어.

최근에는 다양한 어플들이 많은데 그 중 스터디하는 그룹의 공부한 양을 한꺼번에 볼 수 있는 프로그램도 있어. 다른 친구들이 얼마나 공부했는지 알 수 있어서 동기부여도 된다고 하네. 3월 첫 시험부터 이렇게 친구들과 같이 준비하는 방법도 좋을 것 같아.

사실 방학때 3월 모의고사 범위를 미리 정리하는 게 좋은 방법이야. 특히 과학이나 사회는 공부하면서 파트별 부족한 부분도 체크하고, 네가 어떤 과목을 선택하면 좋을지 고민하면 더 좋아.

5~9등급

시험 전에 1학년 교과서를 한 번 읽어보자. 모든 과목을 하기는 힘들거야. 수학은 공식 정리집을 사서 확인하자. 그 내용이 기본 개념과 공식이니 모르는 것은 서너번 쓰면서 확인해도 그리 시간이 많이 걸리지 않을 거야. 공식만 알고 있어도 2~3점 문제를 해결할 수 있어. 공식을 다 보았다면 작년 기출문제를 한 번 풀어보자.

과학이나 사회는 교과서를 읽으면서 전체적인 내용을 파악해야 해. 목차를 읽어보고 전체적인 내용을 생각하는 것도 좋은 방법이야. 목차 학습법은 내용을 복습할때 목차 옆에 생각나는 단어나 내용들을 적어보고 다시 찾아보고 다시 적는 공부법인데, 아주 유용하지.

국어나 영어의 경우 시간이 없어 다 못 풀더라도 시험 대비 할 때는 본문을 정확하게 읽고 해석하는 연습이 필요해.

나 6월 학력평가

사회탐구나 과학탐구 선택해서 치르는 시험은 처음이지? 아직 어떤 걸 선택해야할지 고민이라면 학교에서 배우는 과목 중 가장 흥미로운 과목이나 진로관련 선택한 과목을 치는 것이 좋아.

과목		출제 범위
국어	공통	6월 수준에 맞추어 출제
수학	공통	[수학 I] II. 삼각함수
영어	공통	6월 수준에 맞추어 출제(영어 I)
한국사	공통	II. 근대 국민 국가 수립 운동 3. 근대 국민 국가 수립을 위한 노력
사회탐구	생활과 윤리	III. 사회와 윤리
	윤리와 사상	II. 동양과 한국 윤리사상
	한국지리	III. 기후 환경과 인간 생활 1. 우리나라의 기후 특성
	세계지리	III. 세계의 인문환경과 인문 경관 1.주요 종교의 전파와 종교 경관
	동아시아사	III. 동아시아의 사회 변동과 문화 교류 1. 17세기 전후 동아시아 전쟁
	세계사	III. 서아시아 인도 지역의 역사 1. 서아이사의 여러 제국과 이슬람 세계의 형성
	정치와 법	III. 정치과정과 참여
	경제	II. 시장과 경제 활동
	사회·문화	III. 문화와 일상생활 1. 문화의 이해
과학탐구	물리학 I	I. 역학과 에너지 1. 힘과 운동 2. 에너지와 열
	화학I	II. 원자의 세계 1. 원자구조(원자 구성입자, 현대적 원자 모형)
	생명과학I	III. 항상성과 건강(항상성 유지까지)
	지구과학I	III. 대기와 해양의 변화 기압과 날씨변화

1~2등급

중간고사 후 모의고사 준비 하고 있는 거지? 모의고사 준비는 평소보다 넓게 공부하면 된다고 생각해. 국어의 경우 다양한 지문을 통해 중심 내용을 파악하는 연습 하기, 수학은 삼각함수의 응용문제 풀이하기로 말할 수 있지.

3월 모의고사와 기출문제를 풀면서 3월에 등급이 잘 나오지 않은 과목 공부에 시간을 많이 확보해. 아직 2학년이니 모든 과목에서 좋은 등급이 나오도록 계획을 세워 공부해야 해. 그래야 3학년에서 입시 전략을 짜기가 좋아.

수학과 네가 선택한 과목 범위까지의 기출문제 중 난이도가 높은 문제는 반드시 해결하고 6월 모의고사를 친다는 생각을 해야 해.

3~4등급

상위권으로 올라갈 수 있는 전략이 필요해. 먼저 꾸준히 난이도 있는 문제를 푸는 거야. 문제를 계속 풀면서 다시 풀어봐야 되겠다는 문제나 개념은 따로 표시해서 하루에 2~3문제 정도 정리해 보자. 이걸 비법노트라 불러. 난이도 있는 문제라서 이걸 노트에 정리하는데 시간이 많이 걸리기도 해.

어떤 학생은 주말에 한꺼번에 하기도 하던데, 그것보다 이틀에 한 번씩 정리하는 게 좋아. 처음부터 모든 과목을 하지 말고 1~2과목에서 시작해. 익숙해지면 문제수는 줄이고 대신 과목수를 늘리는 방법이 좋아.

비법 노트에는 참고서보다 더 자세하게 필기해야 해. 문제에 나오는 단어를 하나 하나 분석하고, 개념과 내용을 정리한 후 문제 풀이를 시작해. 문제를 푸는 과정에서 지문이나 문제속에서 연결되는 부분을 짝짓는 방법을 계속하면 시간이 걸리더라도 난이도 있는 문제들을 해결할 수 있는 능력이 길러지지.

5~9등급

꾸준히 공부해야 하는 것을 뭘까? 그래! 국어 교과서 읽기, 영어 단어 외우기야. 그리고 그걸 주말에 복습하기. 매우매우 중요해. 실천하자! 모의고사 공부와 내신 공부를 따로 생각하지 말고, 학교에서 배운 내용 위주로 복습을 하자. 복습 계획은 반드시 그날 학교에서 공부한 중요 과목부터 하는 것이 좋아.

학습계획표를 짜는데, 공부내용을 계획표에는 구체적으로 표시를 해야해. 예를 들어 '문학 공부' 보다는 '문학 2단원 OOOO 교과서 복습' '문학 프린트 OOOO부분 정리' 등으로 단원명을 표시해야 일주일동안 복습한 내용을 주말에 다시 복습하기에 수월해.

주말에 복습하는 데 뭘 배웠는지 기억이 나지 않는다는 학생도 많아. 스터디 플래너를 쓰면 좋겠지만 거의 안 쓰지. 그런 경우는 교과서 페이지에 수업한 날짜를 적는 것도 방법이야. 시험 1주일 전에 기출문제를 풀어보며 오답을 정리해. 오답을 정리할때는 모든 문제를 오답노트에 정리하기는 너무 어려우니, 과목마다 다음 시험에는 꼭 안틀리겠다고 생각하는 5문제를 하는게 적당할 것 같아. 공부는 꾸준함이야. 계속 연습하다보면 좋은 결과가 있을 거야.

다 9월 학력평가

고3들이 긴장을 하니 9월 모평에 2학년도 긴장하는 모습이 보이네. 방학동안 얼마나 열심히 했는지 네 자신을 평가하는 시험이라고 생각하고 최선을 다하는 모습을 보여줘.

9월 모평 치기전 많은 질문 중 하나가 탐구영역의 선택한 과목을 바꾸어도 되는지야. 당연히 바꾸어도 상관없어. 다양한 과목을 보면서 문제 유형을 익히면 돼. 탐구과목을 선택하지 못한 학생은 시험을 치고나면 항상 불안해 해. '아 다른 과목을 고를걸' 하는 생각에 그 다음 시험도 준비가 잘 안되지. 그렇다면 시험 후 다른 과목도 똑같은 시간과 환경에서 시험을 한 번 보자. 다음 시험이나 기출문제도 마찬가지 방법으로 성적 데이터를 모아두면 나중에 과목을 선택할 때 조금 편할 거야.

과목		출제 범위
국어	공통	9월 수준에 맞추어 출제
수학	가형	[수학 I] 전범위 [수학 II] I . 함수의 극한과 연속 1. 함수의 극한
영어	공통	9월 수준에 맞추어 출제(영어 I)
한국사	공통	III. 일제 식민지 지배와 민족 운동의 전개 1. 인제의 식민지 지배 정책
사회탐구	생활과 윤리	Ⅳ. 과학과 윤리
	윤리와 사상	III. 서양 윤리사상 6. 옳고 그름의 기준: 의무와 결과
	한국지리	Ⅴ. 생산과 소비의 공간 2. 농업의 변화와 농촌 문제
	세계지리	Ⅳ. 몬순 아시아와 오세아니아
	동아시아사	Ⅲ. 동아시아의 사회 변동과 문화 교류
	세계사	Ⅳ. 유럽 아메리카 지역의 역사
	정치와 법	Ⅳ. 개인생활과 법 2. 재산 관계와 법
	경제	Ⅲ. 국가와 경제활동
	사회·문화	Ⅲ. 문화와 일상생활
과학탐구	물리학I	Ⅱ. 물질과 전자기장 1. 전기
	화학I	Ⅲ. 화학결합과 분자의 세계 3. 금속결합
	생명과학I	Ⅳ. 유전 2. 염색체, 생식세포의 형성과 유전적다양성
	지구과학I	Ⅳ. 대기와 해양의 상호 작용 2. 해수의 심층 순환

1~2등급

1학기 모의고사를 보면서 많이 틀리는 유형과 부족한 과목은 모두 체크했지? 방학 때 부족한 부분에 초점을 맞추어서 공부하자.

먼저 각 과목별로 3월, 6월 모의고사 오답 문제를 풀어보면서 왜 그 문제를 틀렸는지 생각해. 실수였는지, 개념을 몰랐는지, 지문이나 선택지에서 출제자의 의도를 정확하게 파악하지 못했는지 등 말야. 상위권 학생이 실수하지 않으려면 왜 오답이 나왔는지 아는 것이 중요해. 수학의 킬러 문항을 몇 문제 정확하게 해결했는지, 감으로 대강 풀다가 맞았는지도 파악해야 해. 감으로 맞춘 경우 답지와 자신 풀이를 비교하고, 답지와 풀이가 너무 다르다면 다른 사람의 도움이 필요해. 단순히 답이 맞고 틀리고를 떠나, 푼 답안에 논리가 맞는지를 확인해서 약점을 보완해야 하거든.

등급이 낮은 과목은 방학때 시간 투자를 더 해. 수시를 준비하는 학생은 수능최저를 맞춘다고 벌써부터 과목을 선택하는데 1년이 남아있기 때문에 아직은 일러. 지금은 모든 과목에 최선을 다하라고 권하고 싶어.

3~4등급

생각보다 모의고사 성적이 잘 나오지 않지? 모의고사는 평소 실력이라 생각하고 계획을 세우지 않고 생각날 때만 공부해서 그래. 이번 방학에 1학기 배운 부분 중 부족한 것과 모의고사 범위를 공부계획을 함께 세우는 것이 좋아.

국어는 독서, 문학, 화법과 작문, 언어와 매체(언어만 출제되고 매체는 3학년때)가 시험 범위니 가장 배점이 많은 독서부터 공부하는 것이 방법이야. 독서는 다양한 글을 읽으며 글쓴이가 어떤 메시지를 주기 위해서 이 글을 썼는지 꼼꼼하게 확인, 독해 능력을 기르는 것이 중요해. 국어 지문이 길어서 읽다보면 앞의 내용이 잘 기억나지 않는다는 이야기를 많이 해. 그때는 문단마다 중요 문장을 표시하거나, 간단한 용어로 정리하는 방법도 좋아.
나머지 과목도 수능학습법 중 자신에게 맞는 학습법을 찾아서 방학 때 9월 모의고사를 위해 계획을 세워 공부하자.

5~9등급

이번 방학이 기회일 수 있어. 바로 수학과 영어 기본 개념을 정리할 시간. 수학은 교과서를 한번 정리하고, 개념서도 같이 보는 것이 좋아. 교과서는 간단한 개념과 증명이 잘 되어있지만 자세한 설명이 부족하다고 이야기하는 학생들이 많거든. 개념서도 같이 보는 걸 권해.

개념을 2~3번 본 후에 교과서 문제를 하나씩 풀어보고, 3월, 6월 그리고 이번 9월 기출문제에 2~3점 문제만 우선 풀며 반복하는 것도 좋아. 3점짜리 어려운 문제들을 답지의 한 줄을 옮겨와서 고민을 하는 시간이 필요하지. 방학에는 가능할거야. 언젠가는 난이도 있는 문제도 하나씩 해결해야 하는거 알고 있지? 그래야 상위권으로 올라갈 수 있어.

영어는 단어 반복 학습이 중요해. 하루에 정해진 지문을 공부하면서 그 지문 속 단어는 계속 암기해. 단어를 많이 알면 지문이 어떤 내용인지 파악되니, 그걸 바탕으로 문제를 풀면서 부족한 부분을 찾아가는 거야.
다시 확인해 볼까? 수학은 교과서 문제로, 영어는 단어 암기로 멋진 2학기를 상상하면서 공부하기 바라.

라 11월 학력평가

3학년 되기 전 마지막 시험이기 때문에 너무 중요하다는 거 알고 있지? 시험대비의 과정, 결과를 정확하게 분석하여 겨울방학 계획을 짜야 돼. 이번 시험 이후 선택 과목을 결정이 중요하기 때문에 실력을 발휘해야 돼.

과목		출제 범위
국어	공통	11월 수준에 맞추어 출제 (독서, 문학, 화법과 작문, 언어와매체)
수학	공통	[수학Ⅰ] 전범위 [수학Ⅱ] Ⅱ. 미분-(2)도함수
영어	공통	11월 수준에 맞추어 출제(영어Ⅰ, 영어Ⅱ)
한국사	공통	Ⅳ. 대한민국의 발전 3. 6.25 전쟁과 남북 분단의 고착화
사회탐구	생활과 윤리	Ⅴ. 문화와 윤리
	윤리와 사상	Ⅳ. 사회 사상
	한국지리	Ⅶ. 우리나라의 지역 이해 2. 북한 지역의 특성과 통일 국토의 미래
	세계지리	Ⅶ. 사하라 이남 아프리카와 중·남부 아메리카
	동아시아사	Ⅴ. 오늘날의 동아시아
	세계사	Ⅴ. 제국주의와 두 차례의 세계대전
	정치와 법	Ⅴ. 사회생활과 법
	경제	Ⅳ. 세계 시장과 교역
	사회·문화	Ⅳ. 사회계층과 불평등
과학탐구	물리학Ⅰ	Ⅲ. 파동과 정보통신 · 파동과 통신 단원까지 *학습요소 : 파동의 요소, 굴절, 전반사, 광통신, 전자기파 스펙트럼, 파동의 간섭 포함
	화학Ⅰ	Ⅳ. 역동적인 화학 반응 - 산 염기 중화 반응 및 양적관계, 중화적정까지
	생명과학Ⅰ	Ⅴ. 생태계와 상호 작용 1. 생태계의 구성과 기능
	지구과학Ⅰ	Ⅴ. 별과 외계 행성계 4. 별의 에너지원과 내부 구조

1~2등급

고2 모의고사와 고3 모의고사는 차이가 많이 난다는 학생이 있어. 특히 상위권에 있는 학생이 고3 때 조금 성적이 떨어지는 경우도 있지. 그래서 이번 시험이 더 중요한 것 같아.

먼저 본인의 학습 방법을 체크하고 보완할 필요가 있어. 상위권을 유지하기 위해서 각 과목별 난이도 있는 문제에 대한 감각을 익혀야 해. 2학년 전 과정을 마무리하면서 어느 부분에서 실수가 많았는지 1년간의 오답 노트 정리된 것을 다시 보는 방법도 좋아. 국어는 긴 지문을 빠르게 읽고 정확하게 분석해야하지. 가끔 감각으로 문제를 푸는 학생이 있는데, 그렇게 하면 오답이 나왔을때 '왜 오답인지' 설명을 못하지. 그럴 때 해결 방법이 없어서 힘들어 하는 친구도 많이 봤어. 혹시 그렇게 문제를 풀고 있었다면 국어선생님께 상담을 받아 보자.

3~4등급

지난번 시험에 시간이 부족했었으면 이번 시험은 급하게 풀어서 실수가 생기고, 반대로 이번 시험은 꼼꼼하게 푸니 시간이 부족하다는 고민이 많아. 평소 문제를 풀 때 시간 분배를 적절하게 하자. 파트별로 나누어 시간 체크를 하는 게 도움이 된다는 친구도 있고, 문제를 풀면서 남은 문제를 계산하여 푸는 속도를 조절하는 사람도 있어. 그외 다른 방법이 본인에게 맞다면 좋은 방법이야. 3학년이 되기 전 너만의 학습법을 찾기 바라.

어느 정도 성적이 나오는 과목에서 애매하게 알고 있는 것은 아닌지 파악하자. 3학년이 되면 그 파트 때문에 고난이 닥쳐오니까 2학년 때 미리 잡아두자. 탐구 과목 선택도 신중해야 해. 수능 원서 쓸 때까지 계속 바꾸는 학생이 있는데, 미리 선택해서 겨울방학 때 개념을 학습해야 하니 이번 시험 결과를 보고 선택하는 것도 좋아.

5~9등급

이번 시험에서는 제일 자신있는 과목 위주로 공부해보자. 혹시 그것도 고민인 학생은 탐구 과목에서 한 과목 선택해서 2~3번 개념을 복습하자. 탐구 과목의 여러 파트 중 본인이 많이 아는 것 위주로 학습하면서 어려운 단원은 개념을 정리해 가는 것도 좋은 방법이야.

3학년이 되기 전 가장 많이 하는 고민이 '수능 공부를 할지' 아님 '내신 대비만 할지'야. 탐구과목 외 자신있는 과목을 한 과목 정해서 기본부터 공부하자. 예를 들어 영어를 정했다면 단어와 기출문제를 풀면서 유형을 익히면 돼.

③ 고1 시기별 학력평가 준비법

가 3월 학력평가

고등학교에 입학하자마자 처음 치르는 시험이야. 우선 작년 기출문제를 먼저 풀어보는 것이 좋아. 예비 고등학생은 주로 예습 위주로 공부하고 들어와서 중학교 때 배웠던 내용이 잘 기억나지 않을수도 있어. 기출문제를 풀면서 잊었던 개념을 다시 정리해 봐.

과목		출제 범위
국어		중학교 전범위
수학		
영어		
한국사		
탐구	통합사회	
	통합과학	

1~2등급

기출문제를 통해 네가 어디에서 주로 틀리는지 확인해야 해. 국어나 영어에서 어떤 파트가 많이 틀리는지, 수학은 20번, 21번, 29번, 30번 문항을 확인하고, 공통사회나 공통과학, 한국사영역에서 3점 문제의 어떤 유형을 틀리는지 분석해 보자.

국어나 영어영역의 난이도 있는 문제가 정형화되지 않아 더 공부하기가 어렵다는 친구도 많아. 지문을 빠르고 정확하게 해석하는 독해력이 필요해. 기출과 다양한 문제를 풀면서 네가 어떤 영역에서 약한지 파악해서 보완하자.

수학영역은 틀린 문제를 다시 풀 때, 답을 보지 말고 여러 방법을 생각해. 문제 푸는 아이디어가 떠오르지 않을 때만 답안의 한 두줄만 참고해서 그 뒷풀이를 고민해 봐. 시간이 걸리더라도 답지 없이 스스로 해결하는 것이 나중에는 더 나을 거야.

과학탐구나 사회탐구는 1학년 때 요약노트를 만들어서 보는 게 좋아. 이를 통해 전체 흐름을 파악하고 틀린 문제가 있더라도 그 문제가 어느 부분에서 어떻게 나왔는지 연결이 가능해서 효과적인 오답 관리가 될 거야.

3~4등급

고등학교에 진학한 후, 첫 시험이라 잘 치고 싶은데 어떻게 계획을 세워야 할지 고민하는 친구들이 많아. 시험을 친 후 학생들 이야기를 들어보면, 시간 배분을 못해서 해결하지 못한 문제도 많았거나 시간은 있지만 어떤 문제를 풀어야 할지 몰랐다는 친구도 있어. 우린 그런 후회를 하지 않도록 미리 준비하자.

기출문제를 공부할 때는 시간을 체크하면서 문제를 푸는 연습을 해야 돼. 모의고사 시험 시간이 국어영역 80분, 수학영역 100분, 영어영역이 70분이라서 집중력이 약해질 수 있어. 집중하는 시간을 차츰 늘려 가면서 문제를 풀어야 해. 특히 수학 시간은 100분 이다 보니 풀 수 있는 문제를 풀고 나서 그냥 시간을 보내는 학생이 많아. 평소 풀 수 있는 문제를 먼저 풀고, 그 문제를 다시 실수가 있는지 확인하고, 마지막으로 못푼 문제를 도전하는 게 가장 좋은 방법이야.

익숙해지면 문제를 풀면서 정확하게 푼 문제와 나중에 한 번 확인해야 되는 문제를 분류해 봐. 다시 확인해야 되는 문제만 풀면되니 도전 문제를 풀 시간이 더 늘어날 거야. 지금은 우선 수학을 예로 들었는데 다른 과목에서 적용가능해. 이번 시험은 미리 준비해서 시간 배분을 잘하고, 오답을 줄일 수 있도록 하자.

5~9등급

전체적으로 중학교 교과서를 읽으며 정리하면 좋을 것 같아. 교과서 학습법은 앞에서도 많이 이야기하긴 했어. 우선 처음부터 끝까지 읽으면서 중요하다고 생각하는 것에 표시해. 그리고 문제에서 풀어봤던 내용도 체크하며 읽는 게 좋아.

이 방법은 국어나 공통사회, 공통과학에서 앞으로 꾸준히하면 성적이 향상될 거야. 모르는 용어가 나오면 그냥 넘어가지마. 반드시 찾아봐야 해. 과학이나 사회에서 그 용어가 어떤 상황에서 사용되는지 정확한 개념을 확인하고 다음으로 넘어가야 돼. 잘 모르는 개념은 개념 노트를 만들어서 정리해 두면 더 좋아. 나중에 많은 도움이 될 거야.

나 6월 학력평가

3월 모의고사와 중간고사를 치르면서 고등학교 시험에 조금은 익숙해졌을까? 6월 모의고사 범위가 학교 중간고사와 거의 비슷해서 중간고사 후 복습을 한다고 생각해. 네가 꼼꼼히 보지 못한 부분을 다시 본다는 마음으로 모의고사를 준비하면 될 것 같아.

과목		출제 범위
국어		6월 수준에 맞추어 출제 - (공통과목) 국어에서 출제 -
수학		6월 수준에 맞추어 출제 - (공통과목) 수학 Ⅱ. 방정식과 부등식 -
영어		6월 수준에 맞추어 출제 - (공통과목) 영어에서 출제 -
한국사		Ⅱ. 근대 국민 국가 수립 운동 - 중학교 역사 교육과정 반영 -
탐구	통합사회	Ⅳ. 인권 보장과 헌법 1. 인권의 의미와 변화 양상
	통합과학	Ⅱ. 시스템과 상호작용 1. 역학적 시스템

1~2등급

3월 모의고사를 치고 나니, 시험에 대한 감각이 생겼지? 6월 모의고사 준비를 위해 3월 모의고사 오답을 정리해야 해. 그 문제가 그대로 나올 확률은 0%야. 하지만 비슷한 유형이 나오기 때문에 저번 시험에서 왜 틀렸는지 확인한 후 공부하는 것이 좋아.

한 번 틀렸던 유형은 확실히 다잡지 않으면 다시 틀려. 네가 시험을 볼 때 어떤 생각을 했는지 떠올려 보면서 왜 오답이 나왔는지 파악하자. 오답 문제에 몰랐던 개념이 있었다면 시험 범위와 상관없이 반드시 정리해야 해.

개념 정리는 과목에 대한 공부에도 도움되지만 국어나 영어 지문에도 사용될 수 있다고 봐야 해. 1학년에서 배경지식을 쌓는다는 느낌으로 다양한 글을 읽으며 분석하는 연습을 많이 해야해.

3월 모의고사가 정리가 되면 이제 기출문제를 풀고 그에 따른 오답을 정리할 시간이야. 상위권 학생은 각 과목마다 자신만의 오답 정리법을 가지고 있더라. 그래서 생략. 혹시나 다른 사람의 오답 노트 정리법이 궁금하다면 1편을 찾아 봐.

3~4등급

3월 모의고사 성적표를 받아보고 기분이 어땠니? 지금보다 조금만 노력하면 6월 모의고사는 나은 성적을 얻을 수 있어. 마음을 잡고 6월 모의고사를 준비해 보자.

3월 모의고사 성적표를 꼼꼼히 봐야해. 성적표 아래에 A, B, C, D, E 정답률이 표시되어 있을거야. A, B 난이도 문제에서 오답이 나왔다면 실수한 거야. 우선 그 문제에서 왜 오답이 나왔는지부터 파악해. 그리고 C난이도 문제를 다시 풀면서 무엇 때문에 틀렸는지 확인해. 사람은 틀렸던 것과 비슷한 유형을 계속 틀리는 경향이 있다고 해. 그러니까 네가 틀렸던 문제를 정확히 파악해야 하지. 개념 정리를 노트에 꾸준히 하면서 개념노트를 만드는 것도 좋아.

수학영역에서 계산이 틀린 문제는 한번 더 보자. 학교 내신 유형과 모의고사 유형이 다르다고 하는 학생이 많지. 왜냐하면 더 복합적인 문제가 모의고사에 많이 나오기 때문이야. 하지만 그런 문제를 풀지 못하면 상위권으로 올라갈 수 없어. 난이도 있는 문제도 포기하지 말고 꾸준히 푸는 연습을 해야해.

수학은 학습량 대신 시간을 정해놓고 그 시간에 3~4문제 정도 푸는 것이 좋아. 하나도 못 풀어도 괜찮아. 풀이 방법을 알듯 말듯하거나, 유사한 문제를 보았다면 답지 풀이를 한 줄이나 두줄정도 참고해. 난이도 있는 문제를 반복해 풀어 보는 것이 상위권으로 올라갈 좋은 방법이야.

5~9등급

3월 첫 모의고사를 치른 느낌이 어땠어? 새로운 문제 유형에다 긴장도 많이 해서 네 실력이 제대로 안 나왔을 거야. 중학교 때 배운 내용이 기억나지 않아서 성적이 안 나오는 학생도 많아. 고등학교에 와서 열심하면 성적이 올라간 사례가 많으니까 지금부터 천천히 준비해 보자.

국어와 영어는 수업시간에 공부한 내용으로 내신과 모의고사 공부를 같이 하는 게 좋아. 꾸준히 국어 교과서 읽기와 영어 단어 외우기를 하고 시험 1주일 전에 기출 모의고사를 풀어보는 것도 방법이야.

수학, 한국사, 사회, 과학영역은 시험범위가 있어. 이들 전부를 하기에 힘들 거야. 수학과 나머지 한 과목을 선택해서 그 과목은 3월 모의고사보다 반드시 성적을 올린다는 목표로 공부 해. 그렇게 하면 조금씩 올라가는 성적의 기쁨을 맛보면서 다른 과목들도 열심히 할 힘이 생겨.

수학은 교과서 문제를 반복해서 푸는 것이 좋아. 중간고사 때 풀었던 문제가 많아서 여러 번 반복하기에 더 수월할 거야.

네가 선택한 과목은 교과서를 기반으로 개념 노트를 만들어 정리를 꾸준히 해. 이 노트는 앞으로 네가 볼 시험에 계속 사용될 거야.

다 9월 학력평가

1학기에 배운 내용을 방학 동안 복습 했어? 9월 학력평가는 1학기 내용을 점검한다는 생각으로 모의고사를 치면 될 것 같아.

과목		출제 범위
국어		9월 수준에 맞추어 출제 -(공통 과목) 국어에서 출제-
수학		9월 수준에 맞추어 출제 -(공통 과목) 수학 Ⅲ. 도형의 방정식-
영어		9월 수준에 맞추어 출제 -(공통 과목) 영어에서 출제-
한국사		Ⅲ. 일제 식민지 지배와 민족 운동의 전개 1. 일제의 식민지 지배 정책
탐구	통합사회	Ⅴ. 시장 경제와 금융 2. 시장경제와 경제주체(국제경제 전까지)
	통합과학	Ⅱ. 시스템과 상호작용

1~2등급

방학동안 1학기 난이도 과정과 2학기 예습을 충분히 했지? 1학기 모의고사를 보면서 네가 부족한게 뭐였는지 알아? 꼼꼼한 친구들은 시간이 부족했다는 이야기를 많이 해.

평소에 국어와 수학, 영어의 경우 시간을 10분~20분 정도 남겨지도록 연습하는 것이 좋아. 10분 정도는 남아야 OMR 카드 작성 확인을 다시 하고, 헷갈리는 문제도 다시 체크할 수 있어. 2주에 한 번 정도 수능 환경으로 모의고사를 보는 연습도 좋아. 학교에서는 힘들 것 같으니 주말에 집이나 독서실이면 어떨까?

이 때 원래 시험시간보다 10~20분정도 줄여서 알람을 맞추는거야. 우리 몸은 우리가 습관적으로 했던 것에 익숙해지려는 경향을 가지고 있어. 모의고사를 시간을 줄여 연습하면 그 시간 안에 푸는게 익숙해진 네 자신을 발견하게 될 거야.

3~4등급

1학기 동안 내신대비와 모의고사 둘 다 공부한다고 고생했어. 9월 모의고사를 대비하기 위해 제일 먼저 해야되는 일은 3월, 6월 모의고사 성적표에서 C 난이도와 D난이도 오답 확인이야. 네가 약한 유형 파악이 먼저야. 그 다음에 기출문제를 풀면 좋겠지.

모의고사 범위가 많은 경우 새로 들어가는 단원 위주로 공부하는 것이 좋아. 왜냐면 문제들이 그 범위에서 많이 되거든. 이미 앞 부분은 모의고사 준비를 하며 반복했던 부분이라 어느 정도 개념 정리가 되어있는게 일반적이지. 하지만 추가 단원은 아직 문제 유형이 파악되지 않았을 수도 있어. 그러니 새로운 단원에 초점을 맞춰 풀고 오답을 정리를 하는 거지.

5~9등급

9월 모의고사를 위해 방학동안 1학기 교과서 문제를 전체적으로 풀어 봐. 수업 후 복습하면서, 내신 대비를 하면서 여러 번 풀면 좋지만 그렇지 않다면 단시간 정리에 교과서 문제가 최고야.

수학 연산이 잘 안된다면, 연산용 문제집을 사서 문제를 풀면 빠르고 정확한 계산 연습이 될 거야. 교과서 문제를 풀고 난 후, 70% 정도 풀 수 있는 문제로 구성된 문제집을 사는 것이 좋아.

어떤 문제집을 사야할지 모른다면 친구들이나 선생님께 도움을 요청해. 하루에 많은 문제를 풀려 하지 말고, 매일 양을 정해서 하자. 그리고 오늘 문제를 풀기 전에 반드시 전날 풀었던 문제 중 2~3문제를 골라서 먼저 풀어 봐. 그 후에 오늘 계획한 양을 풀고, 주말에는 주중에 풀었던 문제를 한 번 더 한다면 차츰 모의고사 점수가 올라가게 될 거야.

라 11월 학력평가

1학년 마지막 학력평가는 계획을 세워 준비해야 해. 간혹 모의고사 시험에 익숙해졌다거나 내신 성적에 들어가지 않는다고 대강하는 학생이 있어. 이 시험으로 1학년 학습법과 부족한 과목 및 영역을 체크해서 겨울 방학 계획을 짜야 하기 때문에 어쩌면 4번의 모의고사 중에서 가장 중요하다고 할 수 있어. 기출문제를 미리 풀어보고 부족한 부분을 보완, 11월 학력평가에서 실력을 발휘하자.

과목		출제 범위
국어		11월 수준에 맞추어 출제 - (공통 과목) 국어에서 출제 -
수학		11월 수준에 맞추어 출제 (공통 과목) 수학 Ⅴ. 함수 1.함수
영어		11월 수준에 맞추어 출제 - (공통 과목) 영어에서 출제 -
한국사		Ⅳ. 대한민국의 발전 3. 6.25 전쟁과 남북 분단의 고착화
탐구	통합사회	Ⅷ. 세계화와 평화
	통합과학	Ⅳ. 환경과 에너지 1. 생태계와 환경(발전과 신재생 에너지 제외)

1~2등급

3월, 6월, 9월 모의고사를 점검해. 모의고사 성적표에를 확인해 봐. 만약 C난이도 문제에서 오답이 나왔다면 '왜 오답이 나왔는지' 정확하게 알아야 돼. '지문을 읽고 문제를 푸는 과정에서 문제가 요구하는 사고 과정이나 방법이 잘못되었는지' 아니면 ' 모르는 개념이 있는지', '정말 실수한 건지' 를 정확하게 분석해. C난이도 오답이 반복된다면 상위권 유지가 힘들 수 있어.

D난이도 문제는 개념 노트로 정리해서 그 문제를 풀때 '왜 오답이 나왔는지'를 생각해. 다음에 유사한 문제가 나왔을 때 정확하게 풀 수 있는 솔루션을 제공할 거야.

질문을 읽는 과정부터 오답의 여지가 있었다면 해설만 읽고 넘어가지 마. 풀이 동영상을 반드시 찾아보는 게 좋아. 상위권 학생 중 시간 낭비라고 동영상 강의를 안 듣는 학생이 종종 있는데, 부족한 부분 보완을 위해 틀린 문제를 분석할 때는 동영상 강의가 필요해.

'오답률 TOP5', '오답률 TOP10' 문제는 EBS게시판에 공지되니까 꼭 확인해. 전국 1~2등급을 받는 학생이 어떤 문제를 틀렸는지 보면 11월 모의고사를 공부하는데 도움이 될 거야 .

3~4등급

3번의 모의고사를 치르면서 시험 유형은 확인했으니 이번 모의고사 대비는 실전처럼 기출문제를 풀어 봐. 국어, 영어, 수학의 경우 10~20분, 사탐이나 과탐의 경우 5~10분 정도 시간을 줄여서 푸는 연습을 하고, 틀린 문제는 문제를 풀었던 과정을 역으로 체크해 보는 것이 좋아.

시험에서 모르는 문제가 나올 때는 전략을 사용해야 돼. 시험을 치르는데 '전혀 생각이 안나는 문제'와 '알듯 말듯 당장 기억이 나지 않는 문제'가 있다면 어떻게 해야할까? 시간이 넉넉하다면 후자 문제에 집중하는 거야. 또 문제를 푼 후 남은 시간을 효율적으로 사용하기 위해서 너만의 표시를 만들어서 습관처럼 쓰자. 아까 같은 문제에 너만의 표시를 하는 거지. 그럼 실전에 도움이 될 거야.

시험 범위가 정해져 있는 수학, 과학 , 사회는 9월 모의고사 뒷부분부터 공부 계획을 세워. 보통 새로운 범위에서 문제가 많이 출제되거든. 또 기말고사 시험 범위와 비슷할 거야.

영어에서 한 지문에 모르는 단어가 너무 많다면(보통 한 지문에 7~10개 정도) 모의고사 단어를 암기해야 해. 혼자 암기가 힘들다면 인터넷강의나 계획대로 외울 수 있게 나눠놓은 단어장이 있어. 제일 좋은 방법은 네가 직접 만든 단어장으로 반복하고, 필요한 내용이 있으면 추가하는 거야. 이걸 자투리 시간에 이용하면 완전 좋지.

5~9등급

4번째 모의고사를 준비해야 되겠지? 이번 시험에는 국어와 영어 문제 푸는 연습을 하자. 기출문제를 통해 시간에 상관없이 지문을 해석하는 연습을 하루에 1~2지문씩 할까? 7등급에 있던 어느 친구가 이렇게 해보니 한 지문을 2~3번 읽는데 15분 정도 걸린다고 해. 우선 시간을 투자하더라도 정확하게 읽고 이해하여 문제를 푸는 연습이 필요해. 한 달 정도 지나니 파악하는 시간이 훨씬 줄어든다고 하네.

이번 모의고사에서는 시간 안에 문제를 다 풀지 못하더라도 감에만 의존해서는 안 돼. 오답과 정답을 왜 선택했는지 그에 대한 근거, 이유를 설명할 수 있어야 2~3학년때 원하는 결과를 얻을 수 있어.

수학은 교과서 공식과 예제 문제를 확인하고, 과학과 사회는 교과서를 한번 읽고 정리 노트를 만드는 것이 좋아. 11월 학력평가는 기말고사 기간이라 그냥 지나치는 학생도 많지만 이 시험 결과를 통해 겨울 방학 계획을 세울 수 있으니 최선을 다해야 돼.

4 수능 전일 & 당일 준비 및 학습법

수능 전날은 많이 떨리고 긴장되지. 수능 전날은 고사장에 가서 좌석이 어디인지, 그리고 화장실의 위치가 어디인지를 파악하고 집으로 오는 것이 좋아. 긴장된 마음에 이것 저것 책만 뒤적거리는 학생이 있는데 오답 노트나 개념 노트 정리를 보는 것이 좋아. 시험 전날까지 문제를 푸는 건 별로야. 만약 문제를 풀다가 막히면 더 불안하고 긴장되기 때문에 문제보다 개념 정리 노트를 읽어보는 걸 추천해.
준비물은 미리 챙겨 놓는 것이 좋아. 어떤 준비물이 필요한지 볼까?

가. 수험표 및 신분증

수험표 및 신분증은 주민등록증이나 여권, 혹은 임시 신분증이 있으면 돼. 수험표를 분실했다면 사진과 신분증을 가지고 시험 본부로 가서 수험표를 재교부 받으면 돼.

나. 필기도구

시험장에서 샤프와 컴퓨터용 수성 싸인펜은 제공 할거야. 수정테이프는 감독관이 가지고 있으니깐 혹시 잊었더라도 걱정마. 연필이나 볼펜, 지우개, 샤프심, 개인적으로 사용할 수정테이프 등은 준비하자.

다. 시계

시계는 아날로그 시계만 가능해 휴대폰, MP3, 전자사전, 디지털 손목시계 등은 반입이 안돼. 혹시 시험장에 가지고 갔다면 감독관이 보관하도록 제출해야 돼.

라. 도시락

위에 부담되지 않도록 평소에 먹었던 음식으로 챙겨가는 게 좋아. 물과 초콜릿이나 사탕을 가지고 가서 쉬는 시간에 종종 먹자.

수능 당일 학습법

우선 수능 당일 긴장이 많이 되겠지만 심호흡을 한다든지 긴장을 줄일 수 있는 방법을 생각하고 시도해 봐. 어제 봤던 오답 노트랑 개념노트를 천천히 읽어보자. 급한 마음에 페이지 넘기는 식으로 대강 보지 말고, 한 페이지를 보더라도 그 페이지에 있는 문제가 나온다는 생각으로 꼼꼼히 확인하면서 넘어가야 해.

수능에서 제일 중요한 것은 앞에 본 시험을 생각하지 않는 거야. 친 시험보다 남아 있는 시험이 항상 더 중요해. 끝까지 최선을 다한다면 네가 원하는 수능 성적을 받을 수 있을 거야.

시험 전 체크 사항

체크리스트

나의 시험불안 정도는?

질문	체크
1. 시험 기간에 복통, 설사, 두통을 경험한다.	○
2. 시험 기간에 평소보다 깊은 잠을 자지 못한다.	○
3. 시험을 보기도 전에 낮은 성적을 받는 상상을 하곤 한다.	○
4. 시험 공부를 많이 해도 시험 준비가 다 되었다는 느낌을 받지 못한다.	○
5. 시험 시간마다 화장실에 가고 싶은 생각이 든다.	○
6. 시험을 볼 때 긴장되어 가슴이 답답하다.	○
7. 시험 시간에 교실이 너무 시끄럽게 느껴진다.	○
8. 시험 문제를 풀 때 긴장하여 손이 떨린다.	○
9. 시험 시간이 충분히 남았음에도 불구하고 몹시 서둘러 문제를 푼다.	○
10. 시험을 볼 때 머릿속이 하얘지고 평소에 알던 것도 생각나지 않는다.	○
11. 시험을 볼 때 불편할 정도로 땀이 많이 난다.	○
12. 아는 문제도 답을 쓰지 못하고 머뭇거리는 경우가 많다.	○
13. 시험 중 모르는 문제가 나오면 당황하며 다음 문제로 넘어가지 못한다.	○
14. 시험이 끝난 뒤에도 시험에 대한 걱정이 계속된다.	○
15. 바로 전에 치른 시험에 대한 걱정이 다음 과목 시험을 보는 내내 머릿속에서 떠나지 않는다.	○

1~3개 누구나 그 정도 긴장은 해요. 정상이에요.
4~8개 조금 걱정스럽군요. 조금만 릴렉스 하세요~
9~15개 심각하군요. 상담과 치료가 필요해요.

*참고: 스스로 터득하는 학습디딤돌 13가지 전략(한국교육과정평가원, 2014)

'공부를 왜 하냐' 는 질문에 다양한 대답이 있겠지만, '시험을 잘 보기 위해서' 라고 이야기하는 학생이 대부분이야.
너는 어떻니??
시험을 본 후,
'너무 떨려서 머리가 하얘져요.'
'아는 건데 실수를 너무 많이 했어요.'
' 1교시 시험을 망치니, 2교시, 3교시도 너무 집중이 안되었어요.'
'성적표가 나오면 부모님 보기 미안해요.'
'그 친구를 경쟁자로 열심히 했는데 또 질 것 같아요. 담에 더 열심히 해야겠죠.'
*'시험 때만 되면 긴장되고 배가 아파요.'*등
다양한 이야기가 많아. 너는 시험 때 어떤 징크스를 가지고 있니?
좋은 성적을 얻기 위해 즉, 학업성취도를 높이기 위해 제일 중요한 요소는 자기효능감이야. 그리고 시험 불안이야.

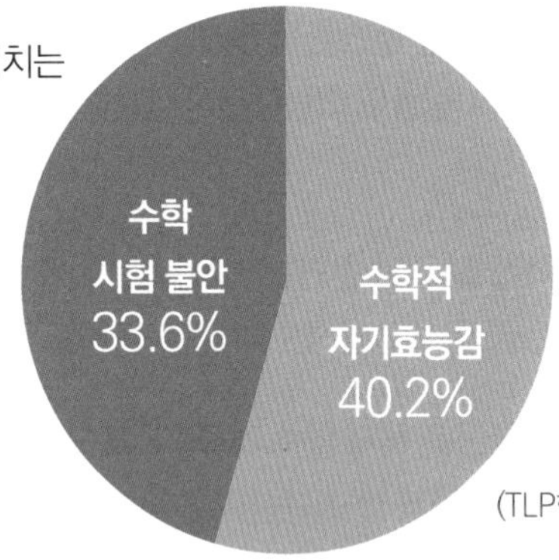

(TLP학습심리연구소제공)

시험불안이 뭐냐고? 시험불안은 시험을 준비하는 과정에서
'난 준비를 잘하고 있는 걸까?'
'시험을 못보면 어떻게 할까?'
'내가 공부한 부분이 시험에 나올까?'
고민을 하는 친구들이 가지고 있는 불안감을 의미해.

시험을 보는 도중에
'나는 왜 이렇게 땀이 나고, 또 화장실에 가고 싶을까?'
'1교시 국어가 계속 생각나네?'
'이번 시험을 못 보면 큰일인데 집중이 잘 되지 않네'

또 시험을 본 후
'이번에도 망친 것 같아.'
'선생님, 부모님이 나를 어떻게 생각할까?'
'친구들은 시험 성적이 낮은 나를 어떻게 생각할까'
고민이 많지?

그 고민을 몇가지 체크리스트로 알아볼까! (TLP학습심리연구소제공)

(1) 정서적 요인

1. 시험을 볼 때 몹시 긴장해서 나는 것도 생각이 나지 않을 때가 있다.
2. 시험지를 보면 심장박동이 빨라지고, 진땀이 나며, 화장실에 가고 싶다.
3. 시험지를 받으면 몸이 굳어지는 느낌이 든다.
4. 시험을 치를 때 손이 떨리는 경험이 있다.
5. 시험을 볼 때 안절부절 못하고 서두르게 된다.

정서적 요인은 대개 신체적인 반응으로 나타나는 편이야. 머리가 하얗게 되어 문제를 못 푸는 경우나 심장박동이 빨라지고, 식은땀이 나고, 다한증으로 손에 땀이 많이 나서 시험지가 젖는 경우도 있어. 이 현상은 시험을 보는 도중에 나타나고, 시험 후에는 자연스럽게 사라지게 돼.

이런 학생은 심리적으로 많이 불안한 상태라 시험 전 심호흡을 하거나 명상이 좋아. 내가 모르는 문제는 다른 친구도 모른다는 생각을 하자. 내가 어려우면 다른 사람들도 어렵다는 긍정적인 생각으로 자기가 자신의 마음을 다스리는 수 밖에 없어.

시험 때 항상 소화불량이 있는 학생은 소화가 잘 되는 간단한 식사를 하자. 두통이 있다면 미리 약을 먹는게 좋아. 제일 중요한 것은 자신만의 마인드 컨트롤 할 방법을 찾는 거야.

너의 불안감이 크다면 1교시 시험 후, 정답 확인을 하지 않는 게 좋아. 자신의 맞다고 생각한 답이 틀린 경우 심리적으로 불안해서 나머지 시험도 그 불안감 속에서 볼 가능성이 높기 때문이야.

(2) 결과적 요인

1. 목표하는 시험 점수가 나오지 않을까 걱정이 된다.
2. 시험을 준비하면서, 잘 못 볼까 봐 걱정이 앞선다.
3. 시험점수 생각에 시험공부가 잘 안될 때가 있다.
4. 시험 문제를 푸는 순간에도 걱정이 되어 애를 태운다.
5. 시험을 준비하면서 마음이 혼란스러워 시험공부에 집중하기 어렵다.

결과적 요인은 점수 그 자체에 대한 걱정을 말해. 낮은 점수로 인해 보상이나 인정을 받지 못한다고 생각하고 주위 시선을 의식하게 돼. 특히 부모님이나 친구, 선생님들과의 관계가 성적으로 인해 나빠질 수 있다고 생각하지. 또 목표하는 결과가 나타나지 않을까 봐 걱정하는 데서 불안의 요소가 생겨.

시험불안 중 결과적 요인이 높은 학생은 목표를 잡을 때 구체적인 자신만의 목표를 잡는 게 좋아. 시험 전 항상 긍정적인 생각을 하고, 문제와 상관없이 자신의 목표를 달성하고 실수하지 말자고 생각하면서 시험을 치는 게 좋아. 고등학교 성적들은 대부분이 상대평가이기 때문에 내가 시험이 어려우면 다른 친구들도 어렵다고 봐야지.

시험 전에는 다양한 문제를 풀기보다 풀었던 문제를 다시 확인하는 게 좋아. 시험 후에 다음 시험을 위한 분석이 반드시 필요해. 객관식을 많이 틀렸는지, 서술형에서 오답이 많은지 메모한 후 다음 시험에 그 부분을 보완하면서 공부하는 거야.

시험 전에 시험 환경과 똑같이 시뮬레이션을 하는 것도 좋아. 그 환경에 익숙해지면 더 편안하게 시험을 볼 수 있을 거야.

(3) 관계적 요인

1. 성적이 나쁘면 주위 사람들에게 창피하다.
2. 시험 결과가 나쁘면 부모님께 혼날까 봐 걱정 된다.
3. 시험 결과로 인하여 학교 선생님께 인정을 못 받게 될까 봐 두렵다.
4. 부모님이 원하는 점수를 받지 못하게 되면 혼나기 때문에 시험 공부에 집중이 안된다.
5. 나의 좋지 못한 점수를 반 아이들이 알까 봐 두렵다.

관계적 요인은 시험의 결과와 상관없이 주변 사람들과 관계에서 나타나. 초중등 학생들에게 많이 나타난 불안 증세인데 최근에는 고등학생들에게도 많아.

주위 사람들의 시선을 인식하지 않아야 하는데 그 부분이 많이 힘들다는 학생이 많아. 성적이 대학을 결정하기 때문에 주위 사람들이 네 성적에 관심을 갖지. 하지만 부모님이나 선생님과 상담을 해보면 학생들이 할 수 있는 만큼만 지켜본다는 분들이 많았어. 지레 겁을 먹고 주위 시선을 의식하지 말고 먼저 부모님이나 선생님과 대화하는 게 좋을 것 같아.

(4) 일반적 요인

1. 나는 대부분의 시험에 대해서 불안한 느낌을 받는다.
2. 나는 대부분의 시험 자체가 걱정되고 떨린다.
3. 나는 대부분의 시험 점수에 대해 걱정이 앞서 공부에 집중이 안된다.
4. 나는 대부분의 시험 문제를 풀 때 안절부절 한다.
5. 나는 대부분의 시험을 볼 때 몹시 긴장해서 답이 생각나지 않을 때가 있다.

일반적인 요인은 대부분 특정 교과목에서 시작되는 경우가 많아. 하지만 이 현상이 시험이라는 전체로 퍼져서 시험 전반에서 불안이 나타나는 경우도 있어. 일반적 요인이 높은 경우, 정서적 요인이 함께 관찰되기도 해.

일반적 요인은 특히 시험에서 실수를 많이 하는 학생들이 겪는 불안 요소야. 아마 모두 1~2 항목은 경험해 봤을 것 같아. 첫날 1교시 시험을 다른 과목보다 많은 시간을 투자해서 잘 보는 것도 방법이야. 그럼 자신감이 생겨서 그 다음 시험에도 실수할 확률이 적어. 시험 공부를 할 때 수준에 맞는 문제집과 학습법을 사용하는 것이 좋아. 이 부분은 앞에 자세히 설명해 두었으니 참고하면 좋을 것 같아.

15,000부 판매된 대입의 모든 것 <끝판왕 시리즈>

면접 끝판왕

<면접 끝판왕>이 답인 이유

✓ 1. 현직에 있는 진학 전문 교사들의 생생한 경험을 담았습니다.

✓ 2. 학생부종합전형&교과전형의 중요한 핵심 키워드로 '면접'을 뚫는 해법을 담았습니다.

✓ 3. 다양한 유형의 질문을 활용해 스스로 면접을 준비하는 방법을 터득할 수 있습니다.

✓ 4. 학생부를 면접으로 연결하는 전략으로 나만의 면접을 완성할 수 있습니다.

✓ 5. 면접을 위해 학교 활동을 어떻게 하면 좋은지 방향을 제시해 줄 수 있는 책입니다.

✓ 6. 기출면접문항에 추천답변을 제시해 학생들이 답변을 만들 때 길잡이가 될 수 있는 책입니다.

✓ 7. 다양한 분야의 시사이슈를 수록해 심층 면접도 대비할 수 있는 책입니다. 시사이슈에 대한 대비는 지적인 소양의 향상은 물론, 토론 역량도 길러주는 일석이조의 효과가 있습니다.

✓ 8. 방대한 양의 자료를 활용해 계열별, 학과별로 면접 문항과 추천 답변을 참고할 수 있게 세분화 했습니다.

✓ 9. 면접 문항에 담긴 키워드를 학생부와 자기소개서에서 추출할 수 있도록 실질적인 사례를 제시 하고 있습니다.

✓10. 기존의 면접 책들이 '면접 기출문항', '면접 소개'에 주력한 것과 달리 독자들이 책을 읽으면 면접장에서 자신감을 가질 수 있도록 구체적인 방법을 제시했습니다. 단계별로 면접 방법을 제시해 독자들이 읽기만 해도 실제 면접에 참여하는 효과를 거둘 수 있도록 차별화했습니다.

공부 끝판왕

<공부 끝판왕>이 답인 이유

✓ 1. 내가 공부가 안 된 이유, 콕콕!

✓ 2. 학년별 오르는 공부 끝판 전략, 콕콕!

✓ 3. 성적대별로 선택하고 집중할 과목, 콕콕!

✓ 4. 고1, 2, 3 학년별, 점수별 인강 추천, 콕콕!

✓ 5. 고1, 2 3 학년별, 점수대별 문제집 추천, 콕콕!

✓ 6. 국어, 수학, 영어, 사회, 과학 끝판 공부법, 콕콕!

✓ 7. EBSi, M스터디, E투스의 활용 극대화 분석, 콕콕!

✓ 8. 진학기반의 상, 중, 하위권별 공부 개인 코칭, 콕콕!

✓ 9. 선배들의 뼈있는 공부를 위한 조언과 경험 나눔, 콕콕!

✓10. 3월, 6월, 9월, 11월(수능)까지 시기별 대비 특강, 콕콕!

스카이캐슬의 학생부 종결 <끝판왕 시리즈>

학생부 끝판왕 1권

<학생부 끝판왕>이 답인 이유

✓ 1. 합격한 학생부를 분석하여 내 것으로 할 수 있다.

✓ 2. 단순한 지침이 아닌, 실제 활동과 전략이다.

✓ 3. 나의 학생부와 비교하면서, 부족한 학교생활의 방향을 잡을 수 있다.

✓ 4. 학교활동 중 나에게 딱 맞는 의미 있는 활동이 무엇인지 알 수 있다.

✓ 5. 대학에서 요구하는 활동이 구체적으로 실현되는 부분을 알 수 있다.

✓ 6. 학과별(계열별) 합격생의 학생부를 분석하여 학생 개인별 맞춤형이 가능하다.

✓ 7. 구체적으로 소개된 내용을 활용하여 수업이나 동아리 계획을 구상할 수 있다.

✓ 8. 진로에 맞춘 수업 선택을 고민하고, 전략적으로 택할 기회를 제공한다.

✓ 9. 합격공통요소가 정리되어 진학하고자 하는 계열의 합격 방향을 생각해볼 수 있다.

✓ 10. 다양한 활동에서 새로운 접점을 찾아낼 수 있다.
(여러 활동을 통해 내게 필요한 새로운 활동을 개발할 수 있다)

학생부 끝판왕 2권

<학생부 끝판왕>이 답인 이유

✓ 1. 합격한 학생부를 분석하여 내 것으로 할 수 있다.

✓ 2. 단순한 지침이 아닌, 실제 활동과 전략이다.

✓ 3. 나의 학생부와 비교하면서, 부족한 학교생활의 방향을 잡을 수 있다.

✓ 4. 학교활동 중 나에게 딱 맞는 의미 있는 활동이 무엇인지 알 수 있다.

✓ 5. 대학에서 요구하는 활동이 구체적으로 실현되는 부분을 알 수 있다.

✓ 6. 학과별(계열별) 합격생의 학생부를 분석하여 학생 개인별 맞춤형이 가능하다.

✓ 7. 구체적으로 소개된 내용을 활용하여 수업이나 동아리 계획을 구상할 수 있다.

✓ 8. 진로에 맞춘 수업 선택을 고민하고, 전략적으로 택할 기회를 제공한다.

✓ 9. 합격공통요소가 정리되어 진학하고자 하는 계열의 합격 방향을 생각해볼 수 있다.

✓ 10. 다양한 활동에서 새로운 접점을 찾아낼 수 있다.
(여러 활동을 통해 내게 필요한 새로운 활동을 개발할 수 있다)

강력한 스토리로 매혹하라! <끝판왕 시리즈>

과제탐구 끝판왕

<과제탐구 끝판왕>이 답인 이유

✓ 1. 과제탐구 활동을 하고 싶은 학생에게 로드맵 제공

✓ 2. 과제탐구 수업을 하고 싶은데 부담만 있는 선생님께 손쉬운 전략 제공

✓ 3. 학생의 성장을 위한 활동으로 다양한 학교프로그램을 진행할 아이디어와 노하우 제공

✓ 4. 주제별 탐구보고서를 통해 동아리활동이나 교내대회 준비와 연동되는 가이드 라인 제공

✓ 5. 학생마다 각자의 브랜드로 특화된 학교생활기록부의 기재항목별 영역이 유기적으로 연결

✓ 6. 학생의 관심 분야과 도전할만한 학문적 범위를 좁히고, 탐구활동을 통한 연구에의 몰입경험

✓ 7. 탐구 활동을 통해 배경지식을 쌓는 과정 훈련과 [독서활동상황]에 기록될 심화 독서는 덤

✓ 8. 학생이 희망하는 진로 분야의 경험을 통해 자기주도적 문제해결능력을 기르고, 이를 [과세특]에 드러낼 전공적합성

✓ 9. 학생부의 비교과 활동의 핵심 근거가 되어줄 과제탐구 활동은 [행동특성 및 종합의견]에 리더십과 탐구심을 드러낼심 핵근거

✓ 10. 발명 및 창업 캠프, 디자인 활동, 4차 산업혁명 캠프 등과 연계한 탐구 활동 학교프로그램 구성하여 별[개 세인특]에 기록

자소서 끝판왕

<자소서 끝판왕>이 답인 이유

✓ 1. 학생별 개별화 진로지도 전략 수록

✓ 2. 고등학교 생활 전반의 진로요소 추출

✓ 3. 진로에 맞춘 진학 설계의 다양한 Tip 제공

✓ 4. 진로지도를 하고 싶은 교사에게 로드맵 제공

✓ 5. 진로에 기반한 진로진학 상담의 노하우 제공

✓ 6. 진로수업이나 진로지도에 필요한 활동지 제공

✓ 7. 고등학교 창의적 체험활동을 진로로 묶어내는 방법 수록

✓ 8. 면접부터 멘탈관리까지 진로진학 지도의 실질적인 부분 기록

✓ 9. 학생 자신도 모르는 부족한 부분을 제대로 집어낼 방법 소개

✓10. 공부스타일 진단과 플래너 사용 등 실제적인 진로코칭 방법 수록

합격 빅데이터 기반 E-Book My Best 가이드 소개

My Best 대학과 전형

내신과 모의고사 성적에 맞춘교과 전형 총평, 지원 가능 대학과 최저정보 그리고 종합 전형 총평과 대학별 참고 정보 제공

My Best 학생부 로드맵

성적, 독서, 교과세특 및 창체활동과 교내 수상 내역 등의 정성평가 부분을 정량적으로 변환한 학생부 영역별, 대학 평가영역별 분석 프로파일 제공

My Best 합격 자소서

진로 희망에 따라 계열별 개인 맞춤형 자기소개서 작성 방법을 알려줌. E북에서 가상의 학생이 작성하는 자기
소개서를 보고, 내 생활기록부의 내용을 찾아 나만의 자소서 만들기

My Best 합격 면접

학생이 지원하는 학과에 맞춘 맞춤형 면접 준비 방법과 문항 추출법, 예시 답안을 제공

이 세상에 유일한 당신만을 위한 가이드
My Best 가이드 소개

My Best 합격 공부

공부가 안된 이유와 학습전략 로드맵 제공, 학년과 등급에 따른 과목별 학습법을 알려주고 선배에게 호평을 받은 인강 리스트와 문제집도 학년과 등급에 맞게 추천

My Best 합격 교과선택

학생의 지원할 계열에 따라 맞춤형 교과선택 로드맵 제공

My Best 합격 학생부

학생이 지원하는 학과에 맞는 개인 맞춤형 합격 데이터와 학생부 작성 방법, 기록 사례 제시

My Best 계열 성향 검사

학생의 직업적 흥미 발견하고 이를 계열적 성향 분석을 통해 효율적인 계열별 진로 로드맵 전략 제공

1학년은 진로!
기간별 학생 성장 프로그램

프로그램	**고1 진로다**
참여대상	고등학교 1학년
참여비용	검사비용X학생수, 강사비 별도(요청시)
세부내용	특강형 ☑, 캠프 활동형 ☑, 컨설팅형 ☑

3, 4월 나를 알다
- 내게, 친구가, 부모에게 묻자. 나의 흥미와 적성은?
- 검사지로 성향 검사하자
- 미션 설정 하자

가이드7. My Best 계열 성향 검사

5, 6월 성적을 알다
- 내신 성적의 의미
- 모의고사 성적의 의미
- 교우 관계의 의미

가이드1. My Best 대학과 전형 가이드

7, 8월 공부를 알다
- 1학기 돌아보기
- 자기주도계획 수립과 실행
- 성장 경험 공부

가이드5. My Best 공부 가이드

9, 10월 나를 파다
- 자기주도학습 잇기
- 교과선택 계열 적합성
- 학과를 탐하라

가이드6. My Best 교과선택 가이드

11, 12월 성적올리다
- 시험기간 전략 시간관리
- 피드백 즉 오답지
- 성적 올리는 공부성향법

가이드2. My Best 학생부 가이드
가이드6. My Best 합격 학생부 포트폴리오

1, 2월 2학년이다
- 1학년 돌아보기 PMI
- 방학자기주도 학습과 경험
- 2학년 미리 겪어보기

가이드3. My Best 자소서 가이드

My Best 학년별 연간 프로그램

2학년은 진로&진학! 기간별 학생 성장 프로그램

프로그램	**고2 진진이다**
참여대상	고등학교 2학년
참여비용	검사비용X학생수, 강사비 별도(요청시)
세부내용	특강형 ☑, 캠프 활동형 ☑, 컨설팅형 ☑

3, 4월 다시 나를 알다

- 진로 좁히기 방법
- 1학년의 나를 분석하라
- 2학년 진로 공부 진학을 설계

가이드1. My Best 대학과 전형 가이드

5, 6월 다시 성적을 알다

- 공부성향 분석
- 자기주도 맞춤형 공부법, 인강, 학원
- 대학과 학과에 필요한 공부 잡기

가이드5. My Best 공부 가이드

7, 8월 다시 공부를 알다

- 1학기 돌아보기
- 혼자 공부, 함께 공부
- 대학 생활과 취업 간접 공부

가이드6. My Best 교과선택 가이드

9,10월 다시 나를 파다

- 나를 객관화 하라, 위치
- 무엇에 집중할 것인가
- 부모님과 교사, 외부자원을 통해 지원받기

가이드2. My Best 학생부 가이드
가이드6. My Best 합격 학생부 포트폴리오

11,12월 교과선택과 진학

- 나에게 필요한 교과선택
- 대학과 전형 좁히기
- 학생부, 자소서, 면접 시도

가이드3. My Best 자소서 가이드
가이드 4. My Best 면접 가이드

1,2월 3학년이다

- 2학년 돌아보기 PMI
- 방학기간 진학,진로 공부
- 3학년 미리 겪어보기

가이드1. My Best 대학과 전형 가이드
가이드3. My Best 자소서 가이드

My Best 학년별 연간 프로그램

3학년은 진학!
기간별 학생 성장 프로그램

프로그램	**고3 진학이다**
참여대상	고등학교 3학년
참여비용	검사비용X학생수, 강사비 별도(요청시)
세부내용	특강형 ☑, 캠프 활동형 ☑, 컨설팅형 ☑

3, 4월 대학과 전형

- 성적별 대학, 전형 파악
- 대학 조건 파기
- 나의 스펙 분석

가이드2. My Best 학생부 가이드
가이드6. My Best 합격 학생부 포트폴리오

5, 6월 내신 끝장

- 선택과 집중 내신
- 수능과 연결이다
- 학생부와 연결이다

가이드1. My Best 대학과 전형 가이드

7, 8월 원서 끝장

- 성적대별 대학과 학과 좁히기
- 나의 장점 분석, 최선 뽑기
- 자소서와 지원 & 수능 최저

가이드3. My Best 자소서 가이드

9,10월 수능, 대학별 전형

- 수능이다, 최저다
- 면접과 대학별 고사
- 멘탈 관리

가이드4. My Best 면접 가이드

11, 12월 수능과 정시

- 수능점수의 의미
- 정시를 탐하라
- 버려진 시간 줍기

가이드4. My Best 면접 가이드
가이드 1. My Best 대학과 전형 가이드

1, 2월 대학생이다

- 고등학생은 잊어라
- 알바와 체험
- 독서와 진짜공부

끝판왕 추천후기

하*숙님

독자후기

지난 주 신청한 자소서 끝판왕 책이 도착하여 꼼꼼히 읽어보고 부족하지만 후기 올려봅니다.
자소서의 각 문항의 작성 팁을 통해 먼저 전체 틀을 잡고 각 항목별로 평가요소에 맞춰 학생이 한 활동을 끼워 넣을 수 있는 장치가 되어있고계열별 학과별 사례까지 예시되어 있어 막막함에서 헤매다가 불빛을찾은거 같아 자소서 작성에 자신감을 갖게 되었습니다 저자 선생님들께 감사드립니다.

양*동선생님

전문가 후기

이책은 다년간 학생들의 자기소개서 작성을 지도하는 과정에서 이끌어낸 자기소개서 각 항목별 작성 비법을 한 곳에 모아둔 비법서임 이 틀림없다. 수시 모집의 당락을 좌우하는 학교생활기록부 자기소개서 면접의 연계를 가져다 줄 학생부종합전형 비법서가 바로 당신의 눈앞에 있다 힘든 길을 택하면 미래가 편해진다라는 신념으로 학생부종합전형에서 당신의 길을 찾고자 한다면 이 책은 무한한 길잡이가 될 것이다

두*맘님

독자후기

현직선생님들의 감수를 하고 현직선생님들이 저자들이셔서 공교육 안에서 할 수 있는 면접 준비를 면접끝판왕을 통해서 할 수 있을 것 같습니다. 계열별로 나누어져 있고 자소서와 학생부를 활용해 면접 문제를 추출할 수 있는 방법도 함께 실려 있어 유용하게 쓸 수 있을 것 같습니다.
저희 아이의 경우 교육 계열이라 교육 계열 부분만 살짝 맛보기 하였 는데~~ 각 교육청에서 제공하는 자료를 바탕으로 사례를 들고 있어 더욱 신뢰할 수 있었습니다.

에듀동아

출간기자

면접 문항에 담긴 키워드를 학생부와 자기소개서에서 추출 할 수 있도록 실질적인 사례를 제시하고 있어 향후 대입 면접을 위해 학교 활동을 어떻게 하면 좋을지 그 방향을 제시해 주고 있는 책이다.
출판사 측은 "기존의 면접 대비서가 면접 기출문항이나 면접 소개에
주력한 것과 달리 이 책은 독자들이 면접장에서 자신감을 가질 수 있도록 구체적인 면접 대비 방법을 단계별로 제시하고 있다"면서 "이 책을 읽기만 해도 실제 면접에 참여하는 효과를 거둘 수 있을 것"이라고 밝혔다.

mama313님

독자후기

이런 분들에게 꼭!!!! 필요한 책입니다.
공부하는 방법을 제대로 알고 싶은 학생 또는 방법을 알아서 자녀들에게 알려주고 싶은 부모님!! 께 강추!!! 저도 초등교사로 공부는 이렇게 하는 거야라고 말해주기는 하지만 좀 더 구체적인 방법에는 설명이 늘 부족함을 느껴왔었는데 이 책을 읽고 속이 시~원해지는 느낌을 받았다고 할까요? 공부하는 방법에 대해 구체적으로 사례를 들어가며 총체적으로 설명해주어서 넘넘 도움이 되었어요. 저희 아이들에게 적용중이며 큰 딸아이는 직접 읽어보더니 도움이 된다고 합니다. 중고등 학생과 학부모님들은 꼬~ 옥 읽어보시길 추천합니다~

isom85님

독자후기

고등 딸을 둔 엄마이자 아이들의 나침반이 되어야 할 나에게 공부면역력을 키워주게 도와줄 보물 같은 책입니다. 지인들에게 선물하고, 고등 딸에게 읽히고, 저 역시 옆에 끼고 보고 있어요. 정말정말 강추합니다.

My Best 추천 후기

독자후기

정보가 부족한 학부모에게 유용한 자료로 도움이 됩니다 학생들도 자신의 진로방향에 길라잡이 역할을 할 수 있을 것 같습니다. 학교선생님보다 더 자세한 상담자료로 가치가 크다고 생각됩니다.

1. 정시전형의 경우 지원가능 대학의 리스트가 많은데 수시전형의 경우는 전반적으로 지원가능대학의 리스트가 적어요.
2. 학생부 교과전형 지원가능대학 리스트에 평균 등급이 표기되면 좋을 듯 합니다.
3. 성적에 맞게 원하는 지역 계열로 추천해주시어 한번에 비교가 가능하여 좋았습니다.
4. 처음 과목별 내신등급 입력시 단위 수가 다른 과목들의 경우 등급계산이 애매했어요 등급 기재에 대한 안내가 살짝 되었으면 했습니다.
5. 사용후기의 수능전형의 선지답안이 논술답안 그대로 였어요 내년에 첫아이가 고 3 이 되니 입시에 대해선 잘 모릅니다 나름 공부를 하면서 다양한 전형들 속에서 아이에 유리한 전형을 생각해보았는데 그걸 확인하는 기회가 되어 좋았습니다.

수시전형의 추천대학이 더 추가 된다면 완벽할 듯 합니다. 감사합니다.

체험후기

저는 큰애가 고 3 입니다 교과와 학종 투 트랙 으로 지원했어요.
그래서 정시나 논술에 대한 평을 어찌할지 몰라 보통으로 했습니다. 교과와 학종도 설문 조사할 때부터 지망순서대로 선 택 하는 항목에 따라 가능 대학을 추천해 주셨으면 하는 아쉬움이 남습니다 또한 현재 모의나 내신상태에서 어느 선까지 도달했을 경우 어느 선의 어는 대학까지는 원서 지원이 가능할 수도 있다. 뭐 이런 커리가 나오면 학부모나 아이 입장에서 목표도 생기고 동기부여가 될 수 있을 것 같습니다.
가령 저희는 화생공 약대 순으로 고려 중이거든요 그럼 현재 가능 대학은 이선이고 좀 더 끌어 올리면 이 대학선까지는 원서 제출을 할 수 있을 것 같다 요렇게요. 문자로 하려니 전달이 제대로 되었을지 모르겠네요. 앞으로도 꾸준히 받아 볼 수 있다면 받아 보면서 코멘트를 더 해 드리고 싶네요. 좋은 일들을 하셔서요.

체험후기

전체적으로 유용합니다. 감으로만 예상했던 리스트가 작성되니 내년에도 꼭 활용하고 싶네요.
다만, 학종 부분과 논술은 모고 성적 대비 너무 낮게 작성되지 않았는지요. 전사고라 내신이 낮지만 모고 성적이 기준이 되어 주는게 아닌지 의문이 있네요. 실제 원서 쓸 때도 모고가 기준이 되어 학종과 논술 섞어 수시 6 장을 쓰지 않을까 싶은데요.

체험후기

전체적으로 프로그램 아이디어가 너무 좋아요.
어디를 갈지 진학에 대해 막막했던 학생 입장에서는 큰 희망이 될 것 같아요. 부족한 점이나 보완할 점들을 알려주니 어떻게 해야 할지 방향 설정도 되구요. 내신성적 모의고사 성적 분석의 총평은 매우 좋습니다. 지원할 수 있는 대학의 가능성을 세밀하게 말해주고 있어서요.
지원가능 대학의 학과를 전 모집단위보다 좀 더 자세히 나타내줬으면 좋겠습니다 학생이 원하는 학과를 선택할 수 있도록 해서 전국의 대학 중에서 본인이 원하는 학과 위주로 지원 가능 대학을 알려주시면 좋겠습니다 내신 성적을 입력할 때 각 학년별로 과목별 등급을 입력하여 뚜렷한 성적 입력이 가능하면 좋겠습니다 수시로 지원하는 친구들에게
정시 모집단위도 알려줘서 수능에 미리 대비하고 준비하는 기회가 될 수도 있을 것 같아 좋습니다.

독자후기

이렇게 세세히 각 전형마다 설명이 있을 줄 몰랐습니다.
그냥 간단한 내용으로 전달해 주실 줄 알았는데 각 전형마다 어찌해야 하는지 자세한 설명에 감탄했습니다. 진짜 최곱니다.

My Best 추천 후기

체험후기

<대학과 전형 에 이어 학생부 분석 자료 잘 받았습니다. 대학과 전형은 실제 대학 지원에 있어 현재 내신과 모의 성적을 바탕으로 지원이 유리한 전형들에 대한 안내 및 해당 대학 및 학과들을 콕 집어 추천해주시어 좋았습니다. 거기에 반해 학생부 분석의 경우는 학생부 자체를 분석하다 보니 같은 학생부라도 답하는 사람에 따라 다른 답들을 선택할 소지가 있고 또 학생부 자체를 점수로 메기는 부분에 있어 어려움이 컸으리라 봅니다. 또한 보내주신 자료 중 제 아이에 대한 분석 자료는 전체 자료 중 얼마 되지 않았고 그보단 학생부 전형을 위한 전반적으로 챙겨져야 할 부분들이 안내가 들어 있었습니다. 이 자료는 고 2 보단 고 1 이 미리 알고 챙겨지면 더 좋겠단 생각입니다. 학생부 영역별 평가표를 보니 아이에게 부족한 영역이 한눈에 보여 수시전형의 학종을 생각하는 아이들에게는 많은 도움이 될 듯 합니다. 그리고 학생부 기록에 있어 학생이나 부모님이 아셔야 할 안내가 잘 되어있네요 끝 부분에 아이가 진학하길 원하는 계열 관련 동아리 및 봉사활동 안내가 구체적으로 잘 되어 있고 원하는 계열에 대한 다양한 직업명이 소개되어 있습니다. 그리고 진학을 원하는 학과 관련 고교 선택과목 소개 및 진학을 원하는 학과에 관련된 추천도서도 잘 되어있습니다. 정시 쪽으로 기운 큰 아이에겐 그닥 도움이 되진 않지만 곧 고등학생이 될 둘째는 이 자료를 참고로 잘 챙겨 봐야겠어요 감사합니다.

체험후기

학종을 준비하는 고12 학생과 학부모에 매우 적절하다고 생각합니다. 개인별 특성에 대한 의견은 좀 부족하지만 기입한 자료가 적으니 당연하다고 생각합니다 대신 공통 내용은 학종을 잘 모르는 학생과 학부모도 알 수 있도록 구체적으로 길안내를 해 주는 지침서 및 체크리스트로 매우 유용합니다.

체험후기

'현재 나의 학생부를 알자 에서 학생부를 다 드린 것이 아니라서 세부적인 내용 설명을 듣지 못하는 아쉬움은 있습니다. 그래프에서 한눈에 영역 중 무슨 영역이 높고 낮은지를 판단할 수 있는 것은 좋습니다. 낮은 영역에 대한 추가 설명이 좀더 구체적으로 있었으면 합니다.

체험후기

'나만의 명품 만들기 에서는 다른 학생부 가이드 북보다 좀더 자세히 설명되어 있는 부분이 많아 좋습니다. 학교 생활에서만 알 수 있을 만한 내용이 첨부되어 있어 좀더 공들여 읽어야겠다는 생각을 했습니다.

체험후기

저는 학원 설명회 대학교 입시설명회를 통해 얻은 지식들과 대학 입사관 11 상담 학생부 읽기를 위한 강의 수강 경험을 통해 저희 아이의 학생부를 조금이나마 객관적으로 볼 수 있는 상황이었습니다. 1 학년 기준 학생부를 개인적으로 읽었을 때 중간 중상 정도라고 판단했는데 막상 컨설턴트 상담을 통해 진단해 보니 중하 수준이었습니다. 그래서 좀더 엄격하게 학생부를 다시 한번 진단하고 문맥상에서 공통적인 ctrl V 내용이 아닌 우리아이의 특성을 나타내는 개인화된 서술을 중심으로 살펴보게 되었고 항목간의 유기성을 가지는 내용 연계되어 발전가능성을 보여주는 맥락에 대해 고민하게 되었습니다.

체험후기

학생부 평가에서 가장 중요한 영역들을 알게 되었고 영역들 준비에 도움이 되었습니다. 독서기록하는 방법 전공별 도움되는 봉사활동 동아리활동 체험활동 보고서 선생님과 소통의 중요성 등 세부적인 부분까지 자세히 설명되어 있어서 좋았습니다.

공부
끝판왕

초 판 1쇄 발행 2020년 1월 10일
초 판 2쇄 발행 2020년 7월 17일
개정판 3쇄 발행 2021년 4월 1일
개정판 4쇄 발행 2021년 11월 22일

지은이 정동완 안혜숙 안계정
펴낸이 꿈구두
펴낸곳 꿈구두
디자인 안혜숙 맨디디자인

출판등록 2019년 5월 16일, 제 2019-000010호
블로그 https://blog.naver.com/edu-atoz
이메일 edu-atoz@naver.com

ISBN 979-11-971095-8-4

책값은 표지 뒤쪽에 있습니다.
파본은 구입하신 서점에서 교환해드립니다.